献词

DEDICATION

献给我的父亲母亲，

你们的爱和理解给予我探索广阔世界的勇气。

柏林历史文化之旅

BERLIN

UNDER THE WINGS OF GREEN ANGEL

在绿荫天使的羽翼下

郑实 著

生活·讀書·新知 三联书店 生活書店出版有限公司

图书在版编目（CIP）数据

在绿荫天使的羽翼下：柏林历史文化之旅 / 郑实著. -- 北京：生活书店出版有限公司, 2016.3
ISBN 978-7-80768-086-4

Ⅰ.①在… Ⅱ.①郑… Ⅲ.①旅游指南-柏林
Ⅳ.①K951.69

中国版本图书馆CIP数据核字(2015)第078658号

责任编辑 石延平
装帧设计 梁 朔
版式设计 梁 朔 陈溪桥
责任印制 常宁强
出版发行 生活書店出版有限公司
（北京市东城区美术馆东街22号）
邮 编 100010
印 刷 北京顶佳世纪印刷有限公司
版 次 2016年3月北京第1版
2016年3月北京第1次印刷
开 本 720毫米×965毫米 1/16 印张21.5
印 数 0,001—6,000册
字 数 429千字 图393幅
定 价 78.00元
（印装查询：010-64052612；邮购查询：010-84010542）

目 录

CONTENTS

柏林导览

BERLIN TRAVLE GUIDE

1 一级推荐

2 二级推荐

Love Berlin

UNDER THE WINGS OF GREEN ANGEL

附 录

前言：绿荫天使羽翼下的柏林

2005年11月，200名新纳粹乘火车去一个城市参加示威游行，到达后，他们发现2000名反对者将所有可能的游行路线都堵住了，双方僵持站立了4个小时。最终新纳粹放弃了，掉头离开。我偶然在一本书中读到这则小事，它让我觉得特别温暖，并对我曾短暂停留的那个遥远国度产生了怀念。

2014年7月德国足球队夺得世界杯冠军。一时间微信上都是关于“德国战车”式打法和德国人性格的议论。德国人如此纪律严明，如此具有团队精神，如此坚韧不拔，如此一丝不苟，真是让我们中国人叹为观止！但我同时又禁不住想到，也正因为这些特点，德国在“二战”中对欧洲的破坏力才这么强。

如果不了解近一百年来德国曾有过多么荒诞的经历，就无法理解这个奇怪的地方、奇怪的民族。是的，德国和德国人都很“奇葩”。我在大街上很少看到德国人说笑，哪怕只是向上翘一下嘴角。连坐在婴儿车里的孩子都很沉默，一脸的不高兴，好像生下来就在思考哲学和他们的沉重历史。

在柏林，一位中年妇女在我前面吃力地提起大箱子，我主动伸出援手，她很生硬地，或者说很生气地说了声“谢谢”，便快速离开了。我的一位朋友想挑个西瓜，刚一伸手，摊主就向她挥舞起切水果的刀。旁边的好心人立即解释说，只能摊主亲自动手拿给顾客。我还能讲出一堆这样的例子，表明德国人（主要是北部普鲁士人，印象中巴伐利亚人要好得多）何等不易亲近。但这些都没有让我对德国，尤其是柏林产生丝毫反感，相反，越了解德国，我越感到亲切。为什么？在我写这本书的过程中，答案越来越清晰。

我们碰巧被生在一个地方。另一些人被生在别的地方，在写到一个德国优秀人物的精彩人生时，我会感受到一种力量涌入我的血液，所谓醍醐灌顶之悟；写到柏林的某段历史时，我会突然忍不住哭泣。作为人类中的一个，任何境遇都不只是别人的故事，而是属于我们每个人。柏林，地球那边的一个城市就这样进入我的生命，这本书就是让我和更多人一起分享：它曾经辉煌的文化，它的高傲、挣扎和绝望以及它现在的重生。

为了写这本书，我和家人重返柏林。到达第一天，旅店老板很严肃地告诫我们：外出必须关好门窗，沙尘暴即将来袭。这让我好奇心大增，很想和中国北方家乡的沙尘暴做个对比。但是一周又一周过去了，碧空如洗，以大面积绿地为荣的柏林阳光普照，只是偶尔有些清风微雨。17世纪普鲁士统治的柏林的确以沙尘著称。当年叔本华因此犹豫再三，是否迁居柏林。虽经过几个世纪的建设和治理，柏林人似乎还是心存芥蒂。

作为普鲁士王国的首都，后来作为德意志第二帝国的首都，柏林在几个世纪中积累起来的华美建筑几乎都毁于战火。现在的柏林完全是在废墟上重建的。德国接连在两次世界大战中战败，尤其是第二次世界大战中盟军连续不断的轰炸，使城市完全瘫痪。其后，柏林的重建在四十余年的四国分区占领和柏林墙分割中举步维艰。我们现在看到的是两德统一后再次启动的重建行动。和中国的很多城市一样，柏林街道被开膛破肚，大面积的工地占据整个街区，到处是工程吊塔。但最大的不同是，柏林重在重建。虽然已经没有财力修复所有的古典建筑，但是不失去和既往的联系，不破坏传统城市功能和肌理，这样的呼声始终在城市规划中占有相当的比重。因此，我们绝不会把重建后的柏林和其他任何蓬勃发展的城市相混淆。一个没有个性的城市就像一个没有特点的人，很容易就被漠视和遗忘。正因为如此，到过柏林，就不可能忘记它。

德国人对待工作是出了名的勤恳严谨，或者说较真。在柏林，能处处感受到他们的"小题大做"。奔驰牌公交汽车会在停靠站时，将车身倾斜，使车门处的踏板与街道地面形成和缓的斜坡，这无疑是专为老幼病残孕这些弱者设计的。"细节决定成败"的口号曾在我们这里流行一时，但我以为决定细节的是人的观念。在北京的车流中上下班，或者拖着行李在各地旅行，我总会想到德国制造的这种体贴入微的公交车。这个细节深嵌入我的记忆，使我一次次想到德国人的性格。

以"绿荫天使的羽翼"作为本书的书名，来自柏林三个最独特的方面：首先，柏林城市中心有最大的市内绿地，生活于各大都市中的人们，谁能不羡慕？难怪绿党能以环保为理念，成为德国冉冉上升的政治力量。其次，柏林修复了一些古典建筑，柏林大教堂、夏洛腾堡宫、圣赫德维奇大教堂等，其穹顶都覆盖着柔和的绿色。而一些现代建筑为了和它们呼应，也采用了相似的绿涂料作为装饰。最后一点，算是我的祝愿。人类历史从没停止过对同类的杀戮，柏林在纪念百年历史时总是不断告诫民众无论如何不能重蹈覆辙。威廉皇帝纪念教堂被炸的钟塔不仅被保留，而且集资上千万欧元对残迹进行维护。这样的勇气和智慧会感动和平天使永远庇护柏林吧。愿每一次新纳粹的行动，都有十倍于他们的人们站出来阻止。

旅行是答案

我的野心在这本书中显露无遗：

首先，我想在最广泛的意义上，为各种不同类型的旅行者提供服务，包括最漫不经心和最喜欢钻牛角尖探究细节的游客。

参加旅行社的欧洲“十几国十几日游”的人因为时间和财力的限制，只得加入“上车睡觉、下车照相”的紧迫行程，但这并不意味着大家不想把每个景点探个究竟。其中总会有好奇心很重的读者，可以用本书来过把瘾，了解他们匆匆看到的景观背后的故事。这也许能促使你开始计划新的行程。

还有那些虽然外语不强，但勇于探索、敢于独立出行的人。我希望本书可以为你出发前的规划提供参考。对背景了解得越多，出去跑一圈收获越大，这是我的感受。

我认识的一些熟读西方作品的朋友，有的甚至写过关于西方哲学的论文，或编辑出版过大部头的欧洲作家传记，还有好多负责国外栏目的编辑，对他们“熟悉”的西方其实只有模糊的概念。怎么能忍受一辈子隔靴搔痒呢？本书是送到嘴边的开胃小甜点，解馋的大餐要自己去吃。

对欧洲已经很熟识、但未必有时间和精力深入探求一个地方的人，在数量上也许微乎其微。但我相信这样的读者总会越来越多。所以我在勾勒历史脉络、讲述景点时力求精确细致，哪怕是微小的细节。也许显得啰嗦，但我坚信细节的魅力能极大刺激我们的大脑细胞，有益智功效。加入的主观点评，是希望提供拙见，和此类读者有所交流。

为此，我以“上穷碧落下黄泉”之精神和毅力将关于柏林及周边一些地方的资料尽可能收集来，经过大脑的艰苦发酵，汇集成此书。虽然我希望写出一本目前国内无人能敌的“深度大全”，在五年之内，不会被同等的书超过，但显然自身的功力还没达到。而且我希望有人能很快超越我，这证明我们对于欧洲的了解正在深入，这不正是我写此套书的目的吗？

其次，我想把一个城市的时间和空间呈现给读者。每个城市都因地理位置和历史际遇不同而具有独特的个性，这一点在游览柏林时会有很深刻的体会。我不仅想让大家欣赏现在的柏林，更希望穿越其极其曲折的进程呈现不同时期叠加起来的柏林。所以你拿在手中的这本小书其实是一个浩大的工程。

和我之前写作的《巴黎历史文化手册》《荷兰比利时历史文化手册》以及其他旅行指南不同的是，我花费一些篇幅介绍了曾经的柏林和因战争原因而永远消失了的柏林，并加入了一些历史图片。掌握历史，才能理解现实。我认为在生活中如此，在旅行中也是。

本书依照我的“历史文化之旅”丛书的惯例，附有“人物手册”。一些读者对这样的双书结构很欣赏，使我倍受激励。人杰方能地灵。一座城市，没有人便没有景，没有故事就无法领略风情。而且德国值得一说的历史文化人物众多，他们对于柏林的过去和今天发挥了极大的影响力。

我希望本书可读、可用、可赏。我一直在文体上尝试将主客观文字结合，不仅提供实用旅行信息，也有人文化的描述，将史实像揉面一样掺入我们所观赏的景致中。本书有大量图片，而且有意加入能让大家从细节体会美感的照片。希望以此提供丰富的阅读感受，达到“秀色可餐”的效果，引诱诸位品尝本书后产生去看看实景的冲动。

最后，在纸质图书受到电子网络冲击的背景下，我希望做一本充分显示书籍特性、可以拥有、爱抚、把玩的实体书，证明纸质媒体是有其存在价值的。当然这一点有赖于上述三条做得如何。对此，我还是有信心的。

我们中国人在吃饱穿暖之后，面临的下一个迫切问题就是如何活得更好。旅行是答案之一。我相信我们和欧洲之间的联系会越来越密切，各种技术手段使地球显得越来越小。对欧洲的了解有助于提高生活质量，至少对我和家人来说，幸福指数由此大大提高。大家不妨一试。写有意思的东西最大的受益者是我自己，期望同时也给大家的阅读和旅行带来愉悦。

备注：

1. 本书使用的“分级推荐”方法有个弊端，没有把位置相近、主题相似的景点放在一起。因此在附录中补充推荐了另外两种游览方式：一是把可以一并参观的景点排在一起，供提前选择。二是推荐一种以不同主题为游览路线的方式。柏林保存、修复了不同历史时期遗产，可以先了解背景，再做深度游。

2. 人在欧洲，很少能遇到中文的路标和提示牌。本书的地名人名标注了德语和英语，便于游人查找。

3. 在搜集资料时，我觉得一些通俗易读的书值得和大家分享。因此在本书最后附上一个中文图书推荐书目，主要是德国（柏林为主）历史和传记等方面的著作。其中一些书只印刷了几千册，能够读到是非常幸运的。

4. 柏林一直在重建过程中，很多景观都可能发生变动，建议您在出行前核对相关信息，以免耽误您的行程。

柏林，地球那边的一个城市就这样进入我的生命，这本书就是让我和更多人一起分享：它曾经辉煌的文化、它的高傲、挣扎和绝望以及它现在的重生。

UNDER THE WINGS OF GREEN ANGEL

勃兰登堡门上的胜利女神像，她高擎的权杖顶端有一只象征普鲁士的鹰

勃兰登堡鹰是王权的象征，张牙舞爪、很凶的样子，主要出现在大型公共建筑上，以及统一后的德国联邦机构的标牌上，彰显国威

柏林英雄：“鹰”和“熊”

此为大约 13 世纪中叶的柏林印章，在上面可以看到勃兰登堡家族的徽记鹰，而没有熊

我们可以看到两只身着盔甲的熊护卫着鹰。这个印章出现在 13 世纪末

在柏林常见到的两种动物纹章是“勃兰登堡鹰”和“柏林熊”。前者是王权的象征，张牙舞爪、很凶的样子。后者是这个城市的象征，憨憨傻傻的，颇可爱。在柏林市的印章和纹章中，鹰和熊揭示了城市和王权的关系。鹰主要出现在大型公共建筑上，如勃兰登堡门、夏洛腾堡宫、柏林老博物馆、威廉二世皇帝宫等，以及统一后的德国联邦机构的标牌上，彰显国威。而熊则出现在寻常巷陌，装饰市民聚集的场所。柏林熊另一个重要功用，是取悦旅行者。柏林作为欧洲旅游目的地位列第四位，游客云集，增加了商机。以熊制作的纪念品、玩具随处可见。

奥伯鲍姆桥上的鹰

1338 年到 1448 年间使用，熊不再守卫鹰，而是系着带有鹰图案的盾牌

当霍亨索伦家族征服柏林后，鹰站到了熊背上。这个徽记使用时间很长，从 1460 年到 1700 年

柏林街头大大小小、形形色色的**玩具熊**

这是个盾形纹章，双鹰在王冠下，而熊脖子上系着套圈。这是柏林在 1839 年到 1875 年间使用的

柏林导览

BERLIN TRAVLE GUIDE

BERLIN

一 级 推 荐

FIRST RECOMMENDATION

UNDER THE WINGS OF GREEN ANGEL

博物馆岛东边的**柏林大教堂（Berliner Dom，或 Berlin Cathedral）**象征着神权。这里兴建的博物馆则是普鲁士和霍亨索伦王朝文化的象征。1998 年，依照当年的设计，娱园内重新放置了喷泉

博物馆岛：施普雷河上的“卢浮宫”

博物馆岛（Museum Island）因岛上有五座世界级的博物馆而得名。施普雷河在位于柏林中心的Mitte（德语“中心”的意思，又译为“米特区”）地区分流，中间形成一个岛。整个岛的形状像我们汉字中的顿点，下游部位细，上游粗。顺着河的流势，小岛微微向西北一东南方向倾斜，在地图上也和顿点的方向一致。这五座博物馆错落排列在小岛西北尖端的部分，只有这一部分被称为“博物馆岛”。横穿这个岛的卡尔·李卜克内西大街[Karl-Liebknecht Str.，见《柏林导览》（以下简称《导览》）之“亚历山大广场及卡尔·李卜克内西大街”]和宫殿桥（Schloss brücke，见《导览》之“菩提树下大街·宫殿桥”）将博物馆岛和南边的部分隔开。岛南边的部分习惯称为“渔夫岛”（Fisher Island），大部分是住宅。

这 5 座博物馆以建成年代先后顺序排列，分别为：

1. **老博物馆：** 1830 年由著名建筑设计师申克尔（Karl Friedrich Schenkel）设计的老博物馆（Altes Museum，Old Museum），现在主要陈列希腊和罗马艺术品。
2. **新博物馆：** 1859 年由申克尔的学生施蒂勒（Friedrich August Stüler）设计的新博物馆（Neues Museum，New Museum），现在主要陈列考古器物，包括埃及和伊特鲁利亚的雕像。最著名的是埃及女王奈费尔提蒂（Queen Nefertiti）的胸像。
3. **老国家画廊：** 1876 年依据施蒂勒规划，后来建成的老国家画廊（Alte Nationalgalerie，Old National Gallery），主要展出 19 世纪的绘画作品。
4. **博德博物馆：** 1904 年落成的博德博物馆（Bode Museum），主要是晚期拜占庭和哥特时期及文艺复兴和巴洛克时代的雕像、神龛以及钱币、勋章等。
5. **帕加蒙博物馆：** 1930 年建成的帕加蒙博物馆（Pergamon Museum），以展示古代建筑为主。最著名的展品是帕加蒙祭坛。

五个博物馆在第二次世界大战中都遭到严重损坏，之后陆续得到重建，工程直到现在都还没有最后完成。在被列入联合国教科文组织的文化遗产名录后，德国政府动用巨资将这五个博物馆内部进行现代化更新，五座博物馆将在地下相连，成为一座“施普雷河上的卢浮宫”。

五个博物馆最值得一看的是帕加蒙博物馆的大型古代建筑修复品，其他则依据你的爱好。喜欢绘画作品的人，到老国家画廊会觉得很过瘾；喜欢希腊罗马古玩的人，可以去老博物馆；喜欢欧洲古代艺术的当然要去博德博物馆；对埃及等古代文明有兴趣的一定要去新博物馆。值得一提的是其他四个博物馆的建筑都很有特点，参观前可以多欣赏一下。

这些博物馆的藏品可以追溯到17世纪勃兰登堡选帝侯弗里德里克·威廉一世从华沙洗劫的一批古代雕像。它们是波兰国王从意大利购置的，后被弗里德里克·威廉一世占为己有。其后，勃兰登堡家族的选帝侯和国王们通过购买、交换等方式不断扩大王室的收藏。这些艺术品当时都藏于王宫住宅内，公众当然没有机会欣赏。

老博物馆岛的修建时间是1823年到1830年间，这段时间对当时的普鲁士而言，也有特殊的意义。弗里德里克·威廉三世（Friedrich Wilhelm Ⅲ）一度参与对抗拿破仑的法军，为此不仅失掉了大片普鲁士领土，还在法军占领柏林期间逃往俄罗斯避难。拿破仑最终被俄普奥联军打败，弗里德里克·威廉三世得以回到故国。经历了一系列动荡，年已五旬的老国王一方面趋于保守，只希望能平稳统治，减缓了因法国入侵曾一度被迫加强的国内行政系统、教育、农业等方面的改革。另一方面弗里德里克·威廉三世也希望通过在柏林修建宏大的公共建筑让后人淡忘他战败的耻辱。他任命威廉·冯·洪堡负责从王家藏品中选择适于展出的艺术品和文物，同时任命申克尔在柏林中心区的这座岛上为展品兴建一个展示场所。

当时并没有想到要将整个岛北端都用于修建博物馆，因此还没有“博物馆岛”的概念，但是随着第一座博物馆老博物馆的建立，博物馆岛便诞生了。当时老博物馆南面是雄伟的柏林宫（Berliner Stadtschloss），它象征着王权，其穹顶是申克尔设计的。但“二战”中宫殿严重损坏，东德政府将其完全拆毁。西边是军械库（Zeughaus），今德国历史博物馆，象征着军事力量（见《导览》之“军械库”）。博物馆岛东边的柏林大教堂（Berliner Dom，Berlin Cathedral，见《导览》之“柏林大教堂”）象征着神权。这里兴建的博物馆则是普鲁士和霍亨索伦王朝文化的象征。

老博物馆门前右侧气势夺人的**“亚马逊女战士”**雕像

娱园

除博物馆外，岛上还有临近大街的娱园（Lustgarten）。柏林大教堂和老博物馆前的娱园最早因为靠近柏林宫，便将其开辟成为宫殿提供蔬菜的种植园，种些土豆、水果和其他蔬菜。大选帝侯弗里德里克·威廉（Great Elector Friedrich Wilhelm）在三十年战争后对重新建设柏林非常重视。选帝侯夫人，来自荷兰拿骚的路易斯·亨丽埃特（Luise Henriette of Nassau）开始将这里变成一个王家花园，修建了法国风味的花坛和几何形小径，种植了橘

第一次世界大战期间在娱园举行的一次集会，要求释放拘押在法国的 115 个战俘。有人甚至骑到老博物馆前的“亚马逊女战士”雕像的头上

树，开辟出一个草药园，并且还建造了雕像、洞窟、鸟笼、喷泉，使其成为一个颇有情调的散步场所。娱园就是在那时被命名的。

而他们的儿子、普鲁士第一个国王弗里德里克·威廉一世非常务实而鄙视享乐。他把父母建造的花园破坏掉，铺上沙土改成士兵的操练场。直到1790年，根据弗里德里克·威廉二世的命令，这里才重新恢复成花园，但是不久拿破仑的法国军队便占领了柏林，花园又成了练兵场。

再之后，就是申克尔修建老博物馆时，德国新古典时期著名园艺设计师和风景建筑家莱纳（Peter Joseph Lenné）重新设计了花园。娱园也达到了它的鼎盛时期。很正规的小径将花园分成六个区，中间放置了蒸汽装置带动的喷泉。喷泉能喷射13米高，被认为是那个时代的杰作。

在魏玛共和国时期，公园有几次大型政治集会。著名企业家、政治家、外交部部长拉特瑙（Walther Rathenau）被暗杀后，曾有25万人在此集会抗议暗杀行为。在纳粹上台一年后，娱园的雕像被移除，这里从此成为纳粹大型政治活动的场地，希特勒曾在此向狂热的人群发表演说。

1998年，依照当年莱纳的设计，娱园内重新放置了喷泉。现在我们站在这里会觉得有点空旷，草坪和喷泉比起旁边的辉煌建筑显得单调。但这也为我们欣赏老博物馆和柏林大教堂的整体建筑提供了最佳角度。

和博物馆岛西侧一水之隔的沿岸地带在周末有临时集市，虽然多出售为游客批量制作的旅游纪念品，但也有一些摊位出售旧明信片、家庭相册、从20个世纪初到现在的各种邮票、旧CD、密纹唱片、电影海报、旧的家庭器具、矿石标本等。集市从娱园河岸对面一直延伸到博德博物馆对面。旧货摊位多在帕加蒙博物馆到博德博物馆那边。我在欧洲一向节俭，在这里却忍不住买了不少东西带回家当作宝贝收藏。

博物馆岛西侧沿岸的周末集市

我在周末集市购买的德国政治人物邮票，马克思和恩格斯

老博物馆

有旅游书上称老博物馆是欧洲第二座真正意义上的为博物馆而建的建筑。建筑师申克尔和王储、未来的弗里德里克·威廉四世都领会国王弗里德里克·威廉三世的意图，王储亲自画出草图，申克尔更是极力发挥他对希腊罗马建筑语汇的创新，为老国王建构起这座宏大纪念碑。

远远望去，**老博物馆**正立面的 18 根爱奥尼亚希腊高柱一字排开

远远望去，老博物馆正立面的18根爱奥尼亚希腊高柱一字排开，非常有气势。有八根柱子宽的台阶两边是两尊铜雕：左侧是“屠狮者”（Löwenkämpfer）；右侧是“亚马逊女战士”（Kämpfende Amazone）。抬望眼，巨柱上的横檐上有一行粗大的铸铁字：**“FRIDERICVS GVILHELMVS III. STVDIO ANTIQVITATIS OMNIGENAE ET ARTIVM LIBERALIVM MVSEVM CONSTITVIT MDCCCXXVIII”（拉丁语：弗里德里克·威廉三世建此博物馆于1828年以供研究各种古物和自由艺术之用）**。房檐上兀立的18只勃兰登堡鹰与立柱相对，它们是统治普鲁士霍亨索伦家族的象征，也是德国的象征。

老博物馆前有个很大的石盆，孤零零的，看不出和建筑的关联。它原本应当摆在博物馆里的正中，但因为太大了（6.9米宽），无法运进博物馆。犯这种低级错误，很不像是做事严谨的德国人的风格。“二战”接近尾声，盟军已经发起反攻，一辆油罐车在博物馆前爆炸，将建筑严重损毁。后来东德政府将博物馆按照申克尔的设计修复。但是我们可以看到柱廊后，与宽台阶相对应的正中部分，以玻璃幕墙代替。我个人很喜欢这个设计，感觉宏大的正立面因此变得轻盈了。

老博物馆大厅下部环绕着 20 根科林斯立柱，立柱间陈列着古拙而素雅的雕像

老博物馆门前左边的雕像是姿态彪悍的“屠狮者”

步入正厅，会发现博物馆竟然是个内圆外方的结构，好像一个圆球被放在长方形的盒子里。对罗马建筑一往情深的申克尔是想模仿罗马的万神殿，但是附近的柏林教堂和王宫都有穹顶，这里再用圆形，就重复了，所以申克尔就在外面做了个方形外衣。一进大厅，很自然就会向穹顶上看，因为光线从上面倾斜而下。两层高的大殿，上部是规则几何形的藻井装饰，下部环绕着20根科林斯立柱，立柱间陈列着雕像。

两侧楼梯直通二层，上去可以向下从另一角度欣赏圆厅。但是四周的墙面空荡荡的。那里原有申克尔亲自绘制的壁画，墙体因爆炸被毁后，画作荡然无存。只是在印刷与绘画美术馆中（见《导览》之“文化广场”），还藏有申克尔的草图。

博物馆的第一位馆长是考古学家格哈德（Eduard Gerhard）。在他的主持下，博物馆的收藏不局限于古代艺术品，而是扩展到有助于研究古代社会文化发展的各个方面，以便开展科学研究。他主持撰写有系统的馆藏文物目录，今天的研究者还在使用。

不过，之后老博物馆的藏品和后面几座博物馆之间几经调换，现在专门展览古希腊、伊特鲁利亚和古罗马的艺术品。展品包括从希腊、罗马、埃及、小亚细亚出土的日常用具、饰品、武器、钱币、墓葬画像，还有很多古罗马帝王和名人的雕像，此外还有一个专门展示古代性文化的展厅。

其中最著名的是哈德良皇帝别墅餐厅地板上的马赛克镶嵌画（Pari of centaurs fighting cats of prey），全用各色小石头（或玻璃）镶嵌构成，表现了一对半人半马和三只猎食动物搏斗的场面。其中女性半人马已经在动物的利爪下奄奄一息，男性半人马则正端起一块巨石砸向那只被血味激狂了的豹子。这是古罗马遗留下来的最著名、最精美的一幅马赛克画。画面具有很强的戏剧性张力，不知当年的古罗马人怎么能看着这样的画吞咽食物。但据猜测，

绿恺撒胸像淡化了附着在政治领袖身上的英雄主义气质

哈德良皇帝的胸像同样很人性化

著名的埃及艳后克里奥佩特拉，头戴托勒密时代的王冠

这幅画应当是脱胎于希腊的画作或马赛克作品。马赛克镶嵌最精彩的是颜色的过渡，这张画上的半人马，尤其是男性上身和马的肌肉部分，用色差变化很小的石子（或玻璃）拼贴起来，仔细看每块小方块的选择都恰到好处，整体才会有如此强的立体感。

古罗马的丧葬是这里的一个重要主题。说明文字很详细，如果你有时间仔细看，会渐渐体会出展品不多的好处：排列疏朗，观众不密集，能静下心来慢慢欣赏。在卢浮宫和大英帝国博物馆这样的大博物馆，人流穿梭，藏品浩如烟海，根本不可能仔细看每一个展品，细小的东西连瞥一眼都顾不上。能这样踏踏实实、安安静静了解古罗马的细节，当然是很大的享受。

法尤姆的墓葬肖像画虽然出土于埃及的法尤姆绿洲，但当时这里被罗马人统治。因而原来用金面罩覆盖的遗体，那时改用深受罗马风格影响的绘于木板上的肖像画代替。肖像画中有位着紫衣的女子，她的波浪发式在当时是很时髦的，耳环和两串项链表明了其富裕的家庭背景。她温情而略带惆怅的目光以及饱满的双唇如此真切，然而在绘制此画时这些都已不在人间。

如果你对希腊和罗马史稍有了解，知道几位最知名的政治家和皇帝，可以看到他们的雕像，以及隐藏在面容下的个性。

我们现在见到的很多皇帝塑像都是陈列在古罗马帝国公众场所，是帝国政治统治权力的象征，都颇为威武。但是绿恺撒胸像（green caesar）却淡化了附着在政治领袖身上的英雄主义气质。我们看到的恺撒面容憔悴，显得忧郁而苍老。雕像是用一种产自埃及的深色杂砂岩（Greywacke）雕刻的，很细致地表现了他眉间的皱纹和下陷的双颊。可惜他的眼睛是后代人安置的，无法想象他的眼神。同样很人性化的胸像还有哈德良皇帝的。绿恺撒旁边是著名的埃及艳后克里奥佩特拉七世（Cleopatra Ⅶ），她头戴托勒密时代的王冠，面孔娴静安详，和后世人们想象中先后迷惑住了两位古罗马领袖（恺撒大帝和安东尼）的妖冶风骚完全不同，以致不仔细看说明文字就会错过雕像。但是此像制于她生活的时代，陈列于罗马南部的私人别墅中，应当是可信的。

此外，还有希腊民主政治的代表人物伯里克利（Pericles）略微残缺的头像，在土耳其发现的一尊很优雅的阿佛洛狄特陶像，以及被称为“柏林竞技者”的希腊雕像，都非常值得细细观赏。

图左边是**新博物馆**，大树后面是**老国家画廊**

新博物馆

随着收藏品的不断扩充，老博物馆已经容纳不下所有文物。新博物馆的建立是作为老博物馆的补充，由爱好艺术的国王弗里德里克·威廉四世任命建筑设计师施蒂勒负责。由于动工时发现靠近施普雷河的地基有硅藻土，可能承受不住建筑的重量，因此使用蒸汽机打入了2344个木桩。这是柏林首次在纪念建筑中使用这种技术。

新博物馆的外观是新古典式，内部则使用了铁质构架。这在当时也是颇为先进的技术，新博物馆因此被载入建筑技术史。由于建于同一时期的慕尼黑古代雕塑展览馆和老绘画陈列馆在“二战”中被毁，新博物馆残存部分是德国仅存的那个时期的建筑。

新博物馆为南北走向，垂直于老博物馆北边，中间隔着一条名为博德街（Bode Straße）的小路。为了表现和老博物馆的姐妹关系，施蒂勒以柱廊将其和老博物馆相连接。建造工程在1848年3月席卷欧洲的革命中被中断，到普鲁士国王重新掌控局势后重新开始。1855年正式向公众开放，但是直到十一年后，内部的壁画装饰才全部完成。耗时如此之长，可以想见其精美程度。可惜今天我们都无缘欣赏。

1943年，新博物馆在轰炸中中弹，导致主楼梯和它上面的壁画烧毁。1945年2月新博物馆再次遭到轰炸，和老博物馆相连的柱廊及建筑主体被炸。“二战”后的四十多年间这里都是废墟。1986年东德政府决定修复新博物馆，但到两德统一时还没有完成，就中断了。1997年修复计划重新启动，聘请了英国设计师奇普菲尔德（David Chipperfield）主持。奇普菲尔德在2007年曾负责修建了杭州的良渚博物馆。

虽然奇普菲尔德的设计在新博物馆重新开放仪式上受到德国总理默克尔的称赞，但是在同行中还是引发了争议。有些人认为奇普菲尔德应当更多保存19世纪施蒂勒的原始设计。施蒂勒的设计使新博物馆的陈列可以从时间和分类上形成一个完整的系统，同时展室的内部陈设和展品的主题也相一致。但是这种力求完美的设计也有缺陷，新增的展品没有足够的空间展示，不得已只能将一个主题的文物整体移出，原来的布置就被打乱了。事实上，随着后续博物馆的兴建，整个博物馆岛的藏品都处于不断调整中。

2009年新博物馆重新开馆以来，展出埃及艺术品。这与19世纪的原初设计一致。从大门进入后，向右便可以进入埃及庭院（Egyptian Courtyard）。这个展区展出了大量的埃及文物和纸莎草纸。其中最著名的埃及艺术品是埃及女王奈费尔提蒂的胸像和著名的“柏林绿人”（Berlin “Green Head”）。

埃及女王奈费尔提蒂是公元前14世纪（古埃及第18王朝）法老阿肯那顿的王后。阿肯那顿就是那位发起宗教改革——仅崇拜太阳神阿顿的一神信仰运动——的国王。在丈夫死

印有埃及女王奈费尔提蒂的海报悬挂在新博物馆楼梯上方，尽管埃及方面要求归还这件珍品，她依然是柏林新博物馆的招牌

后，奈费尔提蒂可能独立短暂统治过一段时间。奈费尔提蒂的原意是“美丽的人来了”，这个名字和这尊雕像非常符合。经过了三千三百多年，这座石灰岩与灰泥雕塑成的彩绘人像依然神采奕奕。

德国考古学家于1912年在埃及发现了这个雕像，为了将它运出埃及，德国考古队向埃及方面隐瞒了实情。为此，埃及方面一直要求归还。但它早已成为新博物馆的镇馆之宝，被印制在各种宣传品上，包括邮票、明信片、博物馆的宣传海报等。20世纪30年代的德国媒体甚至称它是“德意志普鲁士的艺术宝库这个皇冠上最珍贵的一颗宝石”。还有人形容它“展现了一个有着纤长颈项、优雅的弓形眉毛、高颧骨、细长鼻子，且红唇上带着富有活力的微笑的女性。奈费尔提蒂是古代艺术品里最美丽的女人之一”。

“柏林绿人”面部虽被损坏了，但仍然颇为传神

所谓“柏林绿人”，是一尊公元前500年左右由绿色石头制成的男性头像。虽然它的面部已被损坏，但从艺术角度去看，这是一个颇为传神的现实主义作品。因为头像上没有铭文，无法断定他的身份，但从他所剃光头以及淡定的目光判断，应是一位有文化的僧侣。

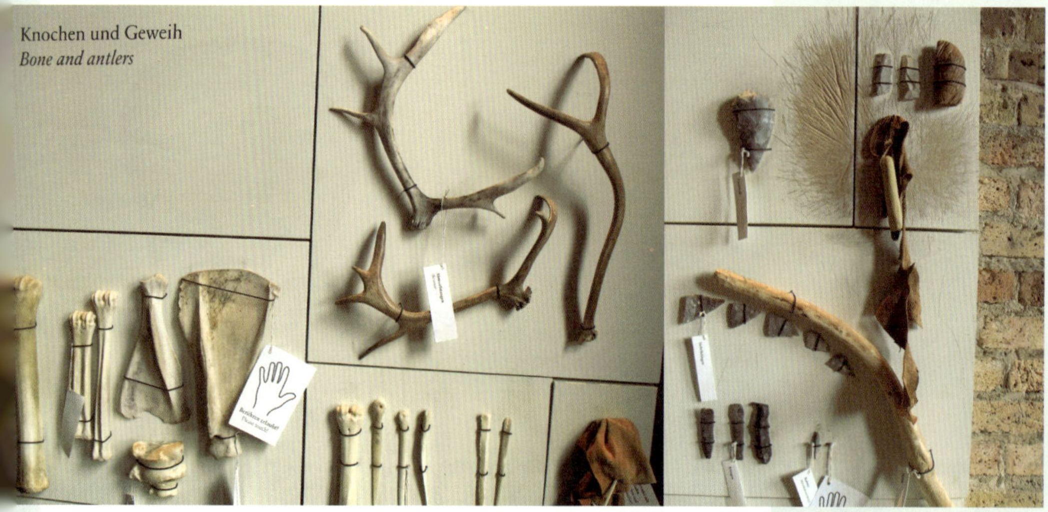

博物馆放置了供参观者切割的兽皮，展板上都是切割留下的印记

新博物馆还陈列了大量史前文化和人类早期文明的考古发现，包括谢里曼发掘的特洛伊宝藏的复制品［见《柏林历史文化之旅——人物手册》（以下简称《人物》）之“谢里曼”］。原件被当作战利品运到苏联。为了让人们从感知上体会史前时代人类的生活，博物馆还放置了一些展品供参观者触摸，观众可以像史前人一样用石器切割毛皮、用骨针缝制衣服。我用博物馆放置的石刀切割兽皮，非常费劲，仅仅使前人在展板上留下的切割印记又加深了几道。

参观完新博物馆后，我在附设的纪念品店看到一张非常漂亮的明信片，好像是一个博物馆展室的内部。印象中，参观时没有见到如此精美的布置，就去问服务人员，这是什么地方。一位上了年纪的女士说，是以前陈列埃及展品的大厅。见我愣住了，她补充说：“战争中被毁了。”我一时语塞，不知该说什么，女士有些悲戚又有些气恼地瞥了我一眼。我想，她是猜到我的想法了。我那一瞬间想到的是，德国是两次世界大战的发动者，尤其是在第二次世界大战中，做了很多邪恶的事，最终招致报复——当然也是非常残酷的报复——我无法表达同情。女士也许对外国人的这种态度并不陌生，所以丢下我走开了。

现在陈列埃及艺术品的大厅也很有气势，但是和明信片上昔日的华美完全不可同日而语了。第一次面对这种照片上的反差时，我还是很理性地告诉自己，这是没办法而只能接受的一个事实。但是在柏林参观期间，这样的状况要不断面对。凡是依照原设计修复的建筑内部很少能恢复到原来的模样，不夸张地说，大多数连原来的十分之一都赶不上。所以我越来越觉痛心疾首，对人类曾经的愚蠢和残暴不由得不憎恶。

“二战”前的埃及庭院装饰非常华美

修复后的埃及庭院要简朴得多

老国家画廊

早在老博物馆动工期间，弗里德里克·威廉四世就曾有建立一座美术馆的想法，但迟迟没有启动。直到新博物馆内部装饰已接近尾声，老国家画廊（Alte Nationalgalerie，Old National Gallery）才正式立项。银行家瓦格纳（Johann Heinrich Wagener）捐献了262幅画，促使弗里德里克·威廉四世下决心在岛上兴建第三个博物馆。他是个业余艺术爱好者，对建筑也特别有兴趣，亲自画了草图，让设计师施蒂勒按照他的意愿设计。施蒂勒先后绘制了两个方案，都被国王否决。第三个方案好容易通过了，施蒂勒却没有等到实施就去世了。由国王和内阁任命的工程委员会成立后，将重任交给了设计师布塞（Carl Busse）。工程最终由施蒂勒的好友施特拉克（Johann Heinrich Strack）完成。博物馆于1867年破土，经过九年建设，在1876年由皇帝威廉一世主持了开幕式。

依照国王的意愿，美术馆的建筑形式要表现出艺术、国家和历史三者的统一，因此不可避免地成为一个复合式结构，换句话说，拼凑成大杂烩。它的主体仿制了罗马神庙，西北部附加了一个半圆形的后殿代表教堂，东南部的正门前修建的楼梯又很像是剧院。以古典风格为主，同时掺入了新文艺复兴的元素。高踞于台阶上的是弗里德里克·威廉四世的骑马像。整个建筑使用砖和铁的结构，被认为是可以防火的。

由于最开始威廉皇帝将美术馆的功用局限在展示德国绘画上，所以在画廊建立初期，除了瓦格纳和画家柯内留斯（Peter von Cornelius）捐献的作品外，这里的展品不多。后来画

弗里德里克·威廉四世骑马像高踞于老国家画廊正门台阶上

廊的主管者冒着和皇帝发生冲突的风险购进了印象派的绘画。20世纪初，画廊甚至收藏了表现主义绘画。第一次世界大战的战败导致威廉二世退位，原皇家宫殿王储宫也交付给国家画廊，作为分支展厅展示现代绘画。纳粹德国期间，很多现代作品被毁（见《导览》之“菩提树下大街 · 王储宫”）。

弗里德里克《海边的僧侣》

老国家画廊在“二战”中受损，经过修复在1949年曾重新开放。1998年到2001年总投资6200万美元再次大修。新开放的老国家画廊目前主要陈列19世纪德国和法国印象派的作品。德国的展品主要包括德国新古典主义和浪漫主义以及1815年到1848年毕德麦雅时期（Biedermeier）画家的作品。

弗里德里克《橡树林中的修道院》

其中的镇馆之宝是风景画家弗里德里克（Caspar David Friedrich）的两幅代表作（见《人物》之“弗里德里克”）。这是弗里德里克 · 威廉四世还是个15岁的孩子时撺掇他的父王购买的。仅从这件事来看，弗里德里克 · 威廉四世的的确确具有敏锐的艺术直觉。《海边的僧侣》（*Der Mönch am Meer*, *The Monk by the Sea*）和《橡树林中的修道院》（*Abtei im Eichwald*, *The Abbey in the Oakwood*）这两

《弗里德里克在无忧宫演奏笛子》是门采尔最广为人知的作品

幅画表现出的苍茫之感和对时空的处理手法具有前无古人、后无来者的独创性，的确是非常优秀的作品。尽管人们认为弗里德里克·威廉四世作为执政者并不具有政治家的风范，但他少年时的这件事让我对他不由得增添了几分敬意。

在老画廊顶层，中间最大的厅专用于陈列弗里德里克的作品。这两幅最重要的作品挂在对面的墙上。《海边的僧侣》中渺小的人影身着长衣，一只手支着下巴，面向深色的大海和阴郁的天空。有人认为画中人是弗里德里克本人。画家有意模糊了这个人所站的位置和海面间的关系，景深的处理也不是很明确，这就给观看的观众一种天地悠悠的意境，恍惚间好像抽离于现实时空之外。

另一位德国重要画家门采尔（Adolph Friedrich Erdmann von Menzel）的作品也是珍品。他的画作陈列在一层最里面的几个厅中。门采尔在活着时就享有很高的声誉，去世后，那些他自己认为不适于公开展出的作品也得到后人的赞誉。门采尔是自学成才的画家。他早年以为书籍制作石版画和木版画插图为生，同时自己钻研其他类型的绘画，渐渐在油画和素描上都有显示出才能。他在同时代的名声主要是表现了王室贵族生活场景，受到威廉一世和俾斯麦的赞赏。他们从政治角度肯定了门采尔的作品表现出的帝国繁荣气象。门采尔因此获得普鲁士王国的最高荣誉"黑鹰勋章"，这也意味着他同时获得了贵族头衔，其名字中间加入了"von"。门采尔活了91岁，度过了很充实的一生。他去世后，威廉二世皇帝为他举办了豪华的葬礼，并亲自抚棺出殡。

《弗里德里克在无忧宫演奏笛子》（*Flötenkonzert Friedrichs des Großen in Sanssouci*）因为其题材而成为门采尔传播最广的作品。画作表现的是弗里德里克大帝在波茨坦的无忧宫吹奏笛子的场景。德意志历代统治者将这位国王神化，把他看作民族精神的象征。门采尔把国王描绘成一个情趣高雅的人，但这并不意味着画作只是歌功颂德之作，本身没有艺术价值。门采尔非常善于表现细节，他的画因而有"纪录片的画面"之称。同时，门采尔又在画中表现出温柔的情调，使这幅画笼罩着法国文化的气息，很符合传说中的国王形象。

老国家画廊还展出了门采尔不同类型的作品：人物、风景、静物，还有小幅习作，和官方画作味道完全不同。我惊讶于一个人能有这样丰富的感受、宽广的内心，对周围所见所闻都能怀着热情去细心描绘，而且表达出不同的趣味。他画底层的建筑工人、钢铁工人的生活，如《轧钢厂》（*Iron Rolling Mill*），朴实沉稳；又画上流社会的社交场景，如《舞会中的晚餐》（*Supper at the Ball*），繁华富丽，光影迷醉。有幅画作甚至只画一只脚，笔触粗疏，却真切独特，看过就很难忘记。门采尔晚期绘制了一些表现普奥战争中残酷性的现实主义作品，可能是他本人有所顾忌，生前没有展出过。此外，他大量的素描作品也成为后世学习的范本。

门采尔的画总有什么东西会触动人，有时是物体上的一缕高光，有时是人物眉宇间的气息，有时是他表现物体的角度，有时是画面中瞬间的流逝感。

弗里德里克和门采尔这两位德国重量级画家后来都被纳粹宣传机构利用，因而在一段时期内其艺术价值被政治因素掩盖。半个多世纪过去了，很多曾不可一世的东西烟消云散，留下的是真正值得留下的。

老国家画廊中另一位值得一看的画家是德国神秘主义画家勃克林（Arnold Bröcklin），这里珍藏有他最著名的《死之岛》（*Die Toteninsel*）的一个版本。它之所以知名和多位名人对它的喜爱有关。据说心理学家弗洛伊德、政治领袖列宁、法国总理克雷孟梭都在办公室悬挂了这幅画的复制品。作家纳博科夫更夸张地说，在柏林每户人家都挂有这幅画。它也是希特勒最喜欢的作品。

我在大学上艺术史课，讲到现代部分时，总有张小而模糊的画，说明告诉我们，它叫《死之岛》。我使劲分辨，只能看出大概有只船往一个岛驶去，一个白衣人背对着画面站在上面，是有点恐怖的味道。今天看到原作，才发现是一幅很精致的画作，也明白了何为“神秘主义”。整幅画很安静，水面像玻璃一样光滑，岛上的石头似乎也画得很写实，上面的石头过渡成了一个建筑，也是细节逼真。岛上有两排常见的树，中间留出一条小路。白衣人正驶往那里。画面看上去只是生活中寻常场景，但又觉得静默中有什么不对劲：那是什么地方？幽静而孤绝，普通的空间中缺少了明确的时间概念。如果是死之岛，为什么这么平常，

勃克林《死之岛》

和我们见到的一些地方一样？而且画得这么典雅优美，反让人惶惑。神秘不是因为画了什么奇怪的主题，而是来自看画人的内心，激起莫名的不安，又被画中的温柔气氛吸引，忍耐不住顺着小船的方向看去，好像自己也前往那个神秘奇怪的地方。

此外，这里重要的德国画家还有申克尔，也有专门的大厅陈列他的作品，和弗里德里克的厅相连。另一位20世纪初有影响力的德国画家利伯曼（Max Liebermann），他的一部分油画作品陈列在二层。

老国家画廊另一部分重要收藏是法国印象派和后期印象派，也在二层。其中包括马奈、莫奈、雷诺阿、凡·高、塞尚以及现代派雕塑家马约尔的作品。最让画廊引以为荣的藏品是马奈的《在温室里》（*In Wintergarten*）。这幅看似普通却蕴含着神秘气息的画作因为不断被解读而更知名。画面上好像在交谈的两个人的目光没有交流，各自沉浸于自己的世界里，面部表情很冷漠，尤其是女子，完全面无表情，就像个玩偶一样没有生机。他们在干什么？为什么女人只有右手戴手套？两人都戴着戒指。他们是夫妻吗？如果你看过法国当代哲学家福柯对马奈的解读，会越看越纳闷，马奈好像呈现了一个具体场景，但却抽调了人物和物体之间的逻辑联系，就像是在和观众玩灵异世界的游戏。这是从这个角度上说，马奈比其他印象派画家更具现代感。

这里还有一尊罗丹的《青铜时代》（*Age of Bronze*）。这是罗丹早期的作品，送到比利时参赛，被认为是用真人体复制的，因而引发丑闻，给努力想在艺坛站稳脚跟的雕塑家造成很大痛苦。这件作品有多个版本，现在都成为各大美术馆引以为荣、竞相收藏的宝贝。

老国家画廊展示的人物肖像和雕像也值得一看，很多本书提到的人物在这都可见到真容，如利伯曼、勃克林等人的自画像，以及音乐家瓦格纳、利伯曼的雕像，利伯曼为德国艺术史家博德所画的肖像等。

马奈《在温室里》

博德博物馆

博德博物馆（Bode Museum）在博物馆岛的西北部尖端，1904年完工开放，始称恺撒·弗里德里克博物馆（Kaiser Friedrich Museum），是根据仅在位99天便去世的德意志第二帝国第二位皇帝弗里德里克三世（Frederick Ⅲ）命名的。1956年，东德政府将这个带有古代帝王将相标记的名字改为博德博物馆，以纪念它的第一位馆长威廉·冯·博德（Wilhelm von Bode）。从1997年到2006年，博物馆再次进行大修，耗资2.09亿美元。

博德博物馆两面临水，有两座石桥跨越施普雷河和大陆相连。左边背景处可以看到亚历山大广场的电视塔

由于位于岛的西北端，博德博物馆的建筑依据地形呈三角形。很多关于博物馆岛的照片都从博德北部的圆弧方向拍摄，博德博物馆已经成为整个岛的象征。博物馆两边分别有两座石桥跨越施普雷河与大陆相连。

博德早年学习法律，但是对艺术的浓厚兴趣使他放弃了专业，改修艺术史。虽然他有关欧洲艺术的论述颇多，但其主要成就还是倾注了他后半生心血而建立的这座博物馆。他动用一切社会关系，利用和王室的联系，和全欧洲艺术家、收藏家的友谊为博物馆收集藏品。在19世纪90年代，德国的艺术收藏品中心在南部的慕尼黑和中部的德累斯顿，博德劝说威廉二世皇帝将中心迁移到了柏林。

博德对于展品陈列有自己独特的看法，他认为一个房间应当将绘画、雕像和手工艺品都摆放在一起，而不是按照类别分别放置。这就是他所说的“风格房间”，就像中产阶级私人收藏家供自己欣赏时那样陈列。从参观者的角度，我倒是很喜欢博德的这种方式。同一类别的大量艺术品堆积在一起，欣赏的时候，新鲜感和敏感度都会降低，更容易疲倦。不过对大型博物馆而言，不进行严格的分类不便于管理。欧洲很多私人收藏家的豪宅或别墅转变成的小型博物馆采用这种方式则很恰当。

第一次进入博物馆大厅，会留下很深的印象。大厅穹顶下摆放着弗里德里克二世的骑马像。在室内放置这样大型的雕像，使得空间显得更宽阔。这座铜像还有一个双胞胎，基座上雕刻有复杂的装饰，被放置于夏洛腾堡宫的院子里（见《导览》之“夏洛腾堡”）。不过在这里，我们从楼梯上到二层可以观看雕像的神态，而不必总是仰视。

当年的恺撒·弗里德里克博物馆最重要的收藏是钱币、像章、代币、筹码和制造钱币的工具，从公元前7世纪到21世纪的藏品有50万件，是世界最大的币章学收藏之一。现在陈列于展室的大约有4000件，其设计体现了以专业知识为大众服务的理念。小小的原件放在展柜中，放大的图片和历史背景知识展示在墙上，便于普通观众从历史脉络方面了解展品的价值。

现在博德博物馆还是世界上最大的古代雕像收藏地之一。博物馆的一层主要陈列南欧和北欧的拜占庭和哥特艺术品。二层陈列文艺复兴和巴洛克艺术作品。

在博物馆中和博德纪念像放在一起的还有西蒙（James Simon）的雕像，他是一个有良好修养的犹太商人，是博物馆迄今为止最重要的赞助人。在博物馆建立之初，他捐献了大量

博德博物馆大厅穹顶下摆放着**弗里德里克二世的骑马像**

博德博物馆的拜占庭艺术展室

博德博物馆的哥特艺术展室

博德博物馆迄今为止最重要的赞助人：西蒙

博德博物馆中一件广为人知的展品：佛洛拉的半身像

的意大利文艺复兴时期的绘画、雕像和家具。

博物馆中还有一件广为人知的展品，其价值到底有多大至今是个谜，却因为一段公案而备受关注。1910年，博德在伦敦的画廊发现了一件佛洛拉（Flora）的半身像，她在罗马神话中是专管花朵、青春与欢乐的女神。博德认定它是达·芬奇的作品，而且只花了几磅就买到手。德国公众知道后，就拿这件事开玩笑，说就在英国专家眼皮底下用这么点钱买回了一个大宝贝。

不久英国雕塑家卢卡斯（Richard Cockle Lucas）的儿子跟英国媒体披露，这尊胸像是他父亲制作的。他能准确说出他父亲在制作雕像时使用的材料是蜡烛头，以及残留其上的辅助材料碎片。柏林博物馆的工作人员随之检查雕像，发现和英国人所说完全吻合。而且雕像夹缝中有一封信，日期是19世纪40年代。

尽管有如此确证，博德依然认为这是达·芬奇的作品。为了证明自己是正确的，他将卢卡斯的其他作品和这尊雕像陈列在一起让人们判别。但是事与愿违，大家看到卢卡斯的确经常依据古代珍品制作蜡像。争论随之而起，各种猜测也都冒出来。据说以科学的方法依然无法鉴定雕像的年代，不知这是不是德国博物馆照顾博德的面子而不捅破事情原委的托词。这尊像现在依然展示在博德博物馆，标签上写的是“英国，19世纪”，旁边有一个问号。

想来，博德当时已经65岁，是欧洲德高望重的艺术研究者，如果承认错误，想必会承受太大压力。而且人老了，总是很固执，由此留下这段说不清的谜团。

帕加蒙博物馆

帕加蒙博物馆

就像老博物馆和新博物馆是先后诞生的姐妹一样，帕加蒙博物馆（Pergamon Museum）也是对博德博物馆的补充。随着藏品增多，博德博物馆的空间明显不足，新的博物馆便开工了。但是博物馆完工不久，就发现其地基有问题，被迫于1909年关闭，随后全部拆毁。重新修建的博物馆从第二年即1910年开始动工，经过了第一次世界大战，直到1930年才完工。“二战”中盟军对柏林的轰炸使博物馆遭到破坏，苏军进入柏林后，又拿走了一些珍贵文物作为战利品，包括博物馆最重要的藏品帕加蒙祭坛（Pergamon Altar）。1958年苏联政府曾将一部分文物还给东德，但是还有另外一些陈列于莫斯科和圣彼得堡，德国一直在交涉要求归还。另一部分藏品在战后归属于盟军占区，展示于夏洛腾堡宫。

帕加蒙博物馆在博德博物馆南边，两者间有一条轻轨穿过。它将博物馆岛上最后一块空地占得满满的，虽是五姐妹中最年轻的一个，占有的面积却最大。因为第一次兴建的博物馆太小，容纳不了帕加蒙祭坛。因此第二次再建时，就为展示大型古代建筑而拓展了面积。

帕加蒙博物馆由三部分组成，和西边的施普雷河正好形成一个“口”字形。每年有110多万人参观帕加蒙博物馆，在德国艺术类博物馆中接待人数最多。它之所以如此吸引人，是因为馆藏的几个大家伙。博物馆由三个分支博物馆组成：古物收藏馆、中东博物馆和伊斯兰艺术博物馆。

古物收藏这部分中最耀眼的明星是帕加蒙祭坛，博物馆就是以这件藏品命名的。祭坛原位于小亚细亚帕加蒙古城的卫城。一般的说法是，建造于公元前 2 世纪上半叶国王欧迈尼斯二世（Eumenes Ⅱ）统治时期。但是学界对于祭坛的建造者、建造时间、建造目的都存在争议。从相关证据推测，祭坛上的浮雕应是在欧迈尼斯二世死后完成的。另一个和流行看法相左的推测是，祭坛不是一座神庙，而在神庙之外，或是隶属于神庙的户外祭祀场所。这座祭坛可能是用于供奉雅典娜的，或同时供奉宙斯。在祭坛内有一个马蹄形的小火坛，但不确定它到底是用于祭祀牲畜的，还只是用于祭酒、供奉葡萄酒和水果的。

在很多古代文献中都提到过帕加蒙祭坛，有的甚至称其为世界奇迹之一。现存于梵蒂冈博物馆的著名雕像拉奥孔——在世界各地都能看到它的大大小小的仿制品——被认为其灵感来源就在祭坛。在挖掘出祭坛时，考古人员发现雅典娜的对手阿尔库俄纽斯（Alcyoneus）的姿态神情都和拉奥孔非常相像，他们开玩笑说，这下有了两个拉奥孔。后来整座浮雕被拼凑完整，人们发现很多后世的雕像作品都可以在这里找到源头。

挖掘工作从 1878 年开始，这个时间和政治背景密切相连。此前，德国工程师胡曼（Carl Humann）在帕加蒙发现祭坛和其他留存的建筑遗迹都处于很糟的状况，必须立刻进行保护。当地居民拆去祭坛的部件盖新的建筑，还为了得到石灰而焚烧祭坛的大理石。但当时，以胡曼一人之力无论如何没办法采取措施。1871 年，在德意志帝国建立的那一年，几位德国古典学者应胡曼之邀到帕加蒙参观，在他们的安排下，一些部件，包括祭坛上的部分浮雕被运到了柏林。

1877 年，古希腊艺术专家、考古学家康策（Alexander Conze）被任命为柏林皇家博物

拉奥孔

图左侧的阿尔库俄纽斯从姿态和神情都和拉奥孔非常相像

馆雕像藏品部的主任。他立刻和在土耳其为一家筑路公司工作的胡曼取得联系。第二年，两人便联合起来在德国政府资助下开始发掘。事情何以进展如此迅速？

普鲁士在统一大部分德意志成立帝国之后，成为欧洲中北部地区最具实力的大国之一，自然要显示其雄厚的实力。但普鲁士一直致力于军事力量，文化上传承较浅，所以急于要积累文化财富。如果能得到帕加蒙祭坛，就可以在小亚细亚古代雕像的占有程度上和大英帝国博物馆处于同一重量级了。

当时德国政府和统治该地区的奥斯曼帝国达成协议，可以将挖掘出的祭坛运到柏林。但是在 1998 年和 2001 年，土耳其的文化部长曾两次要求德国归还帕加蒙祭坛，祭坛的归属权因此成为悬而未决的公案。

陈列于博物馆中的这座宏大建筑宽 35.64 米，前后进深 33.40 米；单是前面的楼梯就宽约 20 米。但这其实只是整个祭坛西面的一部分。从祭坛旁展示的模型我们可以看到，从台阶登上祭坛，在一排廊柱的后面还应该有一个很大的长方形部分。不知为什么在第一次安装时只重建了其中一部分，其他的有些装置在祭坛对面的墙上。不能确认身份的雕像也摆在那里。此外卫城中还有一座雅典娜神庙的大门，原来位于祭坛上方，现在陈列于旁边的展室。

现在陈列于博物馆的祭坛，其最精彩的部分是围绕在底部的浮雕。她全长 113 米，是现今保存下来的仅次于帕特农神庙的最长的浮雕。浮雕以从左到右的连环画形式描述了希腊神话中的英雄传奇

无法确认身份的雕像

巨人之战浮雕具有非凡的想象力和表现力

和战斗故事。巨人之战浮雕（Gigantomachy frieze）讲述的是宙斯在地母盖亚的帮助下打败了克洛诺斯，但却带着新的神祇反对盖亚的孩子。盖亚便策动她的孩子们和宙斯领导的神对抗。赫拉克勒斯和狄奥尼索斯也参加了战斗。其中盖亚是一个有蛇足的巨神，宙斯则具有无边的神力，其他神各显神通，有的带有武器，有的指使各种猛兽相助，双方混战成一团。为了便于大家辨认，在重要的神如宙斯、雅典娜、三面女神赫卡忒（Hecate）等下面标有名字。

这组雕像非常具有动感和想象力。身体的扭曲、衣褶的飘动、动物的凶猛姿态都刻画得非常逼真细致。而这只是些断臂残肢，如果眼前是完整的，不知会让人何等兴奋。当年胡曼看到它们被无知的当地人随意糟蹋，该是多么痛惜。如果 19 世纪没有强大的西方势力介入古代文化的发掘，这些珍贵的遗迹今天会怎么样？

欣赏了这些雕像之后，再看到后世西方的雕塑作品就不会特别惊叹了。有如此精美绝伦的源头，难怪子孙中艺术大师辈出，即便每天只是耳濡目染也不会丧失对美的热爱。

另一组名为特里弗斯浮雕（Telephus frieze）的作品位于台阶上方，柱廊的后面。它以编年顺序讲述了希腊神话英雄特里弗斯的故事。因为空间有限，这组雕像比较小，只有 1.58 米高，原来是被染色的，但是挖掘的证据太少而无法确认其具体颜色。

位于这个展区的米利都大门（Markttor von Milet，Market Gate of Miletus）也颇为壮观。它大约建于公元 120 年到 130 年的古罗马哈德良皇帝时代，原来在今天土耳其境内名为米利都的古代城市中，是一个市场的北门。在公元 3 世纪时被地震损坏后，曾经过重修。到 10 或 11 世纪时又发生了一次地震，造成大门完全坍塌。后来人们清理了废墟，一些部件被用于修建其他建筑，不过大部分都被埋到了地下。

德国考古学家魏甘德（Theodor Wiegand）在 1907 年到 1908 年年间对碎片进行了挖掘，并将它们运回柏林。他曾制作了一个大门的复原模型献给威廉二世，皇帝看了很喜欢，下令将整座门就像一个舞台背景一样重新搭建在博物馆中。从 1925 年到 1929 年，重达 750

建于古罗马哈德良皇帝时代的米利都大门

伊丝塔城门是公元前 5 世纪巴比伦内城的八个城门之一

吨的碎片被重新组合。但是缺失的部分，使用了砖、水泥和钢铁代替，整座门用铁质大梁焊入后墙。

这种做法遭到了批评。作为一个考古学的外行，威廉皇帝只是为了观赏其外表而重建大门，没有从保护文物的角度来考虑，降低了其研究价值。不过对同样是外行的参观者来说，肯定更愿意欣赏完整的建筑，而不是只看到一堆碎片。当然如果只为了看其外表，其实是可以用复制材料搭建大门，而保存原始碎片的。

在“二战”的盟军空袭中，米利都大门受到严重损坏。右边部分坍塌，整个结构都被弹片和大火毁坏。20 世纪 50 年代人们曾对它进行过一次粗略的修整，真正的完整复原是在两德统一后的 21 世纪初。

大门以大理石制成，有 30 米宽、16 米高、5 米进深，分两层，上层是科林斯柱式，下层是混合柱式，柱头既有科林斯式叶片纹饰，也有爱奥尼亚柱式的涡卷。在上层的壁龛里原来都有古罗马皇帝的像，两层之间还有很多花卉和公牛的浮雕。

站在大门前不禁让人浮想联翩：熙熙攘攘的人流穿过装饰华丽的大门，在皇帝石像的注视下进入市场的南部，小贩在大声招揽顾客，男人在购买牲口、粮食和陶器，贵族女性在贴身女仆的陪伴下挑选衣料和饰品，精明的商人正在检查从爱琴海以西地区甚至非洲运来的货物……

帕加蒙博物馆的中东博物馆（Middle East museum）里有很多大型展品。其中伊丝塔城门（Ishtar Gate）是最辉煌的。它原是公元前 5 世纪巴比伦内城的八个城门之一。安放在博物馆中的这一部分高 14 米，宽 30 米，其实是双城门前面较小的一个，后面更大的无法放置进博物馆里。在城门前，还复制了一条游行大街，展示出原城宏伟的气势。

这个城门原处于城北，是遵照国王尼布甲尼撒二世的命令修建的，献给主管丰饶、爱和战争的女神伊丝塔，故而得名。每年新年的庆祝活动中，人们抬着女神和其他男神的雕像穿过城门，在游行大街上展示。

城墙上贴着蓝色琉璃瓦，交替装饰着龙和牛的图案。大门两侧的墙壁上还有游行大街的一部分，底部装饰有狮子图案。游行大街上原有120只狮子，现在分别收藏在巴黎卢浮宫、伊斯坦布尔考古博物馆、慕尼黑国立埃及艺术博物馆、纽约大都会艺术博物馆等几大博物馆。

博物馆南翼是伊斯兰艺术博物馆（Museum of Islamic Art），展品非常丰富。触目所及都是古代伊斯兰艺术精美的图案。其中两个大型展品很有名：穆萨塔宫残墙（Mshatta Facade）和阿勒颇之屋（Aleppo Room）。

穆萨塔宫（Mshatta palace）原位于今约旦首都阿曼以南30公里处，建于公元7世纪，是哈里发瓦利德二世（Walid II）的冬宫。瓦利德被谋杀后，穆萨塔宫就荒废了。后来又经过一场地震，全部被毁。1840年专家开始对其进行挖掘。博物馆中的这一段残墙是奥斯曼苏丹阿卜杜勒·哈米德二世（Abdul Hamid Ⅱ）送给威廉二世皇帝的礼物。之后被安放在帕加蒙博物馆。这一段有33米长，五米高，包括两个塔和主门的一部分。墙体上装饰着阿拉伯式蔓藤花纹和动物图样。

阿勒颇之屋（Aleppo Room）是一位富裕的经纪人在17世纪初请工匠制作的。因为是木质的，比较脆弱，在展厅中以玻璃罩住。观者虽无法靠近，但可以看到整个墙体上覆盖着颜料和金属涂料绘制的花纹图案。其中有些是从公元11世纪初奥斯曼帝国时期的旧宫殿里拆卸的装饰。主人可能具有天主教背景，因为装饰画不仅局限于伊斯兰花卉等装饰图案，也有取自《圣经》故事的场景和人物，如最后的晚餐、莎乐美的舞蹈、圣母和圣婴、圣乔治等。

穆萨塔宫残墙

阿勒颇之屋

此外还有以伊斯兰著作、12 世纪波斯诗人《七美人》（*Hafi Paykar*）中的爱情故事、阿拉伯谚语等为题材绘制的装饰画。

这个建筑是伊斯兰艺术博物馆 1912 年从叙利亚的阿勒颇收购的，那是一个商业城市。只有在那样多元文化交融的地方才会把伊斯兰教和西方宗教文化都绘制在一起。商业利益使人们能够接受不同宗教的共处共荣。

我喜欢在博物馆岛溜达，喜欢这里的气氛，喜欢和这些耐心求知的人在一起。他们的心是张开的，就像喜欢呼吸新鲜的空气一样，总是愿意更多地了解这个世界。中年人相对好像少些，除非是带孩子一起来。大约是人到中年都在应对必须解决的实际问题，闲情自然就少了。但在这样的博物馆中，极少见到耐心参观的中国同胞。在最知名的景点里，当然中国人很多，总是急匆匆的身影，或者喧哗着忙着照相。什么时候我们中国人也能像对待吃和穿一样，对精神生活有更多需求和热情？

实用信息：

五家博物馆的邮政地址：Geschwister Scholl Straße 6，10178，Berlin

五家博物馆的咨询电话：030-266424242（周一至周五 9:00 ~ 16:00）

网址：www.smb.museum

五家博物馆开放时间：周二到周日 10:00 ~ 18:00，周四延展至 20:00，周一闭馆

到博物馆岛的交通路线：公交 100、200、N2 Lustgarten 站下车

老博物馆

地址：Am Lustgarten 1，10178，Berlin

电话：030-20905577；030-20663666（导游预约）

新博物馆

地址：Bode Straße 1—3，10178，Berlin

老国家画廊

地址：Bode Straße 1—3，10178，Berlin

博德博物馆

地址：Am Kupfergraben，10117，Berlin

帕加蒙博物馆

地址：Bode Straße 1—3，10178，Berlin

网址：www.pergamon.de

备注：五个博物馆的展品随着改建和修缮还处于调整中，参观前请再次核实。

柏林大教堂：王族的华丽归宿

雄伟的柏林大教堂（Berlin Cathedral，Berliner Dom）矗立在博物馆岛东边，临近宫殿桥和卡尔·李卜克内西大街的南端，在柏林中心区是个非常令人瞩目的大家伙。但是在专业建筑师眼中，它只是个蹩脚的模仿品。它比旁边的老博物馆要醒目，但是建筑史上会把申克尔的老博物馆当作艺术品，而不理会德意志帝国为大教堂花费了多少巨资。

但是走近一看，我们还是会眼睛一亮，多么精美的石雕和铜像，多么优雅的拱顶，多么巍峨的巨柱。吸引我们的是古典建筑的繁复、精致和华丽。这正是被"二战"蹂躏的柏林最缺乏的，也是现当代建筑不可能给予我们的视觉享受。在一本介绍柏林的书上，德国的作者有点不好意思地解释说，为什么他们还会修复这么一个曾让柏林人讨厌的建筑：因为它是德国传统的一部分，是历史的回响。这是再次花费巨资修复它的唯一理由。感谢这个理由，我们得以欣赏这首石头的交响曲，尽管它不是杰出的作品，但至少是美的。

在这个位置建立教堂可以追溯到13世纪。在霍亨索伦家族将柏林确立为家族驻地后，开始将教堂作为他们的宗教服务场所和家族成员墓地。从16世纪到现在，教堂经历了四次重建，从文艺复兴式变成哥特式砖石结构，18世纪改建为巴洛克式，19世纪又成为新古典式，直到20世纪初的新文艺复兴式，把各种建筑样式都尝试一遍。"二战"中遭到破坏后，残破的大教堂很无助地又挺立了几十年，等待它的命运。20世纪80年代大教堂经过缩减修复，最终成为现在的模样。

德国人不喜欢20世纪初威廉二世所建的这个版本，觉得它花哨招摇，没有创意，完全是把别人的东西拿来堆积而成。"它除了炫耀，没有别的。上百个圆柱、壁柱、飞檐、拱顶、圆球、雕塑和其他炫耀的元素，只是为了炫耀。它的核心就是重复毫无价值的东西……所有的细节都是模仿、照搬、复制。"

但是它符合威廉二世的口味，他喜欢"大"和"花"。为了和梵蒂冈的圣彼得教堂和伦敦的圣保罗媲美，为了显示德意志帝国的权力，威廉二世命人拆除了19世纪的新古典式教堂。那个教堂的内部经过申克尔重新改建，风格简洁明快、匀称含蓄，但是太小，又不够"现代"，是一个正在膨胀的帝国的皇帝所不喜欢的。

1905年建成的大教堂穹顶高耸、体积硕大，雕梁画栋气势非凡，成为柏林最招摇的建筑，和对面的城市宫遥相呼应，在柏林中心制造出帝国气派。大教堂当时由三部分组成：主祈祷堂、纪念教堂和受洗及婚礼礼拜堂。

"二战"时，一颗炮弹的可燃液体进入穹顶的顶塔引起燃烧。因为那里太高，无法扑救，

雄伟的**柏林大教堂**矗立在柏林中心区

大火将顶塔烧塌，坠落到地板上。战后这里属于苏占区，他们对于搬不走的德国文化遗产处理起来一向很轻率。大教堂曾两次用临时屋顶覆盖，只是应付了事，想必很寒碜，不过没有拆除已是幸运。

1964年，尚在分裂中的福音教会联盟希望联合东西两边的力量修复教堂，东德政府没有反对，因为这可以使西德马克流入东德（参看《导览》之"'饿爪'和维多利亚公园"）。当时东德很需要西德的钱。1975年政府终于开始动工，但是首先拆除了位于北边的纪念教堂，而且简化了原来的设计。从以前的资料照片中我们可以看到，原来的教堂西北部曾有一个圆顶的小建筑紧靠在大教堂主体上，现在这里只是一片绿地了。虽然教堂的修建缘于帝国皇帝，但最先被牺牲掉的也是失去了权力的普鲁士王朝。纪念教堂被拆，幸亏王族的棺椁保存了下来。1980年，最先修复的受洗及婚礼礼拜堂对外开放。1993年，中间最大的祈祷堂经过九年修复，终于向公众开放。开放典礼由当时的联邦总理科尔（Helmut Kohl）主持，通过电视直播，全国都可以目睹这一仪式。这是两德统一后的一件大事。最后一幅马赛克镶嵌画于2002年完成，大教堂终于修复完整。

大教堂的入口在博物馆岛的娱园。教堂正面装饰着很多铜像，大门前的四个人像、柱子上的天使、高居正中的基督，以及环绕着绿色穹顶的八个演奏乐器的天使，出自不同雕塑家之手，都是当时官方认可的艺术家。基督铜像两边的匾额上有两行镀金大字，强调出教义的力量：左边写的是SIEHE ICH BIN BEI EUCH ALLE TAGE BIS ANDER WELT ENDE，大意是，我与你永在，直到另一世界的末日到来；右边是UNSER GLAUBE IST DER SIEG DER DIE WELT UEBERWUNDEN HAT，大意为，我们的信仰是让受伤的世界赢得胜利。

穹顶高90米，加上金色十字架达114米。对比原来的图片，可以看出，修复简化了原来的穹顶。曾被烧毁的主穹顶顶塔以及周围的四个小穹顶的顶塔被简单的金属装饰代替了。

大门上方是一幅半圆形马赛克壁画，居中的是基督，他和那些劳动者以及担负着生活重担的人在一起。这是德国历史画家坎普特（Arthur Kampt）的作品。三扇铜门以浅浮雕表现了耶稣的生平故事，出自雕塑家莱西（Otto Lessing）。

进入教堂，从装饰上会处处感受到宗教的感召，并突出了新教特征。中间最大的厅是祈祷堂，穹顶宛如盛开的花瓣，上面装饰着八幅马赛克绘画作品，用德语写着《圣经》中的八福："清心的人有福了""怜恤人的人有福了""温柔的人有福了"等。这是历史画家维尔纳（Anton von Werner）的作品。他是威廉二世的绘画老师。他最著名的画作是表现威廉一世在凡尔赛登基的历史油画《宣布德意志帝国成立》（*Die Proklamation des Deutschen Kaiserreiches*，见《导览》之"德国历史博物馆"）。

圣坛穹顶椭圆形窗户描绘的是三位天使：从左向右，带棕榈叶的代表信仰；举着杯子的代表爱；擎着胜利旗帜的代表希望。下面三幅长方形彩窗画从左向右，分别是耶稣的诞生、

以浅浮雕表现了耶稣生平故事的铜门

祈祷堂的穹顶

上十字架和复活。这些画都是依据维尔纳的草图绘制的。白色大理石和黄色缟玛瑙制作的圣坛是施蒂勒(Friedrich August Stüler)的作品。后面两边的烛台是镀金的铁制品，中间的屏风是原来教堂唱诗班的屏风，是铜镀金的。这些都是申克尔的作品。台阶前左方镀金的鹰托讲台是依据施吕特1701年的设计制作的复制品，原件在大教堂的博物馆中。

穹顶四个拱肩的半圆形上绘有四使徒。两旁的柱子上有八尊雕像，他们是新教运动中的著名人物。主祭坛左边是路德，右边是他的好友梅兰希通。路德左边的是茨温利(Ulrich Zwingli)，他早年受路德影响，后来和路德在领圣餐礼和唱诗等问题上出现分歧，遂自成一派。路德和茨温利之间的是福音书作者约翰(Evancelist Johannes)。梅兰希通右边站的是加尔文(Jean Calvin)，加尔文派的创始人。雕像很准确地表现了人物的性格。梅兰希通为人很温和，雕像面带笑意。而加尔文很严厉，一幅倔强不好惹的神态。两人之间的是使徒马

写着“与神同在”的匾额由天使护卫

太（Matthaevs Evancelist）。

其他站立的在那里的人物是支持新教的诸侯，如智者弗里德里克，他曾保护路德（见《人物》之“路德”）；约阿希姆二世（Joachim II Hector），他支持路德并改宗成为路德教徒。

路德和茨温利的下方，是橡木讲道坛。看上去很古老，其实是新近的仿旧之作。在世界范围内享有盛誉的绍尔管风琴也是新修复的。它有7269个管子，113根一头阻塞的低音管子和四个键盘，音域宽广。其气动装置产于德国晚期浪漫主义时期。大教堂晚上有时举行管风琴音乐会，建议有时间来听听。和在音乐厅不一样的是，从教堂管风琴中发出的乐音在大厅中盘旋，仿佛直达穹顶，有很强的感染力。

在圣坛对面是“皇帝区”（Kaiser’s Lodge），是为国王和他的随从们准备的座席。有枝状烛台和红天鹅绒的帷幔，顶上饰有代表圣灵的鸽子。

柏林大教堂从15世纪开始成为王侯的安息地，现在最著名的展品是大选帝侯和其第二位夫人的金棺。金棺上的雕像非常精美。旁边陈列的还有德国皇帝弗里德里克三世和勃兰登堡选帝侯约翰·西塞罗（Kurfürsten Johann Cicero）的棺椁。西塞罗原本并不葬在这里，是他的孙子将他的棺木移到此处。西塞罗就成为第一位被葬于此的选帝侯。西塞罗是他的别号，出自古罗马著名演说家西塞罗，但是这位选帝侯的演说能力到底如何很难说。他在统治期间开始征收啤酒税，因此曾引发过骚乱。

在历史画家维尔纳的马赛克绘画下面，以德语抄录的《圣经》中的“八福”

福音书作者约翰

使徒马太

圣坛的玻璃彩画和圣坛都出自著名艺术家

BERLIN

教堂中还有再现威廉一世皇帝葬礼的油画，他后来被葬在夏洛腾堡的陵墓中（见《导览》之“夏洛腾堡”）。

大选帝侯金棺上的肖像

在地下室，还有更多王族们的棺木。从16世纪末到20世纪初，这里一共安葬了94位勃兰登堡—普鲁士王族成员。如此规模的墓地以及一批文献，成为欧洲墓葬文化的重要资料。一个小礼拜堂放置着普鲁士第一位国王弗里德里克一世及王后索菲·夏洛特的石棺。原始的棺椁出自雕塑家施吕特之手。地下室壁龛中还有一组纪念雕像，以三位女性代表信念、爱和希望，是雕塑家基斯（August Kiss）的作品。

登上教堂穹顶俯瞰柏林，向北可以看到卡尔·李卜克内西大街，向南可以看到菩提树下大街的重要地标，以及建筑吊塔和已经修复的古建筑共同组成的柏林天际线，有些杂乱。等这一轮大规模的修建工程尘埃落定，柏林就会进入安稳时期了吧。

地下室壁龛中以三位女性代表信念、爱和希望的纪念雕像

实用信息：

地址： Lustgarten 1，10178，Berlin

电话： 030-20269136

网址： www.berlinerdom.de

交通路线： 最方便的是公共汽车，100路、200路、N2、TXL都在大教堂门口有站

开放时间： 周一到周六9:00 ~ 20:00（冬季到19:00）；周日和公共假期12:00 ~ 20:00（冬季到19:00）

菩提树下大街：曾经的王权长廊

我们在菩提树下大街（Unter den Linden）找不到菩提树，只有一些电线杆般粗细的椴树。它们年过半百，是“二战”后栽植的。不知从什么年代起，菩提树下大街在中文里就成为柏林中心区的代名词，现在已经无法用更准确的翻译来代替这个习惯称谓了。一种猜测是，这个称呼是从日语转译而来，因为在日语中，椴树（linden）被译成菩提树。遗憾的是，两种树的叶子的确有点相像，但不同种。菩提树在东方文化中带给我们的联想和柏林这条大街一点都不沾边。

在16世纪，这里只是约翰·乔治勃兰登堡选帝侯（John George of Brandenburg）的一条骑马小道，供他骑马到围猎场蒂尔加滕（Tiergarten，见《导览》之“蒂尔加滕公园”）。出现真正现代意义上的大街是从大选帝侯下令种植椴树和胡桃木开始的。但它在柏林的地位越来越最显赫，无疑是因为其东段被一系列王家建筑包围。选帝侯之后，历代普鲁士帝王都

1900 年的**菩提树下大街**，从西向东望，可以看到歌剧院、王储宫、宫殿桥和被拆毁的城市宫，以及远处的红色市政厅塔楼、尼古拉教堂双塔

把在此地兴建庞大的建筑看作自己的责任，他们雇用最优秀的建筑设计师、雕塑家和画家，以建筑和华丽的装饰来炫耀和宣传他们的权力，同时也作为他们的丰碑供后代称颂。菩提树下大街由此成为一条展示王权的长廊。

虽然从现代人观念来看，这只是愚蠢的炫耀，投入大批人力物力制造视觉上的盛宴，而没有为生活在那个时代的大多数人带来实惠。表面上，城市道路、供水以及其他服务设施都获得了大幅度的改善，但受益的只是柏林中这一小部分而已。不过，时过境迁，当它们现在被我们当作文明的遗产继承下来时，又显得尤为珍贵。

18世纪普鲁士王国的实力逐渐增强，柏林成为令人瞩目的新兴城市，菩提树下大街也进入欧洲最著名的大街之列。但是到这里一游的人们并非都感到满意。19世纪末，很多人还在抱怨，出门观光不是卷起一片沙尘，就是车轮陷到泥里，二者必居其一，要取决于天气是晴天还是雨雪。直到路面铺上石子和沥青，情况才有所改善。不过受害的是道路两侧的树木。再之后，修建横穿大街的地铁，也必然导致树木减少。随着城市人口的增长，交通工具的变化，菩提树下大街也在不断扩张，最终形成现在长1390米、宽60米的规模。

遗憾的是，“二战”中盟军的轰炸将柏林绝大部分地区毁坏，菩提树下大街坚固的石头建筑在20世纪的炮火中也化为废墟。战后，重建一直没有停，但前人两三百年间积累的财富，绝非朝夕之功就能弥补。何况还有很多干扰因素。在四国分区而治时，这里属于苏占区；东西德分别成立之后，这里属于东德；柏林墙砌成后，这里属于东柏林。经济和政治原因导致修复缓慢。一方面东德政府的首都需要有大型公共建筑，恢复旧有建筑具有可行性，另一方面，东德所提倡的价值观念和继承普鲁士文化有矛盾。东德政府采取了一种很“中庸”的方式，修复一些，但不完全依照原设计，而以从简为原则。另一方面也开展去“普鲁士化”运动，清除所谓王权思想。

两德统一后定都柏林，菩提树下大街再次成为聚焦点。现在所有的规划都将陈列在历史面前，供后人评判。经过不同观念的交锋、各种方案的汇聚，看来目前的结果是，虽然古典建筑的修复和维护费用颇高，却没人敢于冒天下之大不韪否定祖先的遗产，把普鲁士王们的石头纪念碑拆掉换上今人的现代建筑。如果有人做出那样的决定，肯定要承担被后世子孙唾弃的风险。

所以，菩提树下大街，至少西段，还在努力回归20世纪战争之前的模样。已经复原的部分是柏林最吸引人的区域。只有站在这里，人们才会觉得柏林是独一无二的，不可能混淆于世界上其他任何地方。

在这里，一群德国最杰出的建筑师、艺术家、科学家和政治家或是曾经留下他们的身影，或是作品被保存。一条大街、一个城市、一种文明正是因为一些无可替代的名字才会生发令人仰慕的光辉。我之所以把这一长串名单陈列于此，也是为了让大家在游览之初，

宫殿桥上的《胜利女神带着倒下的士兵到奥林匹亚山》，基座上的圆浮雕是鹰和蛇搏斗

心中就有一个轮廓：我们脚下的这片土地是曾经雄踞于欧洲文化之巅的国度，人杰地灵，俊采星驰。柏林之所以跻身欧洲著名都市之列，正得益于这些灿烂群星的闪耀。而今他们的后代继续从他们的遗产中汲取养料，我们的柏林之旅，也是在享受他们共同的创造成果：

音乐家贝尔格（Alban Berg）、指挥家兼音乐教育家比洛（Hans von Bülow）、哲学家恩格斯（Friedrich von Engels）、哲学家费希特（Johann Gottlieb Fichte）、文豪歌德（Johann Wolfgang von Goethe）、剧作家及诗人霍普特曼（Gerhart Johann Robert Hauptmann）、诗人海涅（Heinrich Heine）、语言学家和外交官威廉·冯·洪堡（Wilhelm von Humboldt）、他的弟弟自然科学家亚历山大·冯·洪堡（Alexander von Humboldt）、画家及雕塑家珂勒惠支（Kaethe Kollwitz）、建筑师克诺贝尔斯多夫（Georg Wenzeslaus von Knobelsdorff）、剧作家莱辛 Gotthold Ephraim Lessing）、画家利伯曼（Max Liebermann）、作家亨利希·曼（Heinrich Mann）、哲学家马克思（Karl Marx）、音乐家门德尔松·巴托尔迪（Jakob Ludwig Felix Mendelssohn Bartholdy）、画家门采尔（Adolph Menzel）、雕塑家沙多（Gottfried Schadow）、建筑设计师、雕塑家施吕特（Andreas Schlüter）、申克尔（Karl Friedrich Schinke）、音乐家韦伯（Carl Maria von Weber）……

宫殿桥

菩提树下大街的东边从连接博物馆岛的宫殿桥开始。它原来是一座名为“狗桥”的老木桥，因在这里集结猎狗向蒂尔加滕出发而得名。1822年到1824年间，申克尔奉国王弗里德里克·威廉三世之命将它改建成一座三个桥洞的石桥。对申克尔来说，仅仅在河上搭建一个供人车通过的平板是不够的。他将它看作一个漂浮在河上的景观，应当具有新时代的美感。而他认为，这正是当时普鲁士公共建筑普遍缺乏的。

一开始，申克尔曾设想用铸铁制作雕像。因为他在铸铁工艺设计上的努力，刚刚完成的解放战争民族纪念碑（National Monument for the Liberation Wars，见《导览》之“维多利亚公园”）受到广泛赞誉。申克尔为提倡普鲁士精神而设计了铁十字勋章之后，更激发了一股激烈而盲目的爱国情绪。这种勋章是为了奖励那些参与对抗拿破仑的英雄，无论是否有职位、无论官阶大小，都可获此荣誉。铁一时间甚至成为民族精神的象征，被看作一种“爱国金属”。

但是铁的颜色和质感不适于表现柔美的物体。申克尔为这座桥设计了八组以雅典娜和胜利女神奈克（Nike）形象为主体的雕像，突出女性肌肤的温润和身体线条的柔和。可以想象，铁的表现力太强，不适合，而应该用大理石材质。而且铁很容易腐蚀，维护起来成本很高。使用大理石，即便到了一两百年后都便于人们对雕像进行修复。

然而申克尔的设计被国王弗里德里克·威廉三世否定了。当时对抗拿破仑的战争结束不久，属于战后重建时期，普鲁士的各方面都在恢复，尤其是经济形势不好，国家财政被迫

从王储官方向眺望宫殿桥

削减，百废待兴，需要用钱的地方很多，而建筑装饰并不是国王那时最关心的。而且弗里德里克·威廉三世年纪愈大愈保守，不喜欢搞得太张扬。

没有雕像的石桥在1823年11月28日揭幕，以此机会让来自巴伐利亚的王子妃伊丽莎白（princess Elizabeth of Bavaria）在公众面前露面。仪式搞得很隆重，柏林的学生以王位继承人的新娘的名义组成火炬阵，之后将火炬都扔到博物馆岛的娱园中燃烧。不幸的是，在建造新桥时旁边用一座木桥代替。一些人以为新桥阻塞无法通过，就走上木桥，导致很多人落水，其中有20人死亡。

考虑到如果把不幸事件和王子妃的首次亮相联系起来，王室的形象将因此受损，普鲁士当局控制了报刊对此事的报道。在经过对抗拿破仑的战争之后，普鲁士民众乃至整个德意志都在渴望民族振兴，推动国家进步。但是普鲁士国王回到柏林后，加强了君主统治，公民言论反受到更强烈的压制。19世纪上半叶普鲁士的专制作风甚至退回到了18世纪。这种状况在此事上也显露无遗。

弗里德里克·威廉四世即位后，柏林的建筑主导思想也随之改变。他的治理才能或许不被人称道，但却是个有浪漫气质的"艺术国王"。他愿意在文化上投资。在他手中，完成了一些他父亲没有完成的项目。正是在弗里德里克·威廉四世的首肯下，申克尔为这座桥设计的八组雕像陆续由八位艺术家完成。雕像安装后，宫殿桥恰如申克尔预计的那样，整个桥的形象为之大变，成为柏林一处颇有气势的景观。

"二战"中，宫殿桥严重受损，在20世纪80年代得以修复。1981年，八组雕像由西德艺术家负责修复交付东德，作为交换，西德得到了一批皇家瓷器场的档案。但雕像底座上的鹰标是直到1989年夏，作为另外一单生意完成的。西德雕塑家重新雕制后，从东德交换得到了其他艺术品。难以想象，在东西方的"冷战"中，可以交换的不仅是情报、政治犯，还有艺术品。但不管怎么说，政府间的这个"买卖"，公众是受益者。

桥上的八组雕像中，位于四个角的是带翅膀的胜利女神，中间四组是没有翅膀的雅典娜女神。靠近博物馆岛的北面从东向西依次是：胜利女神带着倒下的士兵到奥林匹亚山、雅典娜保护年轻的士兵、雅典娜引导年轻人投入战斗和胜利女神帮助受伤的士兵。在对面，从东向西依次是：胜利女神为战士戴花环、雅典娜授予一个战士武器、雅典娜教年轻人使用武器和胜利女神给年轻人讲述英雄历史。

在雕像下面我们可以看到原始作品的雕塑家的名字和制作日期。底座上的圆形浮雕，有四个是鹰和蛇搏斗，另外四个表现鹰戴着象征荣誉和不朽的饰物。桥栏杆上有用铸铁制作的海神和海马图案。

过了宫殿桥，右手边第一个建筑就是军械库（见《导览》之"德国历史博物馆·军械库），再向前是新岗哨。

新岗哨

新岗哨（Neue Wache，New Guard House）完全可以从字面理解它原初的功用。因拿破仑入侵而逃亡的普鲁士国王弗里德里克·威廉三世终于回到柏林，他住在对面的王储宫（Palace of the Crown Prince）。为了加强警戒，就在马路这面的军械库旁修建一个新的警卫所。这是在将拿破仑打败的“解放战争”（或称第六次联盟战争，Wars of the Sith Coalition）之后，柏林兴建的第一个公共建筑。它的另外一个“第一”是申克尔首次在柏林设计大型建筑。之前，战争使普鲁士无力修建工程，从意大利学习归来的申克尔因为无用武之地，只得以绘画和装饰设计谋生。

弗里德里克·威廉三世看到过申克尔的绘画作品，便雇用他作画。而如今能给申克尔一项设计建筑的任命，非常难得。年轻时曾游历大半个欧洲，四处临摹建筑杰作，满脑子灵感的申克尔当然也珍惜这个机会。

既然是个岗哨，首先要符合它的建筑意图，必然要坚固，适于守卫。而它所处的位置——在菩提树下大街西段，紧靠雄伟的军械库，对面便是王家居所——使它必然要有气势和个性。申克尔在罗马见过古兵营，他欣赏其稳固的结构。而且申克尔对希腊罗马的建筑语汇非常熟悉。他要借助于古老建筑之精华，同时有他自己的创新。

我们看到新岗哨的主体是个近方形的砖石结构，四角以茁实的方塔护住内庭空间，非常实用。正面有两排多立克式石柱托起一个三角楣。多立克式柱强调的是男性阳刚之美，

岗哨的主体是个砖石结构的方形，四角以茁实的方塔护住内庭空间。柱子上面有著名雕塑家沙多雕刻的胜利女神

它虽然破除了整个建筑的笨拙和单调，给砖石构架一个通向外界、可以呼吸的门户，但还是太方硬了。所以在外面一排六个柱子上面，著名雕塑家沙多雕刻了六个奈克胜利女神。她们身着轻盈的希腊式长袍，在巨大翅膀的陪衬下，以不同姿势摆弄着花环，都是很不经意的神态，好像士兵们战死沙场得来的胜利在神的世界中司空见惯。三角楣上的战争场面出自另一位雕塑家基比（August KiB），是依照申克尔的设计雕刻的。它以寓言手法突出了时代特征，画面上战士穿着古罗马时代的服装，用着很原始的武器在作战。但对当时的人们来说，战争刚刚结束，它的寓意非常明显。新岗哨一建成，立刻被当作古典主义的典范，申克尔利用了古老的建筑语言，开创出德国浪漫主义时期公共建筑的新风格。

德国以骗子福格特的漫画形象发行的邮票

一直到第一次世界大战结束之前，新岗哨都用于驻扎警卫。威廉二世退位、第二帝国结束后，这个建筑失去了功用。

此前，它在一次戏剧性事件中知名度陡然提高。在骗子福格特所进行的“可佩尼科上尉”（captain of Köpenick）表演中，新岗哨成为他导演的闹剧舞台之一：职业骗子福格特购买了军服化装成上尉，到军营中命令几名士兵跟随他一起占领了位于可佩尼科的市政厅，扣押了市长和财务主管。他从他们那里支取了4002马克37芬尼，甚至还给对方签收了收据，当然不是用他自己的名字，而是他曾被关押的监狱主管的名字。然后他叫了两辆马车，命令士兵把市长和财务主管带到新岗哨审问，剩下的士兵原地待命。他自己则换回平民的服装后消失了。被抓获后福格特因此获刑两年，最后得到威廉皇帝的特赦。民间将他称作“可佩尼科上尉”英雄。他的故事被多次改编成戏剧和电影，在可佩尼科的市政厅前还有他身着军服的雕像。德国还以他的漫画形象发行过邮票。

市政厅前骗子福格特身着军服的雕像，还挺威武的

1931年，建筑师特斯闹（Heinrich Tessenow）受命把新岗哨改建为阵亡战士纪念馆，用于纪念在第一次世界大战中阵亡的战士。此次改建最重要的环节是在建筑正中凿了一个天窗，使自然光线从上面直落下来。“二战”中建筑受损。20世纪60年代东德政府将它修复，改为法西斯主义和军国主义受害者纪念馆，

东德时期新岗哨的法西斯主义和军国主义受害者纪念馆，在馆中燃起长明灯

雕像中的母亲用外衣裹住儿子蜷缩的躯体，似乎还想为他保存体温

1969年东德成立二十周年之际，建筑正中点燃了长明灯，守护着不知名的战士和来自集中营的死难者的遗骸。

两德统一后，1993年，这里被开辟为德意志联邦共和国战争和暴政受害者纪念中心（Central Memorial of the Federal Republic of Germany for the Victims of War and Tyranny），现在供免费参观。偌大的展厅中只有正中一座珂勒惠支的铜雕：《母亲和死去的儿子》的放大版。这个布置虽简单，却非常震撼。雕像上方是天窗，没有封闭，无论雨雪都会淋在雕像上。在阳光灿烂的时候，明亮的光线洒下来，可以看到母亲用外衣裹住儿子蜷缩的躯体，似乎还想为他保存体温。她的脸很平静，没有忧伤、痛苦和绝望，似乎她的灵魂已经和离开人间的儿子融为一体，时光的流逝、天气的变化、外部的一切已经和她没有任何关系，人间的灾难再不会伤害他们母子了。曾经在战争中有丧子失孙之痛的女雕塑家珂勒惠支非常善于表现女性所遭受的苦难，不需要呈现任何残酷的场面和细节，便足以传达出内心无法弥合的创伤（见《导览》之“珂勒惠支纪念馆”和《人物》之“珂勒惠支”）。

新岗哨地处闹市中心区，是游客必到的景点，却非常肃穆，没有一点喧哗。游人一批批来此参观，一进门就会面对这对沉默的母子。大家也都沉默着，肃立片刻然后默默离去。希望所有来参观过这里的人都不会参与战争和暴政。

新岗哨西侧是洪堡大学（Humboldt University of Berlin），这所大学比起欧洲那些古老的大学来说，创建较晚，历史不过两百年。但是在近代，它的模式对一批西欧大学产生了重要影响，也曾吸引了一大批自然科学和社会科学领域的顶尖级学者。一个多世纪以来，大学中共产生了29位诺贝尔奖获得者。

这幢建筑的主体建于1748年到1766年，是为弗里德里克大帝的弟弟亨利王子（Prince Henry）所建。我们可以看到屋顶和墙体上有精美的雕像装饰。在19世纪和20世纪初人们都曾对建筑进行过扩建，主楼由此成为我们今天看到的类似H形，中间对着大门东西走向的部分和四边向东南西北四面延伸的部分相接。

1809年弗里德里克·威廉三世将这所宫殿给予即将成立的大学，最初叫柏林大学（University of Berlin）。从流亡中归来的国王支持威廉·冯·洪堡的教育改革，面对法军留下的残破河山，弗里德里克·威廉三世曾说："这个国家必须用它精神上的力量来弥补它物质上的损失。正是因为贫穷，所以要办教育。我还从未听说过一个国家是因为办教育而办穷了的，办亡国了的。教育不仅不会使国家贫穷，恰恰相反，教育是摆脱贫困的最好手段！"对于创办大学，国王也有鲜明的理念，他认为大学应是无所不包的广阔天地。

第二年，大学在威廉·冯·洪堡等人努力下建成。最初只有法律、医学、神学和哲学四个系的52个教授，共招收到256个学生，其中一半以上在医学系。1828年，大学更名为弗里德里克·威廉大学（Frederick William University）。大学的核心原则是，每一个学者和科学家的教学和研究相统一。这个模式被很多欧洲大学模仿。

洪堡大学的主体建筑原是为王子所建的居所

威廉·冯·洪堡像

亚历山大·冯·洪堡像

建校之初还比较匆忙，学校章程、校规都未公布。费希特开始时被任命为哲学系主任，因为负责选举工作的委员会还没成立。接着他又被选为校长。但是在处理学生决斗问题上，费希特和大学评议会的意见不一致，他和著名神学家施莱尔马赫（Friedrich Shleiermacher）对学生社团的问题意见也有分歧，闹得很不愉快。不久费希特便辞去校长之职。（见《人物》之“费希特”）

知识分子聚集的地方总是产生各种矛盾，何况这所大学创立在德国哲学的黄金年代，一批最具独创思想、强烈个性的人在此各领风骚，互不相让。除了费希特、施莱尔马赫之外，曾在此执教的还有哲学家黑格尔（G.W.F. Hegel），罗马法律理论家、历史法学派的创始人萨维（Friedrich Carl von Savigny），悲观主义哲学家叔本华（Arthur Schopenhauer，见《人物》之“叔本华”），自然哲学家谢林（Friedrich Schelling），文化批评家本杰明（Walter Benjamin）等。

此外，在威廉·冯·洪堡的弟弟、自然学家亚历山大·冯·洪堡的带动下，大学在自然科学、医学等方面的传统也很强大，同样人才济济：著名物理学家有亥姆霍兹（Hermann von Helmholtz）、爱因斯坦（见《人物》之“爱因斯坦”）和普朗克（Max Planck）；还有医学家菲尔绍（Rudolf Virchow），德国细菌学、现代微生物学奠基人之一科赫（Robert Koch）；数学家库莫尔（Ernst Eduard Kummer）以及著名外科医生迪芬巴赫（Johann Friedrich Dieffenbach）……长长的名单根本无法囊括。

马克思主义哲学的创始人马克思和恩格斯、诗人海涅、小说家杜布林、结构主义创始人索绪尔也曾到过这里。和这所大学发生过各种瓜葛的著名政治人物还有俾斯麦（见《人物》之“俾斯麦”）、德国共产党创始人卡尔·李卜克内西、美国社会学家及泛非主义者杜波依斯（W. E. B. Du Bois）、欧盟的创建人舒曼（Robert Schuman）。

纳粹上台后，颁布了新的职业法《重新安置职业公民法》（*Restoration of the Professional Civil Service*），在1933年到1934年间有250名犹太学者被解雇。被认为反对纳粹的学生和老师则被驱逐出境，三分之一的学校员工被开除。

大学校园在“二战”中受损，战后进行了重修。1949年，大学更名洪堡大学，以纪念它的创立者。战后，地处苏联占领区的大学因卷入政治运动遭到整肃。从1945年到1949年，政府几次以政治罪名逮捕学生，有些被判处二十五年强迫劳动，有些则消失了。在美国支持下，一部分学生和老师到美占区成立柏林自由大学（Free University of Berlin）。东西方冷战导致原来的大学从此分裂为两所大学。

在对着菩提树下大街的大门两侧有洪堡兄弟的雕像，是师徒二人的作品。西边的是哥哥威廉 · 冯 · 洪堡，大学的创建者之一。他高坐在古代的王座上，右手拿着一本书，象征着对知识的探索。基座上的浮雕象征了考古学、法律和哲学。雕像是由政府向雕塑家贝加斯（Reinhold Begas）的学生奥托（Martin Paul Otto）订制的，在基座高层有铭文，标注了雕塑家的名字、制作地点和日期。东边的雕像是弟弟亚历山大 · 冯 · 洪堡，这尊雕像是哈瓦那大学委托雕塑家贝加斯制作的，可以在基座看到两行西班牙语铭文，将他描述为“第二个发现古巴的人”。雕塑家让自然学家右手戴着手套，拿着异国的植物，以象征他在自然科学上的探索。基座上的浮雕是学生奥托的作品，其寓言含义与雕像相同。两座雕像都是1883年被放置在这里的。在学校大门正中有物理学家和生理学家亥姆霍兹的立像。在西边的草坪上还有普朗克的铜雕。和其他几位学者的伟岸风度不同，他被雕塑成一个干瘦老者，弓背驼腰，似乎依靠着讲坛才勉强站立，看上去就是一位付出了巨大精力体力、极度操劳的学者。

天气好的时候，学校大门口和院内有旧书摊，可以买到各种德文、英文和其他语言的旧书籍、明信片、海报等。

亚历山大 · 冯 · 洪堡像基座上象征自然科学的浮雕。母亲在指导孩子读书，另一个小男孩在用圆规丈量地球仪

物理学家和生理学家亥姆霍兹的立像

王储宫

从宫殿桥跨过施普雷河，军械库对面是王储宫（Kronprinzenpalais，Crown Prince's Palace）。在很长一段时期内，这里一直是霍亨索伦家族的驻地，多位王储在等待即位期间曾和王妃居住于此。因此也有好多王子和未来的王储在此出生。1918年帝国结束后，柏林国家画廊的分支在此落户。

这里曾是一所官员住宅。1732年，为了给还没登基的弗里德里克大帝居住，它被改为巴洛克风格的宫殿。大帝和他的王妃伊丽莎白·克里斯蒂娜（Elisabeth Christine）关系很不好，他们只是偶尔在这里居住。登基之后，大帝把宫殿给了他的弟弟奥古斯塔斯·威廉王子（Augustus William），王子住到去世，寡居的王妃继续使用。

此后宫殿经过重修，被改成我们现在看到的晚期新古典主义风格。弗里德里克·威廉三

王储宫最初是巴洛克风格的宫殿

王储宫后来被改成我们现在看到的晚期新古典主义风格

世在没即位之前和登基之后，和他的第一个妻子路易斯王后（Luise of Mecklenburg Strelitz）、第二个妻子奥古斯特公爵夫人（Auguste von Liegnitz）居住在此，直到去世。1795年到1797年，雕塑家沙多就是在这里为路易斯王后和她的妹妹雕塑那尊著名雕像的（见《导览》之“红色市政厅”和“夏洛腾堡”）。雕像完成那年，未来的帝国皇帝威廉一世在此出生。

19世纪初，申克尔曾奉命重新装饰其中一些房间。路易斯王后去世后，弗里德里克·威廉三世在宫殿中为她设立了家族纪念地。而没有被授予王后头衔的第二任妻子奥古斯特继续侍奉老国王，她很明智地采取的退避姿态显然给王子公主们留下良好印象，因此在国王弗里德里克·威廉三世去世后，她依然在王宫中居住到去世。

为了威廉一世皇帝的儿子、未来的弗里德里克三世皇帝，1856年到1857年，由建筑师施特拉克（Johann Heinrich Strack）对宫殿再次进行重修，最终成为现在我们看到的样子。对从前的建筑外观最重要的改变是将正面的柱子从粗犷的塔司干柱式改为富于装饰性的科林斯柱式。而且还在第三层加盖了一个四面是阳台的门廊。这个特征赋予王储宫一眼就可以被识别的个性，很容易区别于菩提树下大街其他建筑。在宫殿东边菩提树下大街街边，还兴建了长柱廊，像半个括号一样围在宫殿旁边。

末代皇帝威廉二世也出生在这里。在威廉二世成为王储后，他的王妃维多利亚（Princess Victoria）喜欢邀请艺术家到宫殿中做客，在宫中颇受欢迎的奥地利肖像画家安格利（Heinrich von Angeli）应邀来此为她画像，历史画家维尔纳（Anton von Werner）来给王储上绘画课。还有那幅著名的《弗里德里克在无忧宫演奏笛子》一画的作者门采尔也很受欢迎。威廉二世即位后，他的儿子和王妃曾在此居住到帝国结束。

此后，宫殿的用途有了很大改变，从王家宅院变为国有公共建筑。魏玛共和国时期王储宫作为老国家画廊的分支，展出当代艺术家的作品。就是在这里，桥社的作品首次被展出（见《导览》之“布吕克美术馆”），大众以前所不熟悉的德国表现主义画家的作品因而受到关注。和所有新的艺术形式一样，表现主义一开始不乏反对者。艺术批评家舍夫勒（Karl Scheffler）喜欢印象派，讨厌表现主义。他批评王储宫既展出印象主义又展表现主义作品的做法，还很夸张地将他的新书命名为《柏林美术馆的战争》（*Berlin Museum War*）。

纳粹在登台之初还能容忍现代艺术，但是1936年希特勒下令清理画廊，特别是王储宫。任何试图以新的创作手法表达个人情感和人性的艺术家都被看作是对新帝国的威胁。表现主义画廊在1936年奥运会后，因为不再需要做戏给外国人看而被关闭，罪名是“文化布尔什维克主义的温床”。这个说法很离谱，布尔什维克主义也不喜欢表现主义。

1937年7月19日，希特勒在慕尼黑为德意志艺术大厦开幕仪式上发表讲话，明确表示，要对“空谈家、半吊子和艺术骗子

因为是贵庶通婚，弗里德里克·威廉三世的第二任妻子只被授予了奥古斯特公爵夫人的头衔

画家安格利为威廉二世的皇后维多利亚所画画像

团伙”进行毫不留情的扫荡。希特勒认为只有符合纳粹人种理论的艺术才有价值。他个人最偏爱的是德国浪漫派画家，因为他们的作品体现了雅利安人的优越性。他命人广为搜集这些作品，准备放置在彰显纳粹德国艺术成就的德意志艺术大厦中。希特勒对印象派以来的现代艺术憎恶之极，认为都是“颓废”和“畸形”的。

1937年夏天，戈培尔建立了委员会，任命希特勒喜欢的画家齐格勒（Adolf Ziegler）负责审查官方博物馆和画廊的藏品，没收了其中的600件。就在德意志艺术大厦开幕的同时，仅隔几条街，“堕落艺术展”开幕。作为教育大众的“黑白对比”，展出了这些被定罪的作品，包括恩斯特·巴拉赫（Ernst Barlach）、贝克曼（Max Beckmann）、保罗·克利、马克斯·利伯曼和诺尔德等人的。

之后，齐格勒负责的委员会扩大审查规模，在全国范围内宫没收了16000多件作品。其中部分画作被焚毁，另外一些被拿到国外拍卖，为帝国换取外汇。到1941年12月为止，共有218幅油画和2700幅版画被境外收藏家收购。其余作品则下落不明。

在纳粹政权对“堕落艺术”的扫荡中，王储宫画廊有435幅作品被处理，大部分都永远消失了。

之后，普鲁士艺术学院（Prussian Academy of Arts）迁到王储宫，因为学院在巴黎广场的教学楼被希特勒的御用建筑师施佩尔（Albert Speer）作为办公室占据了。

“二战”中王储宫被毁，直到20世纪60年代才得以修复，作为东德官方接待外宾的下榻处。1990年8月31日，两德的统一协定在这里签署，这无疑使它载入史册。

1990年8月31日，两德的统一协定在王储宫签署

弗里德里克维尔德尔教堂和申克尔广场

王储宫后面是弗里德里克维尔德尔教堂(Friedrichwerdersche Kirche)和申克尔广场(Schinkel Platz)。弗里德里克维尔德尔教堂是柏林第一座新哥特式的红砖建筑，它也是申克尔的作品。在教堂中展有雕塑家沙多和劳赫等的作品，另外还有申克尔的生平纪念展。

教堂东侧的小花园也以申克尔命名，即申克尔广场。广场上竖立着三座雕像，居中的是申克尔，基座上装饰着四只女像柱。左边的是政治改革家博伊特(Christian Peter Wilhelm Beuth)。他参与了普鲁士19世纪初期的改革，主要在工业改革方面做出成就。在雕像的基座浮雕上我们可以看到很多德国优秀人物的形象：如文豪歌德、学者亚历山大·洪堡、雕塑家劳赫等。右边的是农学家特尔(Albrecht Daniel Thaer)，在雕像的基座上饰有象征农业的女性形象。

此外，小花园里还有一组和教堂颜色相近的红砖雕像：柏林熊妈妈带着孩子们在玩耍。

弗里德里克维尔德尔教堂塔顶的装饰

申克尔广场上的申克尔雕像

申克尔广场上的博伊特雕像

申克尔广场上的特尔雕像

BERLIN

歌剧院

王储宫西边紧挨着的是柏林国家歌剧院（Berlin State Opera）。它是弗里德里克大帝规划的弗里德里克广场，即今天的倍倍尔广场的一部分。著名宫廷建筑师克诺贝尔斯多夫负责设计。作为献给阿波罗和缪斯的礼物，它面对菩提树下大街的正面因而被设计成神庙样式，三角楣下刻有给两位神祇的献词。

1742年12月7日，整个建筑还没有最后完成，这里就上演了格劳恩（Carl Heinrich Graun）的歌剧《恺撒与克里奥佩特拉》（*Cesare e Cleopatra*）。格劳恩被认为是德国当时创作意大利风格歌剧的代表人物。演出获得很大成功，因而揭开了歌剧院两百五十年辉煌的序幕。这样一个历史题材的爱情歌剧，以意大利花哨的唱段征服粗犷的普鲁士人应该是不成问题的。

1842年，已经在巴黎走红的作曲家迈耶贝尔（Giacomo Meyerbeer）被任命为音乐总监。同年，作曲家门德尔松指挥了交响音乐会。两人同为普鲁士成功的犹太作曲家，却气质不合，互不买账。（见《人物》之“迈耶贝尔”和“菲利克斯·门德尔松-巴托尔迪”）

第二年，歌剧院失火，并立即被重建，修复后的歌剧院以上演迈耶贝尔的歌剧《西里西亚野外宿营》（*Ein Feldlager in Schlesien*）作为开幕式。此剧是迈耶贝尔专为德国观众创作的，加入了军歌，以迎合普鲁士的爱国主义。之后又首演了迈耶贝尔的同窗好友韦伯（见《人物》之“韦伯”）的歌剧《自由射手》（*Der Freischütz*）。

柏林国家歌剧院

歌剧院是德国第一个有自由站席的剧院，可以容纳2000个站着观看的观众。虽然对于有9万居民的城市来说，这个数字微不足道，但那个时代王家剧院原本只接纳一定阶层的观众，能为普通市民提供这样的机会实属不易。大火之后，建筑外观按照原来的设计修复，内部则成为新古典主义风格的，更“现代化”了。

进入20世纪，歌剧院在欧洲音乐界的地位更为瞩目。魏因加特纳（Felix von Weingartner）、理查·施特劳斯（Richard Strauss）等大师级指挥家都曾出现在歌剧院的指挥台上。1925年，贝尔格（Alban Berg）的《沃采克》（*Wozzeck*）在此首演。1934年，当贝尔格的《露露》（*Lulu*）片段在此上演时，被纳粹攻击为丑闻。

在纳粹执政期间，具有犹太血统的音乐家均遭到迫害，但同时也有一些愿意和纳粹合作的著名音乐人在歌剧院继续演出。1938年卡拉扬（Herbert von Karajan）在此指挥了莫扎特的《魔笛》（*Die Zauberflöte*）。从1941年到1945年，卡拉扬被纳粹政权任命为“国乐长”（Staatskapellmeister），这成为这位才华横溢的指挥家很不光彩的道德污点，为后人诟病。

“二战”中歌剧院被毁后，重建的歌剧院于1955年重新开放，首演剧目竟是瓦格纳的《纽伦堡的名歌手》（*Die Meistersinger von Nürnberg*）。1986年，经过再次重修的歌剧院以韦伯的《自由射手》作为开幕演出。

1992年，出生于阿根廷的以色列籍犹太指挥家巴伦博伊姆（Daniel Barenboim）被任命为音乐总监，开始坐镇歌剧院，据说他被歌剧院选为终身指挥。2002年，他指挥了一轮瓦格纳的作品上演。作为一名犹太人，他在以色列演出瓦格纳的作品曾遭到公众的质疑，让他备感压力，但在德国似乎完全没有问题。

理查·施特劳斯

卡拉扬

巴伦博伊姆

倍倍尔广场

歌剧院西侧的广场是倍倍尔广场（Bebelplatz），以德国社会民主党的创始人倍倍尔（August Bebel）命名。在它东侧是老图书馆，即现在的洪堡大学法学院。南边绿色的穹顶是圣赫德维奇大教堂（St.Hedwigskirche）。

广场最初的形成源于弗里德里克大帝的愿望，因而曾被称为弗里德里克广场。1910年奥地利皇帝弗兰克·约瑟夫一世（Francis Joseph I of Austria）87岁生日时，广场以他的名字命名为恺撒·弗兰克·约瑟夫广场（Kaiser Franz Josef Platz），这显然是服从于威廉一世皇帝讨好奥地利的政治需要。1947年，这里被命名为倍倍尔广场，以这位早期社会主义者命名，在当时同样出于政治上的考量。因为他受到普遍的尊重，该广场的名字在两德统一后仍被保留下来。

在第二帝国，倍倍尔一直作为俾斯麦的反对力量存在。他三次当选帝国国会议员，在那里发表了惊心动魄的演讲，招来潮水般的嘲笑声。他说："大灾难将会出现……1600万到1800万各国精英将会携带致命武器参战。大战之后将是灾难性的崩溃。之前你们也嘲笑过这样的话，但灾难一定会降临……战争之后，很多人会破产，很多人会遭受不幸，很多人会失业，还会爆发大饥荒。"会议记录显示他的讲演被笑声淹没。一位右派议员说："倍倍尔先生，每次战争之后，情况都会变得比以前更好。"

一年之后倍倍尔去世了，又过了一年，共造成1500万人死亡、2000万人受伤的第一次世界大战开始了。德意志阵亡的人数是177万人。柏林在战后如倍倍尔预言的那样成为灾难之城。

因为一次著名的事件，倍倍尔广场被载入史册，更准确地说是永远被绑缚在耻辱柱上：1933年，纳粹在此焚烧书籍。在当时帝国媒体和宣传部部长戈培尔（Joseph Goebbels）策动下，全德国都在进行所谓"纯洁民族文化和语言的行动"，抵制"非日耳曼"精神对民众的毒化。作为这次活动的象征，5月10日，被煽动的年轻学生在广场上举行了焚书活动，共焚烧了两万册书籍，也有说是两万五千册。纳粹学生联盟、希特勒青年团等青年组织的成员等四万人先是聆听了戈培尔"激情洋溢"的讲话，他号召人们"抵制颓废和道德腐败"，之后，人们围观了焚书过程。之前，学生还冲入德国性学研究所，抢了资料室中的书籍，在那天一起焚烧。

与此同时，在德国其他大学城也发生了类似的活动，国家社会主义的学生举着火把游行，号召学生和老师参与焚书。在聚会地点，他们把不想要的书投入火堆，同时乐队开始演奏，大家齐唱《火的誓言》，同时咒骂他们的敌人。

从照片上看，如果不知道被烧的是书，还以为是人们燃起的篝火。参与的人神色庄严，都深信自己是在从事一项伟大的活动。戈培尔非常了解人的愚蠢，尤其是年轻人盲目而残忍的狂热。他知道如何给他们洗脑，灌输如亨利希·曼所说的“低能儿的世界观”（见《人物》之“亨利希·曼”），以便煽动和利用这些愚众。虽然他对自己所说的从不相信，在内心中非常蔑视这些信任他的人。他在心里管他们叫傻瓜。

被烧的作品主要来自以德语写作的知识分子，其中我们熟悉的有：本杰明、布洛赫（Ernst Bloch）、布莱希特（Bertolt Brecht）、勃罗德（Max Brod）、杜布林（Alfred Döblin）、爱因斯坦、弗洛伊德、海涅、卡夫卡、李卜克内西、罗莎·卢森堡、亨利希·曼、克劳斯·曼（Klaus Mann）、卡尔·马克思、阿诺德·茨威格（Arnold Zweig）和斯特芬·茨威格（Stefan Zweig）等。

此外，一些法国作家的作品也被烧毁，如维克多·雨果、纪德、罗曼·罗兰。还有美国作家海明威、辛克莱、德莱塞、杰克·伦敦、帕索斯（John Dos Passos），甚至海伦·凯勒。英国作家中被视为敌人的有戴·赫·劳伦斯、威尔斯、康拉德、赫胥黎。此外还有爱尔兰作家乔伊斯，俄国作家陀思妥耶夫斯基、高尔基、列宁、纳博科夫、托尔斯泰、托洛茨基、爱伦堡等。

在这一长串名单中我们可以看到，那些怀有人道精神、关切同类的生存状况、为人类的痛苦和愚昧而焦虑的思想者，或者深入到人性深处，表达了个体存在困境作家，或者力

参与焚烧书籍的人神色庄严，都深信自己是在从事一项伟大的活动

图以不同方式为人类社会的未来寻找出路的政治家，只要不能被纳粹利用，其作品就会从德国民众视野中消失。没有了这些对人类真实处境进行探索的书，德国国民显然更容易接受帝国的思想控制。尤其对青年人来说，断绝他们吸收其他营养的渠道，其中的绝大部分在成长中就只能把纳粹的灌输当作绝对真理。后来第三帝国的发展证明，这种断绝精神食粮的手段对于不断培养效忠于纳粹的党徒、刽子手等是多么有效。

但是再想想，也极可笑，号称能存在千年的这个纳粹帝国，将帝国的思想建立在阻断人们吸收人类文明和智慧的基础上，怎么可能一直维持下去？希特勒认为民众不喜欢读书和思考，只要煽动起他们最原始的感情就可以控制。但是纳粹除了人种理论之外便没有提供系统的思想，仅凭激发仇恨，和所谓“德国之上的爱国心”。这也许能暂时蒙蔽那些最不喜欢读书和思考的人，但绝不可能使所有人永远都处于愚蠢中。历史上虽然不断出现类似的专制，但最终都倒塌了，而且被后人引以为戒。人性并不像某些自以为聪明的家伙想象的那样容易欺骗。一代两代，甚至几代人可能被操控，但是理性主义已经融入西方文明的血液中，德国人的思维不可能像铁板一样被浇筑定型不变。对于真理的探索在人类历史上一直在深度和广度上不断发展，在这个总体趋势的大前提下，纳粹帝国可能出现倒退，但谢天谢地，不过十余年就被摧毁了。德国人从这个恐怖的噩梦中醒来，雄伟的城市变成一片瓦砾。幸而，这并不是世界末日。生活还在继续，柏林在一步步重建。

今天在倍倍尔广场的地上，可以找到一块透明玻璃。玻璃下有一块空间，四面都是空空的书架，正好可以放置两万册书。这是乌尔曼（Micha Ullman）为焚书事件制作的纪念装置。此外，广场地面上还有一块牌子，上书海涅在《曼苏尔》（*Almansor*）一剧中写的一句话：“Das war ein Vorspiel nur，dort wo man Bücher verbrennt，verbrennt man am Ende auch Menschen.”大意是，这只是一个前奏而已，不管在哪里烧书，最终就会烧人。该剧创作于1820年，当时海涅还不知道他的书在一个多世纪后会被人烧毁。不是海涅具有特别敏锐的预见性，而是说明人性中有很多特性是代代相传的，因此历史也具有可怕的相似性。

现在每年5月10日这一天，洪堡大学的学生都会在广场举办书市，作为对这个事件的纪念。2012年，有人计划在广场地下纪念装置四周修建一个地下停车场，为来观看歌剧的观众服务，但是遭到抗议，此事因此悬而未决。

老图书馆

纳粹选择在倍倍尔广场焚烧书籍是有充足理由的。广场西边曾是普鲁士的国家图书馆，欧洲最著名的图书馆之一，现在是洪堡大学的法学院。

早在1661年，大选帝侯就把自己的藏书造册登记，向公众开放。到弗里德里克一世时，藏书量扩大了一倍，将它正式命名为王家图书馆（Royal Library）。而弗里德里克·威廉一世，著名的士兵国王，对文化没有兴趣。他缩减了图书馆的预算，而且把很有价值的科学类图书给了普鲁士科学院（Prussian Academy of Sciences）。接下来是喜欢文学艺术的弗里德里克大帝，他更关心的是自己的法文书，一开始对图书馆的兴趣不大，疏于理睬。不过，后来他还是为图书馆签订了几笔重要的藏书采购。但是，为了避免图书馆的运作依赖于王权，他下放了一些自治权。

在此前提下，图书馆开始正式修建独立的建筑。以维也纳的霍夫堡皇宫为蓝本，新建的图书馆为新巴洛克风格，因为它突出的廊柱和凹陷的弧线都很像巴洛克家具，因此被柏林人戏称为“带抽屉的箱子”。从1775年开始，施工持续了十年，到1785年，气派的新博物馆终于在广场落成。

经过一个多世纪的经营，到1905年，图书馆的藏书量有120万册，成为欧洲最大的图书馆之一。它主要以收藏德语著作闻名，是研究德语文化发展最具影响力的图书馆。到“一

被柏林人戏称为“带抽屉的箱子”的**老图书馆**

战”之前，其规模达到顶峰，以致原有建筑已经容纳不下，只能迁移到菩提树下大街斜对面的新馆，此处的建筑因此被称为“老图书馆”。

魏玛共和国时期，受战后经济衰退的影响，政府财政支持减少，图书馆主要是依靠民间基金会的支持。在第二次世界大战中，当盟军的第一颗炸弹落到菩提树下大街时，图书馆的书被紧急疏散到德国各地的修道院、城堡、废弃的矿井中保存。

战后，藏在苏联占领区的书被运回菩提树下大街斜对面的新馆。新馆的原址上其实也有古老的建筑，建于17世纪，是艺术和科学学院所在地。20世纪初，人们为图书馆进行了重建。好大喜功的威廉二世一定要把它建得特别宏大，它有170米长，106米宽，中间的八角形阅览室有一个38米高、37.6米宽的穹顶。这个穹顶在当时非常有名，可惜“二战”中被毁后，没有重建。在1955年东德重新开放图书馆时，中心阅览室甚至还是残破的废墟。一些重要的藏品现在在波兰和苏联地区，被当作战争赔款，没有归还德国。如贝多芬的《第八交响曲》第一、二、四乐章手稿在图书馆，而第二乐章在波兰的克拉科夫。

到20世纪60年代，分布在西方其他三国占领区的图书被安置到西柏林新建的图书馆，图书馆位于西柏林新的文化中心：波茨坦广场西北边的文化广场（见《导览》之“文化广场”），是由建造柏林爱乐音乐厅的著名设计师夏隆（Hans Scharoun）建造的。即便在两德统一后，图书馆还是“有两个家”，它被正式改名为柏林国家图书馆（Berlin State Library）。

在德国导演文德斯（Wim Wenders）的电影《欲望之翼》（*Der Himmel über Berlin*，又译作《柏林苍穹下》），有一个很长的片段是在这里拍摄的。

图书馆现在有1100万册藏书。其中包括20万册稀有版本。最知名的珍藏包括：公元5世纪的奎德林堡伊泰莱残片（Quedlinburg Itala fragment），世界上现存最古老的插图本手抄《圣经》，古登堡活字印刷的《圣经》，还有歌德的手迹，现存世界上数量最多的巴赫手稿，包括《B小调弥散》《马太受难曲》《约翰受难曲》和几乎所有莫扎特的歌剧手稿，以及贝多芬的《第九交响曲手稿》。另外还有42170卷册东方的手稿和书籍，包括中国明朝初年的版画。

图书馆中还有大约10000册书和9000种其他物品是纳粹劫掠来的，图书馆方面正在寻找线索，尽力归还给原主人。

图书馆新馆对面是威廉一世皇帝宫（Palace of Emperor William I），它紧靠着老图书馆，原是申克尔所建。皇帝和皇后一直在里面居住，直到先后去世。“二战”中皇帝宫被毁后，只修复了外观，里面完全是现代设施了。

弗里德里克大帝骑马像

图书馆新馆和威廉一世皇帝宫之间，大街正中是弗里德里克大帝骑马像（Memorial of Frederick the Great）。他正向东边他的宫殿骑行。虽然很多人，包括雕塑家沙多都参与了设计，但最终是沙多的学生劳赫被任命为骑马像的制作人。沙多为此很失落，觉得自己的声名像烟一样在消失。而劳赫因此成为广受赞誉的雕塑家，大帝骑马像是他最重要、最知名的作品。一直到20世纪，很多帝王雕像都从它那里获得灵感。

劳赫是在王家制铁场铸造雕像的，它于1851年被放置在此。三层大理石底座上是铜像的基座。最下面的基座上雕刻了60位当时普鲁士重要人物的名单。

上面一层是真人大小的铜像。四角的骑马者，东边的是普鲁士的亨利王子（Prince Henry of Prussia）和费迪南德公爵（Duke Ferdinand of Brunswick）。西边两角是元帅塞德利茨（Generals Friedrich Wilhelm von Seydlitz）和齐藤（Hans Joachim von Zieten）。这一层居中的雕像是当时军队中的杰出元帅以及科学、艺术和政界的知名人士。

再向上一层的浮雕表现了大帝的生活场景，比如北边居中的是大帝在悠然地吹奏笛子，这是他最喜爱的休闲方式。四角坐着的四位女子代表大帝在生活中遵循的美德。

大街正中是弗里德里克大帝骑马像

5.66米高的大帝像则居于基座之上。他身披加冕时穿的长袍，轻勒马缰绳，让它带着自己信步前行。他的头微低，似乎在眺望远方，又似乎什么也没看，只是在颔首沉思。在我看来他面容略带悲戚，不像一个耀武扬威、陶醉于权力顶峰的浅薄之徒。“大帝”这个称号只是因为侥幸在战场上获胜而已，是用无数他人的生命换来的。就像他自己说的：“头衔只是傻瓜的装饰品，伟大人不需要什么，名字就够了。”弗里德里克二世一生经历的事太多了，多少次沉浮起落，亲身感受那些我们普通人难以想象的大悲大喜。在绝处逢生后，他发现平静的生活才是最幸福的，而且更喜欢和他的爱犬相处，而不是他的权臣。大帝最后是带着对这个世界的厌倦离开人世的，他的遗嘱是将他葬在无忧宫的爱犬墓旁，而不是和他的祖先一起安息于柏林大教堂。

从大帝像往西，可以观赏的大型历史建筑减少，街边开始出现为观光者开设的纪念品店、咖啡馆、餐厅和饰品店。一直要到菩提树下大街的西端，才会出现重要的公共场所和吸引游客的博物馆，如杜莎夫人蜡像馆（Madame Tussaud's）、柏林故事博物馆（Berlin Story）以及政治家勃兰特（Willy Brandt）中心等。

勃兰特曾任西柏林市长，1969年至1974年任西德总理。他最惊人的举动是1970年在华沙犹太隔离区起义纪念碑前突然自发下跪并且为在纳粹德国侵略期间被杀害的死难者默哀。仅此一举就证明勃兰特没有因为从事政治活动而丧失正常的人性，而且是位有魄力、很自信的政治家。因此他在1971年成为诺贝尔和平奖获得者。在2005年德国电视二台投票评选最伟大的德国人的活动中，勃兰特名列第五位。

曾位于威廉一世皇帝宫西边的德国古根海姆美术馆于2013年9月关闭。它原是德意志银行资助的最大的艺术合作项目。不过现在依然为当代艺术家举办展。

如果你想保持体力，可以先乘坐100路或200路公交车，顺菩提树下大街向西坐。这两条线路都有双层观光汽车，游客可以从不同视角欣赏街景。不过你要是想步行这段路，也会有收获。在不起眼的地方，我们能看到一些历史遗迹。墙上的一个小牌子标明，这里在1869年至1910年曾是动物学家、作家布雷姆博士（Dr. Alfred Edmund Brehm）开办的柏林水族馆。布雷姆博士关于动物学的书《布雷姆的动物生活》（*Brehms Tierleben*）曾是全世界范围内的超级畅销书，尽管他的动物理论早被超越了，但“布雷姆的动物生活”成为一个专有名词被保留下来。

大街两边上一些高大的石质建筑，外表装饰着优雅的雕像，大门上铸有精致的图案。仿古街灯似乎一个多世纪以来一直这样挺立在街头，恍惚间，觉得这座城市好像从没有经过毁灭性的“二战”空袭。而混杂在其中的现代建筑则使人回到现实的时空，德国的当代建筑设计特别善于利用建材的质感，营造新的审美情趣。

德国历史上无数重要政治事件以**勃兰登堡门和巴黎广场**为背景，这里因此被看作是德国的名片

巴黎广场

菩提树下大街的最西边，就是柏林最著名的地标：勃兰登堡门（Brandenburg Gate）和巴黎广场（Pariser Platz）。德国历史上无数重要政治事件以此为背景，这里因此被看作是德国的名片。德国制造的欧元硬币背面就印有勃兰登堡门。而曾经承载了一百年多来德国沉重历史的巴黎广场，现在是到柏林来游玩的人们必要一逛的。

拿破仑入侵柏林，正是从此地入城，以炫耀他的征服姿态

巴黎广场曾是普鲁士、德意志第二帝国、德意志第三帝国权力的象征。拿破仑入侵柏林，正是从此地入城，以炫耀他的征服姿态。1814年，参加反法联军的普鲁士军队从此门开拔，胜利后又从此回到柏林。普鲁士国王弗里德里克·威廉三世也是通过此门，从流亡中回到他的臣民中间。第二年，拿破仑从厄尔巴岛逃回巴黎，普鲁士军队再次从此出征，并带着彻底打败拿破仑的荣誉归来。巴黎广场这个名字就是拿破仑战争之后确定的，以纪念反法同盟对巴黎的占领。也正是在此时，上至国王贵族，下至知识分子和民众将复兴普鲁士看作爱国精

1933年，当希特勒被兴登堡任命为国家总理后，纳粹冲锋队在巴黎广场举行火炬游行

第一次世界大战后，为死去士兵举行葬礼的队伍穿过勃兰登堡门和巴黎广场

"二战"后归来的难民

神的具体体现。普鲁士在行政、农业、教育等领域进行了一系列改革，国力大增，同时扩张的野心也在膨胀。

这时的普鲁士是个非常危险的邻居。在俾斯麦的精心策划下，普鲁士联合奥地利夺取了丹麦南部的两个州：石勒苏益格和荷尔斯泰因。接着又和奥地利开战，迅速打败德语世界中唯一可以和普鲁士抗衡的王国（见《人物》之"俾斯麦"）。紧接着，普鲁士就出兵法国，色当一战，俘获了法国皇帝拿破仑三世，直取巴黎。终于在普法战争胜利后在凡尔赛宫宣告了第二帝国成立。在这些战争中，当权者都有意在巴黎广场让民众参与军队的出征和归来仪式。而第一次世界大战后，勃兰登堡门又目睹了人们为死去的士兵举行葬礼。

1933年，当希特勒被兴登堡任命为国家总理后，纳粹冲锋队在巴黎广场举行了火炬游行。游行的照片非常壮观，火炬组成的方阵长龙穿过勃兰登堡门，向菩提树下大街进发。两旁的观众举起手向他们行纳粹礼。这是一个恐怖的开端，想到此后十二年中发生的事，真让人不寒而栗。而战后归来的难民依然要从勃兰登堡门穿过，回到已成为废墟的家。

"二战"后，整个菩提树下大街都处于苏军占领区。1961年，在苏联的默许下，东德政府封锁了和西柏林的边界，并迅速筑起一道围墙，将柏林一分为二。勃兰登堡门正好位于东柏林。围墙站立在它的西侧，一站就是二十八年。在柏林墙建立的第二天，西柏林市长勃兰特就和西柏林市民来到勃兰登堡门那一侧举行了抗议示威。但是这显然于事无补。

1989年柏林墙说倒就倒了。当时的电视观众在电视上看到东德政府发言人宣布不再限制东德人离开自己的国家，这就意味着柏林墙可以自由通过，绝大多数人都不敢相信是真

彼此陌生的人们在勃兰登堡门后的柏林墙上手拉着手为团聚欢呼

人们在勃兰登堡门前挥舞东德和西德国旗庆祝统一

的。越来越多的人开始向柏林墙的检查站聚集，有西边来的柏林人，也有东边来的柏林人。站岗的东德警察虽没有接到允许通过的命令，但并不打算用自己的性命冒险。人们顺利通过了检查站，标志着柏林墙不再成为隔绝东西柏林的障碍（参看《导览》之“查理检查站纪念馆”）。彼此陌生的人们在勃兰登堡门后的柏林墙上手拉着手为团聚欢呼以及在勃兰登堡门前挥舞东德和西德国旗庆祝统一的场面令人热血沸腾。它们也成为一个新的历史时期开始的标志。

美国、英国、法国和俄罗斯的大使馆都在巴黎广场或附近地区，相隔不远。在一片轻松祥和的气氛下，昔日水火不容的大国的国旗都悠然飘动着，好像在告诉我们：世界如此美好，让惨痛的事情永远过去吧。希望如此。

曾经居住在巴黎广场的德国文化名流有作曲家迈耶贝尔、画家利伯曼。德国著名当代画家利伯曼人到中年后回到他的出生地柏林，和夫人居住在此。他目睹了著名的纳粹庆祝希特勒掌权的火炬游行，在举国的狂热中，利伯曼说：“我简直吃不下东西，只想吐。”今天巴黎广场上他曾居住的地方重建了一座以他命名的大楼。（见《导览》之“柏林画廊”）

相反，希特勒的首席建筑师施佩尔将艺术学院赶走，得意扬扬地占据了这块黄金宝地。在希特勒的鼓动下，他进行了一系列大胆的设计，要把柏林改造成帝国的新首都，像当年古罗马人在罗马兴建大型建筑一样来显示权力的稳固。施佩尔为柏林设计了一些大得吓人的建筑，今天我们还能在博物馆中看到他当年做的模型，包括世界上最大的火车站，长170米、高117米、进深119米的凯旋门，能容15万人的圆顶大会堂，能容40万人的运动场，有1.5万个床位的大宾馆以及各类巨型建筑。在这个巨大的圆顶大会堂之下是微不足道的勃兰登堡门。总之，什么都要大，以大来显示统治的人数之多，而人数多才证明帝国的统治的强大。这些设计，使他的“元首”希特勒激动不已，他希望在有生之年能看到新柏林的诞生。而同为建筑师的施佩尔的父亲看过模型后，则说：“你们完全疯了。”

今天的巴黎广场大部分建筑都是20世纪90年代到21世纪初修建的。外表崇尚简洁实用原则，玻璃和石质表面多以直线分割，很少有曲线元素，让人想到20世纪20年代初在德国蓬勃发展的“新客观现实派运动”（New Objectivity，见《导览》之“包豪斯”）依然在当代建筑上产生影响。德国古典建筑喜欢使用绿色穹顶，一种不强烈、不犀利、温和含混的绿色。不知是否有意的，巴黎广场南边的阿德隆饭店和对面的欧根-古特曼屋都使用了类似颜色的屋顶，和勃兰登堡门上的铜像遥相呼应。在我看来，有种怀旧或对传统致敬的意味。

从勃兰登堡门逆时针旋转，巴黎广场的建筑依次为：

1. **佐默屋**（Haus Sommer），目前被德国商业银行（Commerzbank）使用
2. **美国大使馆**（U.S. Embassy）
3. **弗兰格尔宫**（Palais Wrangel），目前被DZ银行（DZ Bank）使用
4. **柏林美术学院**（Academy of Arts，Berlin）
5. **阿德隆饭店**（Hotel Adlon）
6. **法国大使馆**（French Embassy）
7. **欧根－古特曼屋**（Eugen-Gutmann Haus），目前被德累斯顿银行（Dresdner Bank）使用
8. **巴黎广场宫**（Palais am Pariser Platz）
9. **利伯曼屋**（Haus Liebermann）
10. **肯尼迪博物馆**（Kennedy Museum）

柏林美术学院是有三百多年的艺术机构，创建者是第一位普鲁士国王弗里德里克一世。他在1669年创建时将其命名为普鲁士艺术学院，是供从事艺术的专业人士交流讨论的场所。三十年之后，它被作为普鲁士政府的艺术评审机构，为政府服务。这个传统一直延续下来。

巴黎广场南边著名的豪华旅馆阿德隆饭店是有上百年历史的老字号。它在1907年开张，虽然中间被迫中断更换主人，但现在依然营业。19世纪末，欧美其他大都市都有专门为上层人士提供住宿的大旅馆。巴黎有丽兹饭店（Hôtel Ritz Paris），维也纳有帝国饭店（Hotel Imperial），后来伦敦也有了丽兹伦敦饭店（The Ritz London Hotel）。精明的商人洛伦茨·阿德隆（Lorenz Adlon）劝说威廉二世皇帝，在柏林也需这样一家顶尖级的饭店。威廉二世皇帝很容易被这样的事打动，阿德隆看上了巴黎广场上一座由申克尔设计的新古典主义建筑瑞丹宫（Palais Redern），想把饭店开在宫殿所在的位置，威廉二世皇帝便去找宫殿的主人让他把房子卖给阿德隆。交易做成了，瑞丹宫就这样被拆毁了。

希特勒的首席建筑师施佩尔设计了能容 15 万人的圆顶大会堂，图为模型

阿德隆饭店很快成为柏林上层人士的聚会场所，图为 1928 年发行的明信片，表现了饭店的社交场景

阿德隆花费巨资在原地兴建了一个外表朴素的建筑，里边却配备了当时德国最现代化的设施。不仅有冷热水管线，还有自助发电设备。房间都以新古典和法国路易十六时代的风格装饰。里面一应俱全，饭馆、咖啡厅、音乐室、吸烟室、女性更衣室、美容理发室等等。

不仅几个大国的使馆在饭店附近，德国政府的中枢部门也散布在方圆几公里内，因此绝不缺少客源。饭店开张时，威廉二世和皇后维多利亚以及一些达官贵人出席了仪式。阿德隆饭店很快成为柏林上层的社交聚会场所，接待的贵宾中级别最高的当属俄国沙皇尼古拉二世。

“一战”结束后，威廉皇帝退位，流亡荷兰。阿德隆是个君主主义者，他显然没有适应巴黎广场因此发生的变化。勃兰登堡门从建造之初就有规定，平民只能走最外侧的通道。只有王室和有势力的普菲尔家族（Pfuel）可以使用中间车道。但是现在没有君主了，中间就允许行驶汽车了。因为还是习惯于马路上旧有的行车方式，阿德隆先后两次被车撞倒，后一次严重受伤，导致不幸身亡。

此后，饭店由他的儿子路易斯·阿德隆继续经营。在20世纪20年代德国的“黄金时期”，饭店生意兴隆，接待的政要包括美国总统富兰克林·罗斯福和赫伯特·胡佛，德国总统兴登堡。曾在此居住的文化名流如物理学家爱因斯坦、作家托马斯·曼。还有很多演艺界人士到此，比如好莱坞默片时代的影星露易丝·布鲁克斯（Louise Brooks）、查理·卓别林、玛丽·碧克馥（Mary Pickford）、爱米尔·强宁斯（Emil Jannings）、美国黑人舞蹈者约瑟芬·贝克（Josephine Baker），以及德国著名影星玛琳·黛德丽（Marlene Dietrich，见《导览》之“波茨坦广场和电影电视博物馆”）。

之后，德国进入动荡时期。阿德隆饭店处于这个政治极度敏感的地区，如何在凶险而不可预见的波涛中生存下去，饭店主人必须使出浑身解数。就像老舍话剧《茶馆》中的王掌柜，要全力迎合所有当权者的意图。

纳粹上台后，饭店继续经营，但没有记载强调阿德隆是极端纳粹分子。"二战"中，饭店为客人建造了躲避空袭的掩体，还在外围筑起一道墙保护饭店。在"二战"后期，这里成为临时战地医院。很奇迹地，饭店没有被盟军的空袭炸毁。但是苏军占领后，红军战士在储酒间引发了大火，将饭店烧毁。

路易斯·阿德隆本人则在波茨坦附近的家中被捕，之后尸体被发现。他的遗孀在回忆录中说，苏军误以为他是一个德国元帅，因为他的仆人以类似的称呼称他。

1952年，巴黎广场上所有的废墟都被清理干净。1984年，饭店的其余部分也被拆毁。直到两德统一后，西德的一个投资公司买下了阿德隆饭店的原址，在此兴建新的饭店。这里仍是商机无限，几国使馆及德国政府核心部门仍在附近。1997年新饭店在当时的总统赫尔佐克（Roman Herzog）的主持下揭幕，更名为柏林阿德隆·凯宾斯基饭店，属于凯宾斯基连锁酒店。

饭店创始人的重孙佩尔西·阿德隆（Percy Adlon）是电影导演。1996年，他拍摄了一部关于阿德隆饭店的纪录片《阿德隆饭店的迷人世界》（*The Glamorous World of the Adlon Hotel*）。2013年，又有一部同样题材的纪录片《阿德隆：一部档案》（*The Adlon:A Documentary*）问世。此外，依据饭店本身和以饭店为背景的小说、电影也很多。这个题材确实很独特，难怪引发众人的兴趣。

巴黎广场宫现在是个休闲场所，里面有家咖啡馆以迈耶贝尔命名。

位于勃兰登堡门北边的肯尼迪博物馆，是家私人性质的档案馆，存有肯尼迪家族的珍贵档案，现在对公众开放。

柏林人对美国总统肯尼迪印象非常好。因为在柏林被一劈两半的时候，肯尼迪曾表露过同情。虽然他并没有因为柏林问题而对苏联采取强硬措施，避免东西方关系恶化，引起对抗。但不管怎么说，1963年他访问柏林，对西柏林人意味着来自西方的支持，所以他受到了当地民众的热烈欢迎。肯尼迪来到勃兰登堡门西侧，东德那边围起很高的红色标语，想挡住他向东边张望的视线。

他在柏林发表讲话时说："我是一个柏林人。"引发了公众的欢呼。但是私下，爱开冷玩笑的德国人说总统临时学的德语实在太糟，因为他在"柏林人"一词前面加了不定冠词"ein"，就变成了"我是一个果冻面包圈"。因为柏林生产这种小食品的著名品牌就叫"柏林人"，使用了不定冠词"ein"，从语法上说，就成了这个品牌生产的食品。

勃兰登堡门

在修建勃兰登堡门之前，柏林还是个中世纪小城，由砖石构筑的城墙和堡垒构成。也就是说，从大选帝侯到弗里德里克大帝，他们所居住的柏林还是以防御外敌入侵为主。从这个意义上说，勃兰登堡门是普鲁士统治下的柏林走向现代的标志。

对勃兰登堡门的修建，德国人很引以为荣。因为它仿效的是希腊雅典的卫城神庙样式，而不是古罗马人修建的凯旋门样式。作为征服者，古罗马人是不会用希腊庙宇来象征胜利的。而勃兰登堡门最初被命名为“和平之门”，它的主旨就不是为了炫耀武力。所以人们常说普鲁士人尚武，似乎是不完全的。看，柏林最重要的建筑是为和平修建的。

胜利女神的长矛上有橡树叶做的花圈，中间放置了申克尔设计的铁十字。长矛上面还加了一个戴王冠的普鲁士雄鹰

不过在修建之初，勃兰登堡门的重要性没这么大。因为它只是18座城门中的一座，很幸运地没有被毁掉。但是随着时间推移，一些重要历史事件在这里发生，它在德国历史中越来越有权力的意味。

修建此门的是大帝的侄子弗里德里克·威廉二世。他被认为是没有治理能力而且丑闻缠身的糟糕的国王。不过，正是他同意了勃兰登堡门的设计方案，并任命沙多负责大门上的铜雕，这也算是沙多最知名的作品。既然象征和平，他便在四马二轮战车上塑造了希腊和平女神艾瑞纳（Eirene）的形象，据说是以他的侄女为模特的。

勃兰登堡门建成于1788年到1791年间，和平女神的雕像完成于1794年。它被赞誉为“施普尔河边的第一个雅典建筑”。

表现拿破仑抢走女神的讽刺漫画

很快法国大革命的钟声敲响了，之后拿破仑的军队席卷欧洲。当他率领部队占领柏林后，不仅强行拿走了普鲁士的艺术品，连和平女神的雕像也不放过。在胜利

女像柱下面的展室中，有一幅表现拿破仑抢走女神的讽刺漫画，画中这位帝王背着两轮马车，显得很可笑。事实也的确如此，梦想一统天下的拿破仑不过几年时间便战败了，普鲁士人又夺回了和平女神。

但是，平和的心态被一雪前耻的复仇精神代替。申克尔将和平女神改为胜利女神奈克，给她的长矛加上橡树叶做的花圈，中间放置了象征爱国精神的铁十字勋章，长矛上面还加了一个戴王冠的普鲁士雄鹰。我们可以说这是点睛之笔，表达了当时奋发图强的普鲁士精神。世界就是弱肉强食的，和平必须要以强大的国力来捍卫。这都有道理。不过，普鲁士的野心不止于此。申克尔的胜利女神也象征了征服。

“二战”中女神被炸得只剩一些零件，幸而当年浇筑的模子还在。1958年，东德政府重新制作了胜利女神，并将它安放在原处。

1987年美国总统里根到访柏林，参加柏林建城750周年庆祝活动。他在勃兰登堡门西边发表讲话，向苏联共产党总书记戈尔巴乔夫呼吁：“Open this gate！（打开这扇门！）Tear down this wall！（拆除柏林墙！）”

1989年平安夜，在柏林墙倒塌一个多月后，指挥家伯恩斯坦指挥柏林爱乐乐团在巴黎广场演奏了贝多芬的《第九交响曲》，然后象征性地重新开启勃兰登堡门。《第九交响曲》中的“欢乐颂”唱出了柏林人的目标：从追求“自由”到享受“欢乐”。

实用信息：

新岗哨

地址：Unter den Linden，10117，Berlin

开放时间：10:00 ~ 18:00

洪堡大学

地址：Unter den Linden 6，10117，Berlin

网址：洪堡大学 www.hu-berlin.de/standardseite-en

王储宫

地址：Unter den Linden 3，10117，Berlin

交通路线：最方便的是公共汽车100路、200路，它们沿菩提树大街行驶，沿途都有站。这是专为旅游者设计的。在巴黎广场前100路向北去，200路向南。所以如果去勃兰登堡门要提前下车

军械库

德国历史博物馆·军械库：旧瓶新酒的交融

对我们来说，现在的德国历史博物馆就是军械库。但这两个概念融合在一起其实才十多年。军械库是菩提树下大街历史最悠久的巴洛克建筑，也是柏林得以保存的弗里德里克一世时期最大的原始建筑构架。它经过了两百多年的演变，才成为我们今天看到的这个样子。作为菩提树下大街上的一座核心建筑，它见证了德国历史中一些重要的时刻，而今又成为展示它们的场所。

实用信息：

地址： Unter den Linden 2，10117，Berlin

电话： 030 20 30 44 44

网址： www.dhm.de

交通路线： 100 路、200 路、N2、TXL 都在附近有站

开放时间： 周一到周日 10:00~18:00

贝聿铭的设计使石头的粗粝厚重和玻璃的纤巧轻盈形成反差

三角楣上居中的是智慧女神密涅瓦，下方是弗里德里克一世的肖像

弗里德里克一世在成为国王之前，就开始筹划修建一座武器库存储兵器。他委任的第一位设计师没能完成便去世了，第二位设计师也半途而废，之后项目转到了施吕特手中。施吕特虽尽心竭力，但仅一年后，他为城市宫设计的高塔倒塌了，这个不幸事件导致施吕特被赶出宫廷。建筑最终由博特（Jan de Bodt）在1706年完成。

我们现在看到的军械库外观和规模大致与原来相同。它是一座两层的四方合围建筑，每面外围长90米，有19个被立柱分割开的窗户。这种设计破除了长立面的单调，使军械库无论从哪个角度看去，都有着舒缓的节奏感，平稳而匀称。除了背后的立面外，三面正中都有三角楣，两边各有两组雕像。雕像之间是挺立的

菩提树下大街的阅兵活动，可以看到背景上的军械库，在图片右上方可以看到原来的穹顶

盔甲雕塑，和下面的立柱对应。

在对着菩提树下大街的正立面，正门上方可以看到三角楣上居中的是智慧女神密涅瓦，即希腊神话中的雅典娜。她身着戎装，但是女神在这里不会比世俗的权力更荣耀。三角楣正下方的立柱间是弗里德里克一世的肖像，他被女神和两边代表普鲁士的雄鹰护卫着。正门两侧是四个女性和儿童，左边两个代表几何和工程，右边的代表建筑和烟火。此外，窗户、大门等都饰有盔甲和武器，彰显出这座建筑的主题：军事力量。

一直到1876年，军械库都用于存储武器。后来威廉一世皇帝将它改为武器博物馆和勃兰登堡一普鲁士军队的荣誉厅。作为菩提树下大街的重要建筑，它成为在这条大街上举行的王家活动的背景。二战中军械库受损，经民主德国修复，改为宣传马克思主义历史观的德国历史博物馆。

同时，联邦德国这一边也在计划筹建历史博物馆。以德国历史为主题的展览先是在国会大厦（见《导览》之“国会大厦”）展出，后来移到马丁·格罗皮乌斯大楼。（见《导览》之“‘恐怖地带’及周边”）在1987年庆祝柏林建市750周年之际，前总理科尔倡议由联邦德国和柏林市共同成立德国历史博物馆。馆址选在国会大厦附近的普雷河湾沿岸。但是工程还没来得及实施，柏林形势就出现剧变。军械库的历史博物馆在1990年9月被最后一届民主德国政府关闭。1999年至2003年德国政府对军械库进行了维修，在这期间，与德国历史有关的主题展都是临时性的，只能四处为家。

对军械库的修复包括尽量恢复原始外观和将内部现代化，以适应展览的需要。曾经华美炫耀的内部装饰毁于战火，如今只能在照片上一睹芳容了。鉴于原来的穹顶被破坏，也不利于采光，华人设计师贝聿铭为它设计了新的玻璃穹顶，如同巨大的玻璃罩将内庭覆盖。唯一保留的是施吕特雕刻的22个垂死的士兵头像，还悬挂在内庭落地窗上方。和炫耀战胜者的荣光不同，施吕特表现了战争的残酷，这在17世纪末是非常与众不同的。

军械库原来的内部装饰是典型的帝国气派。正中是御用历史画家维尔纳的《宣布德意志帝国成立》

与此同时，贝聿铭还负责在军械库后面加建一个延伸部分，用于临时展览。善于利用玻璃材料的贝聿铭不仅在原建筑对面做了一整面玻璃墙，还设计了一个塔状的旋转楼梯，使石头的粗粝厚重和玻璃的纤巧轻盈形成反差，古典的复杂装饰和现代的流畅曲线相对应。为了突出博物馆新旧两部分的整体对应，地上部分是封闭的，通道设在地下。

具有两百年历史的巴洛克建筑就这样被灌入新的内容，德国国家历史博物馆钻进军械库的外壳中，两者合为一体。

施吕特雕刻的垂死的士兵头像

修复后由玻璃穹顶覆盖的内庭

BERLIN

德国历史博物馆

新的德国历史博物馆有8000平方米，展出8000件文物，这两个相吻合的数字不知是巧合还是有意为之。早在20世纪80年代，西德筹建历史博物馆时就任命了16位历史学家、艺术史专家和博物馆主任。他们重新梳理了德国历史的脉络，力图向公众展示出新的理念。参观中，我们能明显感受到他们的用意。

一方面，虽然展览是以德国的发展为主题，但是采用了多视角、多元化的历史观，突出了和周围其他国家和民族的交融。德国在很漫长的历史时期本来就不曾统一，在地理、民族和政治甚至文化意义上都处于分裂状态。

展览按时间顺序分成九个部分。每一部分都有突出的展品来揭示主题。九部分中，有三个时期的代表人物表明了来自法国的影响：查理曼大帝、路易十四和拿破仑。查理曼大帝的疆土包括了今天的法国和德国，是法德在中世纪共同的权力象征。而路易十四和拿破仑这两位法国高度集权的君主，对德国政治、经济文化上的影响也是巨大的。

另一方面，几个时期的主题展品着力表现了历史对个人命运的左右。关注个体生命的日常性，而不仅聚焦于宏大的政治事件和君王政客们的活动，也是这个历史展很重要的突破。比如在1500年到1650年之间，德国最关键的历史事件无疑是宗教改革和三十年战争，马丁·路德及新教的支持者当然是主角。（见《人物》之“路德”）不过，策展人也突出了普通人在旷日持久的浩劫中的生活场景。在战争中，农民最大的敌人是士兵，劫掠成为村民的噩梦。一幅《士兵劫掠农场》记录了百姓妇孺牵衣顿足、哭声直干云霄的场面。

在两层展厅中，上层从公元前100年开始，一直到1918年第一次世界大战结束、第二帝国灭亡。下层从魏玛共和国开始，一直讲述到1994年两德统一后。如果有时间仔细观看展览，会为柏林之行增加更多乐趣。欧洲背景中的德国，德国背景中的普鲁士，普鲁士中的柏林，是环环相扣的。在下面展览的分段介绍中，我加入了有关普鲁士和柏林的内容。

故事从公元前1世纪讲起。古罗马人在莱茵河和多瑙河流域的入侵和殖民中断了凯尔特人和这片区域原住民部落的文化。根据考古显示，在古罗马人征服的过程中，不同种族间不仅有战斗，也有贸易来往。直到公元5世纪，古罗马帝国崩溃，语言和字母却遗留下来，加固了这一地区的文明。在查理曼大帝的统治下，出现了“德意志民族的神圣罗马帝国”，由此出现的联邦政权一直到15世纪，对中世纪文化、宗教发展和日常生活发挥重要作用。但德国在这个时期还没有形成显著的特色。

公元1500年到1650年是德国的混乱时期，帝国皇帝和下属诸侯之间的权力之争愈演愈烈，终于利用宗教改革之机演变为战争。《威斯特伐利亚条约》的签订结束了混战局面。这

《士兵劫掠农场》

《纽伦堡1649年9月25日和平宴会》

幅《纽伦堡1649年9月25日和平宴会》表现的是在签订了《威斯特伐利亚条约》后，瑞典首席代表、巴拉丁公爵古斯塔夫宴请150人庆祝的场景。

从1650年开始，直到1789年法国大革命爆发，欧洲并没有因为德国三十年战争的结束而进入和平时期，相反，更大规模的武装冲突持续不断。欧洲最强势的是法国和奥地利哈布斯堡家族，普鲁士开始还是个地处偏远的诸侯国。神圣罗马帝国皇帝查尔斯六世去世没有继承人，导致欧洲五个国家卷入奥地利王位继承战争。英法在海上争霸，奥地利和普鲁士为争取西里西亚发动了七年战争。最终俄国、普鲁士和奥地利瓜分了波兰。这段时期是普鲁士历史上非常关键的阶段，经过大选帝侯、弗里德里克一世、弗里德里克·威廉一世和弗里德里克大帝四代国王的经营，普鲁士的领土向东、西、南三个方向扩展。发展军事一直是普鲁士生存之本，也奠定了其后的基础国策。与此同时，全欧思想、科学文化也进入大发展时期。

从1789年到1871年，欧洲先是法国人的天下，其后普鲁士崛起。法国大革命导致拿破仑建立独裁帝国，发动战争，结束了神圣罗马帝国。普鲁士在和拿破仑的周旋中当然处于弱势，普鲁士国王弗里德里克·威廉三世希望路易斯王后能以美丽和聪慧感动拿破仑，但是法、普、俄三国签订的《提尔西特和约》仍对普鲁士很苛刻。几年之后，拿破仑入侵俄国失败后，维也纳会议重新确定了欧洲的格局。普鲁士因而获得莱茵河地区的一大片土地，这无疑刺激了普鲁士的胃口。1848年到1849年欧洲各大城市的革命促进了民主思想的传播，在这样的背景下，德国第一个国民大会在法兰克福召开，并起草了宪法。不过建立民主德国的努力失败了。在普鲁士发动对丹麦、奥地利和法国的战争之后，普鲁士成为欧洲最可怕的扩张强国。这是俾斯麦的功劳。在他的精心策划下，德意志帝国在凡尔赛宣告成立。（参看《人物》之“俾斯麦”）

1871年到1918年，是德国经济飞速发展时期，国内各阶层的矛盾也日益突出。帝国皇帝威廉二世最初支持社会和政治改革。1890年实施的《工人保护法》禁止使用童工，禁止

努斯鲍姆《隐藏地的自画像》，画家和妻子在被告发后被送往集中营

口香糖自动售货机，孩子们的最爱

妇女在夜间工作，禁止周日工作，并规定了工人一周的最长工作时间。但威廉二世将俾斯麦赶出宫廷，并拒绝将帝国民主化。德国从法国手中夺取了阿尔萨斯和洛林，严重伤害了法国人的感情。要求复仇的呼声在法国蔓延。第一次世界大战终于爆发。德国战败，皇帝被迫退位。

1918年到1933年是魏玛共和国时期。这是德国历史上第一个民主共和国，却饱受来自各方的攻击，无论左派还是右派，无论是文化精英还是普通百姓，维护者甚少，这促进了它的灭亡。《凡尔赛条约》激起了德国民众强烈的反弹，也导致德国的经济崩溃。反抗《凡尔赛条约》的海报表现了人们对于强加给德国的赔款导致人们对饥荒和贫困的恐惧。最终，魏玛共和国被纳粹替代。

1933年到1945年间，无疑是德国历史上最黑暗的时期。一方面是纳粹不可一世的咆哮，另一方面是几百万受害人的呻吟。孩子们被号召去参加希特勒青年团，在那里他们被灌输忠于元首的思想，成为纳粹的维护者。600万犹太人死于纳粹大屠杀。犹太画家努斯鲍姆（Felix Nussbaum）绘制的自画像表现了这段时期的绝望情绪。他和妻子在纳粹入侵期间被朋友藏在比利时一个隐藏地，画上是他们夫妻和那个朋友，从他们的脸上看不到希望。由于被出卖，他们被捕后送往集中营。

1945年到1949年，战败后的德国被战胜国分区而治。德国百姓经历了极度的物质贫困，来自美国的援助在西柏林被苏联封锁之后显得尤为珍贵，同时黑市交易异常兴旺。根据《波茨坦协定》，居住在东普鲁士地区的几百万德国人被迫在几个月内离开家乡，迁徙或逃亡。“冷战”气氛下，德国的政治前途迷茫。

1949年，东西两个德国成立。1961年，东德在苏联支持下，在西柏林四周建立了柏林墙，柏林成为东西方冷战的敏感地区。西方生活方式在西德成为时尚，来自美国的口香糖大受欢迎。将自动销售机口香糖作为这一时期民众生活的展品，体现了展览方多方面再现历史的思路。1989年，柏林墙开放，第二年签署《二加四协议》（*Two plus Four Agreement*），两德统一，首都定在柏林。

德国国会大厦是全世界参观人数最多的国家议会所在地

国会大厦：承接历史 承诺未来

德国国会大厦（Reichstag）是全世界参观人数最多的国家议会所在地。在柏林，它也在受游客欢迎的景观中排名第二（第一名是勃兰登堡门）。国会大厦对所有人免费开放，要先用证件预约参观时间，之后必须准时到指定地点等候。

对旅游者来说，整个过程是体验“德式规范”的好机会，各种肤色、操着各式语言的老老少少走进入口，像小学生一样乖乖地服从工作人员的引导，经过严格安检进入大厅。在其他景点很难见到这么多着装整齐、不苟言笑的魁梧男子肃立周围，参观都是在这些保安人员严肃的注视下进行的。

我不禁联想到德国历史上那位酷爱高个子士兵的国王威廉·弗里德里克一世。威廉·弗里德里克一世一直竭力为普鲁士积蓄兵力，却没有参与战争。大家都嘲笑这位“士兵国王”。其实他是懂得人的心理的，卫队的威慑力能使人心存敬畏、不敢造次。

我们虽然都是以玩为目的来参观国会大厦，但一进门就感受到其庄严氛围象征了德国的国家权力。这不仅没有削减大家的兴致，反而增加了参观的收获。景物本身只能看，而感受环绕在它周围的氛围才能使我们体会所看到的东西意味着什么。对德国来说，新的国会大厦意味着一个刚刚统一的年轻的国家在这里承认它的历史，承接它的传统，承载它的诺言。

帝国的“猴馆”

国会大厦建筑本身就像这个“国”和“会”一样经历了艰难曲折的诞生过程。历史上所谓的德国第二帝国，是在1871年普法战争中，普鲁士打败法国后成立的。此前普鲁士在俾斯麦的精心策划下先成立了一个北德意志联邦，以普鲁士为中心，联合了德国北部的22个邦国。这个北部联邦明显是要把南部势力最大的巴伐利亚和奥地利排除在外。

北德意志联邦的议会是由原来的普鲁士上议院转变而来，新议员的增加使场地显得局促。1871年帝国成立后，又有一些南德邦国的议会议员加入了帝国议会，以前仅是为普鲁士议会提供的建筑就更不够用了。所以建设新议会大厦的事就开始酝酿。

最初大厦选址在现在这个位置，之后开始举行设计招标竞赛。获胜者选定了，打算实施时，才发现最关键的环节没有落实，这片土地上有一座属于波兰—普鲁士贵族阿塔纳兹·拉辛斯基伯爵（Athanasius Raczyński）的废弃宫殿。主人不愿意出卖，他们原以为可以以修建国会大厦为理由说服伯爵出让土地，却遭到伯爵拒绝。帝国皇帝威廉一世和宰相俾斯麦本来就是国家大权的实际主宰者，对于国会只是采取应付心态，对大厦再次选址的事并不积极。而议会本身就是七嘴八舌的地方，议员的意见也不能统一，此事就一直拖而未决。

伯爵去世后，他的儿子经过劝说同意出卖土地。所以在第一次招标的十年后，开始进行第二次方案竞标。设计师保罗·瓦洛特（Paul Wallot）的方案在200份参赛方案中胜出。但因为大厦将是帝国的重要机构所在地，因此各方人士都要对方案的实施参与意见。好脾气的瓦洛特备受折磨，却很少公开抱怨。他最后被迫同意把他原来设计的穹顶移动位置。

1884年，奠基仪式终于在威廉一世皇帝主持下举行。随着工程的进行，瓦洛特认为穹顶必须按照他的原始设计。但是此时支撑墙已经建好，很有可能承重力不够支撑穹顶。最后决定采用一种新兴的建筑方式：以钢和玻璃为建材，制作一个透明的穹顶。这在当时是大胆之举。一经建成，就被当成德国工程技术勇于创新的典范。

但是瓦洛特的这个设计结合了文艺复兴、新巴洛克等多种元素，建成后受到很多攻击。主要认为它太臃肿，各种建筑语言互不相容，甚至有的同行直接管它叫“高级灵车”。迷信的人还指出，国会大厦的大门朝西，等于背对着柏林宫及柏林的核心区，这预示着国家权力的不稳定。

威廉二世即位后，对国会大厦表现出明显的反感。威廉二世相信天命神授，不相信民主和社会进步。而且他是个非常自大的人，能把俾斯麦这样的三朝重臣一脚踢走，当然不会把诸位议员放在眼里。（见《人物》之“威廉二世”和“俾斯麦”）何况国会代表着对他权力的牵制。有人分析，国会大厦的穹顶比帝国的柏林宫的穹顶略高出几米，也让他不快。他

瓦洛特在19世纪末设计的国会大厦结合了文艺复兴、新巴洛克等多种元素，被他的同行攻击为“高级灵车”

私下说国会大厦庸俗透顶，是帝国的“猴馆”（Reichsaffenhaus，Imperial Ape House）。这倒是和作家亨利希·曼的说法不谋而合。以“威廉二世时代的德国社会小说”系列知名的亨利希·曼将那些为帝国服务的官员比喻成被宠养的猴子，只知道亦步亦趋模仿他们的主人。（见《人物》之“亨利希·曼”）

不过在公开场合，威廉二世却对国会大厦大加赞扬，毕竟花了一大笔钱啊。其总建筑费用为2500万马克，主要是用法国在普法战争中的战争赔款支付的。帝国国会在等待了漫长的二十三年之后，终于于1894年得以使用新的大厦。

国会大厦三角楣下镌刻着一排庄严的铜字，大意是“献给德国人民”

共和国在这里诞生和死亡

在国会大厦三角楣下面镌刻着一排庄严的铜字：Dem Deutschen Volke，大意是"献给德国人民"，相当于"为德国人民服务"的意思。这是用1813年至1815年的"解放战争"中缴获的两门法国大炮的铸铁制作的，每个字母高60厘米。不过这行字是在1916年，第一次世界大战打得不可开交时放上去的。那时德国最需要"人民"不断去填充战场的壕沟。

第一次世界大战德国战败，导致威廉二世退位。就是在国会大厦正门边的窗户里，沙伊德曼（Philipp Scheidemann）向下面的人群宣布成立魏玛共和国。当时的局势很混乱，几个小时后，卡尔·李卜克内西也宣布成立社会主义共和国。第二年，卡尔·李卜克内西被害。

一直处于风雨飘摇中的魏玛共和国持续了十四年，此间国会大厦作为国会所在地，直到1933年发生大火。"国会纵火案"至今都是个谜。到底是纳粹党人指使人所为，以便趁机镇压异己，还是一个脱离了共产党的极端分子的个人行为，正好被纳粹利用？疑点很多，如果只是个人行为，一个人能带入那么多燃料几乎将整个大厦烧毁吗？事情发生后，英国的报纸上就有人提出，一定是纳粹党蓄谋的，但没有任何证据。几十年后在修缮大厦时，曾在大厦地下发现了一条通道，有人推测纳粹正是利用这个通道进入国会纵火的，当然也只是推论而已。

被抓获的纵火者吕柏（Marinus van der Lubbe），24岁，曾是荷兰共产党成员，后来脱党。据他自己供认，他仇恨资本主义，希望以这种方式唤醒民众。

不论真相到底如何，此事的直接受益者是刚刚取得政权的纳粹党。纵火案发生之后，一向对于民主制度也持怀疑态度的德国总统兴登堡以"保卫国家和人民"的名义签署《授权法案》（*Enabling Act*）。该法取消了公民自由权——言论自由、出版自由、集会结社的自由等。以此为契机，希特勒得以下令大肆逮捕共产党人和所有不同政见者。

在国会大厦的入口处，有艺术家阿佩尔特（Dieter Appett）设计的一个别致的纪念碑，纪念第三帝国期间被纳粹谋杀的97位社会民主党和共产党议员。每一个钢片上都镌刻着他们的名字、生卒年份和所在政党。

大火之后，国会移到附近建筑中，其实作为国家权力机构，它已名存实亡。因为之后只有纳粹党人能担任国会议员，而且完全无条件遵从元首的指令。依据帝国首席建筑师施佩尔设计的世界之都"日耳曼尼亚——新柏林"的模型曾在这里展出。他要在国会大厦附近建造一座拱顶290米高的"人民大会堂"（Halle des Volkes，见《导览》之"菩提树下大街·巴黎广场"），原来就被认为臃肿的国会大厦会被淹没在这个庞然大物的阴影里。幸而施佩尔

纪念第三帝国期间被纳粹谋杀的97位社会民主党和共产党议员的纪念碑

苏军将红旗插上国会大厦的照片是后来补拍的

的规划大部分没有实施，因为战争开始了。

苏军进逼柏林后，国会大厦被改成堡垒，在这里曾有一场激战。4月29日晚，苏军距离国会大厦只有300多米。因为第二天就是“五一”劳动节，莫斯科会有大型庆祝活动，先头部队已经提前制作了一面红旗，要把印制有锤子和镰刀的大旗插到“法西斯野兽的老巢”上，以此向他们的祖国献礼。为此总攻在清晨5点钟便开始了。国会大厦周围的建筑都已经成为废墟，其中隐藏着德国狙击手，每前进一步，都有苏军战士倒下。从蒂尔加滕公园的水泥掩体中也不断有狙击的枪炮。苏军用猛烈的轰炸相还击。公园的树木都被炸烂，烟雾和灰尘遮蔽了天空。苏军用了一上午时间才占领了周围的建筑物，开始向国会大厦进攻。

依据苏军后来的回忆，当时国会大厦的每一层的每个房间都有德军，看样子他们决心誓死捍卫帝国的心脏。但是，苏军将领鼓励战士：将红旗插上大厦楼顶的人将成为民族英雄，因此尽管伤亡很大，苏军还是前赴后继，踏着战友的尸体向上冲。

苏军占领国会大厦的照片成为世界反法西斯胜利的标志被广为传播。不过，这是一向善于做政治宣传的苏联方面后来补拍的。站在屋顶的苏军战士在特意制造的烟火中摆出漂亮的姿态，像雕像一样岿然不动。那面被称为“胜利旗”的红旗运到莫斯科参加胜利日庆祝典礼，然后被珍藏于博物馆中。

闲置在墙的一边

战争的破坏基本使国会大厦成为一片废墟。“二战”后，依照四国分区占领的划分，国会大厦位于英占区。在苏联对西柏林进行封锁时，西柏林人曾在这里举行过几次集会，进行抗议。1949年，西德定都波恩，政府部门随之迁离柏林。国会大厦一直被荒废，严重受损的穹顶被拆毁。在战后经济困难时，居民在国会大厦附近种些土豆。1961年，东德政府在大厦东边修筑起柏林墙。今天，在原来柏林墙所在的位置，可以看到地上标记的铜牌。

西德政府经过讨论决定，虽然国会大厦已经没有实际用途，但不予拆毁，而是招标设计方案进行修缮。建筑设计师鲍姆加滕（Paul Baumgarten）的设计中标，依据他的方案，从1961年到1964年政府对国会大厦进行了重建。但在两德统一后，鲍姆加滕的设计备受争议。

由于大厦原有内外部装饰已面目全非，而且当时有一种观点，认为过于华丽的雕像也是帝国专制的残迹，不必保留和恢复。所以鲍姆加滕是按照20世纪60年代的标准来建造大厦的。外部轮廓基本没有大动，只是没有再恢复穹顶。内部的装饰则以直线和平面为主，和原建筑相比显得简朴很多。

根据1971年签订的《柏林四方协议》（*Four Power Agreement on Berlin*），西德不得在西柏林召开议会。国会大厦只能用于团体聚会和展览。由西德方面策划的德国历史展曾在这里安家。直到两德统一后，军械库改建完成，新的历史展永久定居在那里。

国会大厦东边便是柏林墙

邮票上是20世纪60年代建造的没有穹顶的国会大厦

安逸的蛋

1990年10月3日，两德统一的庆祝仪式在国会大厦举行，当时的总统魏茨泽克（Richard von Weizsäcker）、总理科尔（Helmut Kohl）和前总理勃兰特（Willy Brandt）都参加了这个自1945年以来德国最重要的仪式。这预示着一个大国在欧洲的再次崛起，它将对欧洲和整个世界将产生什么样的影响？它真能像政客们承诺的那样给德国人一个充满信心的未来吗？

仪式也是庆典，为此当天晚上还燃放了大型焰火。第二天国会议员汇集到国会大厦，象征着统一后的德国国会成立。一直被闲置的国会大厦再次被启用，因此举行了国会大厦历史上第四次设计招标。前三次都是德国设计师的方案中标。这一次是来自英国的设计师福斯特（Norman Foster）的方案脱颖而出。具有如此象征意味的建筑能容许一个外国人主持建造，是不是德国有意

国会大厦外墙上的装饰

要显示新的国际化形象呢？

福斯特的方案最终并没有被批准实施。他原来是要用一个巨大的玻璃罩子将现有建筑扣里面。这二十多年来，福斯特的建筑作品遍及世界各大都市，我们对于这位喜欢玻璃材质的建筑师应当并不陌生。香港的HSBC（汇丰）银行大楼和英国伦敦的千禧年塔都是地标性宏大的玻璃建筑。

这一次，福斯特的巨型玻璃罩过于新颖了，毕竟德国国会大厦具有极强的政治性，它的实用性和对历史的继承性很重要。当然还有造价的问题，福斯特的巨型玻璃罩总造价达13亿马克，而德国方面明确要求改建用费不能超过6亿马克。

最终福斯特只好依据客户要求改变了设计思路，为国会大厦再次加上了穹顶。福斯特在接受采访时说，他认为根本没必要加穹顶，但是迫于各种压力，只好从命。当时德国方面的要求，大意是不能太霸气，不能延续帝国气象，要体现出民主气息，因为这里是国会所在地。福斯特说这话时脸上掠过一丝无奈。

看到他这样子，我不禁笑了一下，想到从第二帝国到纳粹第三帝国，德国历史上代表民意的国会在和真正的权力在握者之间的较量中一直处于弱势。要他通过设计淡化这个“传统”的确不易。而且众口难调，最终能确定设计方案，背后的艰难只有他和他的团队才知晓。现在总算是大家一致接受新建的大厦，没听到什么负面意见，他们也能长舒一口气了。

依照客户的要求，新的设计也很留意对原有建筑结构的保存。除了去掉20世纪60年代施工时加入的石棉，还将那次施工覆盖的旧有建筑元素尽可能展露出来。在建筑中使用石棉的危害在近些年越来越受到重视，柏林的共和国宫因此甚至全部拆除。鲍姆加滕的改建痕迹在此次施工中基本被去掉。不过，国会大厦重要历史节点的痕迹被保存下来，比如1945年苏联红军战士留在国会大厦墙壁上的留言大部分被保留下来，只去除了下流的和带种族歧视的语言。

不过今天排长队等待参观大厦的人们恐怕很难注意到这一点。电梯会直接把大家送到福斯特为大厦加修的玻璃穹顶，由穹顶眺望的经历确实是无与伦比的。从旋转向上的坡道缓步向前，外面一侧是柏林的街道和绿地形成的天际线，而内侧是由360面小镜子组成的漏斗形镜柱，反射出奇妙的镜像。这个设计的高超之处不仅在于为参观者制造了魔幻景象，也因为它是节能环保的典范。镜子可以将阳光引入建筑内部，同时，为了避免阳光直射并引起下面的大会会场温度过高，电脑控制的镜子还可以改变方向，把光线和热量折射出去。

有人说每个德国人都是环保主义者，感觉真是这样。环保不仅体现在每日生活中，在如此巨大的工程复建中，德国方面的要求也是低耗材、低耗能。在当初国会大厦的改建招标中，顾及生态学问题是要求之一。经过改建的国会大厦现在每年二氧化碳释放量从约7000吨降低到400至1000吨。

穹顶中间是由 360 面小镜子组成的漏斗形镜柱，反射出奇妙的镜像

大厦的穹顶上还有一个圆洞，我们在参观那天正好遇雨，大雨从上面泼洒下来，大厅地板上也溅到了雨水。大家赶快躲到大厅四周，但是工作人员却表情镇定，见怪不怪的样子。很快雨过天晴，大厅地面很快就干了，没有一点积水，因为它设有自动排水装置。

在大厦楼顶的平台上可以仔细欣赏穹顶。柏林人给它起的绰号是“安逸的蛋”（Coyz Egg）。从这里向南可以看到勃兰登堡门，向北可以看到施普雷河对岸，向西南方向可以看到蒂尔加滕公园和胜利女像柱，正西边则是国会大厦大门外的共和国广场。

实用信息：

地址：Platz der Republik 1，11011，Berlin

电话：030-22732152

网址：www.bundestag.de

交通路线：最方便的是公共汽车，100 路在国会大厦南侧有站

开放时间：8:00~22:00

勃兰登堡门以西就是世界上最大的城市公园：

蒂尔加滕公园

蒂尔加滕公园：柏林的“绿肺”

从巴黎广场穿过勃兰登堡门，感觉气氛大变。规整的建筑和熙攘的行人被笔直的大街和两旁的绿树替代了。号称世界上最大的城市公园近在眼前：蒂尔加滕公园（Tiergarten park）是柏林的空气净化器，有167公顷之大。天气晴朗时，柏林人特别喜欢在这片柏林的“绿肺”中慢跑、骑车、野餐、在草地上看书，甚至裸体晒太阳，人人都是置身家乡、怡然自得的神情。

比起巴黎或伦敦的公园，柏林的公园显得更天然更野性。虽然其中也有池塘和蜿蜒的小径、供人休憩的长椅以及大大小小70座雕像，但可能是因为占地很大，高耸的树木很浓密，而且大多没有经过修剪，总觉得像是身处郊外，而没有城市的感觉。这种印象被我后来看到的资料印证了。在第二次世界战之后，柏林的物质条件极为艰苦，各种生活必需品都奇缺。那年冬天因而显得特别寒冷，公园中的树木都被市民砍去取暖了。

战后，在偌大的区域内恢复公园绿地确实是大手笔、大工程。从1949年起，人们重新栽植树木，其他一些德国城市也伸出援手，纷纷给柏林赠送小树。德国统一之后，如何规划新都柏林，也体现了德国人对居住环境态度，他们一贯重视生态。在20世纪末到21世纪初的一轮轮城市开发中，这片城市的中心宝地没有移作他用，可能对德国人来说是很自然的，却让我羡慕至极。大都市中心竟有如此之大的一片绿色，不仅在欧洲算是独一份，在中国更是无法想象的。

不过，蒂尔加滕的这种悠闲安逸的气氛就像海面上漂浮的冰山一角，往昔的滔天大浪都隐藏在这平静的表象之下。曾经沧海——蒂尔加滕如同一个饱经风霜、阅人无数的老人，眼见一个个朝代像走马灯一样变幻。每一个政权都像雄性动物一样要占领一块领地，在此留下他们的印记。

这里原是勃兰登堡选帝侯的猎场。弗里德里克一世将它改建成公园。他同时命令修建一条通向夏洛腾堡的道路，那里有他心爱的妻子所建的宫殿。（见《导览》之“夏洛腾堡”）遵照热爱法国文化的弗里德里克大帝的命令，建筑师克诺贝尔斯多夫依照法式花园规划了公园的地基部分。望景宫和公园中的卢梭岛（Rousseau Island）是在弗里德里克·威廉二世时期建的。弗里德里克·威廉三世时期的著名园艺设计师和风景建筑家莱纳（Peter Joseph Lenné）设计了公园中的水道和湖泊，营造出英式花园的格调。莱纳还帮助弗里德里克·威廉四世规划了动物园，“蒂尔加滕”在德语中就是动物园的意思。现在在蒂尔加滕公园中的动物园是德国最古老的动物园。

20世纪初国会大厦前的广场正中是俾斯麦的雕像，背对大厦而立

俾斯麦雕像，前面是胜利纪念碑

一直到威廉二世之前，公园都保持了一种天然情趣。威廉二世依照他的想法将公园进行了改建，他拓宽了公园中的小路，铺设了草坪，还增加了雕像。我猜，因为普鲁士国王们已经用他们的石头纪念碑占据了菩提树下大街，从德意志第二帝国开始，帝王们便只能把目光转移到蒂尔加滕。

19世纪末国会大厦的建立是整个蒂尔加滕规划的一部分。当时国会大厦前的广场正中是俾斯麦的雕像，雕像背对大厦而立，前面是胜利纪念柱。这个设置在德国人看来颇有象征意味。俾斯麦是第二帝国的缔造者，但是很快被新即位的威廉二世踢出权力中心，他因而从没有跨进过国会大厦。他的雕像，凝望着面前的胜利纪念柱，因为它才是属于他的。胜利纪念柱所纪念的几次大战，无不是在俾斯麦的老谋深算下发动的。

在胜利纪念柱前面，是威廉二世的“玩偶大道”。他在36岁生日时，表达了宏愿：希望自己居住的城市装饰着贵族气质的雕像。于是历史学家们奉命从德国历史上选择32位国王、皇帝和王子，由27位雕塑家将他们雕制成石像。威廉二世将雕像摆放在胜利纪念柱前面的Siegesallee大道两侧，当时的人戏称其为“玩偶大道”。柏林人对皇帝此举的评价是：“每一样东西都这么漂亮，连稻草人都是大理石做的。”

1919年1月5日，领导斯巴达起义的马克思主义者卡尔·李卜克内西被枪杀在蒂尔加滕公园的Neuer See湖。他的同伴罗莎·卢森堡的尸体也被在附近发现。虽然他们两人在起义前都不同意仓促举事，但都因这次激进的行动而遇害。

到了第三帝国时期，希特勒和施佩尔要把柏林建成宏伟的“日耳曼尼亚新都”，首先把从勃兰登堡门到夏洛腾堡的大道拓宽，打造一条柏林的东西轴线，因此将胜利纪念柱移到了它现在所在的位置。32座雕像也被迁走。这些雕像在“二战”中被毁坏得很厉害，战后它

20 世纪初的“玩偶大道”

们被埋在了美景宫前的广场下，过了二十多年才被重新挖出来，现在仍没有修复。

“二战”及其之后的分裂是一段创伤深重的灾难。无论是为了表示悔过、安慰受害者的在天之灵，还是为了告诫后人吸取历史教训，柏林建立了很多纪念碑，其中蒂尔加滕地区就有四个比较知名的，因为布置得各有特色，也吸引了游人前往。不过参观它们可一点不轻松。

这四座纪念物是：穿过勃兰登堡门向右边走，大街边的柏林墙纪念地；向左走一小段路是欧洲被害犹太人纪念碑群（见《导览》之“被害犹太人纪念碑群”）；向前沿着大道走几步，向右拐入公园就可见到被害吉卜赛人纪念地；回到大街，向前走几步便是苏军战争纪念园。此外，公园中还设有哀悼受迫害的同性恋者的地方。

木头十字架，纪念在勃兰登堡门附近试图翻越柏林墙而被害的佐科尔维斯基

柏林墙纪念地

要问柏林和世界上其他城市最大的不同是什么，我觉得就是这里曾有一堵墙将城市一分为二，而且时长近三十年。东西方阵营在第二次世界大战后形成的“冷战”，最直接的承受者、最具体的体现就是这个城市。柏林被来自东西两边无形的大手操控着。左右它命运的力量远在千里之外。在政治对决中，柏林只是较量中的一个砝码、一颗棋子、一块意识形态的试验田，而生活在这里的400万居民的感受已经被忽略不计。

就像赫鲁晓夫说的，被东德包围在其中的西柏林，是能引发西方阵营疼痛的炎症肿块。苏联会时不时要捏一捏它，让对手感到疼痛。有的版本说，赫鲁晓夫把西柏林比作是西方的睾丸。“每次我想让西方尖叫，我都会用力挤压柏林。”不知怎的，我相信这个粗俗的说法更符合这位工农出身的政治家的口吻。

1961年8月13日，柏林的居民，一夜醒来发现无法在自己居住的城市自由穿行。居住两地的亲属不能再自由来往。这个城市有着同一条河流和下水道网络，共用着一套错综复杂的地上地下交通系统和通讯等基础设施，曾是一个完整有机的生命体，如今被活生生割裂开来。前来执行封锁任务的东德警察明确告诉人们：“你们都被困在鼠笼中了。”

柏林墙的建立使那些相信人类理性的人们大吃一惊：分裂一个现代大都市复杂的运行体系，一定会损坏其文明生活的根基。但是，柏林墙的建立者根本顾及不到什么“文明”了。东德人口在“二战”后一直处于无法控制的流失状态。人口锐减最厉害的是1953年，那一年有40万人逃亡西德。在接下来的三年中，每年有25万人逃到西柏林。在东德成立的最初十二年中，失去了总人口的六分之一。这个为劳动者建立的国家正因大量失去劳动力而经济下滑。柏林墙的建立在东德和苏联看来是顺理成章的。

柏林墙在普通柏林人心中投下的是挥之不散的阴霾。关于东柏林人试图向西柏林逃亡的事例取之不尽用之不竭，总是有无数故事可讲。试图从东柏林逃亡者中有幸运者，也有牺牲者。官方公布数字是，在5000多名试图越过东西柏林封锁的人中，有1600人成功，而191人因此丧命。为此，柏林有很多为柏林墙受害者设立的纪念物。在蒂尔加滕公园内的这个因为处在勃兰登堡门和国会大厦之间，知名度最高。

纪念地（Wall Victims Memorial）很简单，只是在公园的篱笆墙上安放了一排白色的十字架，上面写上了遇害者的名字，旁边很简易地粘贴了他们的个人简介。

在前面有一个更大的木头十字架，纪念在这附近试图翻越柏林墙而被害的佐科尔维斯基（Heinz Sokolowskz）。十字架上有一行字，大意是，在东德监狱服刑七年后，他在试图逃

彼得·费希特尔

这张彼得·费希特尔在试图翻越柏林墙时小腿中弹流血致死的照片被广泛传播，终于使东德政府感受到强大的压力

跑时被射杀。十字架经多年风吹雨打，木质已经发黑。在横木下面挂有半圈铁丝网。竖立的木头上附有小支架，有人把鲜花放在上面。行人在纪念地边穿梭来往，有些人会停下来，在纪念他的十字架前站立一会，阅读上面的说明。有多少人能从这几行简单的文字中感受到他的绝望?

佐科尔维斯基一生非常曲折，留下了很多让人费解的疑点。在两德统一后，东德安全机构斯塔西的档案向社会开放，但是从中也无法完全理清佐科尔维斯基何以一直受到东德政府的敌视和迫害。

佐科尔维斯基生于法兰克福，“二战”之前是一名记者。战争开始后，他到东线参战，并做了一些战地报道。26岁时他被苏联逮捕，在他表示愿意从事反法西斯事业后，被释放回东德。他在东柏林为苏联控制的媒体工作一段时间后，不知确切原因，被以从事间谍活动和拥有反苏文学作品的罪名逮捕，被苏联军事法庭判处二十年监禁。此后，他辗转于各东德监狱，服刑十年后因患有肺结核被释放。佐科尔维斯基在东柏林以电梯操作工为生。他一直申请离开东德，当他明白这完全不可能时，便决定铤而走险。此时他已经47岁，大半生即将过去。在决定逃跑前，他给西德的朋友写信说：“我再也无法忍受在东柏林生活下去了。”

1965年11月25日清晨，他试图翻越柏林墙。虽然当时晨光熹微，他还是被守卫发现了。在警告无效后，守卫开枪打中了他的腹部。在送去医院抢救途中，佐科尔维斯基死亡，结束了无望的挣扎。

在佐科尔维斯基的十字架上有人贴上了另一个遇害者彼得·费希特尔(Peter Fechter)受伤死亡时的照片。虽然佐科尔维斯基在去往医院途中去世，但好歹他还被当作一个人、被试图人道地救治。先于他三年，也是因翻越柏林墙而被射中的彼得却像动物一样在众目睽睽下流血而死。这个场景被传播到全世界，东德政府也感受到了压力，因此规定，翻墙被击中者，也必须送到医院救治。

1962年8月17日，18岁的彼得和一个朋友决定冒险翻越柏林墙。从照片上看，他是个很清秀英俊的青年。他们的逃跑计划很简单，过于简单了。在那天下午，两个年轻人向墙边冲去，试图在边界警察开火前翻过铁丝网。他的朋友翻越成功，但是彼得在越过最后一道障碍时小腿中弹。他滑到地上，那里正是东西德柏林墙之间的无人区。他的一条动脉被打穿，鲜血很快染红了地面。彼得大声呼救，但无人理睬。直到他的呼声越来越微弱，近一个小时后，才有人把他抬走，那时他可能已经死亡。西柏林一边聚集了一些路人，目睹了这一惨剧。东德释放了烟幕，试图掩盖这边发生的事情。但是赶到现场的摄影师拍摄到了彼得临终时的照片。因成功阻止彼得的外逃，两名东德巡逻队员和指挥官后来受到嘉奖。

彼得·费希特尔只是柏林墙上百个受害者中的一个，但他是其中给人们带来最深切悲愤的。为他竖立的纪念物在柏林有好几处。有一处上写着："他仅仅是为了获得自由。"在彼得·费希特尔死后，东德政府下达了指令："受伤的边界越境者要立刻而且毫不拖延地救回，并迅速送往后方医院急救，这样才不会被对方看见。"

彼得·费希特尔的死使西柏林爆发了暴力抗议示威。每天早上，守卫苏军战争纪念园的苏联士兵都会乘车进入西柏林。8月18日，他们的车被西柏林示威者拦住。人们向车投掷石块，苏军士兵则威胁要开枪。西柏林的警察只好用高压水枪驱散示威人群。针对苏军卫兵的示威持续了三天，英国不得不出兵护送苏军卫兵的汽车。

一处彼得·费希特尔的纪念碑上写着：他仅仅是为了获得自由

被害吉卜赛人纪念地

犹太人在欧洲一直是很有影响力的民族，而且人数甚众，在“二战”中所受迫害尽人皆知。但纳粹也同样厌恶以流浪方式为生的吉卜赛人，依据1935年颁布的《纽伦堡法》（*Nuremberg Laws*），他们被等同于犹太人。“解决吉卜赛人问题”和“解决犹太人问题”一样被纳入纳粹政权的议事日程，大规模迫害行动随之展开，吉卜赛人被驱赶进入集中营，绝大部分遭到毒气杀害。

在蒂尔加滕公园有一个由灰色围墙围起来的院落，专为纪念在纳粹德国被杀害的辛蒂和罗末人（Memorial to the Sinti and Roma of Europe Murdered under Nation Socialism），即德国和中欧的吉卜赛人。院落中间是个小水池，水池四周的地面石块上写有那些曾关押吉卜赛人的集中营的名字。低沉的音乐若有若无地从四面涌来。来参观者很多，来自世界各地、操着各国语言的人们都会在此静默片刻，然后默默离去。

被害辛蒂人中最知名的是特洛尔曼（Johann Trollmann）。他是20世纪30年代的德国拳坛的一名勇将。当时的纳粹官员不想承认特洛尔曼在赛场的胜利，宣布他参加的比赛无效。这曾遭到观众的抗议。之后他被送到东线作战，1941年受伤后回到德国。第二年，他被盖世太保逮捕，送入集中营。在那里他被集中营军官认出曾是拳击手，便在晚上用他训练士兵。当特洛尔曼身染重病时，集中营的狱友决定组织起来帮助他。他们把他化妆成死人，送到维滕贝格的一个附属营地，希望他能隐姓埋名活下来。但是他再次被认出，集中营中一个叫科尔内留斯（Emil Cornelius）的有特权的减刑犯向他挑战，结果被特洛尔曼打败。为了报复特洛尔曼，科尔内留斯命令他一天连续工作，直到他筋疲力尽，科尔内留斯便用一把铁锹攻击他，将他杀害。特洛尔曼死时年仅36岁。

2003年德国拳击组织（German boxing federation）正式承认了特洛尔曼为1933年的拳击冠军，之后为他修建了纪念碑，在德国几个城市巡展。

苏军战争纪念园

在1945年四五月间苏军攻陷柏林的战役中共有八万苏军战士牺牲。为此苏军在柏林建立了两个大型纪念园：位于原西柏林蒂尔加滕公园内的苏军战争纪念园（Sowjetisches Ehrenmal，Soviet War Memorial）和位于原东柏林特雷普托公园的苏联战争纪念碑。位于蒂尔加滕公园内的这个纪念物形式上较为简单，但因为位置处于市中心，因此参观者多一些。

苏军战争纪念园是在占领柏林几个月后建造的，附近埋葬了2000名牺牲的苏联红军。在纪念碑前的展示牌上可以看到，当时的柏林一片废墟，从纪念碑可以看到后面残破的国会大厦。而纪念碑的战士雕像以胜利者的姿态赫然矗立，和背景形成鲜明的对比。民间的说法是，纪念碑是用拆毁纳粹帝国总理府的石砖建成的。虽然这种说法没有依据，但广为流传，信者甚众。

“二战”后，在四国分区共管中，这里位于英占区。盟军都对纪念园的建立和维护表示支持。当时达成的协议是，护卫纪念园的苏军战士可以从东边的苏占区到这里站岗。

纪念园的主体是一扇弧形廊柱，中间厚重的石基上是苏联红军战士的雕像。他右手荷枪，向前伸出左手，手掌朝下，好像在向人们表明，脚下的土地曾洒满了战友们的鲜血。雕像下面镌刻着俄文，大意是：永恒的光荣献给那些在和德国法西斯入侵者战斗中倒下的英雄们，他们是为苏联的自由和独立而战。纪念园两侧放置了两辆苏式ML 20（152厘米）加农榴弹炮和两辆T－34型坦克。

巧合的是，1953年，东柏林的工人起义时，前来执行镇压任务的苏联红军使用的就是这种型号的坦克。而以这次起义命名的街现在就在炮口正对的地方。1961年柏林墙建立之后，西柏林居民对苏联的敌视剧增，促使英军必须派出士兵

苏军战争纪念园的红军战士雕像

保护纪念园不被愤怒的市民破坏。1970年，一名持枪的新纳粹分子打伤了几名苏军守卫者。多年以来，在5月8日欧洲胜利日，还有参加过“二战”的苏联老兵到此祭扫。2010年的欧洲胜利日纪念活动前夕，纪念碑被涂上红色字迹，上书：窃贼、谋杀犯、强奸犯。

这并不是捕风捉影，德国人都对这几个词不陌生。苏军在占领德国后，将大量机器设备拆运走，德国博物馆中一些珍贵文物后来出现在苏联。而苏军战士在攻进德国领土后，大肆强奸德国妇女也是无法否认和掩盖的事实。有数字表明，大约有200万妇女被苏军蹂躏，其中有10万妇女甚至遭到60至70次强奸。这被认为是有史以来最大规模的集体强奸。

苏军战争纪念园两侧放置了两辆苏式ML 20（152厘米）加农榴弹炮和两辆T-34型坦克

6月17日大道

对着勃兰登堡门的大街是6月17日大道（Strasse des 17 Juni），是为纪念1953年6月17日东柏林工人起义中的受害者而命名的。1953年6月东德政府计划在斯大林大道建造居民楼。这条大街之前和现在都叫法兰克福大道。当时的设想是，大街建好后，会成为德国首都第一条社会主义大街。

6月16日建筑工人向政府递交了请愿书，他们认为新增加的定额过多，无法完成。继而工人走上大街游行，要求领导人出来商谈。但是只有重工业部长出来面见工人，他只答应回去和其他领导商量解决办法。工人越聚越多，其他工厂的工人也前来支援。他们对部长的解释不满意，提出第二天开始总罢工。

当晚，东柏林数十个工厂上夜班的工人开始罢工，与此同时，苏军的军车也开赴东柏林的大街和广场。6月17日示

德国发行的纪念 1953 年 6 月 17 日事件的邮票两张

6 月 17 日大道中纪念柏林墙开放的石墙

威者聚集起来，焚烧了一些公共建筑，袭击了警察局。一些年轻人爬上勃兰登堡门，扯掉了在那里飘扬的苏联旗帜。从当时留下的历史照片上看，在波茨坦广场、亚历山大广场等地，示威者和苏军的坦克曾发生对峙。

最先发生枪击的是在马克思–恩格斯广场（见《导览》之“亚历山大广场及卡尔·李卜克内西大街”），苏联士兵向人群扫射。和东柏林的情况相似，东德其他城市在这一天发生的起义也都被镇压下去。根据两德统一后官方显示的记录，这一天东德共有50万工人参加了罢工，41.8万人参加了游行。

著名戏剧家布莱希特曾支持苏联干预罢工（见《人物》之“布莱希特”），但是他却留下了一首名为《解决办法》的讽刺诗：

6月17日起义之后
作家联盟的秘书
让人在斯大林大道上发传单
上说，
如果人民对政府失去了信心
只能通过双倍努力
才能赢回信心
这种情况下
政府解散人民
选择另一些
不是更容易吗

当天，这条通向夏洛腾堡的夏洛腾堡大街就被西德政府命名为6月17日大道。

胜利纪念柱

胜利纪念柱矗立于6月17日大道中间的中心岛上

胜利纪念柱（Siegessäule）矗立于6月17日大道中间，在马路中间形成一个环岛，四面有五条放射状的大街。游客可以从地下通道走上纪念柱所在的中心岛。

这些地道是当年纳粹建筑师施佩尔建造的，他将这条路从27米拓宽到53米，因此修建了地道，便于人参观。纪念柱是“二战”中为数不多的没有遭到严重破坏的建筑之一。很可能是移动位置救了它。它原来所在的国会大厦附近遭到盟军轰炸，成为一片废墟。当年苏军准备对柏林发起进攻，他们管纪念柱上的女神像叫“最高的女人”。和苏军并肩作战的波兰士兵先攻占了纪念柱，于1945年5月2日将波兰旗帜挂到上面。波兰官方依此将每年5月2日命名为旗帜日。

巨大的花岗岩基座上有四幅铜浮雕，揭示了纪念柱的具体意义。所谓胜利指的是从1864年到1871年中，普鲁士和三个国家所进行的战争，其最终的结果是普鲁士扩大了领土并将奥地利排除在外，形成了德意志第二帝国。普鲁士先是和奥地利结盟打败了丹麦，占领了丹麦南部和普鲁士接壤的荷尔斯泰因和石勒苏益格。接着，为了争夺这两个州的统治权，又和奥地利开战。结果，装备先进训练有素的普军迅速挫败奥军。之后普鲁士又和法军开战。法兰西第二帝国皇帝拿破仑三世在色当投降。法军占领巴黎，在凡尔赛宣告第二帝国成立。三战连胜，普鲁士掀起爱国主义狂潮，帝国为了标榜胜利建造了很多纪念物。其中最高的就是这个纪念柱。浮雕表现了战争中牺牲和胜利的场景。关于铜雕的内容，在纪念柱底部的展室中有很详尽的介绍。当时重要的历史人物——当然是以普鲁士为主——在浮雕上都可以找到。

文德斯的电影《欲望之翼》以胜利女神像为背景制作的海报

“二战”结束后，在法国要求下，这些浮雕曾被拆除下

BERLIN

来。很可能是因为其中有1871年普法战争中法军被打败的场景。还有材料说，如果没有英美的否决，法国当时是想将纪念柱炸毁的。

在1987年庆祝柏林750周年的活动中，依据法国总统密特朗的要求，浮雕又重新被安装回去。不过据说仍有部分雕塑留在法国。德法之间的恩怨在漫长的历史中越结越深，不过双方显然都已经意识到，战争只能两败俱伤，既然命运注定了两国要一直做邻居，谁也不可能把对方吞掉，今后就要学会宽容，和睦相处。但愿世界上所有相邻的国家都能明白这个道理。

胜利女神“金色艾尔莎”雕像

从一圈赤色花岗岩廊柱看去，柱体上有一幅玻璃马赛克画。是以画家维尔纳的设计为底稿制作的。主题当然还是庆祝胜利和帝国的建立。

纪念柱共有四层环形装饰，上面三层是19世纪初建时的原物，是以战争中缴获的加农炮管制作的。最下面一圈以金色花环装饰，是“二战”中德国宣战后，按照希特勒的命令于1838年到1939年间建造的。纪念柱连同上面的胜利女神雕像因此加高到66.89米。胜利女神右手高举胜利花环，左手长矛上饰有象征普鲁士爱国主义的铁十字。柏林人称她为“金色艾尔莎”。

从旋转楼梯气喘吁吁地爬上285个台阶，登上胜利女神像下面的平台，就可以眺望柏林。在文德斯的电影《欲望之翼》一片

胜利纪念柱底端以画家维尔纳的设计为底稿制作的玻璃马赛克画

从胜利纪念柱向东北方向可以看到远处的施普雷河和美景宫、圆形的联邦总统办公室及路边的毛奇雕像

中，第一个镜头就是主人公天使站在女神像上眺望柏林。

神像柱四面是五条繁华的大街。它们穿过茂密的树林，到达更远处林立的高楼间。说实话，柏林天际线很乱，是一座缺乏总体规划的城市，当然仍有值得一看的风景。从平台向东可以看到勃兰登堡门和更远处的柏林大教堂穹顶、红色市政厅和亚历山大广场电视塔（见《导览》之“亚历山大广场及卡尔·李卜克内西大街”）及尼古拉教堂的姊妹尖顶，再往西边一点可以看到波茨坦广场上闪闪发光的索尼中心大棚。（见《导览》之“波茨坦广场”）向东北由远及近可以看到美景宫的屋顶、圆形的联邦总统办公室及路边毛奇、俾斯麦和罗恩的雕像。向西南方向，我们可以看到残破的恺撒皇帝纪念教堂钟楼。（见《导览》之“选帝侯大街和威廉皇帝纪念教堂”）

在纪念柱底部展室中有胜利纪念柱的历史沿革展。它结合了普鲁士的发展轨迹，还可以看到当年奠基的基石。楼梯上贴有禁止破坏胜利女神像的漫画提示牌，表现出德国人的“战斗性格”：女神是会自卫的，破坏者自取灭亡。

美景宫自身就在美景中

美景宫

美景宫（Schloss Bellevue）的名字来源于法语，意思是“美景”。因为它建于施普雷河边，适于眺望河畔的美景，而它自身也在美景之中。

美景宫最初是为弗里德里克大帝最小的弟弟普鲁士奥古斯图斯·费迪南德王子（Prince Augustus Ferdinand of Prussia）所建的夏宫。弗里德里克大帝的母亲生有十个孩子，弗里德里克·威廉去世后，由长子继承王位，就是年轻时能征善战的弗里德里克二世，后因战功被尊为大帝。他的兄弟甚众，有些曾随同他用兵，这位奥古斯图斯·费迪南德王子就是其中一位。他后来成为勃兰登堡圣约翰骑士团（Order of Saint John）的首领。

美景宫是德国第一个新古典主义建筑。上层舞厅由设计了勃兰登堡门的建筑设计师朗汉斯设计。1786年建成那年，弗里德里克大帝去世。不知宫殿的名称是否和这位爱好法国文化的国王有关。此后，美景宫一直属于霍亨索伦家族，直到第一次世界大战之后威廉二世退位。

20世纪30年代，美景宫曾用于民族人种学博物馆，之后成为纳粹接待外宾下榻的国宾馆，因此“二战”中也是盟军轰炸的重点。战后，20世纪50年代它曾经大幅翻新，成为西德总统豪斯（Theodor Heuss）在波恩之外的第二个驻地。这个传统随后一直沿用下来，两德统一后美景宫成为德国总统的正式官邸，在它西侧还建有一个椭圆形办公地。

有的书上说，总统是否在柏林，只有看美景宫上是否悬挂了国旗就知道。如果总统不在，就可以对外开放。

公园雕像

俾斯麦雕像的右手放在建立第二帝国的文件上，显示出人们对他这一功绩的赞颂之情

普鲁士的总参谋长毛奇的雕像是柏林最大的大理石纪念像

介绍文字标明，蒂尔加滕公园中有70座雕像。大多数雕像没有专门的介绍文字，有些雕像已经残缺，很随意地摆放在草坪上，好像一时无人顾及。只有那些最著名的作品得到了保护和修复。我觉得这是现在的柏林美中不足的地方，较之巴黎、伦敦，柏林的绿地面积虽大，却没有很用心经营其中的人文景观，没有精心恢复历史上曾经的情调，因而自然气息有余而优雅不足。公园很能体现一个城市的风格和市民的生活状态：巴黎公园所具有的精致浪漫是柏林缺乏的。不过也许德国人就喜欢这种率真而不雕琢？

在胜利纪念柱附近有三个政治人物雕像：俾斯麦、毛奇和罗恩。它们原先都在国会大厦附近，摆放在宽阔的广场上受人敬仰，显得颇有气势。纳粹要建设“新日耳曼尼亚”首都，就把它们挪到现在的位置。虽然它们都环绕着与其功绩相关的胜利纪念柱，但如今只是公园众多装饰之一。

俾斯麦的雕像非常气派，它出自雕塑家贝加斯之手，建于1901年，有15米之高。红色花岗岩基座上站立着6.6米的俾斯麦立像。他的右手放在建立第二帝国的文件上，显示出人们对他这一功绩的赞颂之情。基座上有四个大型铜雕环绕周围。前面顶着地球的是希腊神话中的巨人阿提拉斯。旁边的一位女性代表政治智慧，她坐在斯芬克斯上，正在阅读。后面身着战袍的女性象征了国家的权力，她脚下温驯的豹子象征被镇压的反叛。后面还有正在打造断剑的齐格弗里德，在北欧神话中，他将用这把天神赐予的宝剑征服世界。从这四个陪衬雕像上就可看出，那时人们对于俾斯麦是非常崇敬的。

毛奇的雕像是柏林最大的大理石纪念像。雕像安放于1904年，基座有6米高，立像5.5米。这位普鲁士的总参谋长很放松地倚靠在后面的支撑物上，双手交叉在身前，凝视前方，似乎在谋划着什么，一副沉着淡定、运筹帷幄的样子。基座上刻有一句话，点明了雕像的主题："Erst Wägen dann wagen"，大意是"先衡量，再冒险"。这是对毛奇战略思想的浓缩概括。战前，他一定要仔细研究衡量交战双方政治、地理、实力等各个方面的因素，做出详尽、谨慎、周密的作战计划。一旦战争开始，就采取攻势，先发制人、快速进攻。这就可以解释在和奥地利的战斗中，普鲁士军为什么能在七周内迅速取胜。在接下来的普法战争中，毛奇应用他的作战原则，也是把号称强大的法国军队打得晕头转向。

罗恩的雕像比前两者显得简朴些。他身着普鲁士军服，站立在基座上，没有特别吸引人的姿态，雕像上也没有颂扬其成就的铭文。从雕像旁路过，会把他当成一个普通军官。和俾斯麦、毛奇比较而言，罗恩的名气的确稍逊。但他却是缔造第二帝国的"三驾马车"中不可或缺的人物。

威廉一世在凡尔赛镜厅称帝的庆功宴会上说："您，罗恩将军，磨亮了宝剑；您，毛奇将军，正确使用了宝剑；您，俾斯麦伯爵，多年来如此卓越地掌管我的政策，每当我感谢军队时，就特别地想到您三位。"在普鲁士"三驾马车"之中，罗恩和威廉一世认识最早，相交最深，俾斯麦和毛奇都是他引荐给威廉的。他们三人加上弗里德里克·卡尔亲王，又被称为是第二帝国"开国四杰"。

罗恩公认最大的功绩是改革了普鲁士军制，以普遍的三年义务兵役制保持全国的军事化。当时普鲁士周围强国环伺，拥有一支强大的武装也是生存之需。比较一下各国兵力可以看出形势还是很严峻的，奥地利有31万军队，法国是42万，俄国是99万，而普军只有14万。但在加强军事实力过程中，普鲁士的专制传统得到强化。虽然历史发展不能简单归

罗恩的雕像没有特别之处，不知者会把他当成一个普通军官

缔造德意志第二帝国三驾马车：俾斯麦、罗恩和毛奇

结成因果关系，不过俾斯麦、罗恩这些极力维护强权的做法，短时间内使普鲁士迅速扩张，的确为德国在之后半个多世纪的命运埋下了伏笔。

在普鲁士统一德国的那段历史上，他们三人是叱咤风云的显赫人物，不过时代更迭，除非被后面的政权利用，否则肯定会遭到冷落。这也是政治家不同于艺术家的地方。杰出的艺术家活着时境遇可能很不如意，甚至极糟糕，但只要作品流传下来，受尊重程度一定跨越时代。公园中为著名艺术家设立的纪念物有诗人歌德、剧作家莱辛、作曲家洛尔青、音乐家瓦格纳雕像及海顿、莫扎特、贝多芬三位音乐家的纪念碑。

蒂尔加滕公园面积广大，雕像散落其中，找起来不太容易。不过除了上面提到的三个之外，大部分雕像在6月17日道南边的公园南区。可以从勃兰登堡门向左进入公园，首先可以找到歌德、莱辛、威廉·弗里德里克三世国王、路易斯王后，然后有瓦格纳、洛尔青和海顿、莫扎特、贝多芬纪念碑。

瓦格纳的雕像在落成时就颇为引人注目。画家维尔纳为雕像的揭幕仪式画了一幅很大的油画，现展于柏林画廊。（见《导览》之“柏林画廊”）画家还把自己也画在一个角落中，表明他以出现在这样的场合中为荣。由于多年放置在露天，风吹日晒使雕像日益残损，现在，人们特意为它制作了一个顶棚。瓦格纳端坐于宝座上，手握拳头，正在构思。他的作品都是上天入地的大制作，要将所有艺术形式融于一体。（见《人物》之“瓦格纳”）估计实际创作中，他的表情比这还要纠结。环绕基座的，是他乐剧中的人物。

海顿、莫扎特、贝多芬纪念碑建于20世纪初，是依照威廉二世皇帝的命令建造的。纪念碑主体以大理石制成，上面镀金部分是铜铸的。今天它能完好如新地展示在这里，颇为不易。雕像在“二战”结束前的最后战斗中曾被枪击中，留下多处疤痕。大约在1945年左右，雕像上的面具、花环和天鹅的脖子都丢失了。从雕像旁边放置的说明图片上我们可以看到，从战后“冷战”期间直到两德统一，它都孤零零地站立在几近荒野的蒂尔加滕公园里。1996年，公园挖筑管道时，为了保护雕像，它被细心地拆成150

贝多芬

海顿

莫扎特

个小块保存起来。而后，人们将上面的铜锈浸泡清除，再重新拼合。面具、花环和天鹅的脖子等丢失的部分都依据历史图片重新制作了，但枪击的痕迹依然保留着。从上面的弹痕我们可以想象，它见证了多么激烈的交战。修复工作持续了两年多才最终完成。2007年8月，纪念碑终于完整地安放到一个世纪之前所在的位置，其中百分之九十的部分都是原件。

海顿、莫扎特、贝多芬三位大师的胸像分别放置在纪念碑的中部。他们生活的时代不同，服饰不同，可以很容易区分出来，此外，从雕像的姿态和表情也能准确地辨别出三人迥异的个性。贝多芬双手背在身后，一头卷发，紧闭双唇，一幅愤懑、不屈从的坚定神情。他下面的装饰浮雕，表现的是一个裸体男子，全身肌肉紧绷，似乎在奋力搏斗，让人联想到贝多芬作品中爆发出的雷霆万钧之势。

海顿戴着假发，手持乐谱，是出没于宫廷中遵守礼仪规范的文雅之士。他下面的装饰是一个牵裙起舞的女性。我们似乎可以听到为她伴奏的舞曲，欢快而讲求均衡节制正是海顿的风格。可惜女子的一只手臂丢失了，而且海顿胸前有几处被枪弹击中的痕迹。这可是老先生活着的时代无法想象的。

和前两位相比，莫扎特显得意气风发，对自己的天才满怀信心，而且坚信能凭借作品换取富足美满的生活。不过，我们知道，后来事与愿违，莫扎特在贫困交加中离去。下面装饰的是一个头顶花篮类似丰收女神的女子，身上的轻纱飘飞。就像莫扎特的音乐，听着就让人想随之起舞。

实用信息：

蒂尔加滕公园

地址：Straße des 17. Juni 100，10557，Berlin

乘车路线：地铁S5、S7、S75在Tiergarten站下车

开放时间：全年开放

胜利纪念柱

地址：Straße des 17. Juni，Großer Stern，10557，Berlin

乘车路线：公交车100路、106路、187路、N26在Großer Stern下车；或乘坐100路、187路在Schloss Bellevue下车

开放时间：10月31日到4月1日，周一到周五9:30~18:30，周六周日9:30~19:00；11月1日到3月31日，周一到周五10:00~17:00，周六周日10:00~17:30

美景宫

地址：Spreeweg 1，10557，Berlin

乘车路线：乘坐100路、187路在Schloss Bellevue下车，或187路在Paul Str.站下车

犹太人大屠杀纪念碑群其实是一大片高地错落的水泥柱子

犹太人大屠杀纪念碑群：水泥的休止符

很难找到恰当的词来形容这个纪念物（Denkmal für die ermordeten Juden Europas，Holocaust Memorial），称之为碑群，有点勉强。这只是一大片水泥柱，望不到边。人往里面走，一下子就被淹没了。说是柱子也勉强，其实都是灰色的大长方块，一排排码放在坡形的空地上。每一块都有点倾斜，所以有人形容它是水泥的麦浪。但是这个比喻太柔软了，这些坚实的水泥块组成的方阵给人的感受更肃穆更沉重。它更像卧在柏林现代建筑群中的一个凝固的休止符，一个让人们从繁忙的现代社会停歇下来的逗号，回头看看人类的本性，再迈步向前不迟。

犹太人大屠杀纪念碑群的灰色大水泥块

希特勒任命施佩尔负责建造的帝国总理府，在“二战”中被毁

在将近两万平方米的空地中，竖立着2711个柱体，最高的有4.7米高——这样的数据一下子就把人比小了。我们只是行走在巨大的水泥块中的小蚂蚁，就像每个人都不过是历史洪流中一个微尘。当它一定要淹没一个生命、一群生命，甚至是几百万生命时，有什么力量能和它抗衡？

第三帝国的中枢机构就曾经近在咫尺。纪念碑群位于国会大厦和勃兰登堡门附近。1938年，希特勒任命他信任的设计师施佩尔负责建造的帝国总理府（Reich Chancellery）就在旁边。总理府“二战”中被毁，但是其地下掩体在1990年被发现，那里曾是党卫军的车库。纪念碑群所在的地方也曾是纳粹的食品和农业部。1933年入侵东欧，奴役波兰、白俄罗斯、俄罗斯的计划就是在那里制订的。在占领这些地方后，纳粹开始了大规模对犹太人的迫害和屠杀。附近还有帝国宣传部长戈培尔在他办公室花园中修建的一栋别墅。这些建筑残存的遗迹现在不是被铲平就是被封死了。纪念碑群建在这个柏林的行政中枢区，而且面积如此广大，当初提出倡议时，公众对它的关注度也非常之高，曾产生了激烈的争论。

最初的倡议者是在德国媒体颇有影响力罗施（Lea Rosh）女士。她的倡议得到曾任西柏林市长的德国总理威利·勃兰特、曾获诺贝尔文学奖的作家君特·格拉斯等人的支持。但是德国辛蒂人和罗姆人（就是我们通称的吉卜赛人）政务中心主席罗斯表示异议："受到纳粹迫害的吉卜赛人为什么被忽略了？"还有同性恋者、身体有残疾者、战俘、黑人、政治犯、被强迫的劳工，也不应被忽略。还有的犹太人认为，既然已经在大屠杀发生地建立了纪念碑，就没必要再建了。有人认为建纪念碑只是为了使德国人卸去民族的罪恶感。还有人提出纪念碑增加了全民族罪恶感，是否有必要？这样的纪念物就像道德大棒，时时指向德国人。

争论使这个提议悬而不决，直到人们对菩提树下大街上的新岗哨作为战争受害者纪念堂提出更多争论。纪念堂将珂勒惠支的作品《悲痛的母亲和死去的儿子》作为陈列的主体。（见《导览》之"菩提树下大街·新岗哨"）有人提出战争中的死难者和有责任的战争肇事者是不应当放在同一层面被纪念的，而且这个雕像延续了中世纪圣母哀悼圣子的主题，和犹太人的传统不符。于是当时的联邦总理科尔（Helmut Kohl）确定了建立为大屠杀中的犹太死难者建立纪念碑群的项目，而在其他地方单独为辛蒂人和罗姆人以及受迫害的同性恋者建立纪念物。（见《导览》之"蒂尔加滕公园"）

项目终于动工，但是瑞士一家报纸披露，参与建筑的Degussa公司的一家子公司，在纳粹执政期间曾经制造齐克隆B（Zyklon B）——一种释放有毒气体的制品，在屠杀犹太人的毒气室中使用（参看《导览》之"万湖会议纪念馆"）。而很多项目的高层决策者是知道这件事的。于是舆论哗然：建造纪念碑的人竟然曾经是大屠杀的受益者。但是项目已经进行，如果毁掉重来，将耗资234万欧元。

Degussa公司在项目中是什么角色呢？说来很有德国特色。他们是生产制剂的。这种制剂用于防止水泥柱体被涂鸦。德国的涂鸦传统真是无处不在，大街上能被涂到的公共建筑物都难逃一劫。而涉及犹太人的事务，在德国又特别敏感。所以涂抹防止被涂鸦的涂层是施工中很重要的环节。

项目再次陷入争论。在德国曾经参与纳粹机构行动的政府和公司雇员真是难以计算，是否有必要把他们一律革除，而且是否能做到？这个问题在战后一直是德国及战胜国争论不休的焦点。最终，虽然几乎所有犹太组织都反对该公司的参与，主张继续修建纪念碑的一方还是占了上风。其中就有纪念碑的设计者艾森曼（Peter Eisenman）。他是几轮设计竞赛的最终获胜者。

前言厅的尽头是六张人像，代表了600万被害的犹太人

地下的玻璃方块中是受害者的日记或最后的信件

纪念碑终于在2004年5月10日——欧洲第二次世界大战胜利纪念日60周年时揭幕。代表600万被害犹太人发言的是大屠杀的幸存者 Sabina Wolanski，她说：虽然这场浩劫毁掉了她所珍视的一切，但也让她明白，所有仇恨和歧视注定要消亡。她也提到大屠杀的制造者们的孩子不需要对他们父母所做的事负责。这几句话再简明不过地阐明了纪念碑群的意义。

让人没想到的是，纪念碑群竟成为柏林的一个旅游热点。第一年有350万人前来参观，每天平均近一万人。有49万人参观了地下信息中心，其中百分之四十不是德国人。

地下信息中心的入口隐没在碑群中。而且可能因为这个叫法，使人以为仅有地上建筑，难怪我建议家人和朋友去参观，他们根本没找到地下信息中心就离开了。虽然地下的部分规模要小得多，但更值得去。在纪念碑群总投资的2760万欧元中，有1280万是用于这个地下信息库的。

为了防止游客拥堵，大型公众场所一般都设有两个开放口，一个入口，一个出口。地下信息中心也是如此，有两个楼梯通向地下。它很像欧洲中世纪教堂的地下珍宝室，但是并没有重要文物和实物，而是简易而具有现代设计感的文献展。

一进入地下，前言厅的尽头是六张人像，在背景灯光中显得非常醒目。这六个人代表了600万被害的犹太人。他们都是很普通的人，有着平凡的容貌和眼神，只求度过平稳的一生，却被残忍地杀害了。在柏林有关这段历史的展览中，用放大的肖像来展示人在灾难中的命运是一种特别能打动人，也会令人痛楚的方式。走廊的墙壁上以时间为轴，记录了纳粹政权从上台之后，是如何一步步对犹太人实行种族灭绝政策的。

接下来进入“规模厅”。这个区域是让参观者从规模上了解纳粹的罪行。遭受迫害者的数目被写在墙上，地下的玻璃方块和地上的水泥块相对应。上面是受害者的日记或最后的信件。到这样的纪念场所，我本来就很紧张，在读到这些文字时，眼泪一下子就控制不住了。在公共场合这本是很难堪的，但在这里很难自持。

接下来是“家庭厅”，展示了15个来自欧洲不同地区的犹太家庭的故事。他们在战前有的富庶，有的贫苦，有的相亲相爱，有的很平淡。大劫之后，有的姓氏因幸存者而得以延续，有的则整个村落都永远消失了。

后面是“姓名厅”。可以听到已知的欧洲被害犹太人的姓名和简历，这些数据也同时被投射到墙上。仅仅宣读完这些名字就需要6年7个月27天，而很多被害人甚至连名字都没有留下。名字不仅仅是字符，而是代表了曾经有悲欢有尊严的生命，他们曾经被如此残忍地践踏。

资料中一部分来自以色列的亚德瓦谢姆大屠杀纪念馆（Yad Vashem），那里也是收集大屠杀被害者历史资料的机构。而德国的这个信息中心汇集了德国的重要研究成果供人查询。

然后是“地点厅”，展出纳粹对犹太人屠杀过程中在地理上的扩张过程。墙上的介绍和播放的影像资料显示了这些残忍行动是经过了怎样有条不紊的计划。最后一个厅是当前欧洲研究、纪念大屠杀机构的总览，还有当初联邦议院讨论建立纪念碑群的影像记录。可以看到，在欧洲关于这一历史有这么多纪念物，有这么多人严肃地讨论，有这么多专家在从事收集和研究。这些都会给人以信心，邪恶真的是很难再卷土重来吧。

实用信息：

地址：Cora-Berlin Strasse 1，10117，Berlin

电话：030-26394336

网址：http://www.holocaust-denkmal.de

交通路线：地铁U2、S1、S2线，到potsdamer platz站下车，顺着Ebert大街向北走。或者坐100路公交车到勃兰登堡门站下车，穿过勃兰登堡门向左手走，顺着Ebert大街向南，过了第一个路口即是

信息中心开放时间：周二至周日10:00~20:00，周一闭馆

夏洛腾堡：唯一幸存的王宫

夏洛腾堡是柏林现在唯一幸存的普鲁士王家宫殿

国王们的爱情

夏洛腾堡（Schloss Charlottenburg）在柏林中心区以西7.5公里，这个距离相当于普鲁士时代的一里。它作为王族们的夏宫修建，历经七代普鲁士国王不断改建、扩建。每个国王都按照时代的时尚和自己的趣味为其添砖加瓦，而他们的王后在其中的作用有时比他们本人还大。

身为一国之君，婚姻大事首先要从政治角度考虑，因而不可避免地忽视情感因素。但这并不意味着所有君王和王后都把婚姻当成冷酷的交易。在普鲁士的九个帝王中，至少有两位在婚姻中得到了幸运女神的眷顾，体验到了真正的爱情。只有一位的感情生活特别糟糕，夫妻长期分居，没有留下后代。还有一个国王朝三暮四，惹出很多丑闻，想必给王后带来很多创伤和羞辱。其余的夫妻们大多履行了职责，生儿育女，谈不上有多幸福，但日子能过得下去。

最不忠的丈夫是弗里德里克·威廉二世，夫妻间没有感情可谈的是弗里德里克大帝，享受了爱情的是弗里德里克一世和他第二个妻子苏菲·夏洛特（Sophia Charlotte of Hanover）王后，以及弗里德里克·威廉三世和王后路易斯。可惜的是两位为宫廷带来温馨气息的王后都在三十多岁便去世，只给夫君留下温暖的回忆，给历史留下令人向往的佳话。这些在夏洛腾堡都有迹可循，为游览增添了一层浪漫和感伤的色彩。

苏菲·夏洛特公主的母亲非常聪慧，在她的精心教育下，苏菲公主能讲四国语言，对文学、艺术、哲学和科学都有浓厚兴趣。虽然她算不上特别漂亮，但有了这些必要的文化修养，在婚姻市场上算有了些资本。家族希望她能嫁到当时最强盛的国家：法国。苏菲和母亲到了法国，本希望能得到王储的欢心，未能如愿后，又将目光转向丧偶的老王路易十四。他比她大整整30岁，幸而没能实现，路易十四后来秘密娶了曼特农夫人，否则夏洛滕堡的故事就大不一样了。

同样丧妻的普鲁士选帝侯弗里德里克三世接受了苏菲，他比她大11岁，被她的活力和才智所吸引。对苏菲来说，这个婚姻肯定不是最好的选择。当时的普鲁士还是个地处东欧边缘的小公国，虽然打了几次漂亮的小仗，但对喜欢享受精神生活的苏菲来说，这个婚姻如同发配。当然，嫁到这样贫瘠的地方也有好处：王国的基础很差，做出点功绩就会受到臣民爱戴，甚至会得到后世的感念。

弗里德里克三世对新婚的年轻妻子非常珍爱，凡是可以发挥其才能的方面一律支持。苏菲需要一个私人空间，营造文化气氛，享受精神生活，弗里德里克三世便将建造夏宫的

苏菲·夏洛特王后

路易斯公主一双大蓝眼睛格外动人，迷住了弗里德里克·威廉王储

重任交给她，让苏菲按照她的喜好随意设计。苏菲和建筑设计师一起，以荷兰宫殿的模式配上法式花园，给自己建造了一个小小的安乐窝。未经邀请，国王本人都不得前来。弗里德里克迷恋苏菲的程度通过一个事例就可以想象。当时法国宫廷是欧洲的文化中心，法王的生活方式被大大小小的宫廷模仿。因而弗里德里克三世也像路易十四一样有一个正式的情人。但是有了苏菲，他再没有和她在一起。

选帝侯妃在夏宫中建起沙龙，文人学者艺术家很快会聚到聪慧的女主人身边。苏菲在夏宫中经常举办音乐会和庆祝活动。她喜欢音乐，有时自己演唱并弹奏羽管键琴。她还在宫中修建了意大利歌剧剧场。苏菲雇用了当时著名的音乐家，其中意大利小提琴家、作曲家科雷利（Arcangelo Corelli）将五首小提琴协奏曲题献给她。对于王后和这位音乐家之间亲密的关系，也引起很多猜测。这样一位优雅又有情趣的贵族女性，不仅赢得了文人艺术家的尊敬，连彼得大帝也承认，他见到苏菲和她的母亲时被深深地吸引，以至于不知如何开口。

在选帝侯弗里德里克三世为自己加冕成为普鲁士国王弗里德里克一世后，苏菲也成为王后。小小的夏宫不再符合她的身份，于是宫殿又延伸出法式巴洛克风格的东西两翼。此前，苏菲的母亲将她好友和导师哲学家莱布尼茨（见《人物》之“莱布尼茨”）介绍到普鲁士，在他的帮助下，苏菲和选帝侯一起创立了柏林科学院（Berlin Acadey of Sciences）。可惜，苏菲在1705年因肺炎病逝，年仅36岁。弗里德里克一世为了纪念她，遂将宫殿改名为夏洛腾堡。

弗里德里克·威廉三世和王后路易斯的爱情更是普鲁士人的骄傲。路易斯的人生比苏菲要曲折。她六岁时，母亲于一次难产时去世，父亲后来娶了她母亲的妹妹。路易斯和继母的关系很亲近，可是，继母也在婚后不久去世。两位母亲先后离世自然会给小路易斯的心里造成阴影。她不得不像个大姐一样照顾更小的弟弟妹妹。两次丧妻的父亲将孩子都交给他们的外祖母照顾。外祖母是路德派教徒，这也决定了小路易斯的信仰。而对慈善行为的重视，也持续影响了她一生。有时，她捐助得太多了，以致会和外祖母发生冲突。

以现在的角度看，她外祖母的教育观念都是很先进的。她想让孩子们在简单的环境中成长，连衣服都是由他们自己动手缝制。他们的家庭教师教他们说法语，这在那时的皇家和贵族教育中很普遍，以至于路易斯把她的母语德语都快忘了。不过她九岁时，曾听席勒在宫廷中朗读他的剧本《唐·卡洛斯》的第一幕，路易斯从此爱上了文学，尤其是席勒的作品。从10岁到17岁，路易斯受到很好的教育，她爱上了历史和文学，喜欢歌德、赫尔德、让·保尔、莎士比亚和古希腊作家的作品。

路易斯渐渐出落成大女孩，五官精致，一双大蓝眼睛格外动人，透露着智慧。他的叔叔正想和普鲁士王室密切关系，就在她身上打主意。王储弗里德里克·威廉比她大六岁，正在选择配偶，路易斯的叔叔有意安排她和王储见面。弗里德里克·威廉第一眼见到路易斯就被打动了，立刻决定娶她为妻。而王储的弟弟也看中了比路易斯小两岁的妹妹弗雷德丽卡（Frederica）。路易斯从小就和这个妹妹很亲，两姊妹嫁到一个地方至少不会孤独了。普鲁士著名的雕塑家沙多曾为两姊妹创作了雕像，在好多地方可以看到其复制品。（见《导览》之“柏林历史博物馆”“博物馆岛·老国家画廊”和“红色市政厅”）

一对新人回到柏林，受到臣民欢迎。路易斯不顾一贯的礼仪，将一个站在欢迎人群中的小孩子抱起来亲吻。这一举动让人们大为感动，路易斯从一露面就人气激增。婚后，弗里德里克·威廉二世国王让新婚夫妇住到夏洛腾堡，但是他们选择了离波茨坦不远的一个相对安静的地方。

王储对自己选择的配偶非常满意，称路易斯是“公主中的公主”。路易斯非常懂得自己的责任，全力支持丈夫，而且总是有意把风头让给丈夫，维护王家的形象。夫妻享受着平静的乡间生活，闲暇时一起唱歌，一起读莎士比亚。路易斯的第一个女婴夭折了，接下来他们一共生有九个孩子，其中两个在婴儿阶段就去世了。这对母亲来说当然是很痛苦的经历，那个时代的人面对死亡比我们要无助得多。

路易斯还是乐善好施。参加丰收庆典时，她总是要给当地的孩子们买礼物。她到普鲁士后的第一个生日，国王公公问她想要什么，她回答说想要一些钱分给城里的人们，让大家和她一起快乐。国王听了，笑着送给她不少钱去散发。

弗里德里克·威廉三世登上王位后，路易斯的支持显得更加重要。她开始参与国事，协助丈夫管理朝政。她比所有前任王后都要受欢迎，而路易斯也懂得利用她的威望加强国王的权威。

路易斯王后拖着身孕去见了“魔鬼”拿破仑。此次见面成为后世渲染的好素材

斯坦因男爵一直主张进行行政体制改革，他上书痛陈利害，认为普鲁士的顽疾已经阻碍时代进步，但是国王对此无动于衷。男爵写的文件被转到了王后手中，路易斯认为很有道理，但是她也知道丈夫不会接受。此事便被搁置下来。

国王当时首要的问题是确定和法国的关系。弗里德里克·威廉三世和王后都不喜欢战争，但是拿破仑已经打到家门口了。普鲁士必须选择是投降法国，还是加入反法联盟，和英、俄、奥地利一起战斗。相比而言，普鲁士是个小国，力量没有这四个大国强，军队已经十年没有投入实战，但将领们却认为他们可以打败法军。国王一直在犹豫，最终在王后和宫廷主战派的压力下，国王宣布对法宣战。结果耶拿—奥厄施泰特一战（Battle of Jena-Auerstedt），普军惨败，到军中督战的国王和王后只得落荒而逃。

法军进军柏林，占领了首都，国王一家只能向东逃难。一路上，没有足够的食物和饮用水，国王和王后晚上只能将就在一个小房间。

对于战败国，拿破仑开出的条件非常苛刻。弗里德里克·威廉三世希望妻子能见一次拿破仑，说服他高抬贵手。路易斯王后勉强同意，拖着身孕去见了“那个魔鬼”。此次见面成为后世渲染的好素材，当然也是因为当事人喜欢夸耀。拿破仑给他的皇后约瑟芬写信说，路易斯“妩媚动人”。虽然拿破仑拒绝修改条款，但他的确被路易斯打动，并表达了尊重。普鲁士人同样被王后的勇敢行为打动，称她的“灵魂代表了民族美德”。

拿破仑要求的赔款数额相当于普鲁士一年的财政预算，可以想见国王和王后的艰难处境。但是路易斯要求自己打起精神，以乐观精神来感染周围人。在拿破仑撤军之前，柏林还是不安全。沙皇亚历山大一世请国王一家到圣彼得堡小住。他特意为他们安排了华丽的房间。路易斯觉得这些浮华的东西已经迷惑不了她，在写给父亲的信中，她说："我很高兴，经过灾难，我们更珍视我们的家庭。"

在离开柏林三年后，国王一家回到柏林。法军将夏洛腾堡的古玩、雕塑、油画、手稿等洗劫一空。路易斯回到柏林后，和国王一起积极支持普鲁士在各方面的改革，将这看作是振兴国家的必要手段。不久，年仅34岁的路易斯突然病倒，死在丈夫怀中。她没有等到普鲁士打败法军一雪前耻的时刻。普鲁士人认为是拿破仑的入侵气死了他们亲爱的王后。悲痛的弗里德里克·威廉三世命人在夏洛腾堡花园内为王后建造陵墓（Mausoleum）。在1814年路易斯生日时，国王设立了路易斯勋章（Order of Louise，Luisenorden），奖励那些在对抗拿破仑战争中有贡献的女性。

路易斯一直受到普鲁士人的爱戴，被看作坚强的德意志女性的象征。在魏玛共和国时期还有以她的名字成立的妇女组织"路易斯王后联盟"（Queen Louise League）。这个组织的宗旨是在妇女中提倡爱国主义，强调家庭和德国女性的道德。"路易斯王后联盟"在纳粹掌权初期曾是支持者，但一年后，组织被纳粹政府解散，纳粹也利用路易斯作为政治宣传工具，尤其是她坚持对抗法国的事迹，而她的丈夫则作为优柔寡断的国王而成为反面人物。

在失去路易斯后，弗里德里克·威廉三世独居了十二年。孩子们长大成人，女儿出嫁走后，国王觉得越来越孤单。他决定和比他小30岁的奥古斯特结婚。婚礼是在夏洛腾堡宫礼拜堂中举行的，只有很亲近的几个人出席了婚礼。

消息传出，公众哗然。无论是家人还是臣民都对此不满。路易斯已经成为传奇，他们不相信国王会背弃对王后的爱。尤其是奥古斯特没有皇族血统，他们的婚姻属于贵庶通婚。而且奥古斯特是天主教徒，婚后才改宗到新教。

但国王已是52岁的老人，未来的日子还有多长很难说，他还有生命力去享受生活。在他给奥古斯特的信中，他直言不讳地告诉她，之所以和她结合是因为他需要女人的陪伴，尤其是像她这样的年轻女性，既可以像女儿一样照顾他，又可以给他肉体的欢愉。奥古斯特同意了国王的条件。因为身份差异，加上国王不希望奥古斯特取代路易斯王后的位置，奥古斯特没有被授予王后称谓，而是被授予公主（Princess of Liegnitz）和霍亨索伦伯爵夫人的头衔（Countess of Hohenzollern）。在他们婚后的十六年中，她从不参与政务。她一直照顾国王的生活起居直到他去世，但却没有被邀请出席国王的葬礼。

寡居之后，她被允许继续居住在柏林的王宫。去世后，和弗里德里克·威廉三世、路易斯王后一同葬在夏洛腾堡的陵墓中。

国王们的居所

夏洛腾堡是柏林现今唯一幸存的王家宫殿。尽管在“二战”中它被炸得只剩骨架，却很幸运地没有像苏占区的城市宫一样遭到拆毁。艰难的修复一直在进行，当然现在还没能完全恢复昔日的精美华丽，但至少，柏林还留住了一片古典建筑群。一个欧洲城市如果失去了对古典美的珍视，就失去了它的根基，就像被折断的树木无法生长。所有文明都需要依存于传统的土壤才能延续。

正对着院落大门的绿色穹顶下便是弗里德里克一世和苏菲王后建造并居住的旧宫，也是夏洛腾堡的核心所在。金属围栏上饰有代表普鲁士的黑鹰。大门两边的柱子上是两个公元前1世纪被称为博盖塞角斗士（Borghese Gladiator）的罗马雕像。当然现在我们看到的是复制品。

绿色穹顶下便是弗里德里克一世和苏菲王后建造并居住的旧宫，也是夏洛腾堡的核心所在

院子正中是高居在基座上的大选帝侯骑马铜像。这是雕塑家施吕特（Andreas Schlüter）的代表作。大选帝侯身着罗马皇帝的服饰，这并不符合那时塑造公侯的现实主义原则，但是当时的骑士盔甲不适合于表现骑士的威武姿态。施吕特想将理想主义气息灌注到他的作品中，把大选帝侯塑造成一个有王者之风的勇士。他的卷发披散，像一头雄狮，但是表情平静，目光凝视着远方，是一位有勇有谋的将领。

这尊像的主体早在1703年制成，而基座是依据施吕特的设计，由其他四位雕塑家在六年后完成的。基座下面是四个被铁链锁住的战俘，痛苦地扭曲着身体，和选帝侯的镇定自若形成鲜明的对比。可以想见在欧洲三十年战争中只遵循残酷的丛林法则。如果普鲁士的军队不够强大而且没有足够好的运气，大选帝侯即便谋略过人，也未必一定是胜利的一方，被锁在台座下面的就可能是现在高高在上的那个人。

基座于1896年被重新制作，加了两幅浮雕。一幅是表现臣民的，以人格化的形象代表施普雷河、历史史学以及和平天使，并用很浅的背景勾勒了夏洛腾堡的老宫。另一幅代表王国之尊，上面刻有信仰、力量和勇气的人格化身，背景可以看出是新宫。

铜像原本放置在柏林城市宫南侧的长桥（Long Bridge）中间，“二战”中人们试图保护雕像，但因为承载它的驳船超载，它和驳船一起沉入了泰格尔湖（Lake Tegel）中。雕像被打捞并清理之后，于1951年放置在夏洛腾堡的院子中。另一尊基座上没有如此复杂装饰的雕像放置在柏林博物馆岛的博德博物馆。（见《导览》之“博物馆岛·博德博物馆”）

大选帝侯骑马铜像

抬头观看正中的塔楼，在45米高的顶端有位镀金的幸运女神像在风中起舞。这其实是一个测天气的叶片，随风向转动。苏菲去世时，旧宫还没有完全建成。建成后，弗里德里克一世和同样名为苏菲的第三位妻子将它当作夏天的正式驻地。旧宫旁边是橘园宫，分大小两座，大橘园宫（Great Orangery）是指旧宫向西延伸的部分，由朗汉斯设计。它在“二战”中被毁，后来依据原来的设计重建。现在是博物馆和剧院等文化场所。小橘园宫（Small

从大橘园宫前的花园看旧宫

Orangery）在大的南面，用于植物展览。在弗里德里克一世时期，橘园宫相当于温室，冬天时把盆栽植物移入室内保存，夏天则用于装饰花园。那时夏洛腾堡宫是普鲁士最重要的植物收集地，现在夏洛腾堡宫的后面依然是一大片花园和绿地，免费开放。

弗里德里克·威廉一世对艺术文化一概没有兴趣，在他看来华丽的建筑完全是浪费。他削减了经费，计划中的内部装修和天顶画的绘制都停止了，当然必要的维修还在进行。国王在此接待高层贵客，举行家庭庆祝活动。花园也被关闭了，只有用于厨房的草药调味品才可以种植。弗里德里克·威廉一世将节省的费用都用于维护军队，虽然他在位时普鲁士并没有参与任何战争，但他对于军事的爱好非常著名，被称为“士兵国王”。

旧宫的东边是新宫。之后即位的弗里德里克大帝以热爱文化艺术著称，然而他为扩大疆域，发动了多次战争，从奥地利手中抢了西里西亚。弗里德里克大帝很快到夏洛腾堡居住，并且划拨经费开始扩建新宫。他是洛可可艺术爱好者，喜欢金碧辉煌的视觉效果。新宫里华美的大厅和房间正是为了迎合他的趣味。不过，新宫在“二战”中全部被毁，20世纪

苏菲王后的镜子卧室

瓷器阁中陈列的2600件瓷器，为当时欧洲宫廷中最多、最重要的中国瓷器收藏

重建的新宫尽可能仿照原始模样。弗里德里克大帝后来在波茨坦兴建了无忧宫，就很少到新宫来住，最多只是来参加他兄弟姐妹的庆典。之后的普鲁士国王和王后都曾到这里居住或暂留，并依据他们的口味装饰房间或定制家具。

新宫后面有个不起眼的小房子，名气却很大——申克尔设计建造的“新亭”。宫殿后的园子非常大，其中有两处建筑可以参观：在东边施普雷河边的观景宫和位于西边的陵墓。

参观旧宫的入口在中间塔楼的东边。一层主要是弗里德里克一世和苏菲王后居住的房间，其中的一些装饰是原有的，家具有些来自被拆的城市宫。老画廊（Old Palace）中悬挂的肖像来自霍亨索伦家族和普鲁士王朝，从大选帝侯到弗里德里克一世、弗里德里克·威廉一世及他们的王后。在正中大壁炉上的是弗里德里克一世的全身像，穿着他加冕的长袍。这个房间是按照17世纪末18世纪初的风格装饰的，其中最不协调的是吊灯，它们是1900年安装的。

接着进入的是苏菲的套房。墙面以绿色锦缎装饰，墙壁上饰有宽度相等的镜子。这是苏菲的镜子卧室（Glass Bedchamber）。但已经没有了她的卧具，只是从别的地方找了些家具来摆放。尽管房间本身很精美，却没有了主人生活过的气息。

弗里德里克一世的套房中陈列着中式家具，上面摆放着一些瓷器。欧洲巴洛克时期对异域东方充满了神奇的想象，以中国元素来装饰房间是时尚潮流。在瓷器阁（Pocelain Cabinet）中弗里德里克一世将这一时髦形式登峰造极。屋中陈列着2600件瓷器，为当时欧洲宫廷中最多、最重要的中国瓷器收藏。它们大多是清康熙时期的。铺天盖地的摆放方式在我们中国人看来简直奇怪透了，每一件个体都被淹没在眼花缭乱的背景中，根本无法欣赏其质地和光泽。而且只是以堆积的方式占满墙上的空间，完全忽略了它们种类和器形的差异，只追求以多为美的效果。不过可以理解，对于终于登上普鲁士王位的弗里德里克一世来说，这些藏品以及专为它们布置的整个房间是繁荣和财富的象征。换句话说，只要有个热闹劲儿，让来参观的人不知所措，只能赞美，目的就达到了。

从瓷器阁进入礼拜堂（Chapel），是另一种眼花缭乱。屋顶上布满了彩绘，以《圣经·旧约》和《新约》中的场景为题材。正中是宇宙初开的混沌景象，被四面的自然光芒照亮。光线洒在墙壁的金色装饰上，那是用灰泥雕塑的镀金浮雕。布道坛的桌子是原物，上面的橡木华盖和胖胖的小天使是重做的。布道坛对面是国王的包厢，吹奏着喇叭的天使抬着巨大的金色王冠。很难想象在这种炫耀世俗权力的气氛中能虔诚地祈祷。

这里没有天主教的圣像崇拜，没有基督和玛丽亚及三位一体的象征，取而代之的是尘世的崇拜。路德从一开始就对政治权力持顺从态度，认为人不能因宗教信仰而不服从国王和选帝侯们的权威。这是德国王公们愿意支持他的主要原因之一。另一个原因也和信仰不沾边，就是可以借此没收领地内天主教会的财产，直接放到自己腰包里。有了政治和经济上的这两个动力，新教诸侯得以和罗马教廷分庭抗礼，最终导致三十年的大混战。改宗使王公们成为既得利益者，而普鲁士趁机扩充了领土，地位上升为王国，算是分得一大笔红利。看看这个华丽的礼拜堂就可以想见霍亨索伦家族的得意。不过华丽的装饰对于举行婚礼倒是非常合适。年轻的奥古斯特在这里成为弗里德里克·威廉三世的第二个妻子，虽然婚礼有意低调，但也让她享受到了王家礼遇。

继续向前就进入了阳面的房间，是苏菲的第二套住房，在冬季使用。然后可以上楼，参观弗里德里克·威廉四世和王后伊丽莎白居住过房间。这里本是弗里德里克一世和苏菲王后为他们的儿子、后来的弗里德里克·威廉一世装修的。后来入住的王室依照他们的品位在1840年前后做了改动。“二战”中，上层基本全部被毁，现在的都是后来重建的。

中间的圆形大厅原来是餐厅，巨大的花瓶是原件，来自圣彼得堡帝国瓷器制造厂。42

国王包厢上方是吹奏着喇叭的天使，抬着巨大的金色王冠

弗里德里克·威廉四世的书房，原始的橡木墙裙和书架在轰炸中幸存下来。屋中其他的家具、柏林白瓷壁炉、铜器、铸铁装饰都是复制品

头的吊灯是申克尔设计的。从另一面的椭圆形大厅可以眺望花园。

王后伊丽莎白的套房在东翼。其中家具来自波茨坦她的住处，她的丈夫弗里德里克·威廉四世的套房在西边。角落里的书房，其中原始的橡木墙裙和书架在轰炸中幸存下来。屋中其他家具，以及柏林白瓷壁炉、铜器、铸铁装饰都是复制的。国王的其他房间里也都是复制品。从墙上的意大利风景画可以看出主人对于意大利艺术的爱好。房间中的坐具是申克尔设计的。上层其他房间没有按照原来的复原，只是作为王家藏品的展示场所，其中最珍贵的是1701年弗里德里克一世加冕时的王冠、权杖和王球。

新宫（New Palace）又称克诺贝尔斯多夫之翼（Knobelsdorff wing），是由弗里德里克二世任命设计师克诺贝尔斯多夫（Georg Wenzeslaus von Knobelsdorff）设计的。在内部装潢上采用两种截然不同的风格，显示出克诺贝尔斯多夫杰出的才华：弗里德里克二世的餐厅及白色大厅（White Hall）、王位厅（Throne Room）颇为古典庄重，而最精美的金色画廊（Golden Gallery）则极具大帝喜爱的华丽装饰。粉嫩的绿色墙面上饰满金色的洛可可式花纹。新宫在"二战"中全部被毁，战后一直在逐步重建。有一些绘画是仓库中得以幸存的原件，最著名的是华托（Jean-Antoine Watteau）的《舟发西苔岛》。华托这个题材的作品一共有两幅。先画的那幅现藏于卢浮宫，这是第二幅，和前一幅有略微差别。

弗里德里克·威廉三世命申克尔在新宫后面的施普雷河边为他造一个夏日小屋，要以他在意大利居住过的一个小别墅为模版。在和奥古斯特婚后，国王可以到这里享受私人生活。这就是新亭（New Pavilion）。

华托的《舟发西苔岛》

新亭中陈列的申克尔纪念像

申克尔设计的烛台

申克尔设计的勋章，左边的一枚是专用于表彰女性的路易斯勋章

UNDER THE WINGS OF GREEN ANGEL

新亭在“二战”中被毁。现在的重建于20世纪70年代。如今主要是作为展室，其中一个展区专门献给申克尔。他是19世纪普鲁士最杰出的艺术家之一。

作为建筑设计师，申克尔的第一个作品是菩提树下大街的“新岗哨”（见《导览》之“菩提树下大街·新岗哨”）。一经建成，它立刻被公认为是普鲁士建筑的杰作。其后的弗里德里克维尔德尔教堂和十字山纪念碑得益于他对意大利古代和中世纪建筑的研究。（见《导览》之“维多利亚公园”）作为普鲁士的首席建筑师，他的重要作品还包括老博物馆、宫殿桥、新亭等很多重要的公共建筑和王家宫殿。

申克尔不仅为王室设计宫殿，还承担了一部分室内装修的设计，以及室内家具摆设，如吊灯、烛台等。新亭集中展示了他设计的各种椅子。其实我们在此前的参观中已经见到过，但是这样专门陈列，我们才得以仔细欣赏它们简洁而实用的风格。每把椅子的线条都那么清晰有力，明快而不失优雅。

此外，申克尔另一成就是利用铸铁工艺制作各种饰品饰物。在这里可以看到申克尔设计的铁十字勋章（Iron Cross），用于表彰普鲁士国民对抗拿破仑的勇敢行为。左边一枚是专用于表彰女性的路易斯勋章。柏林早在19世纪便开始发展铸造业，但是直到申克尔以铁为材质开始设计勋章、纪念碑、桥梁上的装饰、中产阶级的房屋装饰甚至首饰，才大大推进了柏林的铸铁业发展。其后柏林的铸铁产品远销到普鲁士之外。

申克尔也是一位画家。他的作品生前只在小圈子中被欣赏，大众从没有在市场见到过。他受到德国浪漫主义画家弗里德里克（Caspar David Friedrich，见《人物》之“弗里德里克”）的影响，也崇尚浪漫主义。除了申克尔的画之外，新亭还展出了德国浪漫主义时期几位画家的作品，其中最著名的如弗里德里克的《海景》（*Seascape*）、《埃尔伯山谷的雾色》（*Fog in Elbe Valley*）等。

从新亭顺河岸一直向北，可以到达观景楼（Belvedere）。

掩映在树丛间的观景楼

甬道尽头是神庙式的陵墓

或者从新亭向西，先欣赏旧宫后面的花园。在弗里德里克·威廉二世即位后，他继续整修花园。经过著名园艺设计师和风景建筑家莱纳（Peter Joseph Lenné）和同行们的努力，整个花园呈现出英式风格，并保留到现在。从花园继续向北，是一片很大的池塘。从水面上向宫殿眺望，也许就是我们所说的仙境吧。

顺池塘东岸向前可看到掩映在树丛间的白色小楼：城堡公园望景台（Belvedere Castle Park）。这座椭圆形的三层小楼结合了晚期巴洛克和早期古典主义风格，是朗汉斯的作品。弗里德里克·威廉二世下令修建它，是为了给自己一个从政务中抽身的私人空间。他是神秘的玫瑰十字会（Rosicrucian）成员。这个独立而僻静的地方正好适于他搞秘密的乞灵活动。

观景楼在“二战”中遭到损坏，尤其是二楼的装饰几乎都被损毁，20世纪60年代依照原样修复。现在这里展出的是柏林的瓷器。尤其是弗里德里克大帝1763年在柏林创建的瓷器工厂“KPM”生产的瓷器，非常之精美。

1810年路易斯王后去世后，弗里德里克·威廉三世命人在花园中为她修建陵墓（Mausoleum）。它坐落在杉树组成的甬道尽头，是一座神庙式的建筑。躺在石棺上的路易斯王后像是19世纪的代表作品，出自劳赫（Christian Daniel Rauch）之手。这里原本只为王后一人所建。但国王去世后也葬在这里，就必须改变布局，增建了内室。弗里德里克·威廉三世的雕像也是劳赫的作品。

此后，弗里德里克·威廉三世的第二个妻子奥古斯特、他们最小的儿子阿尔伯特王子也被安葬在这里。被安葬在波茨坦和平教堂中的弗里德里克·威廉四世的心脏也被迁移过来。最后，威廉一世皇帝和皇后又被葬在陵墓中。为此，陵墓曾两次扩建。原来只是一个长方形空间，正中放着路易斯王后的石棺。第一次在原有墓室后面扩建了一个横着的长方形墓室，以及半圆形后拱；第二次又建了一个同样大小的长方形，后面的部分便接近一个正方形。

一进正门，上面的吊灯是依照申克尔的设计制作的。走上台阶的这片空间原来是路易斯的石棺。进入后室，先是路易斯和弗里德里克·威廉三世的石棺，后面两个是威廉一世皇帝和皇后奥古斯塔（Augusta）。

皇后奥古斯塔在丈夫去世之后，送走了儿子弗里德里克三世，看到孙子威廉二世登基之后才撒手人寰。对于她的去世，宰相俾斯麦是最高兴的了吧。（见《人物》之“俾斯麦”）奥古斯塔皇后是他在宫廷中最大的敌手，总是想办法离间他和皇帝的关系。但是威廉一世皇帝离不开俾斯麦，老奸巨猾的俾斯麦深知这点，皇帝只能夹在两人之间左右为难。在威廉一世皇帝去世前，他把皇后和俾斯麦叫到床前，把他们俩人的手握在一起，当时，老国王已经说不出话来，但是三个人都明白这个举动的含义。倘若皇后奥古斯塔地下有知，会感谢他的孙子威廉二世将俾斯麦赶出了宫廷。不过这个孙子最终也因此葬送了普鲁士王朝和德意志帝国。如果是俾斯麦在他身侧，是不会看着他发动第一次世界大战的，即便发动，也不会让德国东西两线同时作战……不过这些都已经与安息在此的诸王们无关了。

实用信息：

地址： Spandauer Damm 10—22，14059，Berlin

电话： 030-320911

网址： www.spsg.de

交通路线： 地铁 U2 线到 Sophie-Charlotte-Platz 站下车，沿着城堡街（Schloß Str.）向北走就可看到宫殿的绿塔

开放时间： 4 月到 10 月，周二到周日 10:00~18:00；11 月到 3 月，周二到周日 10:00~17:00

二 级 推 荐

SECOND RECOMMENDATION

亚历山大广场

亚历山大广场及卡尔·李卜克内西大街：几度风霜容颜改

亚历山大广场曾是通往城市东部的关卡，后来发展成重要的交通枢纽。对我们游客来说，柏林城中大部分景点都在西边，因此这里可以当作游览柏林中心城区最东边的起点。通往西边的主干道以20世纪初革命家卡尔·李卜克内西命名。这条街在宫殿桥和菩提树下大街相接。

在这个区域游览，大致可分为四个部分：亚历山大广场和电视塔，街北边的商业店铺，街南边的几个重要历史遗迹，以及前面介绍过的博物馆岛。

亚历山大广场和电视塔

亚历山大广场原来是城外的一个牛市。普鲁士国王弗里德里克·威廉三世为了密切普俄关系，下令以1805年访问柏林的俄国沙皇亚历山大一世命名。19世纪，由于柏林市内铁轨交通（Stadtbahn）的建设，亚历山大广场成为柏林重要的交通枢纽。商家看到商机，遂在这里建起大型百货商店。矗立在亚历山大广场上的巨大的“柏林娜”（Berlina）铜像，有7.5米高，站立在6.5米高的基座上，是柏林的象征。可惜它于1944年被熔化了。

到20世纪20年代，由于得到美国的贷款，魏玛共和国的经济得到恢复，随后进入“黄金时代”。亚历山大广场和波茨坦广场成为柏林一东一西两个娱乐中心，以夜生活著名。杜布林的小说《柏林亚历山大广场》（*Berlin Alexanderplatz*）就是描绘这一时期的生活。

“二战”中，这里成为废墟。东德政府在20世纪70年代开始重新建设广场，力图把它变成社会主义城市美学的样板。全东德最大的百货大楼出现在亚历山大广场，由于波茨坦广场位于西柏林，亚历山大广场于是变成东柏林最大的商业中心。我在东柏林长大的朋友对这里非常熟悉，那时他们在节假日逛街、买东西都会到亚历山大广场，柏林人亲切地称其为“阿历克斯”（Alex）。

就在柏林墙倒塌前夕，1989年11月4日，这里曾举行过声势浩大的示威活动，抗议东德政府。现在广场四面依然是大型百货商店，说实话没有任何特色，只是买东西很方便。广场中经常有集市，是市民休闲娱乐的地方，还不定期举办一些纪念展览。经过这里的地铁2号线有着一个多世纪的历史，可以追溯到1903年。广场上还经常被提及的景点是一个

1910年前后的亚历山大广场，远处可以看到红色市政厅的塔楼

曾经矗立在亚历山大广场上的“柏林娜”铜像

BERLIN

亚历山大广场上的烧烤摊

亚历山大广场上的世界时钟

世界时钟，建于1969年，可以看到地球各时区的时间。今天看来虽然只是个简单的装置，但在20世纪70年代平淡的生活中，或许带给人们一些向往吧，那时东德政府限制公民外出旅行。

在广场西侧的柏林电视塔（Berliner Fernsehturm，TV tower），也建于1969年，在东德国庆日时落成。它的高度目前在欧洲排名第四，加上天线有368米高，基本上在柏林任何地方都可以看到。在204米高的地方有一个观景台，可以眺望到2000多米远的地方。观景台每30分钟旋转一圈，是欣赏柏林城景色的最佳眺望点，每年吸引100万游客前来参观。

关于这个电视塔民间有个流传很广的说法，叫“宗教的报复”。市民发现，每当阳光照射在电视塔观景台时，便会反射出一个十字形的光团，酷似一个发光的十字架，由于东德政府限制宗教信仰，强行拆除一切建筑物上的十字架或类似十字形的标志，怀有宗教感情的人们便认为光团是源于宗教的力量。

柏林电视塔的高度目前在欧洲排名第四，基本上在柏林任何地方都可以看到它

柏林小绿人

1989年柏林墙的开放被德国人自豪地称为“不流血的革命”，其重要的历史作用甚至和两个世纪前发生于1789年的法国大革命相提并论。但在柏林墙倒塌的欢呼声渐渐消失后，欢乐的情绪也被日常生活的诸多不如意稀释了。东西德统一之后，曾经热情支持并帮助东柏林人逃离，曾经迫不及待涌向勃兰登堡门、拥抱墙东边同胞的西柏林人开始厌烦他们的穷亲戚。东德的经济状况太差，需要大量资金援助，而且多年破坏式的开发建设也使东边的自然环境急需恢复，这也需要钱。西德的纳税人怎么能不抱怨呢？

而东德人更是一肚子不满。原来在医疗、养老、孩子就学等方面的福利都被削减了，而且在两德统一后的职场上，缺乏职业培训的东德人明显处于劣势。幸运的人也只能得到职位较低的工作，另一些人在民主德国时曾在有保障的稳定岗位上，现在却无法找到合适的新职位。

正是在这一境况下，怀旧之风悄然盛行。东德并不是什么都不好。比如说东柏林的红绿灯标志就是个可爱的小人，红灯是呈十字形的小红人，绿灯时是位匆匆迈步的先生。这比西柏林死板的标志要惹人喜爱。于是为适应这个潮流，一个以小绿人小红人为标志的产品（Ampelmann）被商家开发出来。商家非常懂得利用这个资源，在商店门前摆有别致的招揽用具，能把人从大老远的马路对面吸引过来。在卡尔·李卜克内西街北边就有专营店，旅游旺季时常顾客盈门。店里面的商品非常丰富，从吃的到用的真是五花八门。他们的生意显然不错，在游人汇聚的其他主要商业街都开设了连锁店。

在街头还可以看到卖椒盐纽花面包（Brezel）的小摊。椒盐卷饼在德国是一种类似饼干的小吃，源于中世纪早期，据说是德国僧侣发明的。在这里更为常见的街头小吃摊是卖热狗的，面包中夹着法兰克福香肠（Wiener），也是传统悠久的德国小吃。

柏林小绿人专营店里面的商品非常丰富

卖椒盐纽花面包的小摊

圣玛利亚教堂

圣玛利亚教堂是柏林历史最悠久的教堂之一

圣玛利亚教堂（St. Mary's Church）是柏林历史最悠久的教堂之一，建筑年代可以追溯到13世纪末，仅次于尼古拉教堂。14世纪初完成时，是哥特大厅式教堂（hall church）。不同于巴西利卡式教堂，这种样式的特点是中堂和两边的过道具有同等高度，墙体上的窗户很大，采光效果好。15世纪的时候，人们给教堂加筑了一个塔。最初它是天主教堂，到1539年时改为新教教堂。1790年建筑师朗汉斯，也就是设计了勃兰登堡门的那位建筑师为高塔加上了一个巴洛克和新哥特式的塔尖。教堂在“二战”中受损，但肌理没有被破坏。20世纪50年代依照原来的设计被修复了。

圣玛利亚教堂收藏有很多艺术品，其中最知名的是一幅高两米、长22米的壁画“死亡之舞”。这幅壁画大约画于1485年，当时正是瘟疫经常侵袭城市的中世纪，严重的鼠疫使大批市民死亡。画中各个阶层的人们在和死神跳舞，他们步态庄重，像是在进行一种仪式。依照当时的观念，死亡并不是生命的结束，而是在传递上帝的召唤。

时光流转，这幅画渐渐被忽视，继而被覆盖了。1860年，建筑师施蒂勒发现了它，将其上的泥灰剥离，但壁画的颜色也因此慢慢消退。如何保护这幅壁画是个很大的难题，现在游客暂时很难见到其真容了。但是一进教堂，会看到几幅未完成马赛克瓷砖拼图。这是为保护壁画而进行的募捐活动。愿意参与这一善行的人可以购买一片瓷砖，贴到拼图上。一共需要七万片瓷砖就可拼出一幅完整的“死亡之舞”。

由于柏林在“二战”中损失了很多古典建筑，其中尚存的艺术品，有一些现在展示于圣玛利亚教堂中。其中一部分来自附近的尼古拉教堂和只剩下废墟的弗朗西斯科修道院教堂。

摆在祭坛前的洗礼池是15世纪的珍品，是圣玛利亚教堂的旧物。杯座上有四条龙，象征着洗礼仪式征服了恶魔。杯壁外面是一圈浅浮雕人物，站在壁龛中，他们是怀抱圣子的玛利亚和12使徒。人物下面的铭文上，标记了它的制作日期是1437年。还有一句话，大意是：我行使洗礼的职责，不仅为富人服务，也为穷人。

这几幅未完成马赛克瓷砖拼图是为保护壁画而进行募捐活动的

摆在祭坛前的洗礼池是 15 世纪的珍品

布道坛也是圣玛利亚教堂原有的，是18世纪初雕塑家施吕特令人赞叹的杰作。雕塑家虽是受一位女供奉人的委托而制作的，但他自己也出资进行了赞助。我们可以看到布道坛后面有四根爱奥尼亚式的立柱，相当于支架，将布道坛和上面的华盖托起。布道坛本身是橡木的，被嵌入饰有浮雕人物和小天使的外壳中。两个大天使左右相伴，好像通过布道坛底端的飘带与其相连。华盖上是吹奏乐器的天使，沐浴在祥云和神圣的光辉中。

祭坛制作于1762年，三幅作品，中间的是耶稣下十字架，左边的是怀疑者托马斯和门徒们在以马忤斯，右边的是基督在橄榄山上。

教堂还有一件装潢华丽的管风琴。管风琴制造师瓦格纳（Joachim Wagner）于1720年到1721年间为教堂制作了这架管风琴。施吕特的学生、柏林雕塑家格鲁姆（Johann Georg Glume）负责为风琴作装饰。管风琴由带着金色翅膀的女像柱承托，上面饰满金色的植物叶花纹（acanthus foliage）。这是一种常见的装饰图案，就像我们喜欢以牡丹或荷花作装饰一样。

柏林的很多上流人士葬于圣玛利亚教堂，因此留下一些精美的纪念石雕。教堂中还展示了以《圣经》故事为题材创作的绘画和木雕、石雕作品，都非常值得一看。在教堂东北墙外有一尊路德的雕像，是雕塑家保罗·奥托的作品。他在制作马丁·路德纪念像的竞赛中获得一等奖，并受命完成此像。

布道坛是 18 世纪初雕塑家施吕特令人赞叹的杰作

《三王朝圣》木雕

海神喷泉和马克思—恩格斯广场

海神喷泉（Neptunbrunnen）位于圣玛利亚教堂南边，是一组非常精美的雕像，由雕塑家贝加斯（Reinhold Begas）设计。手持三叉戟的海神尼普顿高坐在巨大的贝壳上，被小天使和海怪环绕。在池中有各种动物，从嘴中喷出水柱。池边有象征德国几大河流的女性。她们以很优雅的姿态端坐凝思，和池中高高在上、一幅怒容的海神形成对比，柔媚的情调与阳刚的气质交会在一起。

这组喷泉建于19世纪末，是柏林市送给威廉二世皇帝的礼物，原来放置在柏林城市宫的院子中，从1969年起移至现在的位置。

和海神喷泉相隔一条马路的是马克思—恩格斯广场（Marx-Engels Forum）。广场中心是两位哲学家的铜像。

海神喷泉是一组非常精美的雕像

马克思—恩格斯广场中心是两位哲学家的铜像

红色市政厅

虽然这里曾属于东柏林，但是红色市政厅（Berliner Rathaus）名字的由来和政治色彩无关。这是一座建于19世纪60年代的仿古建筑，以代替原来建于13世纪中期的旧市政厅。因为使用红砖，而被称为红色市政厅，和附近的两座红砖修建的教堂——圣玛利亚教堂和弗里德里克维尔德尔教堂——互相映衬。

建筑师魏泽曼（Hermann Friedrich Waesemann）年轻时曾为施蒂勒工作，帮助他设计和监造了工程难度相当大的新博物馆（见《导览》之"博物馆岛·新博物馆"），还和著名雕刻家沙多合作建造了柏林宫中的白色大厅。之后，他被任命为皇家建筑师，在当时是颇受瞩目的新一代建筑师。在被任命为市政厅的设计师之前，魏泽曼也做过几个项目，不过能建造市政厅这样具有重要政治意义的建筑无疑是他职业生涯中的高峰。在红色市政厅里，我们可以见到一尊魏泽曼的纪念胸像。

魏泽曼选择了文艺复兴样式建造市政厅。有的文章说他模仿了北部意大利城市市政厅，有的说模仿的是波兰托伦市政厅。市政厅高耸的塔楼有74米，有人把它和法国拉昂圣母院（Notre Dame de Laon）的钟楼相比，觉得具有哥特式遗风。不管怎么说，在以巴洛克式建筑居多的柏林城市中心，红色市政厅显得很别致。可惜这个样式建筑只此一例，有点孤零零的。

"二战"后，从1946年开始，柏林市议会曾在这里召开。1948年苏联对西柏林实行封锁后，议会内部出现分歧，一些议员要求结束封锁，导致另一些左派不满。在议会召开期间，左翼人士在市政厅前举行示威，后闯入了市政厅，将一些议员扣留。此前，柏林警察局副局长曾带领约四分之三的警察到柏林西部成立新的警察局。示威者也扣留那些前来保护议员的新警察局的警察。在西方盟军的要求下，被扣议员和部分警察被接到西柏林，另外一些警察被苏军关押到萨克森豪森集中营。

此后，西柏林的议员在西柏林重新召开议会。西柏林市政府也转移到舍内贝格市政厅（Rathaus Schöneberg）。红色市政厅在"二战"中受损的部分，于20世纪50年代按照魏泽曼的方案修复，不过比较简略，没有完全恢复其华丽的细部装饰。两德统一后柏林市政府重新在红色市政厅落户，非办公区向公众免费开放。

市政厅外墙有一圈200米长的红陶带状浅浮雕，以连环画的方式记述了柏林编年史中的大事件。从雕满纹饰的红色大门进入大厅，高耸的拱肋在天花板交织成几何图案以及壁龛中的雕像让人感觉像是身处法国或意大利。不过墙壁都是白色的，没有壁画装饰，显得有

因为使用红砖而被称为红色市政厅

市政厅中最大的看点是圆柱厅

点简陋，好像在提醒我们这里是曾饱经战火的柏林。

市政厅中最大的看点是圆柱厅（Hall of Pillars），这个大厅原是图书馆，在修复时没有恢复华丽的装饰，只是依照原来的颜色修复了天花板和柱头的金饰。不过，高达九米、有三排立柱的大厅还是很气派。现在大厅在没有政治活动的时主要用于展览。我去时展示的是“柏林雕像：1790 ~ 1850”，陈列着从柏林各大博物馆复制的柏林著名学者、艺术家、政治家和企业家的胸像，如哲学家摩西·门德尔松（见《人物》之“菲利克斯·门德尔松–巴托尔迪”和“范妮·门德尔松–亨塞尔”）、格林兄弟、洪堡兄弟、弗里德里克大帝、弗里德里克·威廉三世和他的王后路易斯、弗里德里克·威廉四世等。在大厅尽头放置着沙多为路易斯王后和她的妹妹创作的两姊妹雕像。（见《导览》之“柏林历史博物馆”“博物馆岛·老国家画廊”和“夏洛腾堡”）

市政厅中可以自由参观的其他展室里还有可以触摸的柏林电子地图、当代一些艺术家制作的艺术品、被纳粹迫害的市政人员纪念牌、来自其他国家或市政府赠送的礼品等。

在红色市政厅西南边，和它一条马路之隔，还有一个尼古拉小区（Nikolaiviertel）。小区因古老的尼古拉教堂而得名。经过20世纪80年代的重建，现在是受观光者欢迎的复古建筑小区，如同我们的仿古街，除了将有历史意义的纪念物外拼凑起来，还提供各种服务，以咖啡馆和餐馆著名。

尼古拉教堂曾是柏林最古老最重要的教堂。其历史几乎和柏林同步，可以追溯到1230

年前后的石砌巴西利卡式天主教堂。现在我们在大堂可以看到有两排立柱支撑的砖砌结构建于1460年。当时，尼古拉教堂是勃兰登堡地区最高的建筑。路德新教兴起之后，第一次公开的改宗礼拜仪式是在尼古拉教堂举行的。1876年，建筑师布兰肯施泰因（Hermann Blankenstein）为教堂加建了带有双塔的塔楼。

纳粹时期，教堂屈从于纳粹政府的要求，放弃了宗教作用，成为一所音乐厅和教会博物馆。“二战”中教堂被炸弹击中后倒塌。1981年东德政府开始重建教堂，修复后作为音乐厅和博物馆使用。其中最值得观赏的是教堂幸存的祭坛雕像。

教堂周围的区域就是尼古拉小区。小区的修复，虽然尽可能模拟原始建筑的外观，但限于当时材料的困乏，使用了混凝土板预制块，因而被看作是不伦不类的工程。不过，对于游客或下班后来此泡咖啡馆的当地居民来说，古典外观营造了一种休闲安逸的氛围。小区内还有两个小博物馆，一是克诺劳克博物馆（Knoblauchhaus Museum），一是齐勒纪念馆（Zille Museum）。前者是为纪念对柏林以及德国社会经济科学文化等领域有重要贡献的克诺劳克家族，它所在的建筑曾是其家族的住宅，最早建于18世纪中期，当时是一座洛可可风格的房子。现在的新古典主义外观是19世纪初重建的。克诺劳克家族最早兴起的产业是制作缝纫用的针，因为向普鲁士军队提供军服上的挂钩和扣眼等小零件而发迹，得以兴建这个华丽的住宅。

这个家族在这里居住了一百七十年，房子竟奇迹般地在“二战”的炮火中幸存。战后，这里曾是一家餐馆。1989年，政府决定将其改建为博物馆，展示19世纪柏林上层社会的日常生活。博物馆中的物品都来自于克诺劳克家族后代的捐献。

齐勒纪念馆则是向柏林平民艺术家齐勒致敬。他善于表现柏林棚户区的生活，是第一个认真描绘绝望的社会环境中普通人生活的画家。但不同于珂勒惠支悲怆的基调，他以强烈的幽默感来表现困顿者的日常生活。这个小小的纪念馆展出齐勒的绘画和他的摄影作品，具有很强的艺术性。

柏林城市宫和共和国宫

曾经华丽的柏林宫南外墙，图左可看到大选帝侯骑马像，现放置于夏洛腾堡宫院内

曾经的柏林宫白色大厅，由建筑师魏泽曼和雕塑家沙多合作建造

曾经的柏林宫骑士厅或王位厅，其巴洛克风格的装饰出自雕塑家施吕特之手

在结束游览之前，必须提到一个我们现在已无法观赏的、卡尔·李卜克内西大街最华丽的建筑：城市宫（Berliner Stadtschloss）。它曾位于这条街西边的博物馆岛对面，是一个相当于我们的紫禁城一样的王家宫殿。不幸的是，在“二战”后被拆毁了。

倘若博物馆岛上的修复不是遵循复古的原则，倘若当时将废墟完全清理拆除，就好像柏林的重要器官被切除了，柏林还是柏林吗？不敢想象，一座没有了古典美的欧洲都市，会怎样地索然无味。遗憾的是，这样的致命错误也的确发生在柏林。和柏林大教堂隔一条马路，是一片大工地。这个工地是柏林人心里的一根刺。

普鲁士统治者霍亨索伦家族在柏林的王宫曾是一幢气派非凡的宫殿，始建于15世纪，由德国著名王家设计师申克尔等人最后集大成，设计建造成一座巴洛克式杰作。它的地位有点类似我们的紫禁城，是柏林城中最为重要的建筑，“二战”中遭到损坏。但是从1945年的照片上看，建筑的大体构架尚存，内部那些精致的装饰也还存留不少。比起后来修复的一些建筑，柏林王宫的情况并不是最糟的。但是当时那里划归为苏联占领，在拍摄一部名为《柏林战役》的影片时，竟然以王宫为背景使用了真正的炮弹以取得电影效果。之后王宫被彻底拆除，建筑材料被遗弃在柏林郊外。取而代之的是一座庞大的方块建筑：共和国宫（Palast der Republik）。它是东德人民议会的最高集会场所，建成即向全体民众开放，成为当时欧洲社会主义国家议会建筑的样板。因其大厅有一千多个灯头的吊灯，被柏林人以埃里希·昂纳克之名，戏称为“埃里希的灯泡店”。

但是共和国宫建成十三年后，柏林墙倒塌。共和国宫因为暴露出建筑材料石棉的污染问题而被停用。修建共和国宫在当时东德执政者的大力支持下只用了三年，拆除工作却耗费多年。共和国宫内部的钢筋混凝土结构上都喷了石棉层作为防火材料，拆除的时候必须将整个室内密闭起来，以免石棉泄露到空气中危害民众健康。而且柏林地底下都是沙地和沼泽，拆除共和国宫这么沉重的建筑会使地基倾斜，危及一路之隔的柏林大教堂，因此必须边拆边回填重量。这使拆除工作耗资甚巨，德国政府投入的资金超过5000万欧元。一些被拆下的建筑材料被卖到沙特阿拉伯，用于世界最高建筑迪拜塔的修建。

现在在共和国宫的位置上，一座名为“洪堡中心”的大型文化中心正在兴建。从公布的图纸上看是带有巴洛克式穹顶的四方院落宫殿式建筑，和原来的柏林王宫有相近之处。预计2013年能初具规模，但我2013年去看，这里还是一片令人茫然的工地。由于这一大片正处于柏林的中心区，多年都没有建筑成型，柏林给外来者的第一印象自然是凌乱。柏林，你好吗？你最终会成为什么样子？

实用信息：

亚历山大广场、电视塔、圣玛利亚教堂和红色市政厅

乘车路线：地铁 U2、U5、U8 线，轻轨 S5、S7、S75 线在 Alexanderplatz 站下车；公共汽车：M48、TXL、100 路、200 路在 Alexanderplatz 站下车

电视塔

地址：Alexanderplatz，10178，Berlin

电话：030-2423333

网址：www.berlinerfernsehturm.de

开放时间：3 月到 10 月，9:00~ 24:00；11 月到 2 月，10:00~24:00

圣玛利亚教堂

地址：Karl Liebknecht Straße 8，10178，Berlin

电话：030-24759510

网址：www.marienkirche-berlin.de

开放时间：周一到周四 10:00 ~ 12:00，13:00 ~ 18:00；周五到周日：12:00 ~ 16:00

红色市政厅

地址：Rathaus Str.15，10178，Berlin

电话：030-90260

网址：www.berlin.de

尼古拉教堂

地址：Nikoaikirchplatz ,10178，Berlin

电话：030-240020-162

网址：www.stadtmuseum.de

开放时间：周一到周六 10:00 ~ 18:00

克诺劳克博物馆

地址：Post Str. 23，10178，Berlin

电话：030-240020-171

网址：http://www.knoblauchhaus.de/index.html

开放时间：星期二至星期日 10:00 ~ 18:00，周一闭馆

齐勒纪念馆

地址：Propst Straße 11，10178，Berlin

电话：030-24632500

网址：www.zillemuseum-berlin.de

开放时间：4 月 1 日到 10 月 31 日 11:00 ~ 19:00；11 月 1 日到 3 月 30 日 11:00 ~ 18:00

乘车路线：离小区最近的地铁站是 Kloster Str. 站。下车后需要找到一条名为 Gertrauden Mühlendamm Gruner Str. 的街。这条街的西边就可看到尼古拉教堂的高塔尖顶。另一种办法是乘坐公共汽车 100 路、200 路，在博物馆岛下车，在柏林大教堂西面沿施普雷河岸向东走，可以看到圣乔治和龙的铜像，然后向左转，进入小区

文化广场只有半个多世纪的历史，却迅速成为颇具影响力的文化中心

文化广场：西柏林的生活品质

柏林墙将城市一分为二，不仅给西柏林的物质生活带来不便，精神生活也被突然隔绝。柏林的历史文化遗产，除了夏洛腾堡宫之外主要都在中心区附近，博物馆岛是德国陈列古代艺术品的中心。它们都被墙封锁在东柏林，西边因此失去了文化基地。在战后的东西方意识形态竞争中，西柏林对西方盟国来说，就像是陈列在橱窗中的样品，一定要展示出西方的优越性。而在近现代西方传统中，享受艺术一向被看作是具有生活品质的象征。

正是在这一背景下，在西柏林逐渐形成了一处名为文化广场（Kulturforum）的区域。以德国人做事的严谨，敢于使用如此堂皇的名称，一定是真有内涵的。它的历史不长，只有半个多世纪，但却迅速成为颇具影响力的西方传统文化汇集之地。其中当然有很多渊源巧合，但最主要的推动力是对精神生活需求的普遍认同。

文化广场坐落于波茨坦广场东边，和博物馆岛最大的区别在外形上。博物馆岛延续了古典建筑的传统，而文化广场是全新的现代建筑。第一座是建于20世纪60年代的爱乐音乐厅，由著名设计师夏隆建造。当时波茨坦广场及周边地区还是一片废墟，柏林爱乐乐团在此落户无疑成为令人振奋的序曲。几年后新国家画廊落成。经过三十年的建设，这里成为西柏林的文化中心。两德统一后，博物馆岛和坐落于文化中心的博物馆将资源重新整合调配，文化中心建成了新的博物馆和艺术图书馆。此外这里还有夏隆设计建造的新的国家图书馆（参看《导览》之“菩提树下大街·老图书馆”）及几所文化研究机构。对于游客来说，值得一去的大致有以下几处：

古代大师绘画陈列馆

古代大师绘画陈列馆（Gemäldegalerie）在文化广场开馆还不到十年时间，但博物馆的历史却可以追溯到18世纪末。和英法这样的欧洲大国相比较，普鲁士在18世纪还是个“荒蛮之地”，对于艺术品收藏，普鲁士宫廷即便愿意在军事开支等现实用途之外挤出一点财力，也缺乏传统和素养。当普鲁士有了称霸的雄心和实力之后，执政者也开始意识到一个国家综合实力的重要，在文化教育和艺术上，都想向英法看齐，力争“超英赶法”吧。

申克尔设计了老博物馆，并参与了艺术作品的筛选和鉴别。这当然是受命于国王弗里德里克·威廉三世，但收藏艺术品服务于公众的意识其实在此前已经萌发。申克尔的师长一辈人中就有人提出过建立购买艺术品的基金会，并且挑选的原则应当是专业的。不过申克尔和当时的学者挑选艺术品仍是很浪漫主义的，即首先要有感官的愉悦，其次要有教育意义。不同于其他大的收藏基地，如巴黎、维也纳、慕尼黑等地的国家美术馆，柏林当时的收藏重点不是文艺复兴时期的作品和巴洛克艺术，而是放在佛兰芒原始派、中世纪晚期和文艺复兴早期的作品。

普鲁士的收藏，当然也和整个公国的命运紧密相连。战乱时期，购买活动就会减少甚至停止，战胜了，从战败国获得了利益，必然刺激经济发展，进而有充裕的资金购买艺术品。在1815年彻底打败拿破仑之后，以及在1871年普法战争打败法国之后，都有一大批重要的画作充实进普鲁士的美术馆。具备专业素养，又热爱艺术的博物馆掌门人，也成为丰富收藏品的关键。今天我们在柏林见到的伦勃朗的几幅重要作品就得益于艺术史家博德。（参看《导览》之“博物馆岛·博德博物馆”）

最直接影响到大批柏林艺术品命运的是第二次世界大战。人类的武器进步了，破坏力也增强了。盟军对柏林的连续轰炸，对这座城市的打击是毁灭性的。为了保护这些脆弱的艺术品，德国采取了各种办法，有些被转移到矿坑，有些运到山区的修道院或农庄，有些藏进了柏林的地下掩体。它们中哪些能侥幸留传下来，完全听天由命。434幅藏在掩体中的画作，在苏联红军攻入柏林后，毁于一场大火。藏于图林根盐矿中的1225幅作品被美军发现，在战后还给了西柏林。它们被存放在达勒姆博物馆（Dahlem Museum）中。两德统一之后，这批藏品和博物馆岛的藏品经过重新整合，其中13～18世纪的大师画作被挑选出来，建立了这座古代大师绘画陈列馆。1992年到1998年，人们在文化广场为它兴建了新的场馆。

在长方形的博物馆中，陈列室呈U形环绕着中间宽阔的大厅。进入大门后，从左手开始，展品以逆时针顺序排列，按照欧洲的地理和时间上的分类分成几部分。首先是13～16

陈列丢勒作品的展室

小荷尔拜因的《商人格奥尔格 · 吉塞》是普鲁士从英国收藏家手中购买的一件重要作品

世纪的德国绘画。除陈列教堂的早期宗教作品外，最重要的展品当然是丢勒（见《人物》之“丢勒”）、老克拉纳赫和小荷尔拜因（Hans Holbein the Younger）的作品。其中小荷尔拜因的《商人格奥尔格 · 吉塞》（*The Merchant Georg Gisze*）是1821年从英国收藏家手中购买的一大批藏画中的一件。能拥有这批画，当时在绘画收藏界是颇令人瞩目的事件。画中这个年轻商人是当时伦敦商界的领军人物，画面中的物品很多，有些杂乱，可能依据的就是现实中的情景。其中有两件物品很重要：他桌子上的玻璃花瓶和金钟表。花瓶中的康乃馨和迷迭香花代表了爱情、成功、信念和美德等积极的方面，而钟表代表的是人生的短暂，预示着这些美好的东西都不过是过眼烟云而已。

老克拉纳赫有一幅复制博什（Hieronymus Bosch）的《最后的审判》（*Altarpiece with the Last Judgement*）祭坛屏风，原作在维也纳。如果你暂时无法去看原作，这一幅不要错过。此外还有老克拉纳赫钟爱的著名的维纳斯题材《维纳斯和丘比特》（*Venus and Cupid*）。虽然这个版本并不是其中最有名的一幅，但也值得一看。

接下来是14～16世纪尼德兰和法国的作品。佛兰芒原始画派凡 · 艾克（Jan van Eyck）、韦登（Rogier von der Weyden）、梅姆林（Hans Memlinc）及老勃吕盖尔（Peter Brueghel the Elder）的作品都是极耐看、值得仔细品味的作品。古代大师绘画陈列馆的画册就是以韦登的《戴有翅帽子的女人肖像》（*Portrait of a Woman with a Winged Bonnet*）一画作为封面，可见对此画颇为珍视。

17世纪佛拉芒和荷兰展室中，有鲁本斯、凡 · 戴克、哈尔斯、伦勃朗、维美尔等人的画，这些大师的作品虽然都不多，却是难得一见的珍品。像维美尔，一生仅流传下35幅画作，这里就有两幅：《戴项链的年轻女子》（*Young Woman with a Pearl Necklace*）和《玻璃酒杯》（The Glass of Wine）。它们都是常被当作范本进行赏析的画作。从这两幅作品可以看出维美尔喜欢的题材和处理光线的方式。两幅画的场景都是在荷兰一所富裕人家的住宅中，但画里陈设不多，很容易将观者的目光吸引到画中人物身上。两个女性人物都是面对窗户，两扇窗都没有完全打开，外面的光线柔和地照射进室内，使物体呈现出层次。前景物品的摆放都很随意，符合荷兰绘画常见的主题：日常性。人物的表情很平静，体现出享受平淡生活的乐趣。

伦勃朗的《斯多菲尔肖像》（*Portrait of Hendrickje Stoffels*）经常被提及则是因为女主角和画家的关系。斯多菲尔是女佣，她的美貌给伦勃朗带来愉悦和灵感。尽管伦勃朗当时已丧妻，是单身，但没有娶她。伦勃朗妻子的遗嘱中规定，如果再婚，就要给他们的儿子提图斯一笔相当于妻子遗产的财产。伦勃朗拿不出来。但是画中的斯多菲尔却戴有结婚戒指，这显然是没有经过合法手续的。画面中的斯多菲尔穿着很随意，我们能看到她的白色低胸内衣，这表明她毫不在意地显露出和画家的私人关系。斯多菲尔曾因此被教会传唤，文献记载，时人对她的评价是：“像妓女一样和画家住在一起。”

展馆中18世纪法国、德国和英国的作品，其中法国画家夏尔丹、布歇及英国画家庚斯博罗的画作都很不错。庚斯博罗（Thomas Gainsborough）的《马香家的孩子们》（*The Marsham Children*）是一组孩子的肖像画，庚斯博罗先绘制了夏天花园的背景，最后加上孩子们的脸。经过在画室中仔细的计划，这种拼贴画法没有一点生硬的痕迹。

维美尔的《戴项链的年轻女子》

维美尔的《玻璃酒杯》

伦勃朗的《斯多菲尔肖像》是经常被提及的作品

庚斯博罗的《马香家的孩子们》使用了“拼贴”画法

波提切利的画作，左边是《圣母与圣人们》（*Madonna with Saints*）、《玛利亚和圣婴及唱歌的天使》（*Mary with the Child and Singing Angels*）

之后是17～18世纪的意大利绘画和17世纪德国、法国、西班牙绘画。其中卡拉瓦乔（Caravaggio）是我的最爱。无论他的画作出现在哪里，和什么样的画家的作品并置，我都能一眼认出：这就是卡拉瓦乔，独特的明暗处理使物体和肌肤具有比现实更强烈的质感。这里有他的《胜利者丘比特》（*Cupid as Victor*），因为其同性恋倾向显露无遗，当时曾遭到质疑。此外还有法国画家拉图尔（Georges de la Tour）、洛兰（Claude Lorrain）、普桑（Nicolas Poussin）、华托（Jean Antoine Watteau）及西班牙画家委拉兹开支（Diego Velázquez）、牟利罗（Bartolomé Esteban Murillo）的作品。其中普桑的自画像共有两个版本，这是第一幅，第二幅在卢浮宫。

最后的压轴大戏是13～16世纪的意大利绘画。意大利文化在这一时期中达到顶峰，成为全欧洲惊羡的对象，看看这一串名字就知道会是怎样一顿大餐：安杰利科（Angelico）、里皮（Filippo Lippi）、波提切利（Sandro Botticelli）、拉斐尔（Raphael）、提香（Titian）、委罗内塞（Veronese）等。把这些大师的作品都好好欣赏一遍才不虚此行。

新国家画廊

1962年，已经76岁的设计师密斯·凡·德罗（Ludwig Mies van der Rohe）接受了西柏林政府的订单，开始设计新国家画廊（Neue Nationalgalerie），这是包豪斯最后一位当家人的收官之作（参看《导览》之“包豪斯博物馆”）。尽管很多人不喜欢德罗的人品，但对他的作品都交口称赞。新国家画廊无疑是他最后的杰作，虽不是巅峰，但至少保持了巅峰状态。受命三年后，德罗到柏林参加了画廊的奠基仪式。又过了三年，画廊对公众开放。不久德罗就去世了。从此每个到此参观者都会在美术馆的介绍中读一遍他的名字。近半个世纪过去了，我这个来自他乡的过客又在此写下他的名字。对一位必须标新立异的现代建筑设计师来说，被陌生的人们记住而不是厌烦也是难得的吧。

新国家画廊是文化广场上第一个博物馆，是相对于博物馆岛上的老国家画廊而命名的，象征着西柏林建立起了新的艺术中心。一开始，德罗接受的任务是设计一座陈列19世纪和20世纪绘画的场所。这些藏画可以追溯到菩提树下大街的王储宫，在“二战”的混乱情形下，一些画作流落到了西德。在被柏林墙分隔之后，西德政府便选择在波茨坦广场边重建一座陈列这些艺术品的美术馆。于此同时，新的国家图书馆也在此落户，紧随其后的是室内音乐厅。

德罗的作品讲求简洁明快，新国家画廊也是如此。整个建筑建立在一个很大的基座之上，以便与周围的区域隔离开。钢质的屋顶下是玻璃幕墙围成的宽阔的展示空间，将建筑的功用最大化。在画廊前是摩尔（Henry Moore）的雕塑作品《三面体·作品2号：弓箭手》（*Three Way Piece No. 2: Archer*）。

新国家画廊前是摩尔的雕塑作品《三面体·作品2号：弓箭手》

新国家画廊目前展出欧洲和美国现当代艺术家的作品

基尔希纳的《波茨坦广场》

德国新感觉派画家迪克斯的《玩斯卡特牌的人》

两德统一后，展品进行了新的调配，新国家画廊目前展出欧洲和美国现当代艺术家的作品，共分为三个部分，“现代时光”（Modern Times）展出的是1900年到1945年的作品；“分割的天空”（Divided Heaven）是从战后到1968年，展出东西方对立期间艺术家对世界生存状况的表达；最后一部分是展示1968年之后到世纪之交的作品。由于藏品太多无法同时陈列，这三部分是轮流展出的。

现当代艺术家不如古典画家知名，但也有很多人已经拥有全球声誉，在新国家画廊中可以看到这些艺术家的作品，如费迪南德·霍德勒、爱德华·蒙克、毕加索、基尔希纳、贝克曼、奥托·迪克斯、保罗·克利、马克斯·恩斯特、达利、培根、格哈德·里希特和安迪·沃霍尔等。

新国家画廊中最知名的收藏是“桥社”发起人之一基尔希纳（Ernst Ludwig Kirchner，见《导览》之“布吕克美术馆”）的《波茨坦广场》（*Potsdamer Platz*）、德国新客观现实派画家迪克斯（Otto Dix）的《玩斯卡特牌的人》（*The Skat Players*）和美国抽象表现主义画家纽曼（Barnett Newman）的《谁害怕红、黄和蓝之四》（*Who's Afraid of Red, Yellow and Blue IV*）。

美国抽象表现主义画家纽曼的《谁害怕红、黄和蓝之四》

印刷绘画博物馆

申克尔为歌剧《魔笛》设计的舞台背景图

这座专用于收藏纸质艺术作品的印刷绘画博物馆（Kupferstichkabinett）是德国同类博物馆中最大的一座，其历史可以上溯到弗里德里克·威廉一世在1652年获得的一批近2500幅素描和水彩画。但是大规模的收集藏品是从1831年普鲁士建立官方基金会后开始的。目前博物馆已经拥有55万幅印刷品，11万幅素描、水彩画、水粉画和油画底稿。收集的范围从中世纪一直到当代的艺术作品，时间跨度有一千年。

其古代珍品包括一些我们熟知的大师：波提切利、丢勒、博施、勃吕盖尔、伦勃朗、洛兰、华托、戈雅等。藏品中德国19世纪最重要的是申克尔和门采尔的作品，有申克尔为歌剧《魔笛》设计的舞台背景图，以及门采尔的素描。现代艺术中有蒙克、桥社艺术家基希纳及毕加索的作品。当代艺术包括波普艺术、最简主义、概念主义等。

因为纸质非常脆弱不易保存，所以这家博物馆并没有常设展览，但会举办一些临时展。博物馆设有一间研究室，如果参观者想欣赏某幅作品可以用护照借出来在此观看。博物馆下设的研究机构很重要的任务就是寻找更科学有效的保存方法，此外还成立了博物馆之友协会，以增进普通人对于馆藏品的了解和兴趣。文化广场的几家博物馆出售通票，在限定时间内可以自由参观。

BERLIN

柏林爱乐音乐厅和室内音乐厅

文化广场上两座金灿灿的大棚是世界著名乐团柏林爱乐乐团（Berliner Philharmoniker）的家。其中爱乐音乐厅（Berliner Philharmonie）是著名设计师汉斯·夏隆（Hans Scharoun）在20世纪60年代初建造的，被认为是世界上最好的音乐演出场所之一。它的观众席首次采用合围舞台阶梯式结构，这种设计使全场观众都能获得好的视觉和听觉效果。后来很多座音

柏林爱乐音乐厅目前是柏林爱乐乐团的家

乐厅都模仿复制了这种方式，包括德国莱比锡的根万德音乐厅（The Gewandhaus）、澳大利亚悉尼歌剧院以及我国广州二沙岛星海音乐厅。

音乐厅的外观也很撩人。大面积发散着金属光泽的金色外墙组成一个五角形多立面的大帐篷。善于冷幽默的德国人在著名指挥家卡拉扬执棒柏林爱乐乐团时，给它起了个外号，叫“卡拉扬的马戏团”。

室内音乐厅建于1984年到1987年，当时夏隆已经去世，小音乐厅是依据夏隆的图纸，由夏隆的助手、后来的合伙人维斯涅夫斯基（Edgar Wisniewski）建造的。观众席同样采用360° 环绕式，拥有1180个座位。

柏林爱乐乐团具有这两个音乐厅的使用权，他们在自家音乐厅的演出大约占音乐厅的三分之一时间，其余时间出租给其他乐团。而柏林爱乐乐团在其他时间则灌制唱片或到外地巡演，以补充收入。

保证乐团团员的收入是维持乐团稳定最基本的条件。柏林爱乐的诞生就和此息息相关。1882年，54个乐手因为不满原来由比尔泽（Benjamin Bilse）创立的乐队的待遇而组建新的乐团。还有一种说法是比尔泽让乐团成员乘坐四等车厢的座位去华沙演出，乐手们对此十分不满，决定另立门户。他们和一些业余乐手合作组成新乐队，自称“爱乐乐团”。乐团找到新的经理人和指挥，并与当时多位一流指挥家合作，如理查德 · 施特劳斯（Richard Strauss）、马勒（Gustav Mahler）、格里格（Edvard Grieg）等，逐渐确立了声誉。

音乐家李斯特的女婿彪罗（Hans von Bülow）是位很有才华的钢琴家。他是作曲家瓦格纳的好友。妻子柯西玛和瓦格纳相爱后，彪罗同意离婚，成全了好友。（见《人物》之“瓦格纳”）彪罗后来将精力转到指挥上，他在执棒爱乐乐团的五年时间中，受到乐队成员的爱戴。他后来被视为柏林爱乐的奠基人。

1923年，年仅36岁的富特文格勒（Wilhelm Furtwängler）出任爱乐指挥。他在当时是冉冉上升的新星。在20世纪30年代，他的声誉日隆，被认为是最伟大的指挥之一。此时纳粹在德国执掌政权，1934年作曲家欣德米特的歌剧《画家马蒂斯》遭到禁演，富特文格勒曾声援作曲家，因此遭到解职。不过，富特文格勒后来愿意与纳粹合作，受聘于帝国文化部。在1942年4月20日为庆祝希特勒生日而指挥了贝多芬第九交响曲。很多同行对富特文格勒这一行为很愤慨。指挥家托斯卡尼尼曾说："在作为艺术家的富特文格勒面前，我愿意脱帽；但在作为一个普通人的富特文格勒面前，我却要戴上两顶帽子。"

战后，富特文格勒受到审查，有一段时间暂时不得登台，又有一些同行为他抱屈，认为他在"二战"时利用自己的声誉掩护过犹太同行。通过著名小提琴家梅纽因的帮助，富特文格勒在1947年被解禁。他回到柏林爱乐，指挥乐队留下了一批珍贵的录音。

在富特文格勒接受审查期间，执掌乐团的是莱奥·波查德（Leo Borchard）。"二战"前，他因政治原因被禁止工作。战争期间波查德曾在柏林以化名加入抵抗组织。德国战败后，波查德得以重返舞台。可是就在一次演出后返回家的路上，他的司机没有领会美军哨兵的手势，哨兵因而向他们的小汽车开枪，导致波查德中弹而亡，年仅46岁。波查德被认为是颇具个性特点的指挥，在短暂的职业生涯中留下了不多的录音。

富特文格勒去世前，明确反对卡拉扬（Herbert von Karajan）接任指挥。两个人的恩怨由来已久。"二战"之前，富特文格勒是德国音乐界炙手可热的人物，而卡拉扬初出茅庐。他和富特文格勒一样面临选择，在纳粹执政时，只要成为纳粹党员，便可以获得很好的职位、极高的待遇。卡拉扬到底何时入党说法不一，但他的确因为愿意和纳粹合作而在戈林的支持下得以掌管柏林歌剧院。（见《导览》之"菩提树下大街·歌剧院"）他在此显露才华受到吹捧，后人认为，正是从此时开始，富特文格勒对后起的卡拉扬心怀不满。

卡拉扬后来也曾退出纳粹党，经历了一段失业期。"二战"后，卡拉扬一度受到审查。之后在维也纳重返舞台，逐渐活跃起来。此间富特文格勒一直阻止卡拉扬返回柏林。直到他1954年去世，卡拉扬才得以执掌柏林爱乐。他坚持要柏林政府和他签订终身合同，因为他要将很多心血花费在打造乐团上。在得到这份合同之后，卡拉扬也履行了自己的诺言。从20世纪50年代中期一直到80年代卡拉扬去世，乐团在其带领下，达到巅峰。卡拉扬在1979年曾率领柏林爱乐乐团访问北京。

1989年，卡拉扬去世后，由意大利指挥家阿巴多（Claudio Abbado）出任乐团首席指挥。从2002年至今，经由乐团成员选举，决定由英国指挥家西蒙·拉特尔（Sir Simon Rattle）爵士接管乐团。两位指挥家都曾访问过北京、上海、香港、台北等地。对他们的相关介绍较多，中国乐迷已经对他们和柏林爱乐乐团很熟悉了。不过如果能在柏林爱乐的主场聆听一次演出可一定不能错过哦。

乐器博物馆

乐器博物馆（Musical Instrument Museum）坐落于柏林爱乐音乐厅东边，紧靠着那幢辉煌的建筑，也是依据夏隆的设计建造的。在它不算长的历史中也经历了一波三折。今天我们能在此欣赏到丰富的藏品，是经几代人不懈努力、一批批积累起来的。

博物馆最早可以上溯到1888年成立的一个古乐器收集机构，第一批藏品仅有34件。通过和私人收藏家联络，这个机构很快从他们手中购买到了上千件乐器，其中最珍贵的是由17世纪上半叶著名的乐器世家鲁克尔（Ruckers）家族制作的四只羽管键琴。

在第一次世界大战后，萨克斯（Curt Sachs）成为博物馆馆长，他是一位艺术史、尤其是音乐史专家。他在任期间不仅扩大了收藏品的数量，还出版了一份完整的柏林乐器藏品目录，直到今天，这个目录还是很多乐器研究著作的基础文献。由于出身于德国犹太家庭，在纳粹上台后，他被迫流亡。

在“二战”前，博物馆有4000件藏品。在战争接近尾声的盟军轰炸中，尽管采取了保护措施，大部分乐器还是毁于战火，到战后只剩下700件。在战后欧洲文化一片凋零的背景下，尽管资金短缺，继任的馆长贝尔纳（Alfred Berner）依然努力扩大收藏，并致力于古代珍稀乐器的保存和修缮。经贝尔纳倡议，在20世纪60年代成立了以收藏和保护古代乐器为目的的基金会，博物馆由此在藏品的质量和数量上都有了飞跃，最终跻身世界几大著名乐器藏馆之列。藏品从16世纪巴洛克时期的古典乐器一直到今天的各式电子合成器材。此外，博物馆成立了为研究者提供服务的图书馆，以及一个制作、保存乐器的工作坊。

馆藏的3200件乐器中有800件展示在大厅中

英国格瑞工作坊制作的教堂管风琴

到1984年，博物馆终于有了自己的展示场所，得以在文化广场安家。馆藏的3200件乐器中有800件展示在大厅中。对从事音乐专业的参观者来说，看到博物馆中难得一见的珍品会是很幸福的体验。比如独一无二的、来自瑙姆堡的巴洛克早期的弦乐器，或者意大利著名乐器著作人斯特拉迪瓦里（Antonio Stradivari）制作的小提琴，还有英国格瑞（Gray）工作坊制作的教堂管风琴。

对普通观众来说，见到各种奇怪的乐器是大开眼界的机会。放置在玻璃展柜中的一个有点破旧的琴板是博物馆中最珍贵的藏品：一架用于旅行中可以折叠的羽管键琴。它的发明人是法国巴黎的琴师马吕斯（Jean Marius），他于1700年到1704年间制作了这把旅行用琴（clavecin brisé），奥尔良公爵夫人在旅行时曾使用过，之后把它送给了第一位普鲁士国王的王后苏菲·夏洛特。这件藏品来自弗里德里克二世的宫廷。琴板的三部分可以折叠成长方形的箱子，在琴左下方有一个调音装置。

以前人们以为常出现在诗歌中的伊奥利亚竖琴（Aeolian harp）只是诗人们想象出来的。歌德就曾为它赋诗："随着晃动的节奏，当西风吹过伊奥利亚竖琴……"后来得到证实，这是一种确实存在的乐器——其实不算是乐器——它被放置在窗外，当风吹动上面的细线时会产生声响，有点像风铃，风速的变化会产生不同的节奏和韵律。博物馆中展出的这只伊奥利亚竖琴大约制作于1800年前后，是三角棱镜形的，被固定在一个三脚架上。它有十个音孔和两根低音琴弦，音板是云杉木的。真想把它拿到展厅外听听风拨弄它的声音。

本杰明·富兰克林不仅作为政治家被后世称颂，他还是个发明家。他使用一组玻璃碗制造了一种玻璃琴（Glass Harmonica）。用湿润的指尖触摸大小不同的碗就会产生特殊的声音。莫扎特和贝多芬都曾为这件乐器谱曲。理查·施特劳斯的歌剧《没有影子的女人》（*Die Frau ohne Schatten*）第三场的幕间曲中使用了它。

王后苏菲·夏洛特使用过的旅行羽管键琴

常出现在诗歌中的伊奥利亚竖琴

馆藏中还有几件有故事的藏品，本身并非珍品，但因为和名人联系在一起就成了珍贵的文物：据说是巴赫使用过的羽管键琴，弗里德里克大帝收藏的笛子，作曲家韦伯创作《自由射手》时使用的钢琴。展室墙上还挂有一些德国著名音乐家的肖像。

每周四下午6点和周六中午11点，博物馆会有一次藏品演示活动，结束时都会演奏博物馆著名的Wurlitzer牌大风琴（Mighty Wurlitzer Organ）。它有1228根管子，175根半封闭的管子及43只活塞，原是电影院放映默片时的伴奏乐器，博物馆中的这一件是欧洲同一用途的乐器中最大的一个。

实用信息：

文化广场：

地址： Matthäikirchplatz 6，10875，Berlin

电话： 030-2663660

网址： www.smb.museum

乘车路线： 在文化广场周边都有公共汽车，可以选择不同的站下车，然后步行一小段。公共汽车N1、N2、M29、M48、M85 Potsdamer Brücke站下车；公共汽车N2、M48、M85在Kulturforum站下车；公共汽车200、M41在Philharmonie站下车；公共汽车200、N2、M48、M85在Varian Fry Str. 下车

古代大师绘画陈列馆

地址： Matthäikirchplatz，10785，Berlin

电话： 030-266424242（周一到周五9:00~16:00）

开放时间： 周二到周五10:00~18:00，周四晚延长到20:00，周六到周日11:00~18:00

新国家画廊

地址： Potsdamer Str. 50，10785，Berlin

电话： 030-2662951

开放时间： 周二到周五10:00~18:00，周四晚延长到22:00，周六到周日11:00~18:00，周一闭馆

印刷绘画博物馆

地址： Matthäikirchplatz 8，10785，Berlin

电话： 030-2662951

开放时间： 周二到周五10:00~18:00，周六到周日11:00~18:00，周一闭馆

乐器博物馆

地址： Tiergarten Str. 1，（Eingang Ben-Gurion Straße），10785，Berlin

电话： 030-25481178

网址： www.mim-berlin.de

开放时间： 周二到周五9:00~17:00，周四晚上延长到22:00，周六到周日10:00~17:00，周一闭馆

德国大教堂（图左）和**法国大教堂**（图右）就像双胞胎不分彼此

宪兵集市广场：显现柏林的教养

宪兵集市广场或者御林军广场（Gendarmenmarkt）这两个中文名字的翻译都不准确。原文是由两部分组成的，“markt”是市场，而“Gendarmen”源自法语“Gend'Armes”，中文的大意是“人的军队”，或者用我们更熟知的语汇是“人民军队”。但在普鲁士弗里德里克·威廉一世时代，这个词指的是骑兵。因为宫廷中普遍使用法语，骑兵也被用这个法文词命名。

在弗里德里克·威廉一世之前，广场上有两座教堂，一座是为改宗后的普鲁士人服务，另一座给法国新教徒，广场名为“中心广场”或“新广场”。有“士兵国王”之称的弗里德里克·威廉一世对和军队有关的事情都很着迷，他为骑兵在广场上修建了马厩、营房和警察局，广场因此改名。弗里德里克·威廉一世喜欢他的军队和臣民齐整有素，管理宗教也像训练军队一样严格。所以骑兵在两座教堂间穿梭对他来说是很和谐的，没有任何矛盾可言。

但他的儿子弗里德里克二世不这么认为。即位后，他决定改变广场的军事化气氛。弗里德里克二世下令拆除了营房，并任命当时的著名建筑师贡纳德（Karl von Gonard）为两座教堂各修建一个有装饰作用的塔楼。两座塔楼被认为是模仿了罗马人民广场（Piazza del Popolo）上的两座圣玛丽亚教堂：蒙泰桑托圣玛丽亚（Santa Maria di Montesanto）和米拉科利圣玛利亚（Santa Maria dei Miracoli）。虽然后来塔楼和各自所属的教堂被连在了一起，但正如我们今天看到的，教堂和塔楼其实是紧靠在一起但彼此分开的不同建筑。

正是这两座塔楼让第一次到此一游的人感到困惑。乍一看，它们太相像了，就像双胞胎不分彼此。只有和它们生活在一起的柏林人才熟悉其差别。对我们游客来说，很

门采尔的《安葬3月死者》

像是在玩找不同游戏，仔细看才能发现，两座塔楼上的雕像不同。

宪兵集市广场呈长方形，南北方向长，东西窄。在北部的是法国主教堂（Französischer Dom），南部的是德国主教堂（Deutscher Dom）。两座教堂形状不同，可以以此区分出来。法国教堂是一个近似长方形的椭圆形，德国教堂则像五个花瓣盛开一样，中间是五边形，五边都延伸出一个半圆。如果你从菩提树下大街方向过来，先遇到的是法国主教堂。广场东边是柏林音乐厅（Schauspielhaus）。

在这里发生的最重要的历史事件是1848年“3月革命”后，在广场上为183位柏林死难者举行了安葬仪式，其场景被定格在门采尔的一幅极具现实主义意味的画作《安葬3月死者》（*Aufbahrung der Märzgefallenen*）中。

广场在“二战”中几乎完全被毁，柏林音乐厅重建于1984年，法国主教堂重建于1983年，德国教堂重建于1996年。所以广场虽始建于17世纪末18世纪初，但我们看到的却是三座崭新鲜亮的建筑。

两座塔楼

建筑师贡纳德受命为宪兵集市广场兴建两座晚期巴洛克风格的高塔，可以忽略其实用功能，只要漂亮，能为柏林增添城市气氛即可。塔楼的底层采用了希腊十字，三面有柱廊，圆顶高塔居中。还在施工中，德国教堂的塔楼就坍塌了，设计师因此颇为沮丧，不想再继续监工。他的学生昂格尔（Georg Christian Unger）继任监管直到工程顺利完成。

两座塔楼不仅外形相像，其雕像也是互相呼应的。我们可以看到在塔顶都有一个金色雕像。在法国教堂上象征宗教胜利的女性，一只脚踏在一个人类头骨上，她的右手高举棕榈叶。在德国大教堂上的女性象征着道德的胜利，她也拿着一片棕榈叶，脚下踩着一条蛇，这只曾在伊甸园中诱惑过伊娃的蛇口中咬着一个苹果。

在每个塔楼的绿色穹顶下，是围有一圈科林斯式立柱的壁龛。法国教堂上站立的六位使徒是犹大、马提亚、巴多罗买、雅各、西门和马太。德国教堂上站立的六位使徒是多马、小雅各、腓力、约翰、彼得和安德烈。

接下来，在法国教堂方形平台四角坐着的是四位福音书作者马太（Evangelist Matthew）和天使，路加（Luck）和公牛，马可（Mark）和狮子，以及约翰和鹰。对着广场一面的三角楣上，是基督在雅各布的井边和撒玛利亚妇人谈话的浮雕。德国教堂方形基座四角站立的是象征信念、希望、爱和耐心的人物雕像。下面的三角楣上表现的是使徒们的故事。面对广场的北面浮雕再现了保罗治愈了一个瘸子，在他身后，和他一起传道的巴拿巴（Barnabas）正在用力制止一个高举斧头、打算杀死牲畜以献祭的方式膜拜使徒的人。

法国教堂上象征宗教胜利的女性。她右手高举棕榈叶，一只脚踏在一个人类头骨上

在德国大教堂上的女性象征着道德的胜利。她也拿着一片棕榈叶，脚下踩着一条蛇

两座教堂

1685年，大选帝侯颁布《波茨坦诏书》容许两万名法国胡格诺教徒移居到普鲁士。此前，法国国王路易十四废除了先王亨利四世的《南特诏书》，导致对新教徒的残酷迫害——有人认为当时天主教徒对待异己的残忍超过了后来的法国大革命中的暴力使用程度。出于同情，好几个国家和地区都接纳了从法国出逃的宗教难民。此时，三十年战争之后的普鲁士正是百废待兴之际，非常需要具有技术专长的各类匠人和艺人，波茨坦的兴建就得益于移居的新教徒。所以接纳法国新教徒是名利双收之举。

大选帝侯不仅允诺给予移民宗教自由，还免除了六年的赋税并帮助他们在新居安家。为了使来自法国的新教徒们在普鲁士创建家业的同时也在此找到精神家园和信仰归宿，1700年，选帝侯同意在广场为胡格诺教徒兴建一所法国大教堂。修建所需的巨额费用是向欧洲所有新教国家募捐而来的。承担建设任务的是胡格诺设计师昆纳西（Abraham Quensay）。

教堂在塔楼的西边，进入教堂的正门也在西边。登上环形对称的楼梯进入大教堂，会发现其内部非常朴素，尽管和装饰繁多的塔楼同属巴洛克风格，却迥然不同。大门正前方便可以看到布道坛，是淳朴的白色，镶有浅绿的细边。教堂中唯一略显华丽的是饰有镀金花纹的管风琴。

在教堂的外墙上有表现普鲁士接纳胡格诺教徒的纪念浮雕。1935年，在纪念《波茨坦诏书》颁布250周年时，还挂上了新教改革者加尔文像的铜牌，同时一座胡格诺教徒博物馆也落户于此。

法国大教堂内庭朴实素雅

法国大教堂饰有镀金花纹的管风琴

参观完教堂，别忘登上旁边的钟楼，那里有漂亮的组钟，还可以眺望到极佳的景致。

就在法国大教堂即将兴建之际，一座为路德教派犹太社区服务的教堂在广场另一侧开工。尽管后来教堂实际的实用者是改宗的德国教民。教堂在20世纪90年代重建后并没有继续作为教堂使用，现在是隶属于联邦议会的博物馆，展出德国议会史。此外，还有原来教堂的装饰品的残件，略显凄凉地展示在没有完全修复的内墙上。以设计柏林国家歌剧院闻名的闻名建筑师克诺贝尔斯多夫最初被葬于教堂，但后来陵墓被迁走了。

法国大教堂的外墙上有表现胡格诺教徒被普鲁士接纳的纪念浮雕

法国大教堂外墙上的加尔文像

柏林音乐厅

如果只有两座教堂，广场会显得空荡荡的。中间有了这座漂亮而实用的音乐厅，便带来文化氛围和活力。一个在柏林长大的朋友说，在这里享受音乐会，之后到附近的酒吧和朋友们畅饮聊天是他最美好的记忆之一。

在申克尔设计这幢建筑之前，著名建筑师朗汉斯曾负责在此修建了一座国家剧院。后来剧院被毁，国王任命申克尔负责建造一所新的王家剧院。现在的剧院外部就是依据当年申克尔的设计修旧如旧恢复的。

在高台阶上是六根粗大的爱奥尼亚式巨柱，支撑起三角楣。长方形的剧院在其后，同样有一个三角形浮雕，好像一段二重奏。高踞在屋顶的是两只戴翅膀的狮鹫，高扬起前蹄，拉着阿波罗的战车奋力向前。怀抱竖琴的阿波罗被塑造成一个俊美的青年形象。

剧院的内部现在已改建为可以容纳1500位听众的音乐厅，被命名为柏林音乐厅。在音乐厅侧面的入口可以看到一尊申克尔的纪念像。柏林建筑最重要的遗产很大一部分缘自申克尔。他享此殊荣理所当然。

席勒的雕像位于广场正中

申克尔纪念像

UNDER THE WINGS OF GREEN ANGEL

不过，广场真正的主角却是只短暂居留于此的剧作家、诗人席勒（见《人物》之“席勒”）。在广场正中，最显著的位置是席勒的雕像。他手拿象征文学经典的羊皮卷，头戴花环，眺望着远处。他的面容过于俊秀，是被大大美化了，并不太像诗人本人了。

雕像建于席勒诞辰一百周年之际，是由雕塑家劳赫的学生贝加斯（Reinhold Begas）创作的。当时席勒在德国享有很高声誉，为了募集雕像所需的款项，还特别成立了委员会。

雕像的基座上有四个人物，分别代表戏剧、诗歌、历史和哲学。最容易辨认的是哲学，是一位沉思的男子，以斗篷遮住头。他手握羊皮卷，上面写着：认识你自己。代表历史的女性拿着石板，代表戏剧的女性右手握着一柄短剑，藏在斗篷里。象征诗歌的女性脚边放着一把琴。

在音乐厅前的地面上，还可以看到席勒、贝多芬、画家纳格尔（Otto Nagel）等一些德国文化人对柏林的评价。贝多芬写的是：“柏林的观众都有良好教养。”文化就是用美填充人的心，置身于宪兵广场，即便是粗俗的人也会尽量表现出优雅的一面吧。

实用信息：

宪兵集市广场乘车路线：地铁 U2 线 Stadtmitte 站，或 U6 线 Französische StraBe 下车

法国大教堂：

地址：Gendarmenmarkt 5,10117，Berlin

电话：030-20649923

开放时间：周一到周六 12:00 ~ 17:00，周日 11:00 ~ 17:00

德国大教堂：

地址：Gendarmenmarkt 1,10117，Berlin

电话：030-22730432

开放时间：周二到周日 10:00 ~ 18:00，5 月到 9 月晚上延长到 21:00，周一闭馆

柏林音乐厅：

电话：030-203092343

网址：www.konzerthaus.de

开放时间：周一到周六 12:00 ~ 19:00，公共假期 12:00 ~ 16:00

犹太博物馆的入口设在一幢米黄色新古典建筑里（上图）从空中看出，博物馆大楼是折线形的，顶层的窗户和通风口都是梯形或长方条，没有规律地散布其上（下图）

犹太博物馆：四维空间的博物馆

人到中年的犹太建筑设计师利伯斯金德（Daniel Libeskind）原本默默无闻，直到1989年赢得了犹太博物馆（Jüdisches Museum）设计竞赛的头等奖。他搬到柏林，开办了自己的建筑事务所，以便实现他的离奇设想。而柏林，一个一直为塑造鲜明个性而期待奇思妙想的城市，隆重地接纳了它。经过十余年的建造，终于将之变成世界上又一个独一无二的景观。利伯斯金德也因为这个作品成为强手如林的当代建筑设计业中的佼佼者。

人们的赞美声始终没有断，称它为一个宏大的雕塑作品，将寓意与功能完美结合的实用建筑典范，创造出了具有历史感的“四维空间”。但是它有一个美中不足之处，这是一组建筑，至少包括五个元素，只有从空中俯瞰才能领略整个构思之巧。可是普通观众却没有可以登高的地方，只能看到航拍的照片。对于像我这样没有接受过建筑方面训练的参观者，从一踏入博物馆，就完全转晕了，根本没体会到整幢建筑的布局特点。后来我才根据自己参观时零碎的回忆，借助博物馆的介绍材料，拼凑出一个完整印象。如果观众都像我这样，对利伯斯金德的设计显然是很大的浪费。弥补的办法也许就是在进入大门前，先对博物馆有个整体的了解。

博物馆入口在一幢新古典建筑里，但是购票后，我们就顺着一段楼梯离开了这个房子，下到地下，进入到东边一个形状不规则的大楼。从空中拍摄的照片上可以看出，这个大楼是折线形的，像是把一个长条形的平板楼七扭八折。这个平板楼很长很窄，这点我们进入博物馆会有体会，展室都像是顺着走道布置的，没有很宽阔的空间。利伯斯金德的设计主要体现在这座建筑上，它的外墙用散发着灰色金属光泽的材料做成，窗户都是不规则的窄条，像

博物馆外墙用散发着灰色金属光泽的材料做成，窗户都是不规则的窄条，像刀削斧刻的伤痕

图右边是大屠杀纪念塔，左边是放逐花园，后面是博物馆的主体建筑

刀削斧刻的伤痕。从空中也可看出，顶层的窗户和通风口都是梯形或长方条，没有规律地散布在墙上。这样的设计很容易让人联想到这个博物馆的主题。两千年来，犹太民族的命运一直非常坎坷，尤其近百年，更是遭受大规模的迫害和屠杀。还有人把它的形状解释为打碎了的大卫星。所以有人说，博物馆建筑本身就是一个宏大的具有象征意义的纪念碑。

利伯斯金德在解释他的原始构思时，并没有想到这些含义。他当初用线在柏林地图上勾勒出传统的犹太人居住区，发现是一条蜿蜒的区域。这使他想到犹太人和德国人的历史文化渊源关系。由此，他画出了一个拐了十个弯、长达10 000平方米空间的建筑图纸。

这个建筑东侧有两个附属的小元素。其中靠近大街的，是一个在地面上没有进出口的水泥梯形，被命名为“大屠杀塔”，在参观博物馆时，有一个通道可以进入。从外观看，它没有窗户，是一个狭窄而闭塞的空间，进入的人立刻会有种孤独无助感。当年那些手无寸铁的无辜者，包括妇女和儿童，面对残暴党卫军的虐杀，是何等绝望。当然这个设计并不完全是凭空而来，欧洲城堡的塔楼经常用于囚禁犯人。在欧洲的各种具有创意的现代性设计中，我们也可以感受到它是基于悠久的传统。在“大屠杀塔”的设计上，简化了塔的外形，更突出塔的含义，就像一个用当代乐器改编的古老音乐动机。

从空中看，“大屠杀塔”后面有一块方形的绿色，那是“放逐花园”，用以纪念在纳粹德国时期遭到放逐的人们。花园其实是由一片高大的水泥柱组成，上面栽种了橄榄。在参观时，有通道把人们引到这个花园，而不进入博物馆参观的人也可以自由进出花园。

展厅高居在狭窄楼梯之上。越往上空间越狭小，自然光线从墙上细长的窗户照射进来，头上是横七竖八的水泥横梁

人脸的形状的铁块，都张大了嘴在呼喊

从地下进入博物馆主体，通道两边橱窗里是临时展品，目前展出的是馆藏20世纪犹太人生活的私人用品，以及纳粹上台前后一些犹太家庭的遭遇。向前走很快会遇到一个岔路口，分别连接着罗斯（Rafael Roth）学习中心、“大屠杀塔”、“放逐花园”和主要展厅。学习中心以赞助者命名，有20台电脑供那些想深入了解背景资料的观众查阅，还设有和犹太文化有关的专题：如犹太食品、大屠杀幸存者等。这里还有一个“失去的画廊”，目的是为了提请公众不要忘记那些或者被毁或者被卖掉的、已经无法在德国公众面前展出的具有文化价值的物品。

顺着通道上楼，就可以进入展厅，一共三层，都高居在狭窄楼梯之上。观众必须要自己登上去（当然博物馆设有为残疾人准备的电梯，欧洲的博物馆在这方面的服务设施都非常完善、体贴），这显然是故意的，为了让大家一边爬一边体会设计者的构思。越往上空间越狭小，自然光线从墙上细长的窗户照射进来，头上是横七竖八的水泥横梁。通向历史的路肯定不会宽阔平展，何况是这个一直艰难挣扎的民族。

在第一层迎接人们的就是震撼。进入一个不规则的空间，越来越窄，两边是光秃秃的水泥墙面，光线从房间尽头的上方照射下来，可以看到地面上铺着很多深色的铁块，被制成人脸形状，都张大了嘴在呼喊。我旁边有个人走了上去，铁块在他脚下哗啦啦作响，在沉闷的空间里回荡，其他人都不说话，低头望着那些脸。这个装置性的展品叫“shalechet”，是希伯来语“落叶”的意思。这一万多张人脸就像落叶一样，尽管试图呐喊却无法发声。人就是这样无声地从大地上消失，生命是这么茫然、卑微而无意义。

上面两层都是长期展览，展出了两千年来犹太民族的历史。在进门处，有一棵大树，旁边的台子上给人们准备了红色的圆形便签，可以把你的梦想写上，然后挂到石榴树上。石榴象征着智慧和大地的丰饶。按照通行的犹太信仰，石榴中包含的那么多种子就像托拉犹太律法中的戒律和禁忌一样多。每四个参观者就有三个应邀写下梦想。我看到管理人员正在收集上一批观众的“石榴”，以便腾出地方来给后面的观众。那上面会有多少种文字，都写了些什么奇怪的想法？

进入一个通道，上面挂着一些地名，解说表明，它们是有着悠久历史而现在仍在使用的犹太街名。我看到了熟悉的synagogengasse（犹人教堂街）（见《导览》之“新犹太教堂”）。从街名也可以看出犹太人口在城市中的密集程度。由于偏见和歧视，从中世纪起，犹太人便被和基督徒隔离开，集中居住在划分给他们的街区里。接下来的展览从公元10世纪讲起，犹太人开始在德国中部的沃尔姆斯、美因茨和施派尔定居，一点点努力融入德国社会。在第二帝国期间犹太人终于成功地获得了平等的公民权。在第一次世界大战中，犹太人积极参加德国军队，因此受到表彰。当时在很多犹太人心中，他们首先是德国人，是德国的犹太人。但是战争失败，谣言越来越盛，煽动反犹情绪的人说，第一次世界大战德国之所以失败是犹太人在后面捣鬼。希特勒年轻时看到反犹杂志，成为反犹信徒，在上台后开始计划消灭这个种族。但是现在在德国依然有12万犹太人居住在他们的社区，力图将自己的文化和德国文化融合。

为了表现这段漫长的历史和独特的宗教文化，展馆陈列了非常丰富的展品，有大量的实物和图片，还有一些装置可以动手参与。在西方社会中或许很常见的东西或有象征意味的符号，以前并不知其所以然，在这里都能找到较详尽的说明。而且展览的场地也布置得很舒适。犹太博物馆是柏林开放时间最长的博物馆，除了犹太教节日，不仅每天都开门，而且要到晚上8点才闭馆，周一晚上甚至延长到晚上10点。我在里面待了四个小时，还是有很多东西都没来得及仔细看。

在博物馆的纪念品商店中看到三位著名的犹太先贤被做成可爱的玩偶。孩子一定会很喜欢他们的形象，就会问父母他们都是谁，干过什么事，然后说：“我将来也想当科学家。”更聪明的孩子会小声嘀咕：“我将来会比他们都棒！”梦想和希望就这样延续着。

被做成玩偶的三个著名犹太先贤：马克思、弗洛伊德、爱因斯坦

这两个女性的雕像经常成对出现在基督教的中世纪教堂中，象征基督教对犹太教的绝对优势地位。左边戴王冠的女子在拉丁语中被称为“Ecclesia”，是“基督教教堂”的化身。右边被蒙住双眼的女子在拉丁语中被称为“Synagoga”，代表“犹太教堂”。依照传统，“基督教教堂”的化身右手应当拿着十字架，左臂下则可能是杯子，象征盛放耶稣之血的圣杯。“犹太教堂”化身右手拿着矛，象征刺向十字架上的耶稣右肋的矛。她的左手拿着即将脱落的《托拉》卷轴，或刻有《十诫》的石板。两雕像的对比显现了对犹太教的贬低

实用信息：

地址：Linden Straße 9—14，10969，Berlin

电话：030-25993300

网址：www.jmberin.deranz

开放时间：周二至周日 10:00 ~ 20:00，周一：10:00 ~ 22:00

乘车路线：地铁 U1 和 U6 线 Hallesches Tor 站下车，从高架的地铁站上下来，顺着向北一条 Wilhelm Str. 街走（注意看指示牌，上面标明了犹太博物馆的方向），在 Franz-Kluhs 街向右转（同样有指示牌），一直到头，马路对面就是新古典的犹太博物馆入口所在的大楼

顺着 Franz-Kluhs 街向东走的过程中，会和一条南北向大街相交，那条街就是柏林著名的弗里德里克大街（Friedrich Straße），这里接近弗里德里克大街的南端。弗里德里克大街一直向北，经过查理检查哨，笔直穿过菩提树下大街。而 Wilhelm Str. 街是另一条穿过菩提树下大街的重要干道，但它略微向西北倾斜

复制的**查理检查站**，画像上是美国士兵

查理检查站纪念馆：独一无二的“礼物”

“玫瑰行动”

1961年6月，东德领导人乌布利希（Walter Ulbricht）在东柏林举行了一次记者招待会。在回答记者提问时，乌布利希说：“没有人打算修建一堵墙。”第二天，从东柏林涌入西柏林的人数遽然增加。东德人非常懂得如何从领导人的话中听出玄机，那些具有敏锐嗅觉的人已经猜到一堵墙将可能竖立起来。

问题是，在记者招待会现场，没人任何人提到和墙有关的事。乌布利希看似无意间说出这句话，在事后分析起来，真是绝妙的计谋。在他三十多年的政治生涯中，乌布利希非常善于使用“双刃剑”。他知道他的臣民能迅速体悟到他话中的意思，接下来便会出现迅猛的移民潮。而他正好可以利用急速增长的数字向莫斯科的苏共中央表明：必须建立一堵墙才能控制住从东德快速消失的人口。

从1955年以来，每年有25万人东德人迁往西德，其中主要是掌握了一定知识技能的医务人员、教师、工程技术人员和工人。仅在1961年6月，就有近两万东德居民利用西柏林逃往西方。对于1700万人口的东德来说，这个比例太大了。劳动力的短缺已经严重影响到东德的经济发展，有些地方整间的办公室和车间都空无一人。

苏联最高领导人赫鲁晓夫正安排与美国刚上任的总统肯尼迪进行会谈，并不希望和西方国家出现摩擦，但是之后在维也纳举行的会谈只造成了双方更多分歧。赫鲁晓夫没有把年轻的肯尼迪放在眼里，认为他比自己的儿子还要“嫩”。根据乌布利希提供的数据，赫鲁晓夫也担心东德将因为人口急剧外流而崩溃，最终同意乌布利希采取行动。

柏林墙不只建立在东西柏林之间，而是包括整个西柏林周边，以及东西德之间接壤的全部区域。不仅共用交通、供水、污水、电话等系统的一个柏林被强行切开，西柏林也被完全围困在东德的地域之内。赫鲁晓夫很粗俗地称西柏林是西方的“睾丸”，可以随时捏一把，让西方不舒服。

在东西方的对峙中，西柏林明显处于弱势。肯尼迪只是表示，苏联决不能碰西柏林。赫鲁晓夫对这个表态的理解是：美国不会干涉东柏林。也就是说，在东柏林边界筑起边界，美国是不会干涉的。

1961年8月12日，是星期六。凌晨1点，奉命负责这项“玫瑰行动”的昂纳克（Erich Honecke）开始了他最伟大的“功绩”：边境警察部队和“工人战斗小组”接到命令，开始封锁边界，驱逐位于封锁区的住户；工程队将以事先准备好的18 200根水泥柱、300吨铁丝网、五吨绑扎的铁丝和两吨钉子修建一座巨大的牢笼。表面上是西柏林变成了孤岛，而实际上是把东德人围困起来。有人把西柏林这半个城称为“超现实主义的笼子”。而柏林墙的建立却是为了防止东德人进入这个笼子。

如此浩大的工程要在一天两夜间完成，这个想法已经很疯狂，居然还动用国家机器将其变为了现实。乌布利希把每个细节都想到了，他之所以选择在一个周末动手，因为他知道很多德国人和驻德西方人都会在周末和家人到郊外度假。等他们周一早上回来，发现城市已被切割，任何行动都无法改变既定事实了。

“玫瑰行动”的第一步：封锁边界

柏林因为这堵墙的建立而变得如同超现实主义的幻境。周一早上，当人们发现只能和被阻隔开的亲人朋友遥遥相对而无法再团聚时，西柏林的人愤怒了，而东柏林的人只能沉默：如果他们想离开，不仅要失去家人朋友和熟悉的环境，而且要冒生命危险。尤其是年长的人，即便成功到达西方，一切要重新开始，要适应新的工作和生活，这需要下极大决心。

驻扎在西柏林的西方军队奉命留在原地，不得采取任何行动。而西柏林的警察只能出来维持秩序，阻拦西柏林人的抗议，以免引发东西方冲突。当西柏林人认识到西方不会为了他们的城市而冒险，他们所能做的就是看到东边有人想跨过围障时就跑过去帮助。

最开始的所谓"墙"只是铁丝网和围栏，还比较容易跨越。东德士兵康拉德·舒曼在8月15日执勤时，扒开铁丝网纵身跳跃，之后就被一辆汽车护送离开了。他是第一个从东德警察部队消失的士兵，当然不是最后一个。在封锁连接城市的地下管道时，200名被派下去执行任务的士兵再也没有回来。

康拉德·舒曼漂亮的一跃几个小时后便出现在西德报纸的头版上，西柏林人为他感到高兴。但是在东边，对更多要跨越围墙的人却是糟糕的消息。东德方面立刻开始将围困行动升级。正好处于东西柏林交界处的贝瑙尔大街上的居民楼入口在东德，窗户下面便是西德。所以人们很自然地想到从这里逃离。有成功者就有失败者，在门窗都被东德用砖砌死之前，有四人因从高处摔下死去。

柏林墙阻隔了亲人朋友

一个试图从贝瑙尔大街上逃离的70多岁的老人被楼上的东德警察抓住，下面的人想把她拉下来

很快，围墙被加高，竖立了更高的瞭望塔，东德士兵接到命令，可以向任何企图跨越的人开枪。击中者将得到嘉奖，而没有捕获到翻越者的执勤人员将受到惩罚。每天的守卫记录都要呈报，由昂纳克亲自签授嘉奖令。肯定有不愿向自己同胞开枪的士兵，为了杜绝“玩忽职守”，特意在柏林墙的隔离地带设立了“沙区”，就是撒上沙子，如果沙子上显示出脚印，而士兵没有开枪阻止，就是渎职。

最初的墙体只是单纯的一面墙。一位东德士兵驾驶卡车将墙撞开，然后从倒塌的砖头之间爬了过去。此后，全部围墙都采用重达一吨的L形整块水泥连接。如果汽车撞击到竖立的墙面，它的重量会压在地面的墙体上，直立部分的墙体会被自动弹回。

试图翻越的人们真正开始各显神通，有人想到将轿车的油箱拆卸下来，后备厢中就可以藏人。但是这种方法要冒生命危险。一个西德年轻人将他的未婚妻藏在油箱下面，但是油箱的盖子在颠簸中松动了，油泼溅到她身上，他们不得不放弃。更为悲惨的是一对夫妇成功逃到西柏林后，发现藏在后备厢中孩子却窒息而死。

更多的人从地下和空中想方法。逃亡的过程惊越来越心动魄，协助逃亡的专职人员应运而生，还成立了逃亡组织，为有此想法而没有足够技能的东德人提供“一条龙服务”。

被当作纪念物的东德瞭望塔，依然被保存在街边

以东德士兵康拉德·舒曼为题材创作的艺术品

第三次世界大战的战火只差一个火星儿就会在柏林点燃，这种说法并不是危言耸听。苏美两国全副武装的士兵就在柏林墙两边对峙18个小时，相距只有250米左右，连对方的胡子都数得出来。任何一个不慎的手势或者枪械走火，都会导致直接的武装对抗。东西双方都拥有核武器，如果第三次世界大战真的因此爆发，毫不夸张地说，不仅柏林、德国、欧洲都将不复存在，整个地球都不可能幸免于难。

事情的起因却是一场戏剧演出。1961年10月22日，美国代表团副团长艾伦·莱特纳和夫人要去东柏林观看捷克剧团的演出。依据战后分区协定，挂有西方占领军牌照的汽车可以自由出入苏占区。

英国人遇到东柏林士兵一般会象征性地挥舞一下证件，但是美国人认为这是原则性问题，因此拒绝出示证件。这是在柏林墙出现之前的惯例。而墙建立之后，美国人的固执首次受到挑战。汽车在查理检查站被东德警察拦截住。艾伦·莱特纳要求苏联军官前来交涉，因为美国不承认东德是一个国家，拒绝和他们的警察打交道。

苏联人没有出现。于是八个美国宪兵带着刺刀越过白线，将艾伦·莱特纳的汽车护送回西柏林。艾伦·莱特纳并不认为此事可以完结，他让夫人下车，然后掉头再次向东开去。这次由于一位苏联军官接受了美方的抗议，美国汽车得以在东德警察的注视下深入几十米，然后安全回到西柏林。

在东西方关系日益紧张的日子里，这当然成为重要的外交事件。苏联人承认责任在东德一方。但是东德似乎也不希望事情就此结束，几天后，又一辆美国民事官员的汽车在查理检查站被东德警察拦截。美国立刻动用了武装力量，十辆坦克向弗里德里克大街进发，在距离检查站几十米的地方停了下来，没有关掉引擎。而挂有美国国旗的汽车则缓慢地向东柏林开去。东德警察严镇以待，很不情愿地看着美国汽车进入边界，在东柏林转一圈又开回去。

几天后，苏联的坦克出现了，也是十辆，停在弗里德里克大街检查站东侧。苏军总司令高尼夫元帅接到的最高指示是只陈兵，不能开火。几天前，赫鲁晓夫下令进行了一次核试验。美国和其盟国则进入全面战备状态。在北海部署的四艘核潜艇，有16枚原子弹瞄准苏联境内。

后来赫鲁晓夫在回忆录中说，他是突发灵感，认为先行撤退，美国也会撤军。事实正是如此。苏军坦克接到命令，离开20分钟左右，美军也撤离了坦克，一场危机在顷刻间被化解了，就像出现时一样突然。

第三次世界大战没有爆发的深层次原因是，美苏双方都不愿意军事对抗，而宁愿“冷战”。尤其不愿为了柏林而开战，双方都明白，哪一方都得不到任何好处，而宁愿持久地以其他方式抗衡。肯尼迪就相信，东德最终会因为经济或其他因素而崩溃。

弗里德里克大街上即将爆发的“第三次世界大战”

BERLIN

突然地走，正如突然地来

相信柏林墙可以存在一百年的昂纳克在1989年夏天接连做了两次手术。虽然他已经77岁，但比起下台前的乌布利希，他的健康状况似乎更好。（见《导览》之“民主德国博物馆”）他认为自己还有足够精力对付东德的混乱局面。

这年9月，大批难民涌入捷克和匈牙利的西德大使馆，要求永远离开东德。使馆只好在院子中搭起帐篷，但是更多的人不顾一切冲进来，使使馆内人满为患，无法保证所有人的基本生活条件。

美国充当谈判的中间人，最终昂纳克同意用列车将一万二千名东德人送到西德。列车将被封闭，作为对这些叛逃者的羞辱，他们的证件将被没收，国籍将被取消。媒体上大肆宣扬他们是可耻的叛国者。

与昂纳克期待的相反，这辆列车通过的地方受到东德民众热烈地欢迎。在德累斯顿，欢迎人群和警察发生了冲突。幸而，德累斯顿治安部队指挥官下令不得开枪。他后来因此被当作英雄受到赞扬。刚刚腾出空间的捷克和匈牙利的西德大使馆再次涌动着人潮。

与此同时，昂纳克的地位也受到挑战。年轻的同僚已经无法忍受他强硬维护现存政策的做法。主张改革的政治局成员们在戈尔巴乔夫地默许下一致投票将他罢免。新的领导人克伦茨开始拟定改革方案，试图挽回经济上的困局和政治上的混乱。但是似乎太晚了。大规模的群众游行席卷各大城市。11月6日，50万人参加了莱比锡的集会，要求取消限制出境的规定。

几天后举行的新闻发布会上，发言人沙博夫斯基匆忙地宣读了一份文件，其中的内容把在场的记者搞糊涂了。有人问：你的意思是允许私人旅行和永久离开了吗？何时生效？沙博夫斯基完全没有准备，也没有来得及仔细查看克伦茨给他的指示，就信口答道：“现在，立刻生效。”

这句话在几个小时内被媒体迅速传播。得到消息的东柏林人立即涌向到检查站，要求到西柏林，而此时东德政府对此竟一无所知，直到检查站的值班人员打电话询问如何处理。人越聚越多，性急者已经等不得警察放行，开始冲过护栏。而检查站的警察也明智地意识到，他们不能使用武力阻挡人潮。

克伦茨有一个选择：他可以下令动用武装力量镇压。但是他没有。部属在边境的一万二千名士兵没有接到任何命令，只是看着人们涌出东德。新闻发布会之后六个小时，“一场不流血的革命”就这样完成了。

西柏林人在查理检查哨旁欢迎东柏林人

在柏林，西柏林人已经在街头迎接他们从东边来的兄弟姐妹。在几天前的示威中，人们说“我们是一个国家”，但是现在变成了：“我们是一家人！”随后是整夜的大狂欢，被柏林墙隔绝了二十八年的人们，无论认识不认识，都拥抱在一起。很快就有人喝醉了，柏林也在这一夜迷醉了。

1989年11月10日清晨，柏林人发现他们的城市又合为一体了，就像1961年8月13日早晨发现他们被隔离开时一样，突然就发生了。只是二十八年已经过去，一代人已经老去，新一代像竹笋一样冒了出来，展现在他们面前的将是和老一辈完全不同的生活。第二年两德实现了统一。

查理检查站纪念馆

查理检查站纪念馆（Haus am Checkpoint Charlie，Checkpoint Charlie Museum）位于当年美苏双方对峙的检查站旁一幢大楼中。西柏林这边原有的岗哨被迁移到盟军博物馆。位于东柏林的瞭望塔在2000年被这个地区的开发商拆除，当时柏林市曾希望作为历史遗迹保留下来，但没能实现。幸运的是，从2011年开始，为了尽可能保护这个地区的原始状态，所有建筑项目都被叫停。

为了招揽游客，一个复制的检查站被放置在马路中央，还有当年美军竖立的牌子，上面用英、俄、法、德四种文字写着：你正在离开美占区。通常检查站附近还有雇用的演员身着当年的美军军服在旁边站岗，游客付费，便可以合影留念。附近的街道熙熙攘攘，在以柏林墙为主题的纪念地中，查理检查站纪念馆在商业化运作方面是最成功的。

一进展馆就可看到纪念馆创始人希尔德布兰特（Rainer Hildebrandt）博士的纪念像。他在20世纪40年代曾参加由美方资助的对抗苏占区政权的组织。早在20世纪60年代，希尔德布兰特就开办了一个小小的纪念馆，展出与当时刚刚建立不久的柏林墙相关的展览。现在这家私人博物馆由他的遗孀负责。

纪念馆从柏林墙的建立讲起，尽可能囊括相关的各种图片、档案和实物材料。其中最独特的展品就是当年东柏林人五花八门、无奇不有的各式逃离工具：挖地道的铲子、重新拆装了的汽车、空中绳索、滑翔机、自制潜艇，甚至有全家老少一起动手缝制的热气球。希尔德布兰特多年来一直致力于收集的那些在逃离中失去生命者的资料，也陈列于此。根据

查理检查站纪念馆位于原检查站旁

复制的查理检查站，画像上是东德士兵

他的统计，共有227名柏林墙的受害者。包括在检查哨检查证件时突然发病去世者，一个为捡回皮球掉入运河淹死的五岁男孩，因逃跑被抓获并被秘密处决的人以及成功逃离后被绑架回东德杀害的人。作为民间研究成果，这个数据没有被广泛接受。

另外，纪念馆中还收集了一些以柏林墙为主题的艺术品。1978年从苏联流亡的世界知名大提琴家罗斯托波维奇（Mstislaw Rostropowitsch），在柏林墙开放后40小时，没有通知任何媒体，来到墙边演奏了巴赫的作品，以此纪念那些因跨越柏林墙而死去的人们，也表达他对这堵墙终于倒塌的感激之情。站在法国女雕塑家格兰尼（Roseline Granet）为罗斯托波维奇制作的雕像前，想象大提琴琴弦中流泻出的巴赫，我的眼眶一下就湿了。伟大的巴赫，对于人类苦难的同情深深地埋藏在他的音乐里。这一瞬，我觉得自己离他更近，更爱他。

在检查站西边陈列着很多被涂抹得艳丽缤纷的柏林墙，既是装饰，也是纪念。当年的东德领导人肯定没想过，柏林墙还能有这样的用途。人们在有关“冷战”和柏林墙的大型展览中穿梭，这座在“二战”中失去了无数重要历史遗产的城市，却在此后的五十多年中意外获得这样的礼物，代价惨痛，但也独一无二。

彩色的柏林墙非常吸引游客

实用信息：

地址： Friedrich Straße 43—45，10969，Berlin

电话： 030-2537250

网址： http://www.mauermuseum.de

开放时间： 每天早 9:00 ~ 22:00，包括节假日

乘车路线： 地铁 U6 线 Koch Str. 站下车即是

战后重建的**选帝侯大街**和巴黎的香榭丽舍大街已经完全不沾边，全然是现代城市景观了

选帝侯大街和威廉皇帝纪念教堂："你的城市毁于战火，但是我的救赎之路永存"

选帝侯大街

在柏林墙时代，原来完整的城市格局被破坏，东西柏林不能再共享文化设施和商业区域，旧有的城市交通枢纽如波茨坦广场，因为正好处于隔离地带，无法发挥其功能。在被隔绝的近三十年间，东西两城慢慢划分出各自的城市功能区域：交通、文化和商业中心。东柏林占据了原来的城市中心部分，博物馆岛和菩提树下大街就是传统上的文化中心，亚历山大广场不仅成为东部的交通枢纽，也是东柏林人购物休闲和聚会的地方。在西柏林，波茨坦广场西边的文化广场兴建于20世纪60年代，逐渐成为和博物馆岛相比肩的文化区。

在蒂尔加滕公园西南角则形成了西柏林一处著名的商业街：选帝侯大街（Kurfürstendamm，依据音译又称为库弗斯坦达姆），简称"酷街"（Ku'damm）。在19世纪之前，这条街位于柏林城外围，是选帝侯们去往西边围猎场的一条小路，用原木铺设于荒地沼泽上。它之所以成为一条"街"，能用德国人所说的"damm"来称呼，始于德意志第二帝国的缔造者俾斯麦。按照他的意愿，这条路仿照了巴黎的香榭丽舍大街（Champs-Élysées）建造，它被命名为选帝侯大街，算是向普鲁士的先王们致意。

在19世纪末20世纪初，这条街日益繁荣。3.5公里长的街面两边布满商铺，不仅吸引了商家，也吸引了艺术家、各界名流，成为第二帝国时代中产阶级汇聚的地区。在20世纪20年代，德国的"黄金时代"，选帝侯大街也发展到顶点。紧接着，便在纳粹统治下衰落了。"二战"对这个区域的破坏是致命的，虽然战后进行了重建，但已面目全非，和巴黎的香榭丽舍大街完全不沾边，全然是现代城市景观了。

由于柏林的统一，作为商业中心，现在选帝侯大街必须和莱比锡大街、波茨坦广场、亚历山大广场等地相竞争。人们也因此有了多元化的选择。大街上有一个象征柏林的现代雕塑，由两棵金属树干生长出的枝杈交织而成，以此象征柏林城是由原来施普雷河两岸的柏林和科龙两个城镇联合而成。

1930 年时的选帝侯大街，中间是威廉皇帝纪念教堂

三位“恺撒”

选帝侯大街上最重要的景观是威廉皇帝纪念教堂（Protestant Kaiser Wilhelm Memorial Church，Kaiser-Wilhelm-Gedächtniskirche，恺撒即皇帝），是第二帝国的末代皇帝、好大喜功的威廉二世修建的。它的一部分是其祖父威廉一世皇帝的纪念堂，另一部分是教堂，所以命名为威廉皇帝纪念教堂。

德意志第二帝国1871年在法国凡尔赛成立，到1918年因第一次世界大战战败而消亡，不到五十年时间里，共有三位皇帝登基。普法战争中，法国皇帝拿破仑三世在色当投降，但是在巴黎成立了第三共和国，拒绝向德军投降。德军一直攻打到巴黎城外，占领了凡尔赛，将巴黎困住。俾斯麦认为在这次战争中，德意志诸各侯一致对外，共同对付法军，现在胜利在望，是统一德国的良机。不过这种统一当然是要以普鲁士为主导，而且要把唯一能和普鲁士抗衡的奥地利排除在外。他暗地里向大小诸侯国的国王施压，让他们同意成立新的帝国，劝说威廉一世成为皇帝。

但是南部德国的诸侯并不愿意轻易服从。从历史传统上说，南德在政治经济文化上都和北部德国差异很大。巴伐利亚在当时的南德中实力最强。俾斯麦在谈判中许诺给这个小国很多自治权，劝导其同意，然后直接写给巴伐利亚国王路德维希二世一封草拟好的“劝进书”，请他抄录一遍，署上自己的名字寄到凡尔赛。

对于诸侯们劝其称帝的热心，威廉一世总觉得不对劲，以他对俾斯麦了解，当然猜到是宰相在背后运作的结果。他的本心，并不赞成建立一个由诸侯联盟形成的帝国。神圣罗马帝国，即历史上第一帝国就是一个松散的联盟，皇帝总是要和诸侯们讨价还价，帝国宫廷成了阴谋的滋生地。威廉一世更眷恋他的普鲁士王国，在这里，霍亨索伦家族世袭的权力是实实在在的，尽管总是受到俾斯麦的挟制。在称帝这件事上又是如此，威廉一世在俾斯麦的策动下，很不情愿地戴上了帝国王冠。

王储弗里德里克·威廉同样对老谋深算的俾斯麦既敬又畏。由于父亲非常长寿，一直到91岁才驾崩，而王储当时已患喉癌，只当了三个月皇帝便也去世了。他几乎没有和这位厉害的宰相共事。

第二帝国成立那年，王储之子、未来的威廉二世才12岁，祖父对他说：“你不会忘记这个大日子的。”威廉二世是三位恺撒中最投入帝国皇帝角色的一位。在他登基两年后，这位性情急躁、缺乏远虑的皇帝终于将俾斯麦解职。他到晚年还愤愤地说：“在俾斯麦手下工作很可怕，他利用一些机会伤害我，甚至使我感到屈辱。”

在帝国时代，德国处于迅猛发展时期。而柏林也从一座古典花园城市变成帝国的政治中心，进而进入工业化时期。在帝国成立之初，普鲁士涌现出的780家股份公司中，有174家在柏林。威廉二世在剔除了俾斯麦亲政后喜欢说的是：“我要带领你们走向美好的时代。”

但是正像反对派预言的那样：“德国表明上是在崛起，实际上却是走向末日。”很不幸，这句话言中了。抛开威廉二世个人的性格和执政能力不谈，他在对外关系上犯了两个最致命的错误，一是鼓动奥地利向塞尔维亚宣战，引发了第一次世界大战，二是没有遵循俾斯麦一贯坚持的亲俄政策，使俄国和英法联合到一起，德国东西两线作战，必败无疑。最终也导致了第二帝国的垮台和他的流亡。希特勒在三十年后再次重复了这个错误，导致第二次世界大战后第三帝国覆灭。希特勒本人自杀，是因为他心里很清楚，自己被憎恨之深。而威廉二世一直在荷兰活到20世纪40年代，是因为旧时代的传统对于王权的代表人物相对还比较尊重和容忍。

选帝侯大街上的现代雕塑由两棵金属树干生长出的枝杈相交织，以此象征柏林城是由原来施普雷河岸边的柏林和科龙两个城镇联合而成

BERLIN

晚期罗马风格的威廉皇帝纪念教堂

钟塔残迹右边是新的钟塔，左边是新教堂

“记忆教堂”

威廉二世为纪念自己的祖父、第二帝国的第一位皇帝威廉一世建立了这座威廉皇帝纪念教堂。新教教堂一般都很简朴，而这座教堂使用了繁多的装饰。这就是威廉二世的风格，他在位期间的建筑都体积庞大而装饰华丽，最典型的是改建后的柏林大教堂（见《导览》之“柏林大教堂”）。

设计师施韦希登（Franz Schwechten）的方案在设计竞赛中中标。他来自科隆，大约深受家乡建筑的影响，他的方案采用了晚期罗马风格。教堂在1891年威廉一世的生日纪念日动工，四年后建成开放。教堂共有五个尖塔，中间的是钟楼，高113米，四面还有四个小塔，结构颇为精致。教堂可以同时容纳2000人举行仪式。在纪念堂中有2740平方米的马赛克拼贴画。

现在，教堂有了另一个名字：“记忆教堂”。教堂在“二战”中被炸，只有一个小塔和半截钟楼没有倒塌。战后，出于安全考虑，政府打算拆除残破的塔楼，但是百分之五十的柏林人认为应当保留残迹，作为对历史的警醒。于是，政府就在这个废墟旁重新建立了一座可以使用的新教堂以及和原钟塔并立的新钟塔。已经成为一个空壳的旧钟楼被当地人称作

“蛀牙”，它是柏林最独特的地标。现代建筑在任何城市都可以兴建，只有这个残破的钟楼是世界上独一无二的。

2007年，“二战”中曾在英国空军服役、曾前来对柏林实施轰炸的格雷先生（Charles Jeffrey Gray）读到关于“蛀牙”情况的报道，报道称，旧钟楼急需修缮，否则会倒塌。他便和教堂方面的负责人联系，建立了一个基金会，筹措资金用于对旧钟楼的维护。工程从2012年开始，“蛀牙”被遮挡起来，力图修旧如旧。

“蛀牙”下的旧纪念堂目前对外开放。原来近3000平方米的马赛克壁画如今只剩下一些遗迹，而且已爬上了无法遮蔽的一道道丑陋的裂痕。但是仅这一小部分也可以看出当年兴建时的华丽气派。地面上有一个完整的天使米歇尔与巨龙搏斗瓷砖拼贴画。在拱顶上可以看到霍亨索伦家族历史上的王族和名人。浮雕选取了威廉一世经历的几个重要场景为题材。

两位天使手捧的匾牌上写着“普鲁士国王和德国皇帝威廉一世”

这幅马赛克画上从左向右可以看到三位皇帝：威廉一世、弗里德里克·威廉三世和威廉二世

在另一处摆放着三件纪念品：中间是残缺的耶稣像，它原本矗立于旧教堂的祭坛上。左边的十字来自英国的考文垂大教堂。教堂于1940年11月14被德国空军炸毁。十字是由建造考文垂大教堂的钉子做成的。这源自“二战”后的一次和平行动。同样的钉子被赠送给在“二战”中遭到惨烈袭击的城市：加里宁格勒、广岛和德累斯顿。1987年，这枚十字架被放置于纪念堂。在“二战”中，英德双方都对对方的城市采取大规模空袭，飞行员甚至是拿着游行指南，专门对上面标注出的三星级以上的重要古迹进行轰炸。人就这样在战争中成了疯子。另一边是带有东正教圣像的十字架，来自俄罗斯一座被修复的教堂。

与原钟塔的残破相对照，新的钟塔是一个高耸的六角形立方柱，高53.5米。在新的钟塔平顶上有一个镀金圆球，上面立有一个十字架。钟塔中最大的钟重达5600公斤，上面刻

有一句铭文："你的城市毁于战火，但是我的救赎之路将永远存在，并且我的正义永不失败。"

新的教堂是一座八角形建筑，可以容纳1000人。外墙使用混凝土制成21292个蜂窝，中间镶嵌着蓝玻璃。玻璃的设计来源于法国夏特尔教堂特有的蓝色玻璃，在大面积的蓝色中有小面积的宝石红、翡翠绿和黄色。进入教堂就可以看到祭坛上悬挂的基督，它以铜锌合金制成。下面的镀银十字架上镶嵌有37颗岩石的结晶体。摆放在两边的12根蜡烛象征以色列的12个部族、耶稣的12门徒和耶路撒冷的12个天堂之门。在教堂入口处上方可以看到巨大的管风琴。

新钟楼和教堂的设计者是艾尔曼（Egon Eiermann）。教堂内部的祭坛、洗手池、灯具、蜡烛、座椅、管风琴箱以及其他元素也都由他设计而成，将传统的宗教装饰元素进行了简约的变奏，更具形式美感。

实用信息：

地址：Breitscheidplatz，10789，Berlin

电话：030-2185023

网址：www.gedaechtniskirche-berlin.de

开放时间：周一到周六 10:00 ~ 18:00，周日 12:00 ~ 18:00，在基督受难日（4月2日）位于旧塔中的纪念厅将关闭

乘车路线：坐 U1 或 U5 线地铁到 Kurfürstendamm 站下车即是

位于菩提树下大街的**柏林历史博物馆**

柏林宫模型

柏林历史博物馆：柏林“微缩故事园”

“只需一个小时就可以逛完”，这是柏林历史博物馆（Historiale Berlin Museum）的宣传口号。这是它和一般的历史博物馆最大的不同。

其实它并不是严格意义上的“历史博物馆”，没有罩在玻璃后面的珍贵文物，没有详尽的说明文字。博物馆本身也很小，甚至称不上是“馆”，只是一个大房间，被巧妙地分割成不同的展区，它的主旨是要在参观者还没感到疲惫之前，就把近八百年以来的柏林历史灌进大家脑子里。它们被编成一段段小故事，使博物馆更像一个微缩故事园。博物馆之所以设在菩提树下大街上，也就是为了给闲逛的游人解解闷，也炫耀一下：看看我们这里曾有多少不可思议的故事和不同凡响的伟人。如果你在游览柏林前参观这里，能在这里得到一些线索和提示。如果是已经到过一些景点，可能就会见到一些熟悉的地方和面孔。

一进博物馆，就可以看到两件最重要的展品：菩提树下大街周围街区的立体模型和曾经的柏林宫模型。（见《导览》之“亚历山大广场及卡尔·李卜克内西大街”）从历史照片上看，柏林宫比这个纸质的模型还要精美，可惜如今已然消失。

然后是沙多那尊著名的雕像：路易斯王后和她的妹妹。（见《导览》之“博物馆岛·老国家画廊”和“夏洛腾堡”）

在展示弗里德里克大帝“伟业”的展区，地上码放着一袋袋土豆：七年战争之后，这位以征战著称的国王开始关心臣民生活，他亲自监督农产品的生产，鼓励农民种植土豆和甜菜。

普鲁士的扩张使柏林的地位随之上升。在解放战争之后，一大批科学家、实业家、教育家汇聚柏林。这个展区有一整块展板是献给其中最杰出的两位：洪堡兄弟。柏林没有保留他们的故居真是遗憾。如同文艺复兴时期的弗朗西斯·培根，威廉·冯·洪堡被看作那个时代头脑最开放、最具影响力的知识分子。他早年曾从事外交，但他一直关注哲学。而且像古希腊时代的哲学家一样，他思考的范围包含了世界的各个层面。

沙多那尊著名的雕像：路易斯王后和她的妹妹

“黄金时代”是一个五光十色、纸醉金迷，又具有创新性的时代

柏林墙倒塌前民众示威时使用的标语

执着于事务的真相，对从事外交的人来说未必有益处。威廉·冯·洪堡不是个成功的政治家。人到中年，他便辞职隐居。此间，他认识到精英对于人类发展的重要作用。尤其是迷茫中的青年，需要杰出人物的引导。于是他决定担任起教育者的职责。在担任教育部长期间，他创立了柏林大学，即今天的洪堡大学（见《导览》之“菩提树下大街·洪堡大学”）。他选择教授的标准后来被欧美大学广泛采用，直至今日。他认为教授不光要有教学能力，更重要的是其在学科领域中的成就和声望。当年柏林大学聘用教授就是依据这一原则，很多著名学者、科学家因此被招募到麾下。

他的弟弟亚历山大·冯·洪堡就是其中著名的一位。他在地质矿产、天文气象、植物、海洋等很多方面都有开创性的成就。他在南美洲做了为期五年的考察旅行，收集了大量的标本和资料，回到欧洲后，对这些材料进行研究，为当时的人们呈现出一个无比丰富、令人惊讶的世界。其后，他又应沙皇尼古拉一世之邀到乌拉尔山考察，发现了钻石矿。90岁高龄在柏林去世时，亚历山大·冯·洪堡成为留给后人的传奇，他度过了如此精彩生动的一生！

此外，这里还展有申克尔为柏林所做的设计，各种大型公共建筑和歌剧舞台背景的设计图样等。在柏林参观中，有些设计草样会从纸面上站立在我们面前。

一张照片上有个大眼睛的小孩子。他被陈列在这里，不是因为可爱，而是因为手持利剑。依照当时上流社会的习俗，小男孩子被打扮成女孩。这是穿着小裙子的小威廉二世。他后来对导致几千万人丧生的第一次世界大战的爆发难辞其咎。这张照片因此看来就有了特别的含义。

疯狂、热烈、繁荣、畸变、混乱都可以用来概括德国20世界20年代的“黄金时代”。

童年时的威廉二世如此可爱

仅仅把这些照片拼贴在一起就会给人留下极深的印象：一个五光十色、纸醉金迷，又具有创新性的时代。

展区中为犹太人开辟了较大的一个专区，介绍柏林犹太人的发展。在纳粹上台之前，一方面犹太人已经成为德国社会的一部分，其中的精英为了不被排斥，甚至皈依为基督教徒。另一方面排犹反犹思想从未断绝。将犹太人进行丑化是当时的一种“时尚”，很多德国知识分子都参与其中。

接下来的展区是第三帝国。历史上的种族屠杀并不罕见，但是纳粹动用了整个国家的行政系统，将对犹太人的迫害变成了为国服务的公务员的“公务”。历史无法假设。如果希特勒没有进攻苏联，如果日本没有袭击美国，如果苏美都没有参战，战争的结果会是怎样的？现在的世界又是怎样的？想想就让人不寒而栗。

柏林从“二战”后的废墟中站起来，又成为“冷战”的前沿。博物馆复制了很多场景、道具，配合背景墙上的照片，努力造营当时的氛围。作为后来人和旁观者，会觉得四国共管和东、西两个柏林的历史真是惊心动魄、故事迭出。但是身处其中常会感到无助无望吧。

这一切总算结束了。历史即便当作热闹的故事来讲也让人寒凉。参观完只想道一声：柏林，祝你平安！

实用信息：

地址： Unter den Linden 40，10117，Berlin

电话： 030-20454673

网址： www.Historial.de

开放时间： 每日 10:00 ~ 22:00

乘车路线： 公交 100 路或 200 路在勃兰登堡门（Brandenburg Gate）下车，然后顺菩提树下大街向东走，大街北侧路边即可看到大门

从**圣马修教堂**眺望挤满现代建筑的**波茨坦广场**，感觉那里不像是在欧洲，而是纽约或东京，甚至北京

波茨坦广场

波茨坦广场（Potsdamer Platz）在20世纪初，曾是欧洲最繁忙的广场之一，也是柏林重要的交通枢纽和繁华商区。它是柏林三条城市铁路的终点站。一个数字可以帮助我们想象一下那时的情景：1900年10月，在16小时之内有14.6万个行人和27412辆在此通过。1908年有15条街车线路经过广场。

不过严格说来，它当时并不是一个广场，而是波茨坦大街和莱比锡大街等四条柏林繁华大街的交会处。广场的兴起显示了柏林当时作为欧洲大陆一个新兴都市的活力：大街上店铺林立，著名的舞厅、酒吧、咖啡馆是文人、政客休闲会友的场所。1923年，德国第一个广播节目是从这里的维欧房（Vox Haus）发射的。因为交通日益繁忙，1924年，广场上设置了一个交通信号灯，德国第一个此类交通管理系统由此建立。1938年开通的波茨坦铁路，起点也设在广场。

然而，灾难接踵而至，先是“二战”的炮火使广场满目苍夷，所有的建筑都被炸毁，之后柏林墙又将广场一分为二。在“二战”后的四十年间，波茨坦广场完全是一片荒地。政治气候的变化使这里变得无人问津。

1905年的波茨坦广场。图左是有一百多个房间的好景大饭店（Hotel Bellevue），图右是有120个房间的皇宫饭店（Palast Hotel）

索尼中心的帐篷形的顶棚

两德统一之后，在对柏林大规模的重建中，波茨坦广场尤为引人注目，恢复广场的繁荣，被看作是“新柏林”复兴的象征。20世纪90年代，柏林积极引进资金，招揽著名设计师参与波茨坦广场的重建，把广场变成欧洲当时最大的建筑工地。一批满腔热情的设计师，从世界各地赶来，希望将他们的先锋建筑理念贯彻到重生的波茨坦广场中。但是，雇主显然更看重的是建筑的实用性，标新立异之处当然要有，而且必须要有，但重建的目的还是为了恢复其商业中心和枢纽功能。如今呈现在我们面前的波茨坦广场是各方权衡、较量、妥协和磨合的结果。

来到波茨坦广场，目光就会被高耸的摩天大楼引向天空。交通信号灯的复制品被摆放回原来的位置，以显示对传统的承接和敬意。但是在周围玻璃幕墙环绕下，它已经显得很微不足道。

半圆柱体的索尼中心主体大楼是波茨坦广场最高的建筑，是索尼公司的总部办公楼。它的附设建筑是柏林最受欢迎的景点之一——没在索尼中心帐篷形的顶棚下溜达一圈，就不算到过新柏林。特别值得一提的是当初柏林议会提出，索尼公司在建设大厦时，有义务保护原广场大饭店残存的“帝王厅”和“早间餐室”。1996年，这两个重达1300吨的部分被整体平移出工地，现在，它们都被放置在大玻璃罩中，成为索尼中心吸引游人的一个噱头。柏林最大的购物中心阿卡丹商场和拥有驰名世界的汽车品牌的克莱斯勒公司大楼，也高耸在波茨坦广场。穿行在现代楼宇的空隙间，仿佛不是在欧洲，而是纽约或东京，甚至北京、上海。

广场南侧是每年2月举行柏林电影节的玛琳·黛德丽广场（Marlene Dietrich Platz）。它以曾在德国备受争议的著名女演员玛琳·黛德丽命名。

电影电视博物馆（Museum für Film und Fernsehen）就设在波茨坦广场。其中有一层半是德国电影的常设展，按照时间顺序介绍德国电影一百多年的发展历程。一进展厅，在有限空间中利用电影声画带来的视觉冲击效果令人眼前一亮，让人联想到德国早期电影人在摄影棚中为追求奇异效果曾如何不惜工本。

早在德国电影的发轫期，德国电影人就创造了一种"摄影棚构成主义"（Studio Constructivism）。这个词最初用于形容1921年的恐怖片《卡里加利博士的小屋》（*The Cabinet of Dr. Caligari*），为制造视觉幻觉，摄制组在摄影棚中制造了骇人的布景和灯光效果，该片被认为是德国早期电影的代表作。在博物馆的第一部分"开拓者和明星"中就有对这部影片的介绍。

此外，这部分展厅中还介绍了德国历史悠久的电影公司UFA（Universum Film A.g.）。它成立于第一次世界大战中，很奇怪的竟是由当时的陆军总参谋部处长鲁登道夫将军提议创立的。他建议将当时的德国主要电影公司合并在一起，为了战时宣传，成为政府直接控制的宣传机构。这种思路后来在第三帝国时期被纳粹宣传部长戈培尔继承下来。

德国电影在魏玛共和国时期再度繁荣起来。这一时期的代表作品是1927年弗兰茨·朗拍摄的《大都会》（*Metropolis*）。这部作品的诞生也是不惜人力物力，弗兰茨·朗让剧组搭建了未来主义风格的摄影棚，雇用了3600名群众演员的豪华阵容。整个电影用一年半时间进行制作，而此片的投资也是破纪录的。

魏玛共和国时期德国电影界最耀眼的巨星是女影星玛琳·黛德丽。博物馆专门为她设立了一个极大的展览空间，展示有玛琳·黛德丽的大幅剧照、扮演角色时穿着的服装、她使用过的个人物品、她的私人信件等。然而她获得这样的荣誉还是近些年的事。事实上，多年以来，她在德国都是个不受欢迎的人。

1930年，玛琳·黛德丽因主演《蓝天使》（*Der Blaue Engel*），一炮走红，成为国际知名影星。就像亨利希·曼说的，这部以他的小说《垃圾教授》（*Professor Unrat*）为底本改编的电影如此受人欢迎，很大程度上是因为玛琳·黛德丽迷人的大腿，还有她在饰演这个尤物时那种冷漠傲慢的神情和挑逗的目光。（见《人物》之"亨利希·曼"）

但在纳粹上台后，她跟随《蓝天使》的导演史登堡（Joseph von Sternberg）以及一大批德国电影人流亡到美国。她在好莱坞的发展非常顺利，在52部电影中担任了主要角色。

纳粹宣传部长戈培尔曾以优厚条件引诱她回国，为纳粹效力。玛琳·黛德丽不仅拒绝

1921 年上映的恐怖片《卡里加利博士的小屋》是德国早期的电影经典

影片《蓝天使》海报

了，而且还深入美军在欧洲的作战部队，慰问士兵，鼓舞他们早日解放德国，并一直积极参与并资助战时的避难和流亡者。这种行为在一些德国人看来就是叛国。

“二战”结束多年后，玛琳 · 黛德丽在德国依然是不受欢迎的人，在国际上有“叛国女神”之称，然而她并没有感到丝毫悔恨。1978 年，她宣布退出影坛，最终以 90 岁高龄病逝在巴黎。将这样一个有争议的人物重新请回德国电影发展史中，并给以隆重的介绍，不回避相关的历史问题，这在当下的柏林似乎已经成为理所当然的共识了。

电影博物馆还给另一位有争议的女性留有一席之地：曾为纳粹拍摄纪录片的莱妮 · 瑞芬斯塔尔（Leni Riefenstahl）。她一直不肯为其政治过失而道歉，受到纳粹迫害的人们为此无法原谅她。但瑞芬斯塔尔在摄制《奥林匹亚》一片中对拍摄角度的探索也为她在电影界赢得了尊重。博物馆中设置了模型，以帮助人们了解她当年如何在赛场布置摄影机。（见《导览》之“奥林匹克运动场”和《人物》之“瑞芬斯塔尔”）

在前纳粹时期德国出现了一类特殊的电影：高山电影。代表人物是范克博士（Arnold Fanck），他最初拍摄高山只是为了表现大自然的雄奇力量和毫不留情的破坏力，但是渐渐成为一种模式，以高山象征日耳曼民族的伟大，以山间纯洁少女的忠贞爱情象征民族的情操。所以人们说，欧洲各国人都喜欢登山运动，但只有德国人登山不是纯粹的体育活动。这种民族主义被视为德国纳粹运动的前兆，而瑞芬斯塔尔也是被范克博士带入电影界的。她毫不隐瞒自己崇拜希特勒政权宣扬的种族主义。

纳粹时期的展厅分为两部分，一边是介绍纳粹利用电影作为宣传工具，另一边则介绍那些流亡电影人对美国电影的贡献。正是得益于这批德国电影专业人员的加入，20 世纪三四十年代美国电影在技术手段等方面都有很大进展。当然并不是所有人都能迅速适应好莱坞模式，背井离乡有说不尽的苦衷，这个展览也是对这些被流放的电影人的纪念。

战后，东德电影处于严格的审查制度下，尤其是现实题材的电影很难通过审查。而西德20世纪60年代出现了新一代电影人。他们反对娱乐电影占据资源优势，力图拍摄当代德国人的真实感受，这些极具个性探索精神的影片给这批导演带来世界声誉，人们称他们的作品是“新德国电影”（New German Cinema）。到20世纪80年代之后，一批以德国重要历史时期为背景或主题的电影大受欢迎：如讲述柏林墙倒塌前后东德生活的影片《再见，列宁》（*Goodbye Lenin*），以第二次世界大战最后几天在希特勒地堡发生的史实为主线的《帝国的毁灭》（*Downfall*），反映东德斯塔西题材的影片《窃听风暴》（*Das Leben der Anderen*），都在世界范围内引发反响。在展览的最后部分我们可以看到一些熟悉的名字，如以拍摄“公路片”成名的文德斯（Wim Wenders）和《罗拉快跑》（*Run Lola*）的导演汤姆·提克威（Tom Tykwer）等。

2006年开办的德国电视博物馆和电影博物馆在一起。它主要为了显示视觉影像作为文化遗产的重要意义，也展示出这种媒介对德国政治、社会生活的影响。比如在东西德并立期间，除德累斯顿因特殊地理环境无法接收到西德的电视信号之外，东德人都收看西德的电视节目。对东德的观众来说，他们白天在东德工作，晚上从电视中看到的完全是另外一番景象：商店中有他们买不到的丰富商品，西德公民可以到世界各地自由旅行等等。所以说东德人都过着双重生活：白天在东德，晚上在西德。可惜因为语言不通，外来参观者很难欣赏德国的电视节目，会觉得这部分展览很隔膜。

实用信息：

地址： Potsdamer Straße 2，10785，Berlin

电话： 030-3009030

网址： www.deutsche-kinemathek.de

开放时间： 周二到周日 10:00 ~ 18:00，周四晚到 22:00

乘车路线： 地铁 U2、S1、S2 和 S25 在 Potsdamer Platz 站下车即是

柏林导览

BERLIN TRAVLE GUIDE

BERLIN

三 级 推 荐

THIRD RECOMMENDATION

民主德国博物馆现在成为很多柏林游客的必游之地

民主德国博物馆：那段曾经的生活，那个曾经的王国

在柏林墙被拆除之后，柏林永远结束了“双城记”的历史，东西德之间可以自由来往，但这并不意味着所有德国人都生活于“同一片蓝天，同一个梦想”。一个国家曾经截然不同的两部分，其面貌不可能一下子改观。更重要的是，人们就像在不同土壤中生长的植物，即便曾同宗同源，也已结出了不同的果实。民主德国博物馆（DDR Museum）就像是东德的一颗小小的果实，展示着那段曾经的生活，那个曾经的王国。

两德统一后的诸多不如意，也使东德的怀旧风悄然盛行，它使人们认识到，以前民主德国生活中的点点滴滴也不是毫无价值、完全一片黑暗的。在整整半个世纪中，那些日常生活方方面面的感受和记忆，对至少两代人已经逝去的人生来说也是宝贵的。民主德国博物馆就是以此为主题建立起来的。

而对西德人和其他好奇的游客来说，探究围墙那边曾经的秘密既是新鲜有趣的，也是必要的。历史无法被抹掉，关注他人的生存一直就是近现代社会文化的重要组成部分。所以现在这家博物馆竟是游客必去的地方，一直营业到晚上8点，展室里依然人头攒动。

展览设计极精心，应用各种巧妙方式，将东德从无到有、又从有到无的发展状况和国民生活的衣食住行展现开来，其中很多展品都被设计成可以动手操纵的装置，引得来参观的小孩子们都兴趣很浓。我也夹在其中，和他们一起打开大大小小的橱柜，翻检东德的生活用品；从耳机中收听东德乐队的歌曲；或者在展示冷战武器的抽屉中模拟引爆原子弹。我一边被好奇心牵引着向前探索，一边赞叹展览设计者的用心：一段沉痛的历史用如此轻松的方式展示出来，不仅留存在自己民族的记忆中，也使我这个远方而来的陌生人受益良多。

整个博物馆并不大，但是安排紧凑有序，分成35个主题。在错落有致的空间中竟涉及东德政治、经济、军事、外交、文化教育等几乎所有方面。每个区域都有至少一件（组）有代表性的实物展品，辅助以简短的说明。最受欢迎的是第二个主题：交通运输。因为那里陈列着一辆特拉班特（Trabant）小轿车，孩子们一定要上去坐一坐，转动方向盘，踩一踩刹车，好玩得很。

希望更深入了解相关信息的成人们，从说明中了解到，这是东德最受欢迎的家庭交通工具。在计划经济体制下，乘火车到另一个城市在理论上总是比实际上要容易。仅仅飘起一点雪花，乘客便会被告知火车停运。所以能拥有一辆属于自己的车是很多东德人的梦想，但是通常需要等上十六年才能实现。到1988年，东德拥有的私人轿车中绝大多数都是特拉班特——东德人把它视为好伙伴，亲切地管这个它叫特拉比（Trabi）——竟达190万辆。

轿车的仪表盘结构简单，每个快乐的拥有者都能自己动手维修，以便做好充分准备带上家人一起出行，这被当作生活品质的象征。20世纪大起大落的历史使德国人具有一种特别的黑色幽默感，每件事情都会流传很多冷笑话。对于私人汽车，一个最流行的“歇后语”是：你管一辆特拉班特开到一座山上叫什么？奇迹！

在东德，虽然常常买不到人们需要的东西，但是东德人没有体会过悲惨和贫穷。由于政府补贴，基本食品非常便宜，没有一个人挨饿。不过人们在吃的方面可选择的也不多，紧俏商品，比如一批香蕉到货，当然需要排长队等候。东德人关于商品供应的冷幽默是：“任何东西都可以得到，但并不总是如此，也不是在任何时候。不过可以肯定的是当你需要的时候是得不到的。”

相对于其他东欧国家，东德的经济水平是最高的。政府用于卫生和福利上的开支非常大。由于持续出现人口下降和缺少劳动力的问题，东德一方面鼓励妇女生育，给予充足的补贴和假期，另一方面从孩子出生开始就可以享受到全面的照顾，以便他们的妈妈可以回到工作岗位。而西德在妇女儿童的福利方面要差很多。

在昂纳克主政期间，他力求要保证人人安居。通过使用预制板构件技术，大片高层住宅拔地而起。展览中有一个主题叫“家，甜蜜的家”，展示了东德居民住房条件的改善：从20世纪50～60年代缺乏住房到20世纪70～80年代普遍拥有一套带卫生设备和淋浴的公寓，而且租金极低。1985年的统计显示，55%的东德人拥有带花园的房子，而带有花园的租金才十马克。对于月薪在平均1000多马克的人们来说，相当便宜。

“仓廪实而知礼节”，这话用在东德就具有了别样的含义。在基本物质生活得到满足的条件下，一般来说也就珍惜温暖的小日子，不愿轻易打破来之不易的盆盆罐罐。东德的大部分百姓不会轻易参与与政府对抗的行为。对于每次选举只有一个候选人的方式，大家慢

孩子们都要坐一坐特拉班特小轿车

通过操纵的装置，可以让人偶们都举手投票

慢也就习惯了，到投票的时候就乖乖举起手。展厅中有一个可以操纵的装置，可以让人偶们——无论工农、小商贩还是神父——都举起手投票。

但是东德人也表现出不满，方式很特别：每五个东德人中，就有四个经常去裸泳。最初这是一次带有示威性质的活动，名为“自由身体文化运动”（Free Body Culture），但很快吸引了大众参加，成为“群众性体育运动”。执政的德国社会统一党对此当然不高兴，但是也无法强力干涉。

人们对另外一些事物的兴趣，执政者则想方设法压制。当时流行的西方摇滚音乐让政府直皱眉头，更让他们反感的是年轻乐迷的打扮：男孩子留长头发，女孩子穿尽可能短的裙子，还有蓬头垢面、歇斯底里的叫喊。这些不符合政府美学原则的举止，被认为暴露出对社会的不满，因此必须给予惩戒：轻者被命令剪掉头发，重者甚至被判刑或服劳役。东德演奏家必须申请才能演出，演出的曲目百分之六十必须是东德的作品，其余百分之四十可以来自西方，但必须是被东德公司正式出版的。所以经常是等到前面百分之六十的曲目表演完，观众才会进入演唱会。

由于东德政府需要西方资金，一些东德乐队得以在西德演出并发行专辑。但并不是所有有天赋的音乐人都能有机会发挥特长。他们需要得到执照，为此必须接受政府培训和认证。朋克乐队很难得到政府许可，因为他们的装束和无政府主义理想明显有悖于东德的文化思想。有些乐队因此到屋顶上或教堂中演奏，但是东德的秘密安全机构斯塔西将会出现在现场，将乐队演奏者带走。

展厅中有一个审讯室，观众可以走进去体验一下被询问的感觉。展厅周围都是普通参观者，一切很平静很正常。我看到前一个人走出来，出于好奇就迈了进去。因为模拟的气氛做得过于逼真，我突然就打了个冷战。对于一个没有心理防备的人来说，这是个恐怖之地。

说明上说，被问询者先要经过漫长的等待，在完全隔绝的环境中得不到任何声音或文字的指示。然后被带入布置好的审讯室，第一个审问者很凶，明确告诉你，不会逮捕无辜者。接着就是一系列追问，当被问者惊慌失措时，审问者突然换了，换成一位特别温和体贴的人，问你要不要咖啡，要不要香烟，然后告诉你，你的妻子或朋友已经都坦白了……很多人经受不住如此高度专业的盘查，吐露了对方想知道的情况。于是，斯塔西的侦探得到嘉奖，而被捕者则被送进牢房。

在1989年开始的大规模示威运动中，有些人突然讲出了多年埋藏在心底的秘密：他曾被审讯被关押，但是不得向别人吐露一个字。因为从理论上讲，东德没有过不经法律程序而侵犯公民权利的行为。没有，从来都没有发生过。所以尽管很多人都知道斯塔西的存在，却只字不提。东德人已经习惯于过双重生活，在社会层面上任人摆布毫无怨言，在私人生活中，对最知己的朋友才吐露真言。但很遗憾的是，这些亲密的朋友很可能就是斯塔西的“线人”。(见《导览》之“斯塔西纪念馆”)

在展厅的另一边，展示了东德权力阶层的生活。一辆漂亮的官车后面，是带有森林的背景。东德议会主席的乌布利希喜欢居住在空气清新的绿色地带。他看中了柏林北部的小镇万特利兹，周围环境优美，还有美丽的湖泊。在征用的357公顷土地上，他为自己和幕僚们建立了“森林住宅”。这片特殊的社区有各种配套设施：电影院、游泳池、可以以极低的价格享受丰盛套餐的餐馆以及可以用惊人低的价格买到的从国外进口的新鲜水果和鲜花。在东德，这是普通人见不到的奢侈品。

然而为部长们提供丰富的物质享受只是建造这片社区的一个表面理由，事实是，乌布利希要把他们放在鼻子尖底下监视起来。所以民间把这片特权社区称为“上帝的贫民窟”。

东德高层政权的内部斗争如同一只钟的表盘，其驱动核心远在莫斯科。苏共的高层人事变动会直接影响到乌布利希的权力是否稳固。因此，从20世纪50年代开始，他就在铲除可能对他有威胁的异己势力。在苏联出兵镇压了1953年6月17日起义后，乌布利希的权力一度受到挑战，岌岌可危。当时只有尚年轻的昂纳克(Erich Honecke)对他显示了忠诚。但是乌布利希力挽狂澜，凭借高超的政治手段稳固了自己的位置，将对手宣判为“反党小集团”开除出党。

而昂纳克的忠诚也得到了回报，他成为安全事务秘书，在建立柏林墙的“玫瑰行动”中立下了“汗马功劳”，从而依靠秘密机构扩张势力，最终在苏联新的领导人勃列日涅夫的支持下接替了乌布利希的位置。苏德关系进一步密切，所以后来才有了那幅以照片为依据的壁画《兄弟之吻》。(见《导览》之“东柏林的记忆·柏林墙遗址东边画廊”)

展览中有一幅乌布利希和昂纳克最后的合影，那是昂纳克为已经卸任的乌布利希庆祝生日。乌布利希身染重病，只能坐在椅子上接受昂纳克的表演。两个人的表情都很有意味。

乌布利希知道他已经成为昂纳克的道具，作为弄权高手，他对这一套很熟悉。而昂纳克知道乌布利希倘若再年轻几岁，绝不会配合他玩这个游戏，但是乌布利希现在已经80高龄，没有反抗之力，只能掩饰心中的愤怒，面容僵硬地任人摆布。

东德在1971年之后进入昂纳克掌握实权的时代，直到1989年众人推倒柏林墙。一个王国也随之消失。昂纳克飞到莫斯科寻求保护，当时的俄罗斯总统叶利钦没有收容他。昂纳克最后被从流亡地智利引渡回国。但因为他当时已患重病，审判不了了之。

从博物馆出来，被阳光照射了一天的施普雷河散发出温和的气息，将在岸边散步的人们包裹起来。远处传来如有若无的音乐，还有笑声。站在曾经的东柏林，一时觉得刚才在博物馆所看到的一切都不真实，真的有过这样一个奇怪之极的国家吗？五十年弹指一挥间，就当作人类的一个短暂的梦境吧，只要不会再来。

实用信息：

地址： Karl-Liebknecht Str. 1，10178，Berlin

电话： 030-84712373-1（接待处柜台）；030-84712373-0（办公室）

网址： http://www.ddr-museum.de

开放时间： 每天10:00 ~ 20:00，周六延长到22:00

乘车路线： 博物馆与柏林大教堂隔河相望，在施普雷河右岸。可以乘坐100路、200路、N2、TXL在大教堂门口下车向卡尔·李卜克内西大街走，过桥后左边的河岸旁即是

圣赫德维奇大教堂明信片：教堂正面

圣赫德维奇大教堂：当代圣人之家

从菩提树下大街的倍倍尔广场，可以看到圣赫德维奇大教堂（St.Hedwigskirche）圆顶的弧形曲线。绿色的圆顶在蓝天下显得轻盈而宁静。教堂正面大门前有六根高大的科林斯石柱，支撑起一个三角楣，上面精美细致的浮雕反衬出教堂主体建筑的朴素。

圣赫德维奇是一位西里西亚（Silesian）的保护圣人。在柏林建造一座献给她的天主教堂也是出于政治考量。弗里德里克二世在和奥地利的女皇玛丽亚·特里萨争夺西里西亚的战争中获胜，为了显示对新征服地区的友好姿态，也为了表明普鲁士宗教上的宽容，弗里德里克大帝同意为天主教徒在此建立大教堂。在1764年，柏林的11万居民中，有近一万人是天主教徒。

国王不仅提供了大量土地，还下拨了一些建筑材料，包括建筑地基用的18根巨大橡树。建筑设计师克诺贝尔斯多夫起草了建筑图纸。兴建教堂所需的一部分资金是从西班牙、意大利和波兰的天主教徒中募捐来的。

不过，一座漂亮的教堂总是耗资过于巨大，资金短缺的问题一直困扰着修建者。在七年战争中，工程被迫中断。之后，国王对宏大建筑的兴趣已经转到波茨坦。好在募捐活动的扩大使教堂的修建得以继续，包括犹太人在内的各方人士都提供了帮助。

教堂正门的三角楣和立柱就得益于一位枢机主教奎林（Quirini）的捐助。他是这座教堂仅次于国王的重要赞助人。在三角楣下，正中是大教堂的名字，在右边，我们可以看到“Card”几个字母，代表了对这位主教慷慨捐助的感谢。

三角楣浮雕表现的是三王朝圣的情景。立柱间的五幅浮雕表现基督的生平，从左到右是：天使向玛利亚报知、基督在橄榄山、被钉十字架、复活和升天。但是在这个最显要的位置上，找不到圣赫德维奇。在教堂中，我们可以从以前的教堂模型上看到，在三角楣的顶端站立着圣赫德维奇。

“二战”中教堂严重损毁，现在的教堂重建于20世纪60年代。大致按照原设计恢复了旧貌，但没有安置赫德维奇的雕塑。原来教堂圆顶上还有一个极富装饰意味的顶塔和漂亮的十字架，如今换成了一支朴素的十字架。

经过重新设计的教堂内部已经“现代化”了，为古典圣人们搭建了一座当代的家。从整个布局到很多新添置的宗教饰物都出自当代德国艺术家之手。他们以简单的视觉元素表达出纯净有力的肃穆氛围，并力图将为数不多的几件中世纪风格的雕像融合到新的设计中。

穹顶原是模拟罗马的万神殿，现在没有任何装饰，比万神殿还简朴。教堂分为上下两

立柱间表现基督复活的浮雕：三个天使打开棺盖，耶稣带着伤痕站立起来

教堂分为上下两层，上层祭坛只有一只镀金的十字架，两层之间有一尊圣彼得像

层，上层用于礼拜仪式，祭坛也非常简单，只有一支镀金的十字架，上面镶有象牙雕刻的基督。

此外还有一尊古老的玛利亚怀抱圣子的雕像，圣母脚下有一轮新月。有专家认为它是德国中世纪著名雕刻家蒂尔曼·里门施奈德（Tilman Riemenschneider）的作品。雕像虽古老，其身后表现圣人背光的方式却很现代，出自当代艺术家的设计。

同样具有现代感的是管风琴。这架风琴安装于20世纪70年代，虽然结构依然传统，由4834只管子组成，但外表装饰却像立体派的作品。

正对楼梯的圣彼得像是教宗约翰·保罗二世于1980年赠送给教堂的。这尊雕像大约是1340年的作品，原来可能属于锡耶纳（Siena）的教堂。这尊圣彼得坐像戴着高高的法冠，左手拿着天堂之门的钥匙，右手做出祝圣的手势。

下层有八个礼拜堂环绕四周。墙上装饰着表现耶稣生平的铅笔画，出自画家黑根巴特（Josef Hegenbarth）之手。作品看似粗疏却非常耐看，其洗练的手法和整座教堂的气氛很协调。每个礼拜堂的门和彩色玻璃都很现代，但里面陈列着一些有历史价值的艺术品。其中有米开朗琪罗的《哀悼基督》复制品，依据的是梵蒂冈圣彼得大教堂的版本；还有一尊1400年前后的木质雕像《哀悼基督》、一尊真人大小的圣安东尼像。此外终于得以见到一尊圣赫德维奇的雕像。

赫德维奇是一位巴伐利亚的公爵之女，12岁时嫁给西里西亚的亨利公爵。夫妇感情很好，生育了七个孩子。亨利公爵创立了修道院和带有医院性质的寺院。在丈夫去世后，赫德维奇遁入修道院，并在那里去世。传说在她死后，那里出现了很多奇迹，因此她被当时居民视为保护人。

圣彼得像是教宗约翰·保罗二世赠送给教堂的

纳粹上台后，教堂的牧师伯恩哈德·利希滕贝格（Bernhard Lichtenberg）公开为被迫害的犹太人和被“安乐死”的残障人祈祷。1941年，他被盖世太保逮捕，第二年在特殊法庭受审，被认定有罪。两年的监禁使他身染重病，1943年，他死于达豪集中营。1996年，教宗约翰·保罗二世追认他为殉道者。他被安葬在于圣赫德维奇大教堂。我们在一间地下礼拜堂中可以拜谒他的墓地。他在狱中笔记上写道：“今天，我将以爱的精神来做每一件事，以爱的名义承受苦难。”

玛利亚和新月的雕像是15世纪的作品，其身后表现圣人背光的方式却很现代

米开朗琪罗的《哀悼基督》复制品

实用信息：

地址： Behren Straße 39，10117，Berlin

电话： 030-2034810

网址： www.hedwigs-kathedrale.de

开放时间： 周一到周六 10:00 ~ 17:00，周日和公共假期 13:00 ~ 17:00

乘车路线： 100、200、N2、TXL 公交车在 Staatsoper 站下车，或者 147 路公交车在 Werderscher Markt 站下车；100、200、N2 在 Lustgarten 站下车

谷仓区有一些环境清幽、非常有格调的小院落

谷仓区："打开门，让一个正义的民族进来"

柏林中心区北部的谷仓区（Scheunenviertel，Barn Quarter）原来只是整个柏林犹太人区施潘道（Spandauer Vorstadt，Spandauer Suburb）延伸的一部分。在纳粹时期，反犹政权故意用谷仓区指代整个犹太人区，来丑化柏林的犹太社区。因为这个区聚集了大批从东欧地区来的犹太移民，相对贫困而且秩序混乱，是有名的红灯区。这种说法逐渐延续下来。

现代意义上的柏林犹太社区有三百多年的历史。大选帝侯弗里德里克·威廉一世邀请了50个富裕的犹太人家庭从维也纳移居到柏林。三十年战争的破坏，使君主迫切需要外来移民重建普鲁士。荷兰移民、法国胡格诺教徒和犹太人都被邀请进入柏林。官方文献公布的数字是从1671年9月10日起，柏林建立了犹太人社区。

对社区发展做出最重要贡献的是哲学家摩西·门德尔松。他从家乡德绍来到柏林时两手空空，凭借机敏的商业才能，成为柏林的成功商人。拥有一定的经济实力之后，摩西·门德尔松能有时间研究哲学和宗教。他倡导的犹太启蒙运动和整个欧洲，尤其是德国的启蒙运动相呼应。今天我们在谷仓区可以看到很多纪念他的肖像、标牌、展览等。他的墓地也在这里。

在20世纪初，犹太社区有300个犹太机构，包括商店、餐馆、俱乐部、教堂、学校、医院、老人院等，是经济非常繁荣的地区，但在纳粹时期遭到毁灭性破坏。1933年柏林有16万名犹太人在此居住，到1945年之前，有55 000人被杀害。根据统计，到1945年仅有8000人在柏林成功逃避迫害存活下来。战后，犹太人区也是一片凋零。

从20世纪80年代开始，犹太区开始逐步修复。两德统一后，政府加大投入，各种大型公共建筑的修建得到充裕的资金支持。社区得以慢慢复苏，文化设施和休闲娱乐场所迅速增长，因而成为观光客必到的一处景区。除了一些漂亮的古典建筑可以参观，附近社区中有不少环境清幽、非常有格调的小院落供游人休息，如Heckmannhöfe。

位于奥拉宁堡街的犹太新教堂（Neue Synagoge）是德国最大的犹太教堂，其摩尔式建筑风格由德国两位著名建筑师先后打造而成。爱德华·克诺劳克起草了建筑图纸，但没等到建筑完工便去世了。工程由修建了新博物馆等众多显赫公共建筑的建筑师施蒂勒接手，他还负责了教堂的内部装修。

1866年，当时的普鲁士总理俾斯麦参加了揭幕仪式。犹太教堂很少采用如此华美的装饰。虽然有人批评阿拉伯风格不适合犹太教建筑，但是大多数人为这座教堂能成为柏林的地标性辉煌建筑颇感自豪，把这看作是犹太人在柏林甚至德国受到尊重的标志。教堂模仿了西班牙南部城市格拉纳达的阿布兰拉宫（Alahambra），在19世纪这种风格曾颇为流行。陶土和红砖的外墙上装饰有镀金罗纹格子和富有东方色彩的图案。

在教堂正门上有一行希伯来文："打开门，让一个正义的民族进来，这个民族保持着信仰。"有"犹太启蒙运动"之父之称的摩西·门德尔松一直致力于犹太教的改革，引入新教的礼仪。大多数的祈祷、圣歌和讲道都使用德文，男人和女人可以坐在一起祈祷，而且还增添了唱诗班和管风琴，举办过音乐会。其中，常被提起的是1930年阿尔伯特·爱因斯坦曾在教堂音乐会中表演小提琴。

可惜我们今天已无法领略其内部曾经的华丽。教堂在"水晶之夜"曾遭到纳粹党徒的袭

犹太新教堂是德国最大的犹太教堂，采用了摩尔式风格

教堂仅存的高墙被用巨大的玻璃遮盖呵护起来

击。1938年，和叔叔住在巴黎的17岁犹太男孩格林斯潘得知他的家人被从德国驱逐，家中的财产被没收后，非常愤怒，决定刺杀德国大使。大使当时不在，格林斯潘便向使馆三等秘书冯·拉特开枪。两天后，即11月9日，拉特身亡。纳粹领导人看到可以利用这个事件将针对犹太人的恐怖活动升级，便煽动德国市民对犹太人进行报复。11月9日、11月10日晚，在德国和其占领的地区，暴动的人群袭击犹太人的住宅、工作场所、教堂和公共设施，超过1000座犹太教堂被毁，96人丧生，超过30 000名犹太人被关入集中营。“水晶之夜”表面上是自发的暴力事件，但其实背后是纳粹政权操控的结果。

遭到轰炸前的教堂内部非常华美

袭击犹太新教堂的暴力分子亵渎了犹太人的神圣经卷《摩西五经》，又将教堂中可以焚烧的家具堆起来点上火。此时，负责在该区巡视的警察贝尔加特（Lieutenant Otto Bellgardt）出现在现场，他阻止破坏，说这座教堂是历史建筑，必须保护。当歹徒不肯离去时，贝尔加特拔枪示警，赶走他们。随后赶来的消防队将火扑灭，没有导致对教堂建筑的更大破坏。

另一种说法是，是当地警察局长克吕茨菲尔德（Lieutenant Wilhelm Krützfeld）下令进行的保护。他因职位更高而掩盖了贝尔加特的功绩。显然他们两人都采取了行动，使教堂没有像其他犹太教堂一样遭到毁坏。教堂因此一直为当地社区的犹太教民服务，直到1940年3月31日举行最后一次宗教仪式后，被纳粹关闭。其后，它被德国陆军用于存储军服。

“二战”中教堂无法幸免，在最后进攻柏林的战役中，教堂主体建筑最终在空袭中倒塌。其后，由于整个犹太社区的凋败，在修复无望的前景中，住户提出将教堂的断壁残垣彻底拆除。不过还保留了原先的大门入口处，作为历史的见证。旁边还有一块纪念摩西·门德尔松的牌匾。

两德统一后，在对新教堂的重建中，外部遵循了原有设计，修旧如旧，内部则更具现代感。其辉煌的金色穹顶高耸于柏林的天空下，在很远处都可以看到尖顶上象征犹太文化的大卫星。

教堂现在分为展览室和祈祷室两部分，也是犹太区重要的宗教文化中心和教育中心。参观者如果愿意，可以参加宗教仪式，领取德文、英文和希伯来文的资料。此外，我们还可以登上穹顶眺望柏林。

邮政大楼

在犹太教堂旁边的街角上有一座漂亮的建筑：邮政大楼（Ehem.Postfuhramt，Former Mail Transpor Office）。它比犹太新教堂晚建成十五年，我们可以看到它的八角形主塔旁边有两个小圆顶，外形和犹太新教堂的相似，只是缩小了一些。在1881年建成时，邮政大楼是柏林当局拥有的最大建筑。

早在1713年，这里就有一个建筑。车夫和马匹在运送客人和运输完邮件之后，在此休憩。两层的马厩可以容纳250匹马。1766年之后，这里建起了邮局，附带有主管一家的生活区。到19世纪后半期，邮局的设施已经无法满足日益扩大的业务需求量，于是他们将旧楼推倒，修建了新的邮政大楼。大楼的立面用红、黄、蓝色的釉面砖装饰成北部意大利早期文艺复兴样式。

窗户间的雕花装饰带上有12个动作形态各异的孩子，代表了12种不同的邮递方式。在底层的拱形装饰间有25个（原来有26个）头像，以纪念从古至今为邮政事业做出贡献的人。

“二战”中盟军的空袭使大楼受到严重损坏。20世纪80年代人们曾进行了简单的修复，20世纪90年代又重新修建，之后作为展览场所。不过几家大的商业公司都有购买意向，2012年，这座复古建筑归属于一家名为Biotronik的跨国生物医药技术公司。

邮政大楼八角形主塔旁边有两个小圆顶，外形和犹太新教堂的相似，只是缩小了一些

苏菲教堂

修建苏菲教堂（Sophienkirche，Church of St. Sophia）的第一块基石是普鲁士国王弗里德里克一世放置的。教堂完成后，弗里德里克一世已经去世，由其继承人弗里德里克·威廉一世主持祝圣仪式。弗里德里克一世的第三位王后苏菲·路易斯（Sophie Luise von Mecklenburg-Schwerin）也参加了仪式。但是当时教堂并不叫苏菲教堂。后来，是弗里德里克二世，即弗里德里克大帝将教堂献给苏菲·路易斯王后。从那时起，苏菲教堂的名字一直沿用至今。

看到这个名字，人们很容易把这位苏菲和弗里德里克一世的第二位妻子苏菲·夏洛特混淆。苏菲·夏洛特非常聪慧，深得国王喜爱，可惜英年早逝，夏洛腾堡宫便是以她的名字命名。（见《导览》之“夏洛腾堡”）之后，出于利益权衡，国王娶了这位苏菲·路易斯。结婚之初，她曾被称为“梅克伦堡的维纳斯”。但是她力劝国王从加尔文教转为路德教，因此经常和国王发生争执，加上国王的情妇从中挑拨，苏菲·路易斯渐渐失宠。苏菲·路易斯便开始疏离于柏林宫廷之外，并出现精神疾病的症状，无法承担王后的职责。在丈夫去世几周后，苏菲·路易斯被送回家乡。她在那里去世。她在柏林留下的最重要的印记便是这座以她命名的教堂。

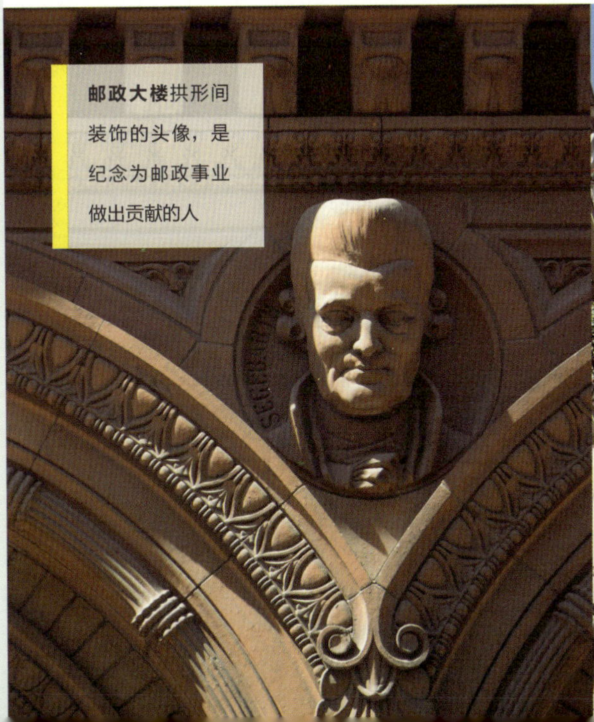

邮政大楼拱形间装饰的头像，是纪念为邮政事业做出贡献的人

苏菲教堂的钟塔

弗里德里克一世的第三位王后苏菲·路易斯，苏菲教堂是以她命名的

马丁·路德金在苏菲教堂讲道时的历史照片

我们现在看到的这座教堂是在19世纪末重新修建的。内部的装饰基本保留了原教堂的旧物，只有祭坛是那时加建的。

1964年9月，美国黑人领袖、人权斗士马丁·路德·金曾访问柏林，在苏菲教堂讲道时，就是站在巴洛克式布道坛上。他当时受到了柏林市民空前热烈的欢迎。

范妮和菲利克斯·门德尔松的音乐老师蔡尔特（Carl Friedrich Zelter）被安葬在苏菲教堂后院的墓地。他是歌德的好友，将姐弟二人介绍给歌德，还发掘了他们的音乐才华。（见《人物》之“范妮·门德尔松-亨塞尔”和“菲利克斯·门德尔松-巴托尔迪”）此外，他还是柏林声乐学院（Berlin Singakademie）的发起者。这个所谓的学院最初只是一些社区文化名流组织的音乐聚会，并不面向公众。他们有时在晚上聚到一起喝茶、聊天，以音乐自娱。门德尔松一家的参与可以上溯到摩西·门德尔松的儿子阿伯拉汉姆·门德尔松（Abraham Mendelssohn），那时他还没有结婚。莱阿·沙罗蒙（Lea Salomon）之后也参加聚会。他们后来结为夫妻，就是范妮和菲利克斯·门德尔松的父母亲。

在19世纪20年代，得益于蔡尔特的教导，范妮和菲利克斯成为优秀的音乐家，担当起学院的领导角色，显露了他们非凡的才华。蔡尔特去世后，1833年初，柏林声乐学院进行新院长选举，年轻的菲利克斯·门德尔松-巴托尔迪作为候选人之一参加了竞选，但是败给了蔡尔特的朋友、副院长龙根哈根。此人在音乐上的造诣不如菲利克斯·门德尔松。此次落选对菲利克斯是个打击，成为“柏林的噩梦”。范妮·门德尔松和妹妹丽贝卡于同年宣布退出学院，理由是“家族荣誉受损”。

音乐家蔡尔特的墓地在苏菲教堂后院

实用信息：

乘车路线：地铁 Oranienburger Str. 站或 Oranienburger Tor 站都在新犹太教堂所在的 Oranienburger 街附近。苏菲教堂在和 Oranienburger 街东边相接的 Große Hamburger Str. 街上。

犹太新教堂：

地址：Oranienburger Straße 28—30，10117，Berlin

电话：030-88028300

网址：www.cjudaicum.de 或 www.or-synagogue.de

开放时间：每年 4 月到 10 月，周二到周四 10:00 ~ 18:00，周五 10:00 ~ 17:00，周日和周一 10:00 ~ 20:00。每年 3 月和 10 月，周二到周四 10:00 ~ 18:00，周五 10:00 ~ 14:00，周日和周一 10:00 ~ 20:00。11 月到 2 月，周二到周四 10:00 ~ 18:00，周五 10:00 ~ 14:00，周日和周一 10:00 ~ 18:00

苏菲教堂：

地址：Große Hamburger Strasse 31，10115，Berlin

电话：030-3087920

网址：www.sophien.de

柏林画廊是由玻璃仓库改建的

柏林画廊："柏林制造"

柏林画廊（Berlin Gallery）相当于柏林市的美术馆，主要陈列"柏林制造"——在柏林活动的艺术家的作品，而且偏重现当代。这个机构成立于20世纪70年代，原是西柏林的一个文化组织，2004年迁移到现在所在的场馆并向公众开放。

这座11米高的立方建筑原来是玻璃仓库，改造中充分利用了工业建筑的内部空间，使其适合于展示和储藏不同类型的艺术品。一进大厅，就可以感觉到简洁实用的功能性：两条长楼梯呈对角线将大厅分割，下层可以陈列大型艺术装置品，现在主要开办临时展览。上层空间使用可以拆卸的隔板，现在是永久收藏展，名为"1880 ~ 1980年的柏林艺术"（Kunst in Berlin 1880 ~ 1980）。

按照时间顺序参观此展，我们可以大致了解柏林19世纪后半期到柏林墙倒塌之前重要的艺术创作。第一部分是1900年前后的艺术。这个时期柏林从普鲁士王国的首府过渡到德意志帝国的首都，城市处于迅速膨胀中。这里有两种代表性作品：一些是官方艺术家四平八稳的学院艺术和从工业革命中获利的新兴资产者订制的装饰画作。另一部分出自表现民间现实的草根艺术家。

前者的代表是维尔纳的大型写实作品《瓦格纳塑像揭幕》。这座雕像是一位化妆品制造商莱希纳（Ludwig Leichner）委托雕塑家埃伯莱因（Gustav Eberlien）制作的，同时他还请当时著名的历史画家维尔纳创作一幅画，记录1903年雕像在蒂尔加滕公园揭幕时名流云集的盛况。维尔纳执着于所有细节，花了五年时间才完成委托。我们可以看到画面的中心是出

两条滚梯呈对角线将大厅分割，简洁实用

维尔纳的《瓦格纳塑像揭幕》，画家将自己放在画面右下角

席仪式的普鲁士王子埃特尔·弗里德里克（Prince Eitel Friedrich），迎接他的是莱希纳，雕塑家埃伯莱因站在他的右侧。这也是画家维尔纳最后一件重要作品，他不仅仔细描绘了前来参加仪式的政客、实业家和艺术家，也把自己放进画面一角。和别的观众一样，我也凑到画面前寻找维尔纳。此时一位热心的工作人员走上来把他指给我们看：画家将自己放在画面右下角，和所有人不同的是，维尔纳面带愁容，很忧郁地注视着前方。现在我们还可在蒂尔加滕公园南边看到这组大型雕塑。（见《导览》之“蒂尔加滕公园”）

展品中最重要的是一批19世纪末到20世纪30年代现代派艺术家的原作。这批画家、雕塑家的作品在纳粹上台后都遭到了封杀和销毁，所以现在我们看到的算是劫后余生的一部分。受法国印象派、野兽派和原始主义影响，当时德国最活跃、最不安分的年轻艺术家开始尝试新的艺术语言，他们大致分成几个团体和流派：桥社、蓝骑士、包豪斯、柏林分离画派、新分离画派、德国达达主义和新客观现实派。不过这些派别之间又有交叉和融合。如诺尔德参加了桥社，后退出，又参加了柏林分离画派的展览，被柏林分离画派开除后又加入了新分离画派。（见《导览》之“布吕克美术馆”）康定斯基可以算是蓝骑士的一员，后来又到包豪斯任教。（见《导览》之“包豪斯档案馆”）参加过柏林分离画派的画家有好几十位，他们之所以凑到一起是为了脱离官方沙龙，自行组织展览，因而不能算是一个画派，其中很多参加者都有独立的创作道路，互相之间差别极大。如挪威画家蒙克在柏林时曾加入分离派的活动，但他甚至不是德国画家。齐勒和珂勒惠支都曾参展，但他们之间少有共同点。格罗兹参加了柏林达达派的活动，但同时也是新客观现实派的代表人物。

柏林分离画派（The Berlin Secession）的故事和法国印象派有相似之处，只是没有后者影响大。1898年，官方沙龙的审查团拒绝了画家莱斯蒂克（Walter Leistikow）的一幅风景作品参展。莱斯蒂克是一群对现代艺术感兴趣的年轻画家的核心人物。65位画家由此开始开办自己的画展，独立于官方沙龙之外，称“柏林分离画派”。利伯曼被推举为画派组织的第一任主席。

利伯曼当时已经年过50。他早年去过巴黎，见到印象派画家的作品，这对他创作的影响持续终生。后人将利伯曼的作品看作是德国印象派的典范。一般认为，他和法国画家马奈在创作精神上最接近。由于父亲是犹太商人和银行家，利伯曼的物质生活比较从容，他喜欢收藏法国印象派的作品。利伯曼在柏林郊外的万湖拥有一座漂亮的别墅，在那里他有足够的闲情逸致创作印象派风景画。（见《导览》之“万湖会议纪念馆”）

利伯曼在柏林从事肖像绘画，留下了200多幅作品，其中包括阿尔伯特·爱因斯坦、兴登堡等人的肖像。他还喜欢不时地为自己画自画像，所以在柏林的新国家画廊等地都可以见到他的自画像，柏林美术馆中也有。从1920年开始，利伯曼担任普鲁士艺术学院（Prussian Academy of Arts）的院长。他在1933年辞去职务，因为纳粹政府不允许展出犹太艺

1908年柏林分离画派画展审查小组成员，坐在前面的是利伯曼，左起第三人为画家莱斯蒂克

利伯曼为德国总统兴登堡所画肖像

术家的作品。

由于是犹太人，利伯曼从步入画坛开始便不断受到攻击。1889年，他的《12岁的基督和学者在神庙中》(*The 12-Year-Old Jesus in the Temple With the Scholars*)在慕尼黑展出，被认为是一幅渎神的作品，是“最丑，最不恰当的犹太男孩的想象”。此后，他便不再创作宗教画。1933年他住在勃兰登堡门旁，看到纳粹的火炬游行，说了那句著名的话：“我简直吃不下东西，只想吐。”(见《导览》之“菩提树下大街·勃兰登堡门”)

德国新客观现实派(Neue Sachlichkeit，New Objectivity)最重要的画家是迪克斯(Otto Dix)和格罗斯(George Grosz)。他们都在盛年经历了一次世界大战，战争和其后光怪陆离的德国成为他们创作的灵感来源。

“我走到解剖室，说‘我要画尸体’。他们给了我两具女尸，我坐下开始画。后来我又去要肠子和脑子，他们用盘子给我端来，我就画了一幅水彩画。”迪克斯一向沉默寡言，很少发表对艺术的看法。他解释自己的作品就是这样客观不带感情。他画尸体是因为他对它们感兴趣，他参加第一次世界大战，是因为他不想错过战争，他喜欢刺激。

在灯红酒绿的20世纪20年代，迪克斯迷醉于柏林的夜生活，诞生了一批他最重要的作品，表现色彩斑斓的城市景观和世俗怪相，如《玩斯卡特牌的人》。(见《导览》之“文化广场·新国家画廊”)

迪克斯的成名作《战壕》表现了战争的恐怖。利伯曼很喜欢这幅画，认为“它是属于国家级画廊的作品”。但是收购此画的画廊非常后悔，因为大家把它看作是对德国军国主义的批判。然而迪克斯本人并不反对战争，战争的残酷激发创作他的欲望，他是个没有任何政治观念的人。不过这不能使他逃过纳粹的迫害，纳粹痛恨他如实呈现现实的画风。纳粹政府靠的就是掩盖真相，让人们相信他们制造的幻境来控制德国人的大脑。《战壕》出现在1937年慕尼黑的“堕落艺术展”中，从此消失。迪克斯被开除教职，他的画不得在德国展出。

“二战”即将结束时，迪克斯已经50岁，还是被征入民兵团。战后，他又被关入战俘营，1946年被释放。其后他虽然也有作品，但已经失去了原先的狰狞怪诞。

格罗斯和迪克斯相反，他非常害怕服兵役，因为不接受召唤而被军事法庭审判。当时他已小有名气，他的赞助人出面调解，将他改判为送到精神病院。格罗斯参加了柏林分离画派，在“一战”中开始加入达达派的活动。战后，他是联名签署“达达宣言”的画家之一，认为艺术家负有社会使命，曾在一段时间中和左翼关系密切。20世纪20年代，格罗斯达到其成就的最高峰，到欧洲各地举办展览。1925年他参加了德国新客观现实派画展，成为其中重要一员。

他在20岁出头时就确认了自己的“粗糙风格”，希望表现事物的原始风味：“我在公共厕所里模仿一些民间绘画，对我而言，这是最直接的表现方式，很简洁有力地表达强烈的情感。儿童画也给了我同样的刺激，因为他们的作品没有暧昧。我渐渐运用生硬的笔触……我被一种极端的厌世主义所指引。”

迪克斯的作品《美人》

德国发行的纪念迪克斯的邮票

德国发行的纪念格罗斯的邮票

格罗斯的作品曾先后两次遭到审判，一次是因为反对军国主义，一次是被认为亵渎基督。所以格罗斯对他的祖国德国非常厌烦，在纳粹上台之初就移居美国。但是他在美国始终没有打开局面，得不到认同，因此生活困顿。即便如此，战后他也不愿德回国定居。

在一个展厅中陈列有纳粹时代的作品，很难得的，让我们亲身感受一下艺术如何作为纳粹政治宣传工具。它们被放置在和新客观现实派作品比邻的房间。现代艺术那富有原始野性的生机及视觉创造力和政治宣传品的呆板虚假形成极鲜明的对照。在前者的作品中可以感受到人的情感和生存状态，哪怕是负面的，但至少是真实的。但是从后者中看不出个体，只有被创制出来的概念，这当然根本不是艺术。

之后的展厅还展有“二战”后德国超现实主义和抽象派作品。虽然欧洲各种流派在德国都有回响，但是明显要微弱一些。而且，由于传统意识及民族性格的差异，在各种流派中，德国的艺术家和法国的比较起来更生猛更愤怒，表现出更多的黑暗和残酷。

实用信息：

地址： Alte Jakob Straße 124，10969，Berlin

电话： 030-78902600

网址： www.berlinischegalerie.de

开放时间： 周三到周一 10:00 ~ 18:00

乘车路线： 此处乘公交比较方便，有几种选择：公交车 248、N42 路在 Jüdisches Museum 下车；公交车 248、N42、M29 在 Linden Str. 或 Oranien Str. 站下车；公交车 M29 在 Waldeckpark 站；公交车 248、N42 在 Franz-Klühs Str. 站下车；公交 M29 在 Alexandrinen Str. 或 Charlotten Str. 站下车

柏林包豪斯档案馆的屋顶，中间矗立的彩色柱子是由原包豪斯成员马克斯·比尔于 1985 年为庆祝档案馆成立 25 周年设计的

包豪斯档案馆：“现代主义圣品”

包豪斯理想

包豪斯是20世纪最具影响力的现代艺术、教育和设计思潮，至少德国人是这样认为的。他们认为这是德国在实用设计领域对世界最大的贡献。这样说并不是夸大其词。

在短短十四年中，包豪斯学院汇聚了一批德国最有创新精神的教师和学生，在建筑、实用工艺、绘画、戏剧等各方面进行的实践是那个时代最有活力的艺术活动。今天，人们也许不知道什么是“包豪斯床头灯”、“瓦西里椅”和包豪斯墙纸，但我们肯定见过它们。它们和由它们衍生出来的后代已经如此深入我们的生活，以至在家庭、餐馆、办公室里如果没有它们会让我们很不习惯。

玛丽安妮·勃兰特和因·布雷登迭克设计的床头灯

瓦西里椅最初的第一把椅子，因归康定斯基所有而以他命名

一个舞台工作坊的学生戴着自己制作的面具站在教学楼上

1929 年一个参加金属为主题的聚会，其中一个用勺子和锅把自己打扮成轻骑兵

这个和魏玛共和国几乎同时诞生的艺术学校，也夭折于纳粹掌握政权的1933年。魏玛共和国在德国历史上一直不是一个响亮的名词，它更像是第二帝国和第三帝国之间灰暗的过渡，在这第一个共和国为存在而喘息的期间，自由和自由的艺术成为可能。格罗皮乌斯、保罗·克利、康定斯基、费宁格、纳吉、阿尔伯斯、拜尔、伊顿以及后来的密斯·凡·德·罗（Ludwig Mies van der Rohe）等人，正是利用这个转瞬即逝的“黄金时代”极力实现自己的艺术理想——尽管他们每个人的理想都不相同，甚至是相互矛盾和抵触的。

“包豪斯理想”从来不是明确和固定的，它不断被描述，被实践，被讨论，被推进，但是没有一个人能准确地概括它，而这正是包豪斯的魅力，每个有雄心有才华的人都可以把自己的理想融入包豪斯，都可以以自己的力量塑造包豪斯。无限的可能就像广阔无边的海洋，包豪斯是它怀抱中一条向远方行驶的船，校长、师傅和学生并不是要达到任何彼岸，而是在行驶中享受了自由创造的幸福。这就是包豪斯理想吧。

德国目前有三个城市拥有包豪斯遗产：魏玛、德绍和柏林。这也是包豪斯的迁移轨迹，三位校长带领学校先后迁到三个城市，希望能找到容身之地，继续把学校办下去。格罗皮乌斯1919年在魏玛创办了包豪斯，在1925年被图林根政府关闭，德绍市愿意接收。格罗皮乌斯兴致勃勃地为德绍的新学校设计、修建了教学楼和师傅们的住宅区。现在经过修复，那里成为德绍值得炫耀的财富，每年有十万包豪斯粉丝专程去“朝圣”。

但是格罗皮乌斯因个人原因离开学校，将领导权移交给迈尔。迈尔和学校一些老师和学生表现出的左倾政治倾向早就引起官方的注意。之后迈尔被政府解聘。为了挽救学校，格罗皮乌斯找到密斯·凡·德·罗，希望这位当时已具有国际声誉的建筑设计师接手包豪斯。密斯·凡·德·罗是外来人，又没有政治倾向，可以得到德绍政府的认可。

1931年在德绍的议会选举中，国家社会党成为第一大党。纳粹上台后第二年，包豪斯再次面临关闭。已经为学校负担了三年租金的密斯·凡·德·罗决定带领学校迁到柏林。

他和格罗皮乌斯最初进入建筑行业都是从柏林起步的。两人因出身背景和性格的差异从没成为朋友。格罗皮乌斯的父亲是柏林市政厅的建筑顾问，叔叔马丁·格罗皮乌斯是著名建筑师。（见《导览》之“‘恐怖地带’及周边”）他本人受过良好教育，是衣食无忧的少爷。

密斯·凡·德·罗则出自亚琛的石匠家庭，几乎没有进过正规学校。他从小生活就非常艰辛，靠打零工帮助补贴家用。别人过万圣节时，他要到墓地里给主顾的墓碑刻字。19岁，他只身来到柏林，没有熟人关系，没有职业技能，没有得体的举止，只能靠自己打拼。但是德·罗有才华和决心。他不会放过任何一次接近上流社会的机会，只有得到他们的赏识，德·罗才有发挥才能的机会。从他的名字就可以看出德·罗对成为社会上层的渴望，他摈弃了原来的姓氏，直接给自己加了一个“van”，改姓为德·罗，显得像是有贵族背景。

到20世纪30年代初，凭借一个个极有创见的建筑和家居设计，德·罗已经和格罗皮乌斯一样，跻身德国一流设计师之列。他做事条理清楚，而且颇有手段。他刚接手学校时，学生们占领了食堂，抗议迈尔被解雇。德·罗直接叫来警察把学生轰出校园，如果想回校必须重新申请。大部分学生都回来了，而且同意遵守校规。

包豪斯的师傅们认为德·罗执掌学校期间管理更有效率，但是以前那种混乱但亲密的气氛消失了。学校不再像个青春的乌托邦，而更像学校了。德·罗是靠个人奋斗成功的，他崇尚特立独行，从不喜欢与别人合作。多年以后，当德·罗和格罗皮乌斯在美国回忆起包豪斯，格罗皮乌斯赞美团队协作，德·罗不客气地问：“当你想生个孩子，你会和邻居合作吗？”

包豪斯第二位校长密斯·凡·德·罗

德·罗为1928年在巴塞罗那举行的国家展览设计德国馆，被认为有罕见的优雅和均衡

德·罗的性格比较冷，大家都觉得很难和他亲近，但是没有人否定他在设计上的才华。他的每一个作品都会引起赞叹。不过对其为人上的不满和他的作品同样流传下来。他不喜欢同行，不喜欢他的竞争对手，对格罗皮乌斯这样有背景的同行尤其不友好。格罗皮乌斯为包豪斯做出的贡献有目共睹，德·罗却对学生说，格罗皮乌斯唯一的贡献就是给学校起了一个好名字。这句话在今天听来，其中包含的刻薄依然让人不舒服。

德·罗在柏林租了一个旧电话工厂，他和学生把厂房打扫干净，全部刷成白色的。新学期有166名学生入学，看来学校又走上正轨。但是1933年4月1日，盖世太保来搜查了学校。据德·罗晚年回忆，他们没有找到任何对学校不利的证据，于是打电话给总部，说他们已经“饿得不行了”，所以就撤离了。但是学校还是被查封了。在三个月的时间里，德·罗每隔一天就到盖世太保总部去要求见负责人。最终他见到了，不久得到了恢复学校的许可。但是这时他召集学校的主要老师，和他们商量将学校停办——是他们自己的选择而不是被迫关闭，这对德·罗来说似乎很重要：命运掌握在自己手中。

不管怎么说，此时关闭包豪斯是很及时的，我们都知道后面发生的事：纳粹更残酷的独裁使艺术家失去了创造自由，甚至人身自由。除非和纳粹合作，否则就会被从德国艺坛中抹掉。

一些包豪斯的老师和学生都流亡到美国，将他们的艺术理想向更广阔的世界传播。无论在学校任教或当学生的时间是长是短，他们都把自己看作永远的“包豪斯人”。曾参加德国抵抗运动而被杀害的绍尔兄妹的妹妹后来也曾倡议建立了一所包豪斯ULM设计学校（见《导览》之“德国抵抗运动纪念馆”），得到格罗皮乌斯授权，但是该校在1968年被关闭了。

包豪斯风格

柏林是包豪斯的最后一站，但和在魏玛、德绍不同的是没有留下任何遗迹。20世纪60年代柏林建立了一座以包豪斯为主题的档案馆（Bauhaus Archiv）。当时德·罗承担了文化广场·新国家画廊（见《导览》之“文化广场·新国家画廊”）的设计，如果能让包豪斯的第一位校长也同时为柏林留下一处地标，将是非常有意义的。格罗皮乌斯对此表现出极大的兴趣，但是他反对这个档案馆附属于任何博物馆，只有答应了这个条件，他才肯于亲自为档案馆做设计。

凭借当年创办包豪斯的执着和周旋技巧，他终于为未来的档案馆赢得了独立。他的设计是将档案馆置于高处，建筑为H形，并有一个斜坡，光线从顶棚倾泻下来。这个设计虽然被档案馆接受，但是他们无法实施。因为柏林当局认为一个还未成型的新建筑不应当处于太醒目的位置。格罗皮乌斯利用到柏林访问期间说服了一位参议员，柏林市同意为他提供三处用地供选择，格罗皮乌斯选择了现在这个地址。不过这里是平坦的，必须修改原设计，由他的长期助手茨维詹沃维克（Alec Cvijanovic）负责。改过的方案更简洁、更容易实施，奠基仪式在1964年举行，1979年档案馆终于向公众开放。

正如当年格罗皮乌斯预言的那样，这座建筑将成为柏林的一项重要财富。博物馆与远洋班轮烟囱一样的屋顶，意味着这条自由航行的船终于在柏林停靠？

档案馆的藏品得益于格罗皮乌斯和包豪斯家属们的大量捐献与长期出借。这家档案馆现在是世界上最大的包豪斯展示和研究场所，除了常设展之外，还经常举办特展，按照不同主题把大量的藏品拿出来晒一晒。

常设展大约分成三部分。一部分是具有“包豪斯风格”的家具：学校成立几年后，工厂开始承接学生设计的产品，投入生产的台灯、挂毯、壁纸最开始在市场上走红。受到青睐的还有茶具、桌椅。出售带来的利润对于一直处于财政紧张中的学校是宝贵的，尤其是能够暂时为一些贫困学生解决生活困难。

这里展出了成组的椅子，看上去都很常见，这是因为包豪斯的设计早已在全世界被克隆和仿制，已经无处不在。但是最初的一步却是从这里迈出的：由弯曲的金属管和几片皮革相连就可以承载人的重量，完全可以去除以前坐具中的直角和直线，这是多么伟大的创新。观看展览也给我们一个重新审视日常事务的机会，看看扶手的线条多么简洁流畅。“少就是多”，这是一种具有颠覆性的价值观。想想此前王宫贵族使用的家具：雕梁画栋，繁复重叠，一再以多来显示富贵和权力。但是包豪斯完全打破了这种具有优越感的等级观念，这

柏林包豪斯档案馆

学生们非要蜷缩在格罗皮乌斯放建筑材料的柜子里搞怪

是一种视觉上的民主革命，给更多的人提供舒适和优雅的生活。

第二部分是包豪斯各个工坊的成果展示。在包豪斯任教的人被称为“师傅”，他们是带着学生从事艺术实践的人。格罗皮乌斯欢迎任何人来就学，有14岁茫然无知的青少年，也有经历复杂的成年人。他们可以选择专业，也就是工坊：包豪斯最初有印刷、雕塑、陶瓷、编织、壁画、戏剧等工坊。男女学生的比例相当，有时男生多，有时女生多。第二任校长迈尔突出了“性别平等”作为宣传点，在1929年的招生材料上特意印了一句话：“作为一名女生，你追求真正的平等吗？”

可以明显感到，学生的作品显得不够成熟，有想法而没能完美呈现。但是我们能从作品中感受到制作者的活力和创造的激情。想象一下每天早上一睁眼，就可以开始自由地发挥，埋头于实现一个色彩搭配效果，尝试一种材质的特性，或者用几何形来呈现多维度的空间，在失败的懊恼和成功的惊喜中感觉不到时间的流逝。从展览的照片上可以看到一些洋溢着幸福的年轻的脸，他们有时要做怪样，要显得玩世不恭，显出惊骇世俗，但掩盖不住的却是一种享受自由的欣喜，发自内心的快乐和放松。这样的青春一定值得终生回忆，所以才能自豪地把自己当作“包豪斯人”。

第三部分是建筑。包豪斯的两位校长都是杰出的建筑设计

当年德·罗设计的座椅，现在随处可见

师，但是包豪斯本身培养出来的建筑师很有限。部分原因是两位校长都是大忙人。最初，格罗皮乌斯忙于协调和管理，加上他自己还有设计业务，包豪斯没有设立建筑系。学生们只是参与他承揽的项目，得到一点实践的机会。德·罗带出的学生也不多。他只教高年级，而且只对最有天分和潜力的学生有兴趣，他认为有些学生是教不出来的。

在这里可以看到一些著名的包豪斯建筑沙盘模型、照片和图纸。不能去魏玛和德绍的观众可以在这里大致了解一下这些在传说中成为“现代主义圣品”的建筑。

包豪斯位于德绍的教学楼

实用信息：

地址： Klingelhöfer Straße 13/14，10785，Berlin

电话： 030-2540020（办公室）030-25400243（预约导游）

网址： www.bauhaus.de

开放时间： 周三到周一 10:00 ~ 17:00

乘车路线： 坐公交100、106、187、N26、M29可以在Lützowplatz下车，坐M29还可在Hiroshimasteg站、Köbis Str. 站下车，坐100、106、187、200、N26还可在Nordische Botschaften或Adenauer-Stiftung站下车

汉堡当代美术馆由通往汉堡的火车始发车站改建而成

柏林汉堡火车站当代美术馆：认同不认同？

柏林汉堡火车站当代美术馆（Hamburger Bahnhof-Museum für Gegenwart Berlin），依照字面意思就知道它的历史渊源：由通往汉堡的火车始发车站改建而成。

它建成于1846年，是柏林通往汉堡的火车起点站。建筑落成之初显得颇为时尚，是19世下半叶柏林第一座新古典主义风格的火车站。现在也是柏林仅存的一座那个时代的火车站建筑。

随着德国社会在19世纪突飞猛进的发展，汉堡火车站有限的空间很快无法容纳越来越多的车辆。尽管经过了多次改造，到1884年，火车站还是被迫关闭了。通往北方去的火车都改停在附近的新火车站，也就是现在的中央火车站。

随后的二十年间，汉堡火车站被作为住宅和行政楼使用。直到1904年，火车站被重新设计改建成博物馆。巴黎的奥赛美术馆现在被当作以火车站改建成美术馆的先锋，其实汉堡火车站被建成博物馆要早于奥赛美术馆，只不过改建后成为皇家运输和工程博物馆（Royal

美术馆内部

安迪·沃霍尔的《牛》

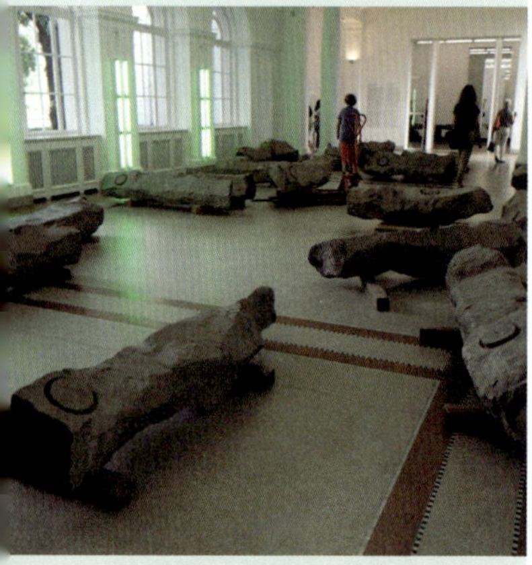

博伊斯的《20世纪的终结》是他广为人知的一件大型装置作品

基弗的装置作品《罂粟与记忆》

Museum on Traffic and Construction)，隶属于普鲁士铁道部(Prussian State Railways)。在第一次世界大战战败、威廉二世退位后，博物馆名称中“皇家”两字被去掉了。因为展览内容相对专业，其参观人数和知名度都远不如后来收藏印象派绘画的奥赛美术馆。

为了适应博物馆的功能，火车站先是加建了一个正门入口，之后又添加了东西两翼。西侧翼施工时正逢第一次世界大战，但是没有影响建设速度。1943年，博物馆在第二次世界大战中遭到轰炸，建筑遭到破坏，但里面的藏品基本保留完好。

战后，这个地区属于英占区，但是依据协议，博物馆属于苏占区。东德成立后，政府对重新开放这座位于西柏林的博物馆没有兴趣，任其荒废。1984年，东德政府将博物馆移交西德，西德在原展品的基础上又增添了有关技术发展的展品，就是现在德国技术博物馆(German Museum of Technology)的前身。技术博物馆在新建大楼落成后迁入新址重新开放。

20世纪80年代中期，收藏家马克斯(Erich Marx)将私人收藏的当代艺术品捐献给柏林，柏林参议院于是决定将空出的汉堡火车站改建成一座收藏当代艺术品的展馆。建筑设计师克莱霍斯(Josef Paul Kleihues)的方案在改建竞标中胜出。

BERLIN

保罗·麦卡锡的《迈克尔·杰克逊和泡泡》

1996年，汉堡火车站当代美术馆对外开放，被纳入柏林珍藏绘画的博物馆系列。在博物馆岛上的老国家画廊收藏展出19世纪及之前的作品，文化广场上的新国家画廊收藏范围是现代作品，汉堡火车站当代美术馆收藏展出的则是当代作品。

马克斯捐赠的一批当代艺术家的作品在汉堡火车站当代美术馆永久陈列，如德国雕塑家博伊斯（Joseph Beuys）、德国战后新表现主义代表人物基弗（Anselm Kiefer）、美国波普艺术代表人劳森伯格（Robert Rauschenberg）和安迪·沃霍尔（Andy Warhol）等的作品。安迪·沃霍尔的《毛》（*Mao*）等60幅作品和博伊斯的《20世纪的终结》（*Das Ende Des 20. Jahrhunderts*）等装置作品及绘画450幅，是柏林汉堡火车站当代美术馆最引人注目的展品。

博伊斯作为德军空军飞行员参加过第二次世界大战，在轰炸苏军基地时飞机被击落，当地的鞑靼人将受重伤的博伊斯救活。之后他回到战场，又多次负伤。战后博伊斯进入大学学习艺术，逐渐确立了他吸收自然元素的创作手法。作为战后德国有代表性的艺术家，博伊斯的作品既具有极端理想主义色彩，也力图表达广泛而存在冲突的哲学观念。

博伊斯的《20世纪的终结》制作于他去世前的1983年，是他广为人知的一件大型装置作品。博伊斯使用了一些不规则的黑色玄武岩块作为主体，每块岩石的一端钻有一个圆孔，圆孔内插入更小的岩石，以及黏土和毛毡。人们对这件作品的解释是，表现了20世纪的无法控制。可以把这些岩石看作骨头和尸体，而其中的黏土和毛毡则代表了潜在的生长元素，象征在混乱和黑暗的20世纪结束时，新的可能性的出现。

基弗出生于“二战”后，可以看作是博伊斯那代人的承接者。他成长在“第三帝国的废墟上”，战败的记忆和之后的国家分裂成为基弗他们从青少年时代就必须面对的灰暗现实。他的作品喜欢使用稻草、土、石块等天然材料和铅铁等色调灰暗的金属，具有一种晦涩阴郁的诗意。博物馆中陈列有他的《罂粟与记忆》（*Mohn und Gedächtnis*）。

企业家弗利克（Friedrich Christian Flick）将其收藏的150位当代艺术家的2500件作品长期借给柏林汉堡火车站当代美术馆。美术馆为此将附近的一间仓库收购，增加了10000平方米的展厅。这些作品将分批展览，每9个月更换一次。弗利克从20世纪70年代以来开始收藏当代作品，包括保罗·麦卡锡（Paul McCarthy）、杰森·罗德斯（Jason Rhoades）、罗德尼·格雷厄姆（Rodney Graham）和斯坦·道格拉斯（Stan Douglas）等人的。弗利克曾想修建私人展览馆展出自己的藏品，但是遭到强烈反对，尤其是犹太组织的抗议。他早年曾和纳粹政权合作，成为其无法洗刷的污点。博物馆展出的保罗·麦卡锡的《迈克尔·杰克逊和泡泡》（*Michael Jackson and Bubbles*）是对杰夫·昆斯（Jeff Koons）的同名作品荒诞的变形，从不同视点再现这位偶像级歌星。

博物馆的另一个收藏重点是视频和影片艺术作品。施泰纳（Mike Steiner）捐赠了一批20世纪70年代以来的视频。现在柏林汉堡火车站当代美术馆被公认为世界上最大的公共当代艺术收藏馆之一。

杰夫·昆斯的《迈克尔·杰克逊和泡泡》

从某种意义上说，当代艺术脱离视觉审美，成为思辨性、意念性的游戏或宣言，甚至恶作剧。制作者摆出拒绝被用于欣赏的姿态。所以观看这些作品和装置的感受就无法用喜欢或不喜欢来形容，而是理解或不理解、认同或不认同。参观柏林汉堡火车站当代美术馆是否能带来愉悦，取决于你对当代艺术的态度。

实用信息：

地址： Invaliden Str. 50,10557,Berlin

电话： 030-39783439

网址： www.smb.museum.php

开放时间： 周二到周五 10:00 ~ 18:00，周六 11:00 ~ 20:00，周日 11:00 ~ 18:00

乘车路线： 地铁 S5、S7、S75 或 U55 线在 Berlin Hauptbahnhof 下车，U55 线还可从 Washingtonplat 下车

柏林导览

BERLIN TRAVLE GUIDE

四级推荐

FOURTH RECOMMENDATION

位于威廉大街的“恐怖地带”展览

“恐怖地带”及周边：民族命运的指挥部

“恐怖地带”

“恐怖地带”（Topographie des Terrors）非常准确地概括了人们到这里参观的感受。当然不是视觉上的，而是心理上的，不仅感到恐怖，还很厌恶。它所在的位置曾是一个恐怖政权的核心：纳粹第三帝国盖世太保（Gestapo headquarters）、党卫军中央司令部（SS Central Command）、党卫军安全局（SS Security Service）以及1939年之后成立的帝国保安总部（Reich Security Main Office）所在地。

对于不熟悉第三帝国历史的人来说，很难搞清楚这四个机构之间的差别。它们随着帝国几个核心人物之间的内斗倾轧，权力范围不断变化。其中最先成立的是以希姆莱为首的希特勒私人卫队，属于一个准军事化组织，只效忠于元首。希姆莱在“长刀之夜”绞杀了冲锋队、暗杀了其头子罗姆之后，希特勒为感谢希姆莱为自己解除了一个大麻烦，将希姆莱的党卫军改组为自治机构，并掌管盖世太保。在接下来的权力争夺中，希姆莱显示出的极端残忍和“忠诚”使他进一步得到希特勒的赏识，因而权力不断扩大。1936年，希特勒任命希姆莱为“帝国党卫军首领以及帝国警察的首脑”。战争开始之后，党卫军成为国中之国，拥有超出其他机构的特权。他们控制了被占领地区，经营商业企业，既是一支正规军，又

曾位于今天“恐怖地带”的盖世太保总部大楼，战后被拆毁

纳粹党卫军的创始人：希姆莱

是一个经济联合体，控制了德国的一些德国大型集团企业。党卫军最令人发指的恶行是建立了集中营系统，进行种族清洗。

“盖世太保”是国家秘密警察的代称，在1933年由当时的普鲁士内政部长戈林（Hermann Goring）建立。其主要任务是为纳粹剪灭异己，尤其是共产主义者和社会民主党人，被当作帝国的主要敌人遭到残酷镇压。盖世太保的行动可以不经任何法律程序，逮捕、刑讯甚至杀害都可随意执行。盖世太保和党卫军安全局的职能有交叉，因此，在1939年，两者和警察机构合并，成为帝国保安总部，置于希姆莱（Heinrich Luitpold Himmler）的监管下，其首领是海德里希（Reinhard Heydrich）。正是这个机构在德国和欧洲迫害、杀害了几百万人。臭名昭著的万湖会议便是在海德里希的主持下举行的，寻求所谓最后解决方案，即建立有效系统消灭犹太民族。（见《导览》之“万湖会议纪念馆”）海德里希在1942年被捷克抵抗组织刺杀身亡。

可以想见，在“二战”即将结束的柏林战役中，这片建筑曾有过非常激烈的争夺战。帝国的核心机构在此拼命抵抗，拖延时间，以便销毁秘密材料。几幢建筑在战斗中遭到严重损毁，战后都被拆毁，只留下临街的一排废墟，现在作为室外展览。废墟曾是盖世太保总部的一部分，在20世纪五六十年代大楼被推平后，只剩下这一点遗迹。现在上面都加盖了

前景是“恐怖地带”的室外展览，后面是一排未拆毁的柏林墙，远景处是原来的纳粹帝国空军大楼，现在的联邦财政部，游客可以乘坐热气球从高空观看这一地区

空军大楼曾是世界上最大、最现代的办公大楼，图为纳粹时期发行的纪念邮票

曾位于威廉大街的普鲁士帝国总统府（Imperial Chancellery），“二战”中被毁

希特勒的密友戈林

1939年后成立的帝国保安总部负责人：海德里希，万湖会议的召集人

玻璃覆盖保存，外层的玻璃则作为粘贴展品的展板，一般展出和第三帝国历史有关的内容。

其余地方的空地上盖了一个室内展馆，颇像一只塑料盒子。除了一些常设展，展馆内还有恐怖地带文献中心（Topographie des Terrors Documentation Centre），保存了两万七千件档案以及一些实物，供人查阅。

在临街废墟的后面是一排柏林墙。除了东部画廊的柏林墙之外，这里保留的一段算最长的了。街对面是原来的帝国空军大楼（Reich Aviation Ministry）。帝国空军部是由希特勒的密友戈林创建的，他在第一次世界大战中是空军驾驶员。由于戈林和希特勒的特殊关系，戈林在高层权力核心中的位置一直相当稳固，从他这座老巢的气势上便可以看出来。帝国空军大楼建成于1935年，有250米长，是当时世界上最大、最现代的办公大楼，是柏林现存为数不多的几幢第三帝国时期的建筑之一。虽然它看上去呆板单调，却耗资巨大，建筑在当时先进的钢架结构上以水泥浇筑而成。为抵抗空袭，它的内部都以钢钎加固。大楼中有多达2000个办公室，地下停车场可以停放240辆轿车。

在东德时期，这里是部长委员会所在地。1953年6月16日，建筑工人认为斯大林大道的工程进度计划过快，给他们增加的新定额指标无法完成，便举行集会，递交请愿书。在此过程中，越来越多的各行业人员加入进来，游行队伍首先来到莱比锡大街上的这座庞大建筑前，要求国家领导人出来对话。但是只有重工业部长出来接见示威者，并允诺回去和其他领导人商谈。工人们对于这套官僚话语非常熟悉，并不买账，于是宣布第二天进行总罢工。这便是6月17日事件的由来。（见《导览》之“蒂尔加滕公园·6月17日大道”）两德统一后，现在这里是联邦财政部的办公楼。

马丁·格罗皮乌斯大楼

柏林墙边这条街名为尼德基尔希纳（Niederkirchnerstrasse），以纪念一位因抵抗纳粹而被杀害的英雄克特·尼德基尔希纳（Käthe Niederkirchner）。她是共产党抵抗组织的成员。沿街向西，左手边有一幢装饰精美的建筑：马丁·格罗皮乌斯大楼（Martin-Gropius-Bau）。这座文艺复兴式建筑以其设计者马丁·格罗皮乌斯命名。

马丁·格罗皮乌斯是包豪斯创始人瓦特·格罗皮乌斯的伯父。在大学毕业后，马丁·格罗皮乌斯成为私人建筑师，得到申克尔的指导。他在建筑设计上的成就受到广泛认可，尤其是他在官方建立了广泛的人脉关系，后来被吸收为柏林—勃兰登堡科学与人类学院（Berlin – Brandenburg Academy of Sciences and Humanities）以及奥地利科学院（e Austrian Academy of Sciences）的成员。他和合伙人经营的建筑公司是当时柏林最大的一家。

马丁·格罗皮乌斯大楼被认为是柏林最华美的建筑之一，1881年建成时就是柏林的一座艺术展馆，既有实用的陈列功能，建筑本身也是一件艺术品。其外表最引人注目的是顶层的马赛克圆形绘画和三条横贯立面的高浮雕装饰带。马赛克绘画以神话和历史中的人物为题材，高浮雕则刻画了欧洲一些古代艺术匠人，也许是马丁·格罗皮乌斯想向前辈们表达敬意吧。

马丁·格罗皮乌斯大楼被认为是柏林最华美的建筑之一

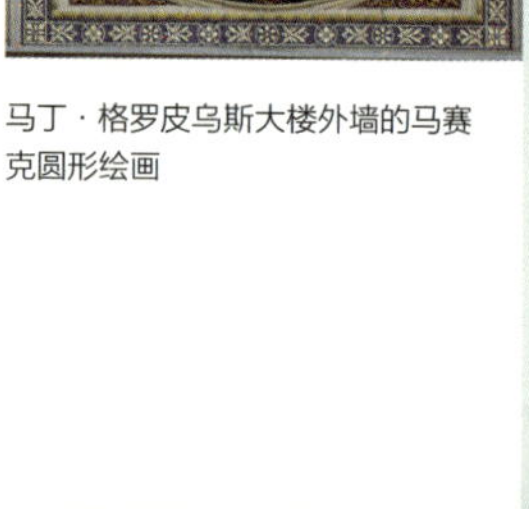

马丁·格罗皮乌斯大楼外墙的马赛克圆形绘画

纪念古代艺术匠人的装饰浮雕，图为献给贝兰（Berain）的纪念像

马丁·格罗皮乌斯大楼在纳粹时期先是被戈林占用，在这里使用酷刑拷打政治犯。后来则成为党卫军管理集中营的行政总部。事实上，马丁·格罗皮乌斯大楼前的这条街原来名为普林茨—阿尔布雷希特大街（Prinz Albrecht Straße），是以普鲁士阿尔布雷希特王子命名的。他是弗里德里克·威廉三世的儿子，在这条街上有一座很大的宅院，普林茨—阿尔布雷希特宫。这座建筑纳粹时期也被海德里希占用为帝国保安总部。

马丁·格罗皮乌斯大楼在“二战”中和这条街上的其他建筑一样遭到严重破坏。仅存的部分也差点因为修建地铁被毁，后来在马丁·格罗皮乌斯的侄子瓦特·格罗皮乌斯的争取下得以保存。修复开始于20世纪70年代，80年代初向公众开放时，因为紧贴着柏林墙，只好改动大门的方向。直到柏林墙倒塌，才再次进行修复，其装饰华丽的正面到2000年才得以显露出来。现在街上除保存了柏林墙之外，还摆放了纪念雕像。在马路对面，墙体被拆除的地方，地上也留有标记。

现在，马丁·格罗皮乌斯大楼是柏林重要的文化场所，每年举办20多个各类艺术展，柏林音乐节、柏林国际文学节和柏林爵士乐节都在此举行。每年吸引50万观众到此参观。

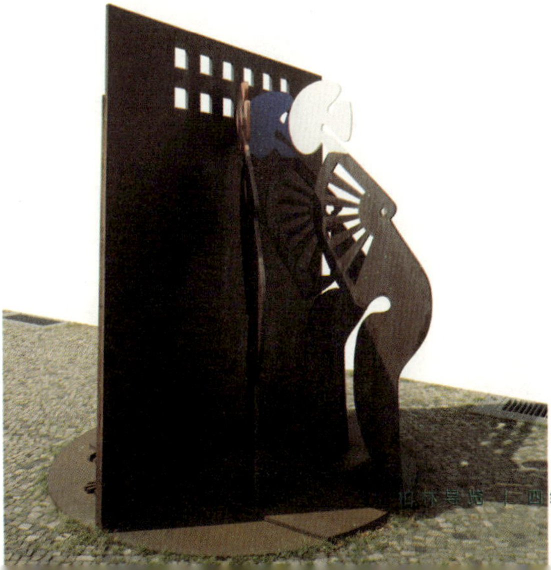

竖立于尼德基尔希纳街上的由艺术家弗斯特(Eberhard Foest)创作的柏林墙纪念作品

马丁·格罗皮乌斯大楼对面是柏林众议院（Abgeordnetenhaus von Berlin）。这里是1899年帝国第一次召开议会（Prussian State Assembly）的地方，包括上议院和下议院。这个普鲁士的国家立法机构可以上溯到1848年革命之后选举产生的政府。

现在拥有150个席位的柏林议会可以接纳参观者。此外，还可参观展出有150位柏林荣誉市民画像的画廊。

在新古典风格的大楼前立有两座纪念雕像，西边的是冯·斯坦因男爵（Freiherrn von Stein），右边的是冯·哈登贝格（Karl August von Hardenberg）。他们都是19世纪初对普鲁士行政、军事、教育等方面进行改革，增强普鲁士的国力，使其成为现代化强国的主要功臣。在冯·斯坦因男爵的雕像下可以看到一行字：Das Dankbare vaterland，大意是：祖国感谢你。基座上的浮雕表现了弗里德里克·威廉三世和路易斯王后与大臣们研究改革大计的场景。（见《导览》之“维多利亚公园”）

在尼德基尔希纳街和威廉大街交接的地方，现在是游人如织的热门景点。在参观完上述地方后，还可到威廉大街东侧乘坐热气球观赏这片地区，这里还有商家利用东德时期的特拉班特或瓦尔特堡小轿车开办的租车行。

柏林众议院前是冯·斯坦因男爵铜像

冯·斯坦因男爵铜像基座上的浮雕表现了弗里德里克·威廉三世和路易斯王后与大臣们研究改革大计的场景

尼德基尔希纳街和威廉大街交接的地方，现在是游人如织的热门景点

实用信息：

乘车路线：公交车 M48、N6 和 M29 路在 Wilhelm Str. 站下车

“恐怖地带”

地址：Niederkirchner Str. 8，10963，Berlin

电话：030-25450950

网址：www.topographie.de

开放时间：除 12 月 24 日、12 月 31 日、1 月 1 日外，每日开放，10:00 ~ 20:00

格罗皮乌斯大楼：

地址：Niederkirchner Straße 7 | Stresemann Str. 110，10963，Berlin

电话：030-254860

开放时间：周二闭馆，周三到周一 10:00 ~ 20:00

布莱希特和魏格尔回到东柏林后迁入这座有百年历史的房子，现在这里成为他们的故居

布莱希特、魏格尔故居和多罗逊市政公墓：这么多熄灭掉的火把

经过十五年的放逐生涯，布莱希特和妻子海伦·魏格尔（Helene Weigel）终于回到德国。“换的国家比换的鞋子还多。”布莱希特以他的夸张方式形容他1933年到1948年间这段贫困无助、无人理睬的流亡。不肯学习德语之外的语言，不肯放弃以马克思主义看待一切的眼光，布莱希特在美国成了不受欢迎的人。除了回到柏林，他还能在哪里安顿他的阶级观、他用德语粗话写出的剧本？只能是柏林，而且是东柏林。

1953年，他和魏格尔搬到位于Chaussee Straße大街这座有百年历史的房子。他当然喜欢这里，房子足够大，让他能在一间屋子中摆下几张书桌做不同的工作，桌前还可以挂上他喜欢的中国绘画。这里既可以做个平静生活的小窝，又可以满足他热衷聚会的喜好。

这座房子离他和魏格尔创立的柏林剧团（Berliner Ensemble）很近。剧团就像孙悟空的花果山，他的徒子徒孙在那里操练。只要愿意，他可以随时跑过去指导心爱的女演员或对着出错的技术人员大吼大叫。布莱希特肯定不是个可爱的同事，虽然他有时会为自己的粗鲁道歉。不过，在这个小窝居住的三年中，他通常的习惯是早上起来关在里屋做案头工作，直到晚上才接待和他合作的小团伙，接受年轻一代对他的朝拜。

布莱希特在各处都放上烟灰缸，那是他在流亡中打开行李最先拿出的家什。他一定浑身烟味，但是他的女人们不在乎。布莱希特的生活区在二

布莱希特和魏格尔夫妇

桌前挂有布莱希特喜欢的中国绘画

布莱希特和魏格尔夫妇在多罗逊市政公墓的墓园

层，妻子魏格尔的在底层。1929年，他们结婚时便订好了契约，魏格尔不能干涉布莱希特的“私生活”。他有多少情人？有五六个、七八个？她们和他的事业紧密相连，或者说她们甘愿为他的事业付出，当然是以爱情的名义奉献给这个善于写情诗的男人。如果没有她们，布莱希特的成就会打多大的折扣？

海伦·魏格尔虽然出演了一些布莱希特早期的剧作，但作为一个有独立个性的女演员，海伦和布莱希特一样，在美国没有找到崭露头角的机会。她真正在事业上散发出光彩是和丈夫一起回到柏林，利用柏林剧团实践布莱希特的戏剧理论。无论是布莱希特还是魏格尔，获得界声誉都是因为柏林剧团的成功。而其中很大一部分工作，都是他们居住在这里时完成的。布莱希特在回到柏林后只写过一个本子，剧团排演的都是他的旧作。就是在故居的桌子上，布莱希特写下了剧本阐述和他的最后一批诗歌。

布莱希特在这个满意的小家中生活了三年，相当于流亡生活的五分之一。他年轻时心脏就有问题，因而躲过了第一次世界大战的征兵。1956年，年仅58岁的剧作家因心肌梗死去世。海伦·魏格尔接替他成为剧团的家族长，并一直在此居住到去世。她建立了布莱希特的档案室，是促进布莱希特研究的重要推手。现在这幢建筑也成为一个小小的文化中心，举办作家沙龙活动。

1978年，布莱希特80岁诞辰时，这里作为布莱希特和魏格尔故居（Brecht-Weigel-Gedenkstätte）向公众开放。除了这对夫妇当年的生活用品，还有4000册布莱希特的书。

海伦·魏格尔是他的第二个妻子，但并不是伴随他时间最长的。早在1922年就结识了布莱希特的伊丽莎白·霍普特曼（Elisabeth Hauptmann）知道他娶了海伦，曾自杀过一次。从1924年起，霍普特曼就和布莱希特合作，成为他必不可少的秘书。当年轰动一时的戏剧《三分钱的歌剧》就是以伊丽莎白·霍普特曼从英语翻译的一部歌剧为底本，而且她也参与了大部分剧本的创作。在布莱希特去世后，她在柏林剧团中担任戏剧推广（dramaturg）。她出版作品时使用的笔名Julia ohne Romeo，意思是“没有罗密欧的朱丽叶”。

另一位和布莱希特合作的重要女性是露特 · 贝尔劳。她是布莱希特的众情人中最忘我献身的一个，喜欢中国文化的布莱希特称她“具有中国人般的勤劳美德”。但是，露特因此没有了自己的天地，她太依赖于布莱希特。回到柏林后她越来越认为自己被忽视了，付出太多而没有得到足够的承认，为此非常痛苦。

这三位和布莱希特命运紧紧相连的女性最后都和布莱希特一同沉睡在故居窗外的多罗逊市政公墓（Dorotheenstädtische Cemetery）。当年布莱希特刚搬入故居就兴奋地给朋友写信说：“我窗户外面便是墓地，法国胡格诺教徒和黑格尔、费希特都埋在这里。这真令人愉快。”在去世前一年，他就给柏林艺术学院写信：“我逝世后不愿受人瞻仰，不举行仪式，我要求埋在我住处旁的墓地里。”葬礼的确如他所说，只有几个朋友来参加：汉斯 · 艾斯勒、他的哥哥哈格特 · 艾斯勒、伊丽莎白 · 霍普特曼和丈夫保罗 · 德绍（Paul Dessau）等。他们把他安放在一个角落里，后来海伦 · 魏格尔也安眠在他身旁。汉斯 · 艾斯勒也被葬于此墓地。在他们周围，安葬着德国文化天空的群星：这么多的火把在此熄灭。

多罗逊市政公墓最早可以追溯到弗里德里克大帝为柏林市捐献的一片墓园。当时柏林人口膨胀，安放逝者成为紧要问题，否则可能引发瘟疫蔓延。由于国王的捐赠，这里建立了四片墓地，现在还剩下两个：多罗逊市政公墓和法国胡格诺教徒墓地。

由于墓园处于柏林中心区，距离当时的柏林大学、现在洪堡大学不远，很多文化名流被安葬于此，如曾在柏林大学执教的哲学家费希特及其夫人（见《人物》之“费希特”）、黑格尔。此外，这里还有一些柏林知名的艺术家、作家：雕塑家劳赫、建筑设计师申克尔、雕塑家沙多、建筑师施蒂勒、作家亨利希 · 曼。其中沙多和其妻子的墓园由他本人设计，他的雕像由他的学生克勒（Heinrich Kaehler）完成。1909年由沙多制作的马丁 · 路德像也被移入墓地。申克尔的墓由他的学生、设计了波茨坦圣彼得和圣保罗教堂的设计师萨尔斯贝格（Wilhelm Salzenberg）设计。

哲学家费希特及其夫人之墓

哲学家黑格尔之墓

作家亨利希 · 曼之墓

名流的入葬，提升了多罗逊市政公墓的地位，使之被看作柏林的一处文化地标。但是日久天长，墓园的维护也需要不断投入人力物力。有些墓地的石碑被卖给石匠重新打造新的墓碑。德国曾一度将钢铁视为贵重金属，因此使用铁制作的墓碑曾被人偷走。21世纪初，政府对墓地进行了维修，其中38座墓地得到重新安置。其中柏林胜利纪念柱的建造者施特拉克（Johann Heinrich Strack）的墓碑因为采用了从意大利引进的大理石，花费高达25万欧元。墓地中最华丽的一座墓园属于申克尔的学生、建造师希齐希（Friedrich Hitzig）。墓碑上装饰有壁画，是柏林唯一的一座。

墓地中有一片区域安葬着1944年因卷入刺杀希特勒事件而被杀害的抵抗者，（见《导览》之“德国抵抗运动纪念馆”）包括记者邦赫费尔（Klaus Bonhoeffer）、律师约翰（Hans John）等。他们被所谓的“人民法庭”判处死刑，在苏军即将占领柏林前夕被枪杀。

实用信息：

乘车路线： 地铁U6线在Naturkundemuseum或Oranienburger Tor站下车均可，都需要步行一小段

多罗逊市政公墓

地址： Chaussee Straße 126，10115，Berlin-Mitte

开放时间： 1月和12月8:00～16:00；2月和11月8:00～17:00；3月和10月8:00～18:00；4月和9月8:00～18:00；5月到8月8:00～20:00

布莱希特和魏格尔故居

地址： Chaussee Straße 125，10115，Berlin-Mitte

电话： 030-20057-1844

开放时间： 由于内部空间有限，每次只能容许八位参观者进入，每半小时一批次，可以预约参观时间，邮箱brechtweigelgedenkstaette@adk.de

参观时间： 周二：10:00～15:30；周一和周五：10:00～11:30；周四：10:00～18:30；周六：10:00～15:30；周日：11:00～18:00

奥林匹克运动场：拼接不堪回首的历史和五光十色的现实

1931年，国际奥林匹克委员会确定柏林为1936年举办夏季奥运会的城市。当时德国还处于魏玛共和国时期，但到1933年，德国的形势已经完全不一样，纳粹上台后因一系列举动出现在世界新闻的头条上：德国退出了国联，否认《凡尔赛条约》，重新推行全面征兵制度，侵占了莱茵兰，谋杀了奥地利总理多尔弗斯，承诺德国空军支持弗朗哥的独裁……

尽管如此，当希特勒决定在柏林召开盛会欢迎全世界的客人时，戈培尔号召德国人民表现出友好和教养："我们必须比巴黎更迷人，比维比纳更随和，比罗马人更活泼，比伦敦更国际化，比纽约人更讲实际。"

但是，这个已经暴露出扩张意图的独裁政权无论说得多么漂亮，国际社会还是对它的狼性感到警惕。1935年公布的《纽伦堡种族法》，将犹太人排除出社会生活，也意味着他们不能参加此次运动会，仅此一条就会激起民主社会民众的抗议。在瑞典、荷兰、捷克斯洛伐克和美国，都有人提出将抵制柏林奥运会。尤其是美国——现代体育运动的强国——50万人签名要求不要派出代表队。

希特勒不为所动，作为狡猾的政客，他知道任何事都可以通过特定的手段解决。亲德的美国奥林匹克委员会主席布伦戴奇（Avery Brundage）最终促使美国做出参赛的决定，使天平逐渐倒向德国，希特勒得以利用这次机会向世界展现德国的实力。

就在世界各地发出抗议的同时，一座现代化体育场拔地而起，在希特勒的授意下，它将成为世界上最大的体育场，可以容纳11万人。纳粹德国的美学观就是以大为美："如果邀请全世界来做客，建筑必须美丽、宏大。"

建筑师维纳·玛赫（Werner March）和其弟华特·玛赫（Walter March）负责重建他们的父亲奥托·玛赫（Otto March）为1916年柏林夏季奥运会而建的运动场。当时奥托·玛赫的宏大计划因第一次世界大战的爆发只完成了一部分。

对比纳粹在1936年所使用的体育场大门和今天的，只有一个很小的差别：照片右边的那根立柱上从前带有一个纳粹符号。仅凭这些历史旧照我们无法想象当年的"盛况"。借助莱妮·瑞芬斯塔尔当时动用巨额资金和一支45人的庞大摄影队伍所拍摄的影片，我们才能真切感受到纳粹德国这场声势浩大的"作秀"。瑞芬斯塔尔的影片是有史以来第一次以影片形式从始至终表现一次夏季奥运会。它记录下了如此之多飘扬的纳粹旗帜和狂热的人群行纳粹礼，无论它在艺术上有何创新，人们对这部影片还是抱有恶感。

1936 年的柏林奥林匹克体育场大门入口处

现在的柏林奥林匹克体育场大门入口处

不过在1936年，在戈培尔的精心布置下，柏林夏季奥运会让全世界感受到的是一个整洁有序的"模范城市"和奋发向上的德国民族形象。而在这个表象的背后竟是德国兴建了第一个种族拘留营和集中营。在比赛开始前，警察不仅把流浪汉、乞丐和街头小混混全部关进监狱，还将希特勒一向厌恶的吉卜赛人赶进位于柏林郊区马赞的污水处理地。在《纽伦堡种族法》中，他们和犹太人一样被剥夺了公民权。瑞芬斯塔尔后来拍摄电影时征用了这个拘留营的吉卜赛人做群众演员。（见《人物》之"瑞芬斯塔尔"）她一直否认她知道他们都将被送入集中营，绝大部分从奥运会开始失去自由的吉卜赛人都死在了那里。

迫于舆论压力，在奥运会期间，纳粹对犹太人表现出相对的容忍。不仅承诺犹太运动员可以参赛，还允许犹太观众出现在赛场。虽然根据种族法案，犹太人不得进入德国比赛场地，也不许碰触国旗。就像在电影《柏林1936》中看到的那样，有谩骂犹太人的报纸一律被收到柜台下面，犹太商店橱窗上的犹太标记被涂掉了。

在给柏林糊上一层面罩之后，前来参加奥运会的国际友人一下子置身于一座种族平等、爱好和平的城市。这是德国战前最后一缕自由的阳光，虽然并非来自真正的太阳，而是纳粹的探照灯。难怪1945年当盟军进入集中营见到惨不忍睹的成堆的骸骨后，国际社会仍然不相信来自前线的消息，认为都是官方的夸大宣传。

希特勒本人对体育比赛没有热情，但他知道奥运会的政治价值。他出席了开幕式，观看了一些比赛。在瑞芬斯塔尔的镜头里，我们可以看到他投向德国运动员的关注。有些文章提到这是一次让希特勒恼羞成怒的赛事，因为非洲裔的美国运动员杰西·欧文斯（Jesse Owens）在100米、200米、跳远和4 × 100米接力田径项目中夺冠，是对纳粹推行的雅利安人优于其他人种的理论的一个反证。但是据欧文斯自己回忆说，他当时没有受到任何歧视，也没有感受到来自德国方面的敌意。显然这则传闻来自不懂政治游戏的普通人，低估了希特勒作为政治家的能力。在希特勒眼中杰西·欧文斯只是个没有文章可做、微不足道的运动员，他脑中盘算的是更大的棋盘。仅仅两个月之后，德国和意大利便通过签订条约建立了罗马—柏林轴心。

在体育场的西面是高高耸立的钟楼。1936年运动会时，这里是警察、医护人员、媒体和官员的观察所。1947年英军占领期间，钟楼被拆掉，1962年依照维纳·玛赫的设计原貌进行了重建，现在对游人开放。其中还有关于1936年奥运会的小型展览。

体育场看台的西边还可以看到火炬台。1936年的奥运会火炬由335名接力选手花费12天从希腊奥林匹斯山一路传递到此。广场西边的5月广场，当年可容纳25万人，是纳粹举

体育场看台的西边是火炬台

办群众集会、特别是每年庆祝5月日（May Day）的理想场地。

第二次世界大战中，奥林匹克运动场只受到些微的破坏，是德国为数较少的在战争中得以幸存的建筑，战后占领柏林的英军曾将其作为总部。虽然人们对于这个曾经的历史发生地都有负面的记忆，但因此任其废弃肯定是巨大的浪费。

在保护原有建筑遗迹的基础上，人们对体育场进行了两次大规模修复。一次是20世纪70年代，另一次是2000年到2004年，耗资2.9亿欧元。一方面，修建时运用了各种可能的手段保护原有建筑石料，将它们清洗打磨，使百分之七十的原建筑得以保存。所以电影《柏林1936》中在拍摄奥林匹克运动场中的镜头时不需要另外搭建布景。

另一方面，为了建造一个很人性化、现代化的运动场所，又增添了价值数百万元的

灯光、音响和投影设备，显示出德国巨大的技术能量。最引人注目的是外形上的改观，在原来的粗糙石料支撑的基础上，一个由玻璃钢、钢筋和玻璃纤维构成的巨大椭圆形顶棚将74400个座位全部覆盖，蔚为壮观。就像在被炸断的老树干残存的肌理上生长出有生命力的枝叶，将不堪回首的历史和五光十色的现实拼接，新旧的嫁接本身就成为体育场一个值得欣赏的看点。

整整七十年之后，2006年足球世界杯在柏林奥林匹克体育场举办，再次将世人的目光聚焦于这座体育场。德国人当然希望汇聚于此的各方友人，在通过雄伟的带有五环标志的立柱时，更关心的是德国在现在和未来呈现给世界什么，而不仅仅是想起这里曾经发生过什么。

实用信息：

乘车路线：地铁U2线Olympia-Stadion站下车，出站后顺着出口先前走，然后向右手转，就可看到

地址：Olympische Allee，14053，Berlin

电话：030-25002322

网址：www.olympiastadion-berlin.de

开放时间：11月到3月9:00 ~ 16:00; 3月、5月、9月、10月9:00 ~ 19:00; 7月到9月9:00 ~ 20:00

斯塔西纪念馆：“还我生命的自由”

在东柏林整齐划一的居民楼中，有一片神秘的区域，在两德统一前，这里是一般人不能踏入的禁区。事实上，也没有人愿意踏入，除了斯塔西的工作人员和他们的“线人”。现在这里开辟成了斯塔西纪念馆（Stasi Museum）。

但是东德的建筑看上去都一样，初次到此的人很难确定纪念馆的具体位置。从地铁站出来，我很不好意思问路。斯塔西（Stasi）是德国人的伤痛，而且噩梦结束不过才二十来年。我一个外国人执意要去看人家的伤疤，觉得有点难堪。犹豫半天，我只好拦住一对过路人询问。他们竟也是去那里的，只是挥挥手让我一起走，没有显露出任何不快或质疑，就好像我们要去的只是一个普通的旅游景点。

当然很不普通。天有点阴，风很大。东柏林的街上总是显得空荡荡的，几乎没有人。我们走过西德人所说的“不叫楼房的房子”，简易单调的建筑物外面有乱七八糟的涂鸦。在一个转角处，有一个指示牌。我事先咨询了德国朋友，知道整座街区都是“斯塔西”的一部分，但不知道允许公众参观的有多大。和我一起来的两个德国人显然更了解，走近一个建筑就开始拍照。没有人会想到这个方盒子一样极一般的建筑里藏着巨大的秘密。

几十年间，德国人都不知道，直到1990年1月15日，数千名示威者忍无可忍地占领了这里。堆积如山的档案（材料上说是600万卷），使人们由此发现，自己一直生活在无处不在的严密监控之中。电话被窃听，指纹被朋友同事采集，停在路上的货车里藏着监视仪器，走在你身边的人，提包里就有偷拍的相机，甚至树干里都藏着跟踪设备。这就是捷克作家昆德拉所说的“集中营”式的生活。

我在来之前看了些材料，印象最深的是给东德人建立的气味档案。身体的气味被收集到瓶子里保存，以备侦捕鉴定之用。据说整间整间的屋子里都是这些瓶子。最让人感到不寒而栗的是，采集者都是被采集者的熟人。每个人都处在监视与被监视的无形的大网中。还有一种说法是被捕受审的持不同政见者都被采集了下体气味，以便追捕。

博物馆处于所谓的“1号楼”，是当年东德国家安全部部长，即斯塔西王国首领埃里希·米尔克（Erich Mielke）的办公室所在地。以“1号楼”为核心，一片20公顷的街区中曾有近50座建筑都属于这个庞大而严密的机构。到1989年，在这里工作的共有8000名雇员。但他们只是浮出水面的冰山的一小部分，更多不计其数为其提供情报的非专职人员处于海面下。

纪念馆中展示的图表令人惊愕：斯塔西办公室密布整个德国，包括东西两德。在1640

位于斯塔西办公区域内的房子看上去和普通东柏林建筑没什么不同

万东德人口中，有91 015人是斯塔西人员，这就意味着平均每180位公民中就有一个秘密安全人员，还不包括数量巨大的非专职人员。这个比例超过了当时所有东欧国家，包括苏联。

纪念馆展出了一些令人惊叹的秘密仪器：藏在树干中的照相机，藏在手提箱中的录音机，藏在墙纸中的窃听器，等等，总之，斯塔西对公民的监视无处不在。但这些都只是制造于20世纪60和70年代的设备，显得相当古老，技术更为先进的制造于80年代的精密仪器在纪念馆成立时已经不翼而飞。

对斯塔西工作人员进行的培训，除了使其掌握监视跟踪等职业技能外，很重要的就是思想教育。斯塔西被称为是保护东德政权的“盾牌和利剑”，他们自称是“契卡主义者”（Chekists），对工作人员进行的传统教育就是要培养“契卡主义者人格”。

所谓“契卡”就是苏联秘密警察（All-Russian Special Commission for Combating Counter-revolution and Sabotage）的代称。在展厅中可以见到契卡的领导人Felix E.Dzierzynski的雕像、传记文集和纪念章。Dzierzynski当时在东欧阵营建立的秘密警察系统具有广泛影响力，东德还曾发行过他的纪念邮票，图案是孩子向他的塑像献花。他在1918年契卡的第一次行动中为该组织所下的定义是：“保护革命和击败敌人，即便它的利剑意外地落到无辜者的头上。”在一尊契卡雕像上还印有一句话：“契卡主义者需要一颗温暖的心、一个冷静的大脑和一双干净的双手。”这不是在形容“契卡”，而是在描述天使。

纪念馆的核心展品是东德国家安全部部长米尔克的办公室和与幕僚们议事的会议室。它们基本保持了1990年斯塔西解散时的原有状态。如果对斯塔西的所作所为完全不知，会觉得这只是一个普通的办公场所，和其他行政机构没有区别。但对于东德人来说，它们是黑暗风暴的核心，无数秘密行动就是在这里策划，然后通过完整高效的行政组织去实施的。比如，在代号为“玫瑰行动”的建立柏林墙计划之前，必须在划定即将建立围墙的位置清理出五公里宽的无人区，将所有居民遣散。这个行动是由斯塔西高层策划的，代号“夜雾”。没有这些秘密警察，柏林墙不会在短时间内迅速修筑完成。

从1945年战后开始，苏联国家内务部（MVD）和国家安全部（MGB）便开始对苏占区的德国警察进行训练，在民主德国成立后形成了两支警察队伍：普通警察和秘密警察，后者就是斯塔西。一直到1990年被解散的四十五年间，到底有多少公民在斯塔西的雾霭中不经审判便遭到关押、虐待，甚至失踪，实在无法统计。因为许多档案被销毁，更多留存下来的部分需要花上数十年时间进一步整理。

展厅中展示了一份档案：1988年，一些在校学生对东德军队在当年10月7日的游行提出质疑，这些学生立刻被驱逐出学校或停课，虽然宪法保护他们有受教育的权利。一个学生便在学校的一座建筑上画了一个问号，并写上“WEITERFRAGEN”，

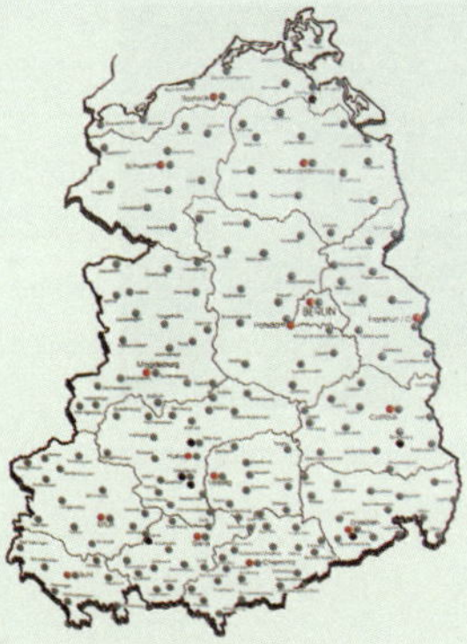

纪念馆中展示的图表令人惊愕：斯塔西办公室密布整个德国

东德发行过契卡领导人 Felix E.Dzierzynski 的纪念邮票

原东德国家安全部部长米尔克

米尔克的办公室

1990年1月15日，上千示威者占领了斯塔西总部

意思是“保持疑问”，斯塔西立刻派人进行调查，并收集了嫌疑人的气味。尽管受到严密监视，还是有敢于冒着生命危险表达意见的人。在斯塔西总部的岗哨上，有人涂鸦了一行字，意思是“还我生命的自由”。

1989年开放柏林墙之后，斯塔西更名为国家安全办公室，米尔克还在议会中讲话称：“我热爱所有的人民……”但是大众要求解散这个秘密警察机构。米尔克立刻下发了指令：销毁敏感文件，特别是可能用来指控斯塔西秘密情报人员的文件。几天后，米尔克的机构办公室被占领，米尔克本人被逮捕。他是两德统一后被判有罪的三个高管之一。

1990年1月15日，上千示威者占领了斯塔西总部，要求封存全部档案。但是许多文件已经被粉碎机处理成碎片。斯塔西工作人员曾连夜销毁档案，当粉碎机过热时，就用手撕毁。更多来不及处理的档案散落在各个办公室里。志愿者立刻成立了反斯塔西组织（ASTAK e.V.），负责保护有关斯塔西的一切材料。也正是在这个组织的创意下，成立了研究和纪念中心，这就是这座纪念馆的前身。其实这里展出的实物和档案只是很小的一部分，更多的文献已经通过立法，允许公民查阅。

所有人都没有料到，公开档案成为一场飓风，将德国搅得天翻地覆。很多人惊骇地发现自己最亲密的人竟是斯塔西的非专职人员，夫妻的枕边絮语、朋友间的会面都被汇报，详细记录到斯塔西的秘密档案中。学生发现自己信任的老师不仅暗中监视自己，还阻挠学生的毕业分配；正是闺中密友帮助斯塔西收集自己的气味；线人之间也互相汇报；在没有什么可以汇报时，线人就伪造情报。一时间流言四起，很多人被指认为斯塔西的“线人”，因此遭到公众的唾弃。有些人的确是被冤枉的，但百口难辩，要求专门委员会澄清事实。

回首以往变得不寒而栗，每个人都没有了安全感。人与人之间也因此失去了信任。全社会都面临一场道德危机。尽管如此，绝大多数人都对1990年1月15日的行动表示赞同和感激。一个国家的未来是由历史孕育的。这就解释了为什么两德统一后，人们依然对东德政权如此关注。

东德在20世纪70 ~ 80年代处于政权稳固的状态，但是斯塔西的运转不仅没有因此放缓，反而加速前进。其组织更加庞大、分工更为细致，可以调配的国有资源也大幅提高。

对于国内持不同政见者的监视更加严密，随时都准备好从肉体上消灭他们。档案显示，斯塔西已经准备好了一个名单，其中有86 000名嫌疑人员，一旦出现“紧急情况或预警状态”就会立刻逮捕这些人。为此，早就建造了监狱。同时也为外国记者、外交官和过境人员准备了可以容纳25 000人的看守所，以便对付这些危害政权的人。

幸而这一切都没有发生，这些在黑名单上的人如今都在哪里？你们还好吗？

实用信息：

地址：Rusche Straße 103，Haus 1，10365，Berlin

电话：030-5536854

网址：www.stasimuseum.de/en/enindex.htm

开放时间：周一到周五 10:00 ~ 18:00，周末和节假日 12:00 ~ 18:00

乘车路线：地铁U5线Magdalenen Straße站下车向西走，进入路北（右手）Rusche Straße街，或者在Frankfuiter Allee站下车向东走，进入路北（左手）的Rusche Straße街

万湖会议纪念馆位于湖边一座漂亮的三层小楼中

万湖会议纪念馆：会议桌上的杀人计划

万湖（Wannsee）位于柏林西南边，是传统的富人度假别墅区。万湖会议纪念馆（Haus Der Wannseekonferenz Gedenkstätte，House of the Wannsee Confererce Memorial and Educational Site）在湖边一座漂亮的三层小楼中。如果臭名昭著的万湖会议不曾在这里召开，它更适合成为一座小型俱乐部或休养所。

这座建筑建造于1915年，当时是一位工厂主的别墅。1941年到1945年间，这里是党卫军的会议中心和招待所。1942年1月20日，帝国保安总部负责人海德里希在此召集来自纳粹德国政府各职能部门的代表商讨“最终解决方案”。这是当时使用的一种欺骗说法，纳粹高层都知道它的确切含义是对所有在欧洲的犹太人进行屠杀。

但是全欧洲有1100万犹太人，如何才能将其全部消灭？万湖会议的目的就是协调德国的行政资源，将屠杀变成紧密配合、快速高效的流水线作业。几乎所有的纳粹德国党政机关都被卷入了这场有史以来最令人惊骇的种族灭绝行动。

纪念馆内精致的装饰

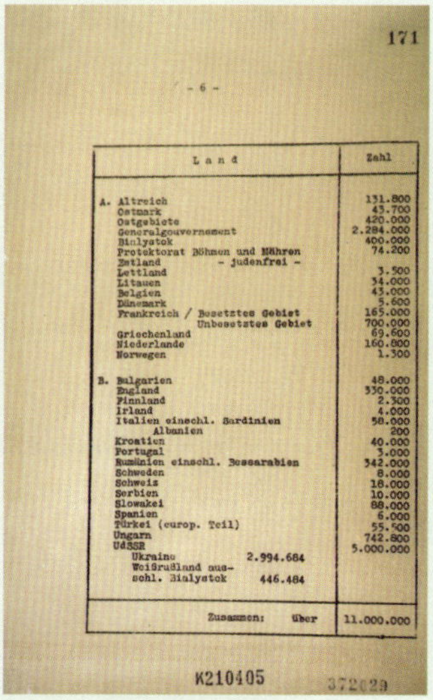

171

- 6 -

Land		Zahl
A. Altreich		131.800
Ostmark		43.700
Ostgebiete		420.000
Generalgouvernement		2.284.000
Bialystok		400.000
Protektorat Böhmen und Mähren		74.200
Estland - judenfrei -		
Lettland		3.500
Litauen		34.000
Belgien		43.000
Dänemark		5.600
Frankreich / Besetztes Gebiet		165.000
Unbesetztes Gebiet		700.000
Griechenland		69.600
Niederlande		160.800
Norwegen		1.300
B. Bulgarien		48.000
England		330.000
Finnland		2.300
Irland		4.000
Italien einschl. Sardinien		58.000
Albanien		200
Kroatien		40.000
Portugal		3.000
Rumänien einschl. Bessarabien		342.000
Schweden		8.000
Schweiz		18.000
Serbien		10.000
Slowakei		88.000
Spanien		6.000
Türkei (europ. Teil)		55.500
Ungarn		742.800
UdSSR		5.000.000
Ukraine	2.994.684	
Weißrußland ausschl. Bialystock	446.484	
Zusammen: über		11.000.000

K210405 372029

会议中出示给与会者的欧洲犹太人统计表

1947年，这次会议的记录在外交档案中被发现，后人得以了解会议的大致情况。会议被称为“国家秘书会议”，这意味着，此次会议只是在执行来自更高层的指示。是谁呢？至今没有发现希特勒下令屠杀的书面证据。但是作为帝国最高首脑，没有他的命令任何行动都无法执行。这正是希特勒的狡诈之处，他只对身边的几个高层下达命令，而且不留文字证据。另一方面在其他官员和国人面前却总是尽可能展现出“领袖魅力”，好像他对此完全不知情。所以即便人们在德国本土听闻在集中营发生的事，也不认为是出自希特勒的意愿，而愿意相信是他手下人背着元首做出来的。

当时有一句话说，“要想知道希特勒想什么，就看希姆莱正在做什么”。希姆莱是希特勒的猎犬，也体现出希特勒分裂人格中的另一面。如果希特勒下达屠杀犹太人的命令，也只有希特勒下达命令，希姆莱才会执行。

召集会议的海德里希则是希姆莱的猎犬。他投靠希姆莱时只有25岁，此前他曾因行为不当被海军解职。海德里希金发碧眼，具有音乐天赋，曾是一所音乐学校著名的男高音。他的粗暴和专横连希特勒都觉得受不了，在他被暗杀后的葬礼上，希特勒称他为“铁石心肠的人”。而他更被人所知的称号是“死神的邪恶上帝”。和希姆莱一起夺权时，两人都很年轻，还不为人知。靠着残酷和狂热，两人最终掌握了德国警察部门的实权。海德里希在此次会议上主要关心的其实是确保自己在未来的行动中处于主导地位，同时使所有政府机构卷入进来，都成为他们的同谋。

参加会议的几个参与屠杀计划的主要人员，其实早在20世纪30年代中期就汇集到一起了。如发放邀请函、为会议记录的艾希曼（Adolf Eichmenn）在1935年负责尽快寻找途径将犹太人移民海外。当时他就认为大规模将犹太人聚集起来将是危险的，虽然希特勒还没有下决心最后解决犹太人问题，但艾希曼已经暗示了这种方案的可能性。

参加会议的还有：盖世太保头子海德里希·米勒（Heinrich Müller），他手上沾满了无辜犹太人的鲜血；审判了1944年7月密谋刺杀希特勒案的法官、纳粹人民法庭庭长罗兰德·弗莱斯勒；（见《导览》之“德国抵抗运动纪念馆”）以及起草了《纽伦堡法案》的内政部官员施图科特（Wilhelm Stuckart）等。在参加会议的15人中，有八位具有博士头衔，其他人也都经过良好教育，几乎所有人都出自中产阶层，是这个帝国真正的“精英”。

在一般人的概念中，万湖会议是大规模屠杀犹太人的开始。其实早在1938年的“水晶之夜”，针对德国犹太人的暴力行为就已拉开序幕。其后，随着德国对波兰的入侵，大规模屠杀东欧犹太人已经成为紧随在正规军之后的党卫军和警察部队最重要的任务。他们每到一个城镇，无论男女老少，成百上千地杀害毫无反抗之力的犹太平民。但是以枪杀的方式屠杀，刽子手必须和被害人面对面。虽然纳粹的宣传机构反复向他们灌输，犹太人不是人，是劣等生物，是污染了日耳曼种族血统的细菌，但在经历了一段时间的恐怖和血腥场面之后，行刑队成员的健康状况明显恶化，普遍出现一些精神疾病的症状。连去视察的希姆莱本人，在目睹了一次屠杀之后，都呕吐不止。

而且，如果想把欧洲上千万的犹太人都灭绝，这种方法需要至少十年。此前，德国已经在实行“安乐死计划”，即使用药物手段杀害智障和残疾人。所以，希姆莱便命令执行“安乐死计划”的医学专家开始研制一种更安全、有效、快速的方法。所谓安全，当然是指对刽子手安全。

早在万湖会议召开前，使用毒气的实验就进行了。一旦确认使用一种名为齐克隆B（Zyklon B）的药物可以迅速完成屠杀，希姆莱和海德里希就在筹划如何动用德国的官僚系统，打造一条流水线。

万湖会议只开了一个半小时，然后是分组讨论。会议记录共15页打印的纸，其中使用了很多隐晦的说法，如果不明所指，会觉得只是写满官话的普通文件。这正是与会者希望的，他们试图掩盖即将进行的大屠杀。

一旦会议的这个主要议题得到参与者的共识，行动立即展开。德国行政系统一向以服从命令、严谨高效著称。铁路部门周密安排车次，将一车车的犹太人运送到东部的集中营，德国专业害虫专治公司立即大规模投产齐克隆B。德国机械制造公司立刻研制高效的焚尸炉，并为能取得政府的合同而竞争。

德国由胜转败之后，盟军东西合围一路逼近德国本土，在解放的集中营中目睹了大屠杀惨状。巴顿将军在参观完一个集中营后也呕吐了。人类第一次将科学技术手段、行政管理、高度分工合作应用到如此极致，而集中营是以军事管理的方式从事屠杀，这在20世纪之前是不可能的。

整个德国参与行动的人数量巨大，他们都是变态杀人狂吗？在战后对纳粹的审判中，绝大多数罪犯为自己开脱的理由都是“我在执行命令”。研究也表明，即便是亲手执行屠杀的人，绝大多数都具有正常人性，绝不是反社会反人类的极端分子。一位从奥斯维辛集中营幸存的内科医生认为：“除百分之十五到百分之十的个别具有心理变态的施虐狂之外，其他人都是具有是非分辨能力的正常人，他们知道自己在做什么。”他们认为自己是为净化德国的血统，为创建一个更美好的世界而不得不这样做的。所以，我们可以把他们看作偏执的“理想主义者”，为实现“乌托邦”奋斗。20世纪人类巨大的灾难就是由这样的一些“为理想而奋斗的”人制造的。

万湖会议的参与者是办公桌边的杀手，他们指挥无数的棋子去执行残忍的行动。这其中有的人是出于对领袖的“忠诚”，有些人的确相信屠杀是必须的。当然也有些人不过是为了获得权势，是利欲熏心之徒。但不管怎么说，他们心里都明白这是犯罪，否则为何要将会议记录写得冠冕堂皇，为何不直接暴露其计划的凶残。他们将全国的官僚系统牵扯进这

万湖会议纪念馆展室　　学生在老师的带领下来参观

项罪恶，也是为了给自己寻找更多的同谋。所以即便是在潜意识中，他们也预感到，这个帝国和他们的罪恶不会永远持续下去，他们知道总会有审判罪责的一天。

这也解释出，为什么在“二战”最后的六个月中，集中营的囚犯被逼迫进行“死亡行军”。德国战败已成定局，刽子手害怕给盟军留下罪证，强迫囚犯在恶劣的条件下长途迁移，导致很多人死在路途中。

但是，一个普通人为什么会认为杀害同类是必须的，是为未来的德国做贡献？在万湖会议纪念馆的展室中可以找到答案。纪念馆共有15个展室，都在别墅的底层。从正门进入后正对着的展室是对展览的总介绍。向左进入第二个展室，便开始讲述德国种族主义和反犹主义的由来。宗教文化和经济利益的冲突可以说由来已久。尽管生活在德国的犹太人中很多都力图融入德国社会，甚至基督教化，但是德国人始终不能从心理层面上真正接纳他们。对于犹太人的诋毁、恶意歪曲是一股强大的潮流，在不同的时代，随着政治和经济环境的变化时强时弱。其中种族世界观似乎是从科学角度论证了日耳曼民族具有最高贵的生物血统。这为之后的纳粹提供了理论依据。

我们从第三展室之后按照逆时针顺序参观，就可以看到犹太人何以一步步成为纳粹独裁政府的牺牲品。通过强有力的宣传机构，反犹思想被灌输到德国民众大脑中。犹太人被剥夺了各种基本的生存权之后，处境日益糟糕，在无法获得生存之需后，只能在极端恶劣的情况下挣扎。这却被用来证明他们是下等民族，以煽动德国民众的厌恶心理。在接下来对犹太人的大规模迫害中，便很少能激起德国人的同情和怜悯。当对残酷的行为渐渐麻木之后，就更容易成为整部杀人机器的小齿轮。没有这些齿轮，机器无法运转。

展览的核心是当时万湖会议的会场。墙上的展板详细介绍了每个参加会议者的情况。

从照片上看，他们并没有目光凶狠、面容龌龊，相反他们看上去都很普通，在街上不期而遇都不会留下什么印象。但正是这些貌似平凡的人在这间屋子里以冷静的态度，商议着如何动用国家机器大规模屠杀，导致几百万犹太人死亡。看着看着就觉得一股寒意袭来，我不禁打了个冷战。

此时，一大群学生在老师的带领下来参观。年轻的面孔涌进了展室。战后，西德政府从一开始就承认大屠杀罪责，并愿意对犹太民族进行赔偿。其后的几届德国政府也都努力表现出反省的姿态。两德统一之后，更是在这方面小心翼翼地注意国际影响，同时将历史列入教育内容。所以这座纪念馆也是一座教育基地。

在万湖会议纪念馆南边不远处，万湖边还有一所纪念画家利伯曼的别墅（Liebermann-Villa，Villa Thiede），其中展出了画家的遗作。

实用信息：

乘车路线：地铁 S1 或 S7 线万湖站（Wannsee）下车，然后转乘 114 路公共汽车到 Haus der Wannsee-Konferenz 站下车

地址：Am Großen Wannsee 56—58，14109，Berlin

电话：030-8050010

网址：www.ghwk.de

开放时间：除 12 月 24 日、12 月 31 日、1 月 1 日外，每日开放，从 10:00 ~ 18:00

三座藏匿纪念中心坐落于一个不起眼的小院子，
满院子都是涂鸦，还有庞大怪异的装置

三座藏匿纪念中心：讲述勇者的故事

谷仓区很知名的休闲场所是一个叫哈克什庭院（Hackesche Höfe）的大院落，里面提供很多餐饮服务。就在同一大街不远处，有个不起眼的小院子，满院子都是涂鸦，还有庞大怪异的装置。德国盛产涂鸦，只要有墙面就有人忍不住要在上面表达一番，通常还都是表现主义的狞戾恐怖画风，看着很吓人。

不过走进院子，会发现里面的涂鸦都不是随意安放或涂抹上的，而是出自相当高水平的专业人士之手。院内有商店、表演和餐馆，涂鸦都是用来招揽顾客的。当然也不尽然，院子里也有商家的广告和胡乱的大众涂抹。在一片喧哗的商业气氛中，隐匿着三座很小的博物馆。他们的主题却非常沉重：在纳粹德国时期，那些想尽办法躲避迫害的犹太人的故事。

涂鸦出自相当高水平的专业人士之手，此为希腊传说中的美杜莎头像

肯尼迪头像涂鸦

奥托·魏特盲人作坊纪念馆

这个纪念馆是为纪念一位叫奥托·魏特的人。他的双眼几乎失明，在柏林开办了一个制作刷子的工坊，主要雇用残疾人。奥托·魏特坚决反对纳粹，在1939年，他的大部分雇员都是犹太人。在纳粹对犹太人的迫害日益严重的情况下，奥托·魏特和夫人尽他们的全力帮助犹太人。他通过贿赂当地警察局和盖世太保，给他的犹太雇员制作假证件，使他们可以不被遣送到集中营。奥托·魏特的工坊归属的警察局就是曾在1938年“水晶之夜”阻止冲锋队烧毁犹太新教堂的。（见《导览》之“谷仓区·犹太新教堂”）他组织了一些可以藏匿犹太人的秘密躲藏点，以此在不同程度上挽救了很多犹太人的生命。具体人数尚无法统计。

在奥托·魏特夫妇救助的人当中，有一位幸存的姑娘英格·多伊彻克恩（Inge Deutschkron），后来成为记者和作家。她在自传中回忆了当年奥托如何冒着危险帮助她和母亲，使她们熬过了悲惨岁月，得以活到战后。不仅如此，英格在战后致力于宣传那些帮助过犹太人的德国人，使人们认识到并非所有的德国人都负有罪责，并非所有德国人都充当凶手或帮凶。帮助犹太人逃离被屠杀的命运是完全可能的。奥托·魏特盲人作坊纪念馆便是在她的一再呼吁下建立的。

2004年德国政府购买了原来奥托·魏特工坊所属的建筑，收集了当年使用的工具设备、当事人照片和档案，开办了这座小小的博物馆。这座建筑的外墙已经斑驳，墙体的红砖暴露在外面。博物馆的正门就在一片杂乱的涂鸦中。走进展室，气氛迥然不同，当年使用过

奥托·魏特和夫人

奥托·魏特救助的幸存者英格·多伊彻克恩，战后一直致力于宣传那些帮助过犹太人的德国人

当年制作刷子的工具被摆放在窗口，对面墙上是奥托和同事们的照片及文字说明

的陈旧的木质家具和制作刷子的工具被静静地摆放成一排，对面墙上是奥托和同事们的照片及文字说明。走到最里面是最简陋的一个房间，墙面都没有重新粉刷，连电线都裸露在外面。这是奥托·魏特隐藏在霍恩（Horn）一家的地方。

整个博物馆表面上是如此简朴平静，讲述的是却惊心动魄的故事。有些人成功逃离，有些没有。在照片下面，是每个人的经历。由于被告发，霍恩一家四口被盖世太保抓捕，遣送到集中营后都死在那里。展品中还有一些明信片，是从中转营中寄给奥托·魏特夫妇的。被集中到那里的犹太人可以通过信件和外界联系。由于会受到检查，寄信人采用了隐语，或将真实的信息掩盖在明信片的角落中。奥托给请求帮助的人们共寄去了100个食品包裹，帮助他们生存，但是绝大多数人都没能逃过屠杀。

根据战后的统计数字，德国有10 000到12 000人在纳粹遣送犹太人期间设法躲藏以逃避迫害，其中在柏林大约有7000人。最终有5000人活了下来，其中柏林有1700人，其余的人不是被告发逮捕，就是自己放弃向警察局自首，还有一些人死于饥饿、疾病和轰炸。

1946年，政府仅承认奥托·魏特是“纳粹政权的受害者”。在他去世后，1956年到1963年间任西柏林内政部长的利普席茨（Joachim Lipschitz）推动政府承认了738名无私帮助犹太人的德国人，其中包括奥托·魏特。他的妻子因此每月得到50马克的补助。1971年，以色列亚德瓦谢姆大屠杀纪念馆授予奥托·魏特“民族正义者”的称号（Righteous among the Nations）。

安妮·弗兰克中心

奥托·魏特盲人作坊纪念馆对面的建筑中是安妮·弗兰克中心（Anne Frank Zentrum）。这个设在柏林的小纪念馆是阿姆斯特丹“安妮之家”的分支机构。在阿姆斯特丹运河边的一所房子中，安妮·弗兰克一家度过了最后时光。那里现在被开辟为纪念馆，参观者甚众。安妮·弗兰克并没有在柏林生活过，但由于她一直被看作是犹太人躲避迫害的象征，柏林便设置了这个纪念馆。战后，德国对大屠杀一直讳莫如深，直到1982年，第一本描述大屠杀的书才得以在德国出版，那时距大屠杀发生已经有三十七年了。而在这期间，唯一可以让人们想起这段历史的是《安妮日记》和根据它改编的电影。

安妮·弗兰克的父母曾生活在法兰克福。1933年希特勒上台后推行的排犹政策让他们感到不安，奥托·弗兰克决定先到阿姆斯特丹组建公司，安顿下来后便把全家从德国接了出来。之后越来越多的德国犹太人移居荷兰，他们认为荷兰可以像在“一战”中一样保持中立，对犹太人来说会很安全。在德国大规模迫害犹太人时，阿姆斯特丹的犹太人尚能够正常地生活，小安妮在和平环境中渐渐长大。但是1940年，德国占领荷兰。安妮感觉到被无所不在的敌意包围。安妮16岁的姐姐玛格不久收到通知，命令她到德国的强迫劳动营报道。安妮全家于是躲入藏身地。

安妮的梦想是当记者和作家。她在日记中写下了被迫隐藏后的感受。安妮在这个红色格子封面日记本所写下的内容在战后出版，随即被翻译成60多种语言，发行了几百万册。上百万读者因此了解到这个渴望自由却只能在狭小空间中生活的女孩的内心世界。安妮的文笔比同龄的孩子成熟，她不仅描述了身边和她一起躲藏的人们，还努力思考，对世界充满疑惑。

阿姆斯特丹“安妮之家”的展室就是当年安妮他们生活的地方，和那里相比，柏林的纪念中心缺乏现场感，布置展览简直是无米之炊，但也因此考验了策展者的创新能力。因为我去过阿姆斯特丹“安妮之家”，参观柏林的这个之前没抱很大期望。但这里的展览设计的非常好，出乎我的意料。柏林的很多博物馆在原创力方面令人印象极为深刻。

通往纪念中心的楼梯上用世界各国文字写着安妮的名字——如果邪恶的势力再次笼罩，她的遭遇可能发生在全世界任何人的身上。进入展室，我们的注意力首先会被选挂在屋顶上的两排照片吸引。一排是安妮·弗兰克从出生开始的照片，我们看到她一年年长大，慢慢出落成漂亮的大女孩。另一排是以勃兰登堡门为背景的年度历史照片，从安妮出生的那年开始到纳粹上台，最后是1945年德国战败。这一年安妮应当是16岁。但是照片没有了，安

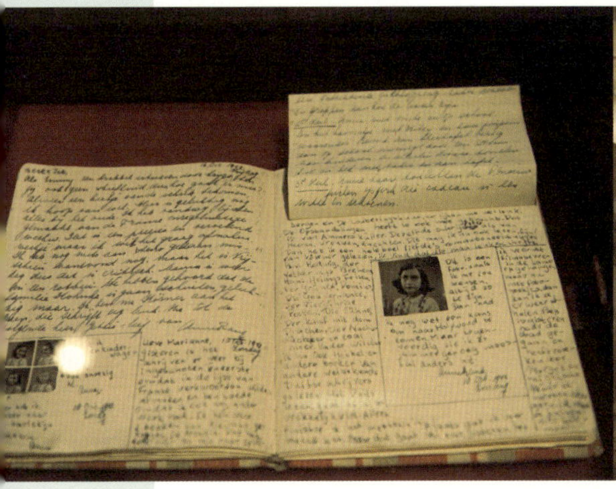

安妮在这个红色格子封面日记本上所写下的内容在战后出版，随即被翻译成60多种语言，发行了几百万册

展室上悬挂的两排照片点明了展览的主题

妮永远都没有16岁，她在13岁时被纳粹杀害。

展室两边展出的是更详尽的资料。安妮这边，最初是一个幸福的家庭，小孩子出生后过着无忧无虑的生活。一家人都不知道，随着时间轴的延续，他们将被20世纪最残酷的历史碾碎。另一侧，纳粹从一个无名小党，逐渐在德国获得更多支持，从者甚众。终于汇合成一股浊浪，将无辜的人们淹没。

除了文献和照片，还有一些被摆放在玻璃罩中的实物：安妮的日记、冲锋队在“水晶之夜”袭击犹太人时携带的匕首等。另外还有安妮的父亲奥托·弗兰克的谈话录音。他从集中营中幸存下来，回到阿姆斯特丹后阅读了女儿的日记，决定将它出版。这不仅为了安慰女儿的在天之灵，为安妮圆一个作家梦，也想因此使战后劫生的人们不要忘记过去，并教育没有经历过恐怖历史的孩子们：如果正义不能成为一个社会的共识，灾难还可能发生。

帮助安妮他们隐藏的一共四人，是两对夫妇。从照片上看，他们都是极普通的人。他们冒着生命危险给安妮他们送来食物、用品和图书。在安妮他们的隐藏地被告发后，两个帮助他们的男性也被逮捕，但他们最终在集中营中幸存了下来。

在纪念中心的另一个展区，基调陡然不同，是一个五彩斑斓的世界，属于当代社会。灰暗的历史看似遥远，和现在的生活没什么关系。但安妮在日记中提出的问题不仅属于她那一代。她想到了自己的个性、青春和前途，也触及战争和生命的意义。这个展区中展示了几个生活在当代柏林的孩子，他们都在12岁到17岁之间。青春的萌动，使他们也在试图回答安妮当年追问的问题。

无声的英雄纪念中心

在奥托·魏特盲人作坊纪念馆开馆后，德国抵抗运动中心又负责在旁边的建筑中开办一所新的博物馆，献给更多在纳粹恐怖统治下勇于挺身而出、为犹太人提供无私帮助的德国人。他们被称为“无声的英雄”。2008年，无声的英雄纪念中心（Silent Heroes Memorial Center）开馆。

纪念中心主要以图片、短片和文献资料方式讲述了18位默默无闻的英雄，在高压之下依然想尽办法为决定躲藏的犹太人提供隐蔽所和基本生存之需。其中有成功的例子，也有因被揭发被捕而失去生命的人们。

在展柜前读到他们的故事、凝视他们的照片，看到一双双曾经充满活力的双眼，他们像我们一样曾对生活怀着向往，却敢于在巨大的威胁面前做出选择，不惜牺牲自我。

我一向脆弱，特别害怕面对如此沉重的主题，在阿姆斯特丹要去参观安妮之家时就迟疑很久，刚一进去就忍不住眼泪。到柏林，想到要参观这三座纪念馆就不由得紧张。我总觉得自己在不公和邪恶的环境中是没有勇气反抗的。这些勇敢的人在人类中也只占很小一部分，是和我这样的普通人完全不同的人。

但是，突然间，我就明白了，他们也曾是普通人，在正常的环境中过着普通的生活。当周围的人都疯狂了，愚蠢的人们在煽动下变得凶残，那些还具有正常人性的人，必须做出选择：维护基本的做人底线，不去残害无辜的同类，还是把自己等同于周围那些失去人性的邪恶怪物？如果你无法放弃自己作为一个人的尊严和价值观念，不能忍受同类被践踏，

安妮·弗兰克纪念中心的另一个展区是一个五彩斑斓的当代世界

纪念中心外是一片歌舞升平的繁华景象

你就会产生勇气。他们在前一天还是和你一样的人，是你的邻居、同事或朋友，现在却处处遭人欺凌，随时可能卑贱地死去。此时，你就会伸出援手。

这样的纪念中心就是要通过讲述勇者的故事，激发人的同情心和正义感。一个社会最可怕的就是对最基本的原则失去共识。普通人是不会经常主动思考、辨别善恶的。所以必须用各种方式唤醒人们的理智，让人们知道什么是好，什么是歹。这句话听上去很容易，我以为却是最最难的，而且经常做不到。所以柏林现在才会有这么多以德国历史为主题的博物馆和纪念中心。每个中心除了常设展览之外，还针对年轻人建立教育基地。在他们还处于幼稚盲目的阶段便强调是非观念的重要。我也因此成为受益者，多年积在心中的迷惑，在参观后慢慢有了头绪。

纪念中心外是一片歌舞升平的繁华景象，和展览的气氛完全不相容。我从展室出来，一时不知身在何处。看着熙攘的人流，忽然很释然，人生如此美好，那些勇敢的人们敢于抗衡邪恶，就是为了所有人都能像现在这样享受生活。

实用信息：

奥托·魏特盲人作坊纪念馆

地址： Rosenthaler Straße 39，10178，Berlin

电话： 030-28599407

网址： www.blindes-vertrauen.de/

开放时间： 周一到周日 10:00 ~ 20:00

安妮·弗兰克中心

地址： Rosenthaler Straße 39，10178，Berlin

电话： 030-288865600

网址： www.annefrank.de

开放时间： 周二到周日 10:00 ~ 18:00

无声的英雄纪念中心

地址： Rosenthaler Straße 39，10178，Berlin

电话： 030-234579-19

网址： www.gedenkstaette-stille-helden.de

开放时间： 每天 10:00 ~ 20:00

乘车路线： 地铁 S5、S7 和 S75 在 Hackescher Markt 站下车，或地铁 U8 线在 Weinmeister Str. 站下车

珂勒惠支纪念馆

珂勒惠支纪念馆：只有一个珂勒惠支

在珂勒惠支70岁生日时，她盼望着即将到来的作品展。虽然只是一个不事张扬的小型展览，但依然被强令取消了。（见《人物》之“珂勒惠支”）这本是意料之中的，但珂勒惠支还是感到失望和愤怒。不过依据一位作家的回忆，她的朋友，热爱她作品的密友们还是想出一个办法，使人们能见到她的作品。在原来计划举办展览的书店里有一个挂着门帘的小门，进入之后，是一条狭窄的楼梯，通向一间展室。如果有陌生人来询问展览，会被告知已经取消。只有很可靠的人才可以一个挨一个悄悄进去参观珂勒惠支的作品。其中就有雕塑《母亲和双胞胎》，又名《护卫着的母亲》。

今天，这座雕像就被摆放在临近大街的草地上，后面一座高大宽敞的建筑便是珂勒惠支纪念馆（Kaethe Kollwitz Museum）。人们终于可以从容地走进她的世界，一个沉默平静却蕴藏着巨大内心力量的世界。

从中年开始，珂勒惠支获得了越来越多的赞美和荣誉，但到纳粹掌权，她的名字便从德国艺术中被一笔勾销，仿佛她从来没有存在过。那些被她作品所震撼、得到她的指导帮助过的年轻人都只是做了一个梦。具有现实的力度和情感深度的作品都只存在于遥远的过去。

在珍珠港事件之前，她还可以和美国的朋友通信，可以委托他们在大洋彼岸举办她的展览。但是德国和美国进入战争状态之后，她就和世界失去了联系，人们不知她是否还能在对柏林的猛烈轰炸中继续创作，她的画室是否能躲过盖世太保的搜查，她的作品被从美术馆清除后是否根据戈培尔的命令被全部销毁。

是的，她还在创作。这个已经75岁的老人，刚刚送别了一起生活了几十年的丈夫，又得到失去孙子的噩耗，在生活物资匮乏的柏林，在“希特勒万岁”的口号不断从大街上传来的陋室中，珂勒惠支还在坚守。她坚信，在她去世数十年后，人们将会由于她的作品而感到生命更丰富。

迈进珂勒惠支纪念馆的一刻，就是这样的时刻。鲁迅早在20世纪30年代初就在中国推介她的作品，在其后的几十年间，珂勒惠支的名字对于中国艺术界的影响深远，很多人从儿时起就知道她，见过她的版画。但是，地域和时空的阻隔，使她仅仅成为一个熟知却遥远的符号。珂勒惠支，作为一个具有独特天赋的艺术家，一个卓尔不群的女性，远远超过上个世纪中国人对她的了解。

纪念馆非常简单，几乎没有装饰，白色的墙面上有她的照片、简单的生平传记和照片，以及她不同时期的自画像、素描和版画、宣传招贴画；展厅中间有为数不多的雕塑作品。这是一个黑白的世界，珂勒惠支几乎没有油画作品，也没有描绘过风景。她只画人，而且不用色彩表现。然而理由和当年鲁迅在中国提倡版画的动因不同。鲁迅是从实用角度，认为版画便于创作和传播，在当时中国的现实条件中是极利于启蒙大众的一种艺术手段。

珂勒惠支则是出于艺术上的选择。她早年在慕尼黑和柏林接受艺术教育时，曾学习过色彩。但是珂勒惠支总觉得自己无法理解老师的意思。传统的教学要求学生都要逐步开始画油画。但当珂勒惠支提起笔时，她并不需要用各种颜色，只是黑的笔触和其间的空白就能表现出她想要表达的主题和情感。她的启蒙是从钢笔画和素描开始的，它们一直是她驾轻就熟的方式，她喜欢以这种轻便的方式来记录自己容貌的变化，从婚前到初为人母，一直到成为一个老妇。但是最终用何种形式开始正式的创作，珂勒惠支徘徊多年。她年轻时游历法国和意大利，并仔细研究同时代已经成名的画家作品，从中探索符合自我的形式。

一开始，她让老师教她腐蚀版画的技术，不过最初的尝试失败了。她第一批被广泛接受的作品《织工》，是以西里西亚纺织工人罢工为题材的系列作品，一共六幅。前三幅和后面三幅的风格很不一样。前者的背景浓重，以大块阴影晕染来表现气氛，后者主要以清晰的线条勾勒，层次感更强。这是因为前三幅是石版画，创作后面三幅时，她觉得自己已经掌握了腐蚀铜版的技术。这组最初的作品，表现出的与其说是底层人的反抗，不如说是对社会不公的绝望。在第四幅《组织队伍》和第五幅《突击》中，那些走投无路的人们拿着他们的农具出发，想以此来反抗因榨取他们而致富的高高在上的阶层。仔细看看他们的

26 岁的珂勒惠支，初为人母时的自画像

60 岁时的自画像

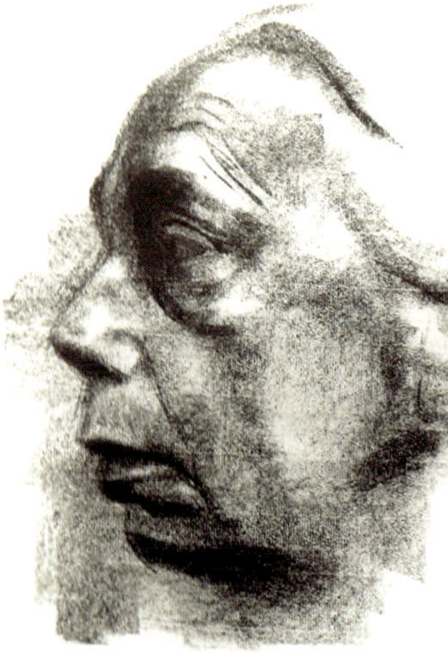

《织工》组画之一石版画《贫穷》

《织工》组画之五铜版画《突击》

脸，因长期营养不良和艰辛的劳动而显现出病态和愁容。即便在采取他们认为最极端的行动——聚集到老爷家大门前挥舞拳头和石块时，也丝毫没有表现出凶狠和愤怒。他们不像是去斗争，而更像是一队为自己送葬的队伍，去乞求一切赶快结束，他们已经知道一切都是徒劳的，他们在人间已经没有了活下去的愿望和希望。难道这真的是人类社会吗？

珂勒惠支反复表现贫穷、战争和死亡，都是真的吗？一定有很多人不相信，或者不想相信。1905年，珂勒惠支以一张素描为基础为“家庭工业展览会”制作了宣传画，表现的是在家中劳动、努力糊口的人们。在当时的第二帝国，这样的家庭成千上万。但是威廉二世的皇后要求展览会撤下这幅画，否则将不出席展览会。她认为这些都是珂勒惠支虚构出来的？还是不愿意面对这样的场景？同情并不是人类普遍具有的感情，没有同情心的人似乎总是占多数。世上因此只有一个珂勒惠支，一个伟大的珂勒惠支。

珂勒惠支最重要的一类作品是宣传画，极简洁有力的人物表现出她对于那个时代诸多敏感问题的鲜明态度。她更喜欢用石版画来创作，其中影响最深远的一幅是“一战”之后的反战作品《永远不要战争》和《维也纳正在死亡！救救她的儿童们》。

到45岁之后，珂勒惠支开始尝试雕塑。年轻时她到巴黎见过罗丹，罗丹邀请她到默东家中做客。当时，珂勒惠支从没想过她会从事雕塑。但是罗丹创作的《巴尔扎克》给她留下极深的印象。在纪念馆中，我们可以看到她那尊小小的但极坚实的铜塑《母亲之塔》。在战乱和贫困中挣扎的母亲形象永远是强韧的，这尊雕塑以一个塔的三角形严密结构来表达母亲们因愤怒而爆发出的勇气。我们能感受到母性力量的强大，似乎任何东西都无法侵害她们环绕护卫着的孩子们。

但是，事实正相反。母亲的爱在残酷的时代中无法抵御那些夺走孩子的邪恶。珂勒惠支的小儿子彼得应征参军，在“一战”刚刚开始时就在比利时阵亡。珂勒惠支为埋葬彼得的士兵墓地制作的雕塑，是以她和丈夫卡尔为原型的。他们夫妇代表天下所有失去孩子的父母长跪于墓前，想一想就让人悲痛不已。珂勒惠支另一尊哀悼孩子的雕像《母亲和死去的儿子》，现在被放置在“德意志联邦共和国战争和暴政受害者纪念中心”。（见《导览》之“菩提树下大街·新岗哨”）

珂勒惠支创作木刻版画是在年过50岁之后。1919年，李卜克内西被暗杀，珂勒惠支虽然并不完全同意他的主张，但是被纳粹的这种暴行所震撼，她立刻到停尸房画了速写。根据速写，珂勒惠支先是用铜版画，后又用石版画来表现，但都觉得没有表现出当时几万人前去吊唁的哀痛感，最终她使用了木刻形式。还有一组名为《战争》的组画，也是尝试了石版和铜版都不满意后，珂勒惠支采用了木刻，黑白的对比更强烈。

但是这些曾经消失的珍品是从哪里冒出来的?

1937年，戈林要求立即把所有不符合“时代精神”的作品统统从美术馆和画廊中清除。一百多个美术馆执行了这道命令，12 000幅版画和5000幅油画失踪了，其中就有珂勒惠支的作品。它们其实是被德国政府卖掉了。通过瑞士的中间人，这些画到了一些非德国籍收藏者手中。画款则被德国用于储备战略物资，或者被戈林这样的腐化官员纳为己有了。不过还是有一些作品被美术馆的工作人员悄悄藏匿起来。那些相信艺术将超越时代变迁的美术同行知道它们的价值，并且甘愿为此冒险。在战后，珂勒惠支的作品慢慢从地库中、抽屉里、阁楼的旧物堆中冒了出来。虽然不知道到底有多少作品被纳粹销毁或毁于轰炸下，但至少她最重要的一批作品得以幸存。

珂勒惠支为埋葬儿子彼得的士兵墓地制作的雕塑，以她和丈夫卡尔为原型

珂勒惠支纪念馆前用一幅她最温暖的作品为招贴画：石版画《抱孩子的母亲》

BERLIN

珂勒惠支虽然创作力旺盛，但是对自己的作品要求极严，只肯于拿出她认为达到水准的作品。而这些不具有装饰性的版画、素描除了被美术馆收藏外，只有非常具有眼光的收藏者才会购买，因此出售作品所得收入不多。即便后来得到教职，她的生活也一直不富裕，从没有充裕的条件购买住房和画室。“二战”中，她原来的住所也毁于轰炸。因此在她去世后的几十年间，虽然被东德政府授予很高的地位，但无法建立她的故居或纪念馆来陈列她的作品。

直到1986年，一位画家兼画商佩尔斯－罗伊顿（Hans Pels-Leusden）捐赠了这座宽敞漂亮的私人宅邸作为珂勒惠支纪念馆，珂勒惠支的作品才得以安顿下来。

实用信息：

地址：Fasanen Str. 24，10719，Berlin

电话：030-8825210

网址：www.kaethe-kollwitz.de

开放时间：周一到周日 11:00 ~ 18:00

乘车路线：地铁U1线Uhland Str.站或Kurfür Stendamm站下车，U9线Kurfür Stendamm站下车

柏林导览

BERLIN TRAVLE GUIDE

五级推荐

FIFTH RECOMMENDATION

布吕克美术馆专门展示德国 20 世纪“桥社”画派画家的作品

布吕克美术馆：野性艺术家的光和热

布吕克（Brücke）在德文中的意思是“桥”。布吕克美术馆（Brücke Museum）专门用于展示德国20世纪初一个名为“桥社”（Die Brücke，The Bridge）的画派的作品。之所以取名为“桥”，是希望他们的作品成为一种纽带，将过去伟大的艺术传统与未来相连接。

过去指的是丢勒、马蒂亚斯·格吕内瓦尔德和老卢卡斯，那么未来的艺术是什么呢？这批青年画家也不是很清楚，但至少他们认为绝不是死板的学院派。他们需要表现对生活全新的感受，完全从既定的条条框框中解放出来，他们反对资产社会价值观对人的压迫。这种对于正统艺术的反动，后来在德国发展成表现主义。“桥社”被认为是第一个德国表现主义艺术团体。

“桥社”成立于1905年，由四个受到新艺术（Art Nouveau）影响的建筑系学生发起：基希纳（Ernst Ludwig Kirchner）、布莱尔（Fritz Bleyl）、施密茨-罗特勒夫（Karl Schmidt-Rottluff）和黑克尔（Erich Heckel）。他们当时都就读于德累斯顿技术大学。“桥社”被认为是对20世纪现代艺术发展具有决定性影响的最早的一个艺术流派。第二年，具有相近艺术理想的佩希施泰因（Max Pechstein）和诺尔德（Emil Nolde）成为画派一员。对木刻艺术着迷的米勒（Otto Mueller）也在1910年加入进来。

基希纳从小就是个过度敏感、爱幻想的孩子，常受到噩梦困扰。他18岁时，想当画家，遭到家人的反对，只得到德累斯顿的建筑学院学习建筑，在那里他遇到了布莱尔，两人成为挚友。他们在一起讨论艺术，研究自然，观点常常比较激进。1903年，基希纳决定到慕尼黑学习艺术，到博物馆中临摹早期绘画大师的作品，同时也参观了法国新印象派画家的画展。为了得到毕业文凭，1905年他回到德累斯顿。此后他和其他几个同样具有艺术野心的青年创立了“桥社”。画派成立之初，大家都很穷。为了将自己和社会隔绝开来，抵抗资产者的生活方式，基希纳和布莱尔在工人生活区租下了一个肉铺当画室，里面堆满了箱子、画具和杂物，完全像个波希米亚艺术家的小窝。为了挣点钱，基希纳给人画灶具瓷砖。不过这个杂乱的地方至少给了画家们一个属于自己的空间，他们作画、讨论，追求性生活的随意性。

他们使用非职业模特。既然承认传统文化遗产，他们也喜欢用木刻来宣扬自己的理想。很多都是基希纳完成的，他的双手因从事木刻变得粗糙。1906年“桥社”举办了第一个以“裸体”为主题的画展。1907年到1911年间的夏天，“桥社”成员汇集到莫里茨堡（Moritzburg）的湖边。这是他们最美好的一段生活吧。那么自由、健康、雄心勃勃做自己所

基希纳所绘“桥社”四个发起人的肖像

基希纳这幅表现女孩放松姿态的画是美术馆的重要藏品

诺尔德的《面具》

爱的事。

1911年，基希纳搬到柏林，他创办了一所私人艺术学校MIUM（MIUM-Institut），教授现代绘画。但是没有成功，学校在第二年关闭。此间基希纳创作出了一批最好的作品。他也在柏林参加画展，获得一些声誉。他遇到了一对姐妹，以她们为模特。妹妹后来成为基希纳的妻子，但他们没有举行任何常规的仪式。这位女子后来一直陪伴着他，在他的状况每况愈下时也没有离开他。

1913年，基希纳为“桥社”编写编年表，此后，这个团体便处于解散状态。

基希纳应征入伍参加第一次世界大战，成为他生活中一个致命的转折点。他在战场受到强烈的刺激，精神崩溃，因此得以离开军队，但他再没有恢复过来，总觉得被“血淋淋的狂欢”包围着。后来他又被车撞倒，导致瘫痪，很长时间需要依靠药物止痛。他的画风也有所改变，更具有神秘主义色彩。纳粹上台后，他的作品被视为“堕落”，因而在德国没有客户再购买他的作品。1938年，基希纳在瑞士的隐居地开枪自杀。

“桥社”中另一位最具影响力的人物是诺尔德，虽然他参加这个团体时间很晚，而且不久就退出了。诺尔德母亲的家族拥有一个农场，到他这一代已经是第十代了。但是他对此毫无兴趣，很早就离开家乡，到处漂泊，寻找适合自己的职业。因为到各地旅行，他参观了欧洲各处的博物馆，深受先辈大师的滋养。

他常感觉到幻象，即使是动物的叫声也能变成色彩：“动物的尖叫是鲜黄色的，猫头鹰的低鸣是浓紫色的。”他在努力将感受表达出来时，受到“桥社”艺术家的注意。施密茨-罗特勒夫在画展中看到他的作品后写信邀请他加入“桥社”。他向他们学习了木刻。但是因为性格孤僻，不喜欢和人交往，不久诺尔德便退出了。

诺尔德不断探索自由表现的画风，逐渐成为德国现代艺术中具有开创意义的人物。但是来自偏僻地区的诺尔德，在思想上是传统而保守的民族主义者。他写信给受人尊敬的犹太画家利伯曼，信中带有强烈的种族歧视色彩。分离派画家因此将他开除。在另一批画家成立新分离画派时，诺尔德又加入其中。诺尔德在瑞士和保罗·克利相识，两人颇为投合，互相欣赏。诺尔德称克利的画如同“鹰隼在繁星点点的宇宙中翱翔”，克利说诺尔德是“来自冥府的神秘之手”。

1931年，诺尔德成为普鲁士艺术学院的院士，1933年被聘为柏林国家艺术学院校长。在纳粹上台后，他期望自己能躲过迫害，但是对表现主义深恶痛绝的纳粹毫不客气地将他的作品列入慕尼黑“堕落艺术展”中。他接到勒令上交作品的指令，上交的作品被没收。他曾向纳粹官员申诉，但无人理睬。即便他认同纳粹的种族观念，也无法挽救其作品被销毁的厄运。

诺尔德熬过了“二战”，因而成为德国老一辈幸存艺术家的代表，被赋予很多荣誉，得以在德国安享晚年。

20世纪初的德国表现主义一般被粗略分为三个部分：一是“桥社”；二是1911年在慕尼黑成立的“蓝骑士”（The Blue Rider），其中的代表人物包括康定斯基和他的情人女画家明特尔（Gabriele Münter）、在“一战”中战死的弗兰茨·马尔克（Franz Marc）等，后来和康定斯基一起在包豪斯教学的保罗·克利也勉强可算在其中。第三派则是在“一战”后延续了表现主义画风的贝克曼（Max Beckmann）。

1967年，施密茨-罗特勒夫将他私人收藏的“桥社”同仁的作品捐献给柏林，以此为基础在一幢带有包豪斯风格的小楼中建立了布吕克美术馆。黑克尔后来也捐献了自己的作品和藏品。现在美术馆已拥有400件油画、木刻、雕塑和平面作品，此外还藏有一批和“桥社”相关的档案材料。

展品中最重要的是油画作品和木刻。“桥社”画家完全脱离现实本来的颜色，使用夸张的色彩——经常是原

施密茨—罗特勒夫的自画像

黑克尔的自画像

德国发行的以黑克尔画作为图案的邮票

色——来表达强烈的情绪。他们的画风受到原始主义的影响，同时也令人联想到法国的野兽派。也许是因为根植于不同的民族传统，法国的野兽派，如马蒂斯、弗拉曼克在色彩的应用中还是考虑到审美因素。而“桥社”的色彩和线条更随意、更粗犷、更“北方”、更没有逻辑、更具有野性甚至潜在的暴力冲击力。

所以参观布吕克美术馆，对于不喜欢其风格的人，就像是掉进了一只原始色彩的大缸，会被过于粗暴的画风呛住了。对于喜欢的人，就像一场豪赌，在和现实痛快淋漓的对抗中体验令人迷醉的快感。艺术就是可以这样肆无忌惮，凌驾于一切常规之上，在宣泄和创造中表现自我的迷失。

美术馆外的景色和从前一样，只是从展厅中出来，觉得周围变得单调乏味。此生此世当不成一个画家了：这是我参观美术馆后常有的失落。以短暂的生命实现一次碰撞，如同一颗不知天高地厚的小行星向比自己大几十万倍的星体撞去，这就是艺术的诞生吧。所以常人的命运是最终化为细细的尘土，而艺术家却在死亡前剧烈喷发出光能和热能。小小的安静的布吕克美术馆，储藏着这几个野性艺术家的光和热。

当代德国人好像极爱表现主义这种骇人的艺术。公共建筑上的涂鸦都带着表现主义的愤怒，连旅馆墙上的装饰画也是这种风格。在法国、意大利或英国的旅馆和餐馆，挂的都是温馨甜美的，甚至艳俗的画。德国公共场所挂的最普通的画，都非常具有想象力，但都是令人惊骇的想象力，总是让人怕看又想看。就像见到一个深洞，很害怕被吸进去，又忍不住凑上去。有人说：“德国人心里都有一个魔鬼。”每个人的心里都有魔鬼，但德国人似乎更愿意承认它的存在，体会它，玩味它，表现它，就像对待一个一起生活的宠物。

德国抵抗运动纪念馆：在废墟上重建文明的火种

德国抵抗运动纪念馆（Memorial to the German Resistance）位于一条名为施陶芬贝格（Stauffenberg Straye）的小街中，第三帝国时期是陆军部所在地。正是在这里，刺杀希特勒失败的克劳斯·冯·施陶芬贝格（Claus von Stauffenberg）被仓促处决。刺杀行动史称“七月密谋”，除了行动的核心人物遭到杀害，希特勒利用此事对他一向不信任的德国旧式军官也进行了清洗，数千人被牵涉进来，遭到逮捕、酷刑。

纪念馆的院子经常出现在有关德国历史的介绍中，施陶芬贝格也成为人们说到第三帝国时必然要提及的人物。在战后，他被西德政府作为英雄广为传播，政府首脑都曾到这个他被杀害的地方祭奠。

院落左侧的建筑是抵抗运动纪念馆，楼梯的墙上悬挂着一些抵抗者的照片。但这座纪念馆并不是一座反抗纳粹政权的英烈祠。在简介中，纪念馆非常坦率地承认，从希特勒1933年上台到第二次世界大战战败的整个第三帝国时期，德国从来不存在任何联合在一起的有组织的抵抗。只有一些零星的、个体的反抗行为。绝大多数的民众是心甘情愿效忠帝国，愿意成为其中的一分子。

也正因此，这些为数很少的、敢于以一己之力与庞大政权相抗衡的人们是真正意义上的英雄。对于必须反省历史的德国政府和民众来说，他们的存在也尤为宝贵。虽然这些人不能代表整个民族，但至少证明了，一个崇拜过贝多芬、歌德，又崇拜过希特勒、希姆莱的民族并不是邪恶的整体。理性和良知哪怕是在最恐怖疯狂的时期也还没有完全熄灭。而

1944年7月刺杀行动的纪念牌

纪念馆楼梯的墙上悬挂着一些抵抗者的照片，第二排最右边是贝克上将，第三排最右边是施陶芬贝格

这正是西方文明自启蒙运动以来最宝贵的成果，是西方从灾难的废墟上重建文明的火种。

纪念馆强调，每一位抵抗者在这里都得到平等的对待，无论是以消极态度在经济领域不支持纳粹政权的人，还是敢于采取直接对抗行动的人。每个人都是以自己的方式表达对于异议的坚定和不屈从。不过“七月密谋”肯定是其中最惊心动魄的，不仅因为施陶芬贝格最终采取的孤注一掷表现出令人惊异的勇敢，还因为它牵涉了政权的很多位高层军官。

所谓的“七月”是指1944年7月，当时德国军队内部普遍认识到东线的失败已成定局，因此必须采取紧急行动。其实密谋推翻希特勒早在1938年便开始了，德普法战争的总参谋长毛奇将军的侄孙詹姆斯·冯·毛奇（Helmuth James Graf von Moltke）与军事情报局的副局长汉斯·欧斯特准将（Hans Oster）、陆军参谋长路德维希·贝克上将（Ludwig Beck）、第一军团和前西线总司令埃尔温·冯·维茨莱本元帅（Erwin von Witzleben）等人便组成了史称“克莱肖集团”的秘密组织。他们因常在毛奇名为克莱肖（Kreisauer Kreis）的宅院中商讨而得名。

他们一直在反复商讨，采取何种行动能最有效地把德国从国家社会主义这条道路上拉回来。因为无法达成一致意见，而迟迟没有付诸实施。一方面，参与密谋的军官在政治主张并不一致。他们是普鲁士军队的后裔，在没有民主传统的旧式军队中，他们既是精英也担当着独裁者的角色。对于在推翻希特勒统治后如何建立与之完全不同的新政权这个问题，始终没有清晰的答案。另一方面，德国和欧洲的形势从1939年开始一直有利于纳粹巩固统治。开战以来，德国在军事上的胜利和同盟国的不断失利，使纳粹在德国内部受到越来越广泛的支持。

当然密谋推翻希特勒的计划也没有因此停止。在1942年，汉斯·欧斯特准将和海宁·冯·特雷斯科（Henning von Tresckow，是进攻苏联的巴巴罗萨计划的参谋人员）组织了一个秘密网络，并实行了两次刺杀行动，均以失败告终。在战场上，斯大林格勒一役使战局发生扭转。密谋者越来越清楚，刺杀希特勒就可以尽快终止战争，如果和盟军进行和谈，德国本土还能避免被占领。

1943年，施陶芬贝格见到了特雷斯科。他在北非战场上受伤，失去了一只眼睛和一只手臂。由于其天主教背景，一开始，施陶芬贝格认为刺杀希特勒有悖于他的宗教信仰，但是德国的军事失利，使他认为从继续战争对德国前线的军队是不道德的，而且最终将导致德国的毁灭。为此，他同意加入“女武神计划”（Operation Valkyrie）。之所以以此命名，大概是因为在北欧神话中，女武神布伦希尔德反抗天神沃坦。

此前已经有四次刺杀行动失败，行刺变得越来越困难。希特勒更加深居简出，基本不在公众中露面。在1944年7月施陶芬贝格终于得以利用会议机会，携带炸弹进入希特勒位于东部的指挥所“狼巢”。施陶芬贝格尝试了两次，第一次由于希特勒提前离开会议而被迫取消。几天后，7月20日，施陶芬贝格携带炸弹再次参加会议，才得以引爆炸弹。他本人

照片摄于 1944 年 7 月 15 日，施陶芬贝格第一次刺杀希特勒未果。图左为施陶芬贝格，中间是希特勒，和其握手者在几天后的第二次行动中身亡

审判埃尔温 · 冯 · 维茨莱本元帅

于爆炸前离开现场，并迅速回到柏林。他误以为希特勒被炸死，告诉其他“女武神行动计划”的成员控制要害机关，发动政变。但是狡猾的后备军总司令弗洛姆是个骑墙派，他打电话证实希特勒只是受轻伤，便立刻逮捕了密谋者，其中包括施陶芬贝格，并在当晚迅速将他们处决，企图通过灭口保存自己。但是戈培尔随后下令将他逮捕，第二年春，弗洛姆以未报告和未防止政变发生为罪名被处决。

其后，在希特勒的授意下，帝国政府开始了疯狂的报复。希姆莱采取了“亲属连坐”的方式，对参加密谋和并未参加者都进行残忍的迫害。共有7000人被捕，其中4980人遭到处决。人民法庭（Volksgerichtshof）对一部分密谋者进行审理，当然，罪名都已确定，所谓审判不过是对其进行恶意羞辱。臭名昭著的罗兰德 · 弗莱斯勒（Roland Freisler）对被告大声咆哮，不容许他们开口。在审判埃尔温 · 冯 · 维茨莱本元帅时，甚至将他的皮带抽走，使他在公众面前显得狼狈。

在罗兰德 · 弗莱斯勒掌管人民法庭的三年期间，经他审判被判处死刑的人数较之以前大幅增长。他不仅审理“政治罪犯”，还包含黑市商人、工作缓慢的人以及失败主义者。这些人都被认为是导致国家“防御能力的崩溃”的祸水，遭到严厉惩罚，甚至判处死刑。另一个由弗莱斯勒审理的著名案件是慕尼黑的“白玫瑰”。

苏菲 · 朔尔（Sophie Scholl）和哥哥汉斯 · 朔尔（Hans Scholl）因在慕尼黑大学散发反战传单而被捕。他们都是在纳粹教育中成长起来的一代，但通过阅读和思考，由被动接受灌输到慢慢开始对政权的正义性产生怀疑。苏菲喜欢绘画，从被纳粹称为“堕落艺术”的现代艺术和基督教传统中，吸取了抵抗纳粹的精神营养。

这样的解释，对我们来说似乎太复杂。我以为，对现代艺术的兴趣其实就是基于对生命的热爱，基督教最基本的信仰基础也是对人性尊严、社会正义的肯定。在阅读苏菲的故事时，我突然觉得她变得越发真切，这不是一个女英雄，而是一个内心有力量的女孩子。她对生活要求得并不多。在正常的时代，可以爱其所爱，可以自由表达，可以公开探求人类的真相。但是在她生活的时代，这些都成了危险的禁忌。打破它们就意味着付出生命的代价。事实证明一个时代中只有极少数人有这样的头脑和勇气。而这样的时代总是循环往复出现在我们的历史中。

纪念朔尔兄妹的邮票

这样说是否太悲观了？当我转身看到一些来参观的人，非常认真地读着展览文字，虽然都不曾看清他们的脸，却觉得心中涌上一种温暖的感觉。如果邪恶再次降临，至少这些来参观的人们不会轻易被迷惑而成为帮凶吧？我不由得想到在“文革”时期敢于表达思想、对抗迫害的那些杰出人物，好像已经淹没在时代前进的洪流中。除了个别家庭还会有意识地对孩子进行教育，年轻人中还有几个知道这些我们民族最优秀的孩子？德国设立这些历史纪念馆，最重要的目的就是教育下一代，让他们不要忘记历史、重蹈覆辙。我希望我们也能做到。

苏菲·朔尔不是一个女英雄，而是一个内心有力量的女孩子

实用信息：

乘车路线：200 路公交车 Tiergarten Straße 站下车后，顺着 Stauffenberg Straße 向南走，马路西边既是。如果乘坐地铁，最近的地铁站是波茨坦广场，需要步行到文化广场继续向西找到 200 路公交车 Tiergarten Straße 站后按上述路线走即可

地址：Stauffenberg Straße 13—14,10785，Berlin

电话：030-26995000

网址：www.gdw-berlin.de

开放时间：周一到周三和周五 9:00 ~ 18:00，周四 9:00 ~ 20:00，周六、周日和公共假期 10:00 ~ 18:00

“饿爪”和维多利亚公园：指向天空的“手指”和“利剑”

“饿爪”纪念碑

“二战”后，德国经济在一片焦土中慢慢复苏，虽然缓慢，但是到1947~1948年，还在挨饿的德国人已经不多了。

在苏占区的德国仍然在使用旧时的帝国马克。苏联在自己控制的印钞厂大量印制货币，导致帝国马克迅速贬值，成为一堆废纸。没有货币流通，民间智慧就会发挥作用。很快，香烟成为以货易货的计算单位。美国士兵一向享受充足的供应，香烟当然也不例外，凭借手中的香烟，他们捞了一大笔。

这种状况显然需要寻找解决办法。但是四个占领国的协商失败，苏联由此退出了盟国军事管制委员会。美英法便采取联合行动，遏制越发不可收拾的黑市交易，让德国的经济——至少是三国占领区的经济回归正常。

此前，美国国务卿马歇尔将军已经公布了“马歇尔计划”。美国方面已经意识到，欧洲经济的复苏和美国利益息息相关。从政治上考虑，战后的贫困导致社会动荡，如果任其发展下去，欧洲很可能再次被极权主义控制。20世纪30年代纳粹上台和1929年的美国经济大萧条有极大关系，当时美国立即从德国收回贷款，导致德国经济崩溃。从经济利益上考虑，美国需要欧洲恢复购买能力，从美国购买商品。但是欧洲国家现在没有美元，美国就无法打开欧洲市场。

1947年6月5日，马歇尔在哈佛大学毕业典礼上做了被称为“历史上最棒的讲演”。他公布了“马歇尔计划”。这个资助计划并非是给欧洲各国的应急救助，而是立足长远，帮助欧洲经济复兴。为此美国提供资金，但由各国自行决定接受援助的程度和分配方式。现在历史学家对“马歇尔计划”最终到底取得了多大的成功没有定论，但一致认为它是成功的。

苏联方面对此态度明确，斯大林禁止东欧国家接受资助。

西方国家的态度也很明确，抓住这个机会恢复经济。对于是否也帮助德国重振经济，其他国家的态度也趋于一致。尤其是法国，从1870年开始，在三次和德国的战争中损失惨重，它当然害怕德国再度强大。但是法国急需德国的煤以便恢复钢铁生产。而德国历来是

西柏林被切断了煤气供应，一位妈妈在给孩子用土豆粉做食物

西柏林居民拿到印有“美国关怀”的生活物品

荷兰、比利时、卢森堡和丹麦最大的市场，如果德国恢复不了购买力，这几个国家也无法从凋败中复苏。

所以恢复西德的经济对整个西欧都意义重大。正是在这一背景下，英美法三国在他们的占区内统一行动。1948年6月18日，美国西柏林居民都可以领到60个新德国马克（D-Marks），用于兑换旧的帝国马克。这笔钱相当于一个工人一周的收入。接着，在西部德国全面推行新旧马克的货币兑换。此举在极短时间内便有效促进了购买力。

苏联立刻采取报复行动，就在货币改革的第二天，通往德国西部和柏林西部的铁路都因“技术故障关闭”，通往柏林的高速公路因易北河大桥“维修”而停运。柏林西区因为东柏林的“燃料短缺”而停电。1948年6月24日起，西柏林250万人被困在封锁的孤岛中。

城内的煤炭储备可以维持45天，但是日用品，最重要的是食品，却无法及时供应。从1945年以来，西方盟国被迫要养活西区的柏林人，为此每天要提供641吨面粉、105吨谷物、106吨鱼、900吨土豆、51吨糖、10吨咖啡、20吨牛肉、32吨肥肉和2吨酵母。在“二战”中受到严重创伤的英国连本国人的基本物质需要都无法保证，还必须为战败的德国付出巨额资金进行援助。丘吉尔因此感叹：要是战败的是英国多好！

无论从政治上还是道义上，西方都必须想出办法解救被困的西部柏林。法国当时自顾不暇，只有英美来想办法。1944年至1945年，曾任中国战区指挥官的美国将军魏德迈当时在欧洲视察。他认为从空中给柏林输送物资是可行的。当年为了给中国输送给养，盟国飞机曾从印度飞越喜马拉雅山将物资送到中缅边界地带。

为了实现对西柏林的空运，盟军除了使用滕佩尔豪夫（Tempelhof）机场外，必须尽快修建一个更适合运输机起降的机场。地点选在法占区的泰格尔（Tegle）。当时苏联在那里有一个“柏林电台”。法军指挥官戛纳瓦将军直接命令把它炸掉。当苏军指挥官气愤地前来质问他怎么可以做出这样的事来，戛纳瓦将军很淡定地说：“用炸药和法国工兵。”来自柏林的一万七千名志愿市民前来修建跑道，他们从柏林的瓦砾堆中翻找出可以使用的砖石，以最快的速度修建了泰格尔机场。

为了保障居民的正常生活，最高纪录是每62秒就有一架满载货物的运输机抵达机柏林。这个壮举的实现使美国成为柏林人“最可爱的人”。当他们拿到印有“美国关怀”（CARE U.S.A）的物品时，美国流行文化、美国价值标准、美国生活方式也成为一股席卷柏林西部的浪潮。

1949年5月12日，并不想挑起东西方更大冲突的苏联，结束了对西柏林的封锁。

关于这次行动也有一些纪念物。巨大的“饿爪”是一个弧形的雕塑，柏林人依据它的外形起了这个形象的绰号。它位于滕佩尔豪夫机场入口处不远，对于不知道它背后故事的人们来说，它更像一个街头公园的普通雕塑。但对当年经历过柏林封锁的人们，那指向天空的“手指”是祈祷，是盼望，也是温暖的回忆吧。

柏林空运纪念碑，被形象地称为“饿爪”

在“饿爪”西北方向，是维多利亚公园（Victoria Park）。它也有一个指向天空的纪念物，更确切地说是刺向天空的“利剑”。

高居于克罗伊茨贝格（Kreuzberg）山上的普鲁士解放战争民族纪念碑（Prussian National Monument for the Liberation，Wars Neoclassical Nationaldenkmal für die Befreiungskriege）是申克尔根据国王弗里德里克·威廉三世的设想，为纪念拿破仑战争，尤其是第六次战争（Wars of the Sixth）和第七次反法同盟（Seventh Coalition against France）而建造的。在纪念碑上有一段铭文：“国王弗里德里克·威廉三世奉献给这些为自己的祖国慷慨地捐赠出财富、贡献出健康的人们，纪念那些为此失去生命的人们以及那些带着清醒地意识活下去的人们。他们将作为后人的楷模被效仿。”

维多利亚公园中刺向天空的“利剑”

这句铭文是由普鲁士科学院起草的，此前的三个草案都被国王拒绝了。弗里德里克·威廉三世不仅在政治和军事谋略上时而摇摆不定时而一意孤行，在一些日常事务也有些挑剔。这位不走运的国王在普鲁士民间的口碑很大部分得益于他的王后路易斯。而在正史中，他并不是一个有威望的政治家。因为遭遇拿破仑这样一个极其强悍的对手和不可一世的法国军队，普鲁士几乎处于崩溃的边缘。只是因为一些偶然因素导致拿破仑大军溃败，普鲁士从而收拾残局，弗里德里克·威廉三世才得以回到柏林重拾王冠。

这就可以解释，为什么共有七次反法同盟，而普鲁士主要是为最后两次竖立纪念碑。因为性格平和的国王当时不愿采用武力对抗法国。1803年，法军占领汉诺威。普鲁士曾答应保护它的中立国地位。普鲁士军界都主张对法宣战，布吕歇尔元帅（Gebhard Leberecht von Blücher）也认为普军有能力对抗法军。包括王后路易斯都是主战派，但是依然说服不了国王。1805年奥地利要对抗法国时寻求普鲁士援助，弗里德里克·威廉三世依然不愿卷入。

当拿破仑率军穿过拜罗伊特前往奥斯特里兹时，国王决定和俄国一起抗法。他邀请沙皇亚历山大一世到波茨坦建立攻守同盟。正当普鲁士发出动员令时，盟军却大败，拿破仑取得了奥斯特里兹的决定性胜利。沙皇亚历山大一世逃回俄国。第三次反法同盟失败。

因为普鲁士还拥有15万普军，拿破仑害怕其倒向对手，因此此次没有将普鲁士置于死地，只通过签订条约拿走了普鲁士一点领土，并要求普鲁士加入对英国的封锁。普鲁士不久又暗中和俄国签订条约，惹怒了拿破仑。法军进入耶拿和萨克森，在耶拿—奥厄施泰特战役（Jena-Auerstedt）中大败普鲁士联军。此后法军占领柏林，弗里德里克·威廉三世和王后一家人被迫出逃到东普鲁士。

1807年和法国签订的新条约中，普鲁士失去了百分之四十九的土地，和775万人口中的525万，而且赔款和军费消耗了普鲁士的国力。这反而激发了普鲁士人复兴祖国的决心。拿破仑战争期间是德国最悲惨的时期之一，但也正是在这个阶段德国文化达到了鼎盛时期。歌德、席勒、赫尔德、康德、黑格尔、费希特……就像一个多世纪前法国成为文化中心一样，现在德国思想和文学成为知识界的潮流，席卷欧洲。逐渐觉醒的民族主义成为这股潮流的一个强大动力。1808年，费希特在拿破仑进驻柏林的第九军团鼻子尖底下进行了“对德意志民族的讲演”。（见《人物》之“费希特”）

另一方面，山河破碎的现状也促使普鲁士的高层核心下决心在官僚机构内部进行变革。普鲁士自弗里德里克大帝雷厉风行的功绩之后，就进入缓慢的衰退中。古老的行政齿轮转动迟缓，国王们忙于风流韵事和对思想的严厉控制。

施泰因男爵担任首相，力主对财政、军事、农业、教育等方面进行改革。他首先是要使普鲁士传统的等级结构开始松动，财产可以在各阶层间交换，各阶层的士兵都能有机会担任军官。他最著名的业绩是“废除农奴制”，使农民脱离对领主的“世袭从属地位”。但是因为不能触犯东部容克地主的利益，此项改革的受益者最终不是农民，而还是地主。

后来施泰因男爵因遭到拿破仑的怨恨而被流放，但是他的后继者沙恩霍斯特继续改革，普鲁士的复兴已经开始起步。与此同时，拿破仑却遭到毁灭性的打击。

1812年，拿破仑带领70万大军杀向俄国，其中近三分之一来自德意志，包括普鲁士的军队。法军以为可以速战速决，只带了三个星期的给养。没想到进入广阔的俄国腹地后，

拿破仑从莱比锡战场撤退

莱比锡战役的胜利天使是以国王的弟弟威廉王子为模特塑造的

却没有找到俄军主力，所到之处都被事先破坏，军队无法补充给养。法军刚占领莫斯科，城市就被大火烧毁，狼狈的法军在严寒中向西溃败，途中受到俄军袭击，成为战争史上最惨烈、最恐怖的一次军事失败。40万人死于伤亡、饥饿和寒凉，10万人被俘虏。拿破仑逃回法国，准备迎战由俄国、奥地利、普鲁士、瑞典再次集结起来的第六次反法同盟。

1813年的莱比锡会战，反法同盟取得决定性胜利，拿破仑回到法国，在枫丹白露退位后被流放厄尔巴岛。同盟国军队占领巴黎。正在胜利方在维也纳重新划分战后欧洲格局时，拿破仑在法国人的欢呼中回到巴黎，重新执政，史称“百日王朝”。

1915年，普鲁士布吕歇尔元帅带领的普鲁士军队和英、俄、荷兰等国联军在滑铁卢再次大败法军。拿破仑再度遭到流放，最终死于圣海伦娜岛。普鲁士的噩梦结束了。

但是从这座解放战争民族纪念碑上看到的不是不堪回首的过去，而是胜利者的自豪和对未来的期许：普鲁士已经崛起，再不会任他人宰割——而是要去宰割别人？对德国的其他诸侯来说，拿破仑战争后，德意志的“普鲁士化”是必须接受的现实。对欧洲的其他邻居来说，这个原来的东部小国已经将实力扩展到了欧洲中部，令人很难安枕无忧。因此对他们来说，这座纪念碑更像刺破天际的一把剑。

但不知道背景的人仰望纪念碑时，会误以为它带有宗教色彩。整个纪念碑呈哥特式，仿佛教堂的一个钟塔，顶尖有一枚十字。但这不是十字架，而是申克尔设计的铁十字，以此为图案的勋章即铁十字勋章，用于表彰解放战争中的英雄。它代表着对普鲁士的奉献和忠诚。在柏林很多被修复的建筑上都可以看到铁十字，如勃兰登堡门。这座纪念碑的设计得到了普鲁士从宫廷权贵到普通百姓的一致认可。由于申克尔使用铸铁，铁甚至也被赋予了政治色彩，被看作是“爱国金属”。

克罗伊茨贝格的意思是“十字”，这座山就是以这个铁十字命名的。在20世纪20年代柏林区域重新划分时，克罗伊茨贝格成为柏林这个区的名称。纪念碑上的金字记载了从1813年到1815年普鲁士参与同盟国对法作战的重要战役，上面的人物是以一些普鲁士王族为模特制作的，此外还有在解放战争中立下功劳的布吕歇尔元帅。雕像大部分由雕塑家劳赫设计。

代表莱比锡战役的胜利天使以是国王的弟弟威廉王子（Prince William）为模特塑造的，他身着古希腊戎装，背生双翅，头戴金冠，手中盾牌上有三只鹰，象征着普、奥、俄三国联盟。

纪念Culm战役（Battle of Culm）的天使是依国王弗里德里克·威廉三世的脸塑造的，他身披海格力斯狮皮，右手支着一支棍子，目光落在左手的桂冠上。在Großbeeren战役（Battle of Großbeeren）上的是王储、未来的弗里德里克·威廉四世。他是年轻的武士，胸甲上戴有柏林的徽章，长发上饰有月桂叶子。在巴黎会战上站立的是王后路易斯。在拉罗蒂耶尔战役（Battle of La Rothière）上的是布吕歇尔元帅，他身披北欧的盔甲，左手举着月桂树枝，高举右手。

纪念碑使克罗伊茨贝格山加高了八米。19世纪中期，这附近地区渐渐形成了一个人口密集的郊区。这座不到60米的小山在一片平川的柏林地区显得鹤立鸡群。当地警察局长曾试图限制附近建筑物的高度，以确保小山不被城市化进程所淹没。但是普鲁士王家行政法院（Prussian Royal Administrative Court）认为警察局长的行为超越了权限。

巴黎会战上站立的是王后路易斯

1829年的解放战争民族纪念碑，当时维多利亚公园还未建成

不过将小山加高、在这个地区建设公园的倡议逐渐被认可。柏林议会批准了该提议，并从私人业主手中购买了21英亩土地。在向社会召集修建方案时，当时的柏林园林主管马赫蒂希（Hermann Mächti）的方案中标。资料显示在他的图纸上这里已被称为“维多利亚公园”，是以当时的弗里德里克王储之妻维多利亚王妃（Princess Victoria of Great Britain and Ireland）命名的。

1894年公园建成。此后，公园中平缓的山坡便成为柏林人享受日光浴的好地方。从纪念碑的一侧可以看到一个人工瀑布，夏天时会有清泉从山顶释放，按照一条修建的河道冲刷下来。再向远处眺望，是一条宽阔的林荫路。夏夜的一些时候，公园还会用灯光把瀑布照射成不同颜色，柏林人称之为“电动孟加拉幻境”（electric Bengal illumination）。

当年为了建造这个瀑布，马赫蒂希和雕刻家曼特（Albert Manthe）曾专程到捷克和波兰交界的巨山（Giant Mountains）考察自然瀑布。后来他们在为水流铺设路线时还特意采用了来自巨山的石料。

建在瀑布附近的电动机房在两次世界大战中均受到损坏，瀑布因而被迫中断。维多利亚公园也曾被纳入纳粹建造新柏林的计划中。当时曾计划在公园旁边修建机场。这也是现在滕佩尔豪夫机场最早的规划。但因为战争开始，计划拆除的区域最终没有来得及动工。

1944年政府曾驱使苏联被俘人员充当苦力，在山坡下挖筑了五条地道。在盟军轰炸中，当作防空掩体，存放一些雕像铸件，如勃兰登堡门上的马车。

公园中后来陆续添置了一些著名诗人的雕像，但在战争中不是被毁就是丢失了。现在还可看到的是一尊雕塑家赫托（Ernst Herter）制作的带有一些色情色彩的青铜像《罕见的捕获》（*Der seltene Fang, rare haul*）：一个满身肌肉的渔夫抓住一个试图从网中逃脱的美人鱼。

实用信息：

维多利亚公园：

地址：Kreuzberg Straße，10965，Berlin

乘车路线：地铁U6、U7线在Mehringdamm站下车

BERLIN

东柏林的记忆：旧时代的橱窗

东柏林并没有因为两德的统一而变成西柏林的复制品。事实上，即便是外来者，也能觉察到两边依然气氛不同。西柏林的人口和建筑密度似乎比东边要大一些，因此显得更热闹，也更吸引游客。不过，到柏林一游，没有到东边走一走，就不能算感受过完整的柏林。

民主德国博物馆是以物品展示东德人的日常生活。(见《导览》之“民主德国博物馆”)而在东柏林，我们就像步入了更大的橱窗，可以看到一些带有旧时代印记的宏大建筑和主题博物馆。

德俄柏林博物馆

第二次世界大战是人类历史上死亡人数最多的一场战争。1945年战争终于接近尾声，苏军攻入柏林，忠于纳粹的狂热分子还在拼命抵抗，甚至射杀那些挂起白旗的平民。希特勒青年团的成员都是15岁到18岁的未成年人，还没来得及接受正规军事训练，便被组织起来在街头和苏军作战，而他们的元首希特勒已经在地堡中自杀。双方的将领都明白德军已经无力回天，但是在一片混乱之中，怎样才能尽快停止厮杀，避免更多无谓的死亡？

依照希特勒的遗嘱，海军上将邓尼茨元帅(Karl Doenitz)成为他的继承人：元首和总司令。他首先想到的是向西方投降，避免德国残余力量落入苏联人手中。但是蒙哥马利将军的回复是，和苏联作战就要向苏联投降，完全无条件的。在苏联接受了德国的请求后，1945年5月7日凌晨，邓尼茨批准所有德军依据条款投降。他派代表约德尔将军(Field Marshal Keitel)到当时的苏军最高指挥部签署投降书。作为苏军总指挥的朱可夫元帅(Georgy Konstantinovich Zhukov)接受了德方的投降。

投降从5月8日午夜时分生效，欧洲终于从这场历时五年的战争噩梦中醒来。至今，每年5月8日，欧洲各地都会有庆祝欧战胜利日的活动。那间最终签署了德国投降书的房间也像一颗小小琥珀一样，将这场浩劫凝固在最后的一瞬。房间所在地德俄柏林博物馆(German-Russian Museum Berlin-Karlshorst)因而成为一个通向历史深处的隧道，让人们可以置身其中，感受一下那个悲喜交加的时刻。

战后，这里是苏联军事管理委员会（Soviet Military Administration）。1949年10月10日，崔可夫元帅（Vasily Ivanovich Chuikov）在这里将行政权交付给新成立的德意志民主共和国。

从1967年到1994年，作为莫斯科武装力量中心博物馆（Central Museum of Armed Forces Moscow）的一个分支博物馆，这里展出和纳粹及苏联爱国战争相关的展览。现在随着博物馆的更名，展览内容也扩展到德国和俄国从“一战”以来的关系，这其中涉及多少复杂的纠葛和惨痛的事件！在20世纪两大极权者的统治下，这两个比邻的国家在政治的恐怖和政权的残忍方面不相上下，战争更加恶化了两国的生存处境，说是人间地狱真是一点不夸张。

一个小小的博物馆当然很难呈现如此之多的黑暗历史，只能通过一些展品大致展示近一个世纪两国间重要的历史节点。

其中保存的一些旧物还是很值得一看的，如朱可夫元帅的书房，陈列着他的纪念头像。还有“二战”中苏军的军服、奖章及武器等。此外大量的历史图片展现了不幸生于那个时代的人们痛苦绝望乃至惨烈的挣扎。事实上，任何人都可能被放置到这样可怕的处境中，假如黑暗再次降临，我们能做些什么？

原苏军最高指挥部，现在的德俄柏林博物馆

柏林墙遗址东边画廊有来自 21 个国家的 118 位画家的壁画作品

右上角是画廊中最著名的《兄弟之吻》，中间是跳过柏林墙铁丝网的东德士兵康拉德·舒曼，右下方是查理检查站，左下方是一位柏林墙收藏者正在敲下墙砖

柏林墙遗址东边画廊

在世界政治格局风云变幻的最近几十年中，最使柏林受到瞩目的，是柏林墙。它曾是柏林人生活中无法逃避的痛苦，今天则成为招揽游客的旅游资源和促使民众反思历史的教材，而且取之不尽用之不竭，有无数故事可讲，可以采用各种形式，成为在柏林经常可见的一个主题。

代表政府的清理组织拆卸下的柏林墙被拿到国际上去拍卖。其中被确认为珍品的81段为德国带来了一笔意外之财，平均每段的售价是两万西德马克，相当于6500英镑。而那些凭一己之力，用刀子、锤子、改锥等原始工具撬下墙砖的人们，除了自己留作纪念之外还可以向好奇的游客出售。从2010年到2013年，每一小块的价格依据大小是二到十欧元。

作为墙体本身，当年它分割东西柏林时，在没有警戒的西德一侧就是市民涂鸦的画板。德国人本来就特别喜欢在公共建筑上涂鸦，如今墙成为无用之物了，更是可以尽情涂抹。

不过1990年，统一后的柏林决定完整保存一段墙体作为纪念时，就要找专业人士了。东部画廊长1300米，上面有来自21个国家的118位画家的壁画作品。这是目前世界上最长的一段户外画廊，每年竟有300万游客到此观赏。当地还有专业导游，为游客讲解壁画作品的含义。

画廊中最著名的是极具政治意味的《兄弟之吻》(*The Mortal Kiss*，又译为《致命一吻》)：前东德领导人昂纳克(Erich Honecker)和苏联领导人勃列日涅夫(Leonid Brezhnev)拥抱接吻，作者佛鲁贝尔（Dimitrji Vrubel）在画的下方写了一句话：“上帝啊，让我成为这段致命爱情的幸存者。”这句话概括了纷纭复杂的前东德历史。正是在前苏联的支持下，东德领导人下令执行所谓的“玫瑰计划”，即修筑柏林墙，以阻止大规模从东德逃到西德的移民潮。当然这堵墙的修建并没有阻止东德人采用各种手段逃离，在查理检查站博物馆中讲述了更多令人震惊和酸楚的普通人的故事。（见《导览》之“查理检查站纪念馆”）画廊最东面是一系列表现查理检查站和柏林墙的夸张壁画。我们可以看到勇敢跳过铁丝网的东德士兵康拉德·舒曼，他纵身一跳的瞬间被西方记者拍摄下来，传播到全世界；还有在弗里德里克大街上差点激发第三次世界大战的美国的外交官轿车，以及正在忙于收集柏林墙藏品的爱好者。

1989年柏林墙的倒塌还与另一重要人物的态度息息相关，当时的苏联共产党中央委员会总书记戈尔巴乔夫表示所有欧洲国家都可以自由选择自己的社会和政治制度，都拥有处理国内事务的自主权。他否定了1968年苏联出兵镇压了捷克斯洛伐克“布拉格的春天”之后形成的“勃列日涅夫主义”，表明苏联不会再像20世纪五六十年代一样出兵干涉东欧国家的变革。画廊中也能见到这位政治家手握代表德国共产党的以镰刀和斧头组成的方向盘。

当然东部画廊中不仅仅只是政治内容的画作，更多的是从艺术创作角度出发的作品，及以流行文化为元素的小品，甚至还有儿童风格的天真画。

戈尔巴乔夫手握代表德国共产党的以镰刀和斧头组成的方向盘

画廊上的儿童风格的天真画

奥伯鲍姆桥

砖砌哥特式高塔细部

东部画廊东边是柏林地标性建筑奥伯鲍姆桥（Oberbaum Bridge，Oberbaumbrücke）。“Oberbaum”在德文中是“树”的意思，所以这座桥名为“树桥”。

在18世纪，该桥位于城市的边界，是进出勃兰登堡地界的关口所在。所谓的“树”很可能是指以金属钉加固的树干制作的吊桥，或是在夜间用来阻挡行人和走私货物的栅栏。19世纪末柏林修建地铁后，由修筑地铁的公司负责修建了一座石桥，不仅可以让行人车辆通过，还可架设地铁线路。官方建筑师施塔恩（Otto Stahn）为石桥设计了两座装饰性高塔。他采用了德国北方砖砌哥特式，很像耸立于中世纪大门两侧的塔，可以看作是对已经被拆毁的柏林城墙的纪念。

“二战”中，国防军将桥中部炸断，企图以此阻止苏军过桥。战后，柏林由四国共管，奥伯鲍姆桥处于苏占区和美占区中间，行人车辆和地铁可以照常通过，直到1961年东德修筑柏林墙，从西柏林开出的地铁不能再通过此桥。拆除柏林墙后，大桥被依照原来的设计修复。一切又恢复正常，我们现在乘坐地铁U1线时和高塔擦身而过，可以瞥见它的细部装饰。

在可以眺望施普雷河的桥边，有情人将象征忠诚的同心锁锁于栏杆边。就像跨越塞纳河的巴黎主教桥一样，这种习俗也成为一道让人温馨的风景。

情人们将象征忠诚的同心锁锁于桥栏杆上

附 录

APPENDIX

* 柏林人非常自信，他们机智而善于讽刺，但却不用在自己身上。

—— 歌德（Johann Wolfgang von Goethe）

* 与其说柏林是个城市，不如说它是个小世界。—— 让·保尔（Jean Pau）

* 柏林被沙海包围，谁在这里建城市一定是疯了。—— 司汤达（Stendhal）

* 柏林不是个城市，只是一群有活力的人，各不相同却选择聚在一起。

—— 海涅（Heinrich Heine）

* 你疯了，亲爱的，你需要去柏林，那个疯子的城市。—— 苏佩（Franz von Suppé）

* 在上帝面前，所有人都是柏林人。—— 冯塔讷（Theodor Fontane）

* 西柏林是个小而精致的城市，住着那些能干成一番事业的人，他们本身也算是个人物，有两下子。还有一些人，他们总是最大限度地思考着：自己能成就些什么、自己是什么、自己有什么。

—— 克尔（Alfred Kerr）

* 柏林人的视野不像柏林地平线这么宽。—— 图霍夫斯基 （Kurt Tucholsky）

* 总有一天，柏林会成为世界之都。—— 希特勒（Adolf Hitler）

* 柏林永远都是柏林。—— 布鲁诺·巴尔兹 (Bruno Balz)

* 谁想让柏林成为新首都，谁在心里就在缔造新的普鲁士。—— 阿登纳（Konrad Adenauer）

* 我是一个柏林人。—— 肯尼迪（John F. Kennedy）

* 西柏林是西方盟军的一块炎症，（我们）需要时不时在上面踩踩。

—— 赫鲁晓夫（Nikita Sergeyevteh Khrushchev）

* 柏林是投机者的乐园，七百五十年来一直如此。—— 诺依贝（Wolfgang Neub）

* 让我们来看看丛林里有什么，音乐火爆，氖灯光刺眼，有人请我杜松子酒，舞池里，这就是聚会，我爱柏林！—— 德国理想乐队（Ideal）

* 我们柏林人习惯于从上面、从外面送过来的帮助。——居泽尔 (Gregor Gysi))

* 最根本的问题是柏林想重新无限制彻底改造，而没有把它看成是一个生活的地方，要依据居民的生活方式逐步发展。—— 森内特 (Richard Sennett)

* 你希望新柏林和相关的州什么样？非常平静，保存在边缘，不要太显眼，不要作秀。

—— 贝尼施（Gu:nter Behnisch ）

* 这个城市是这个国家的投影。—— 克里斯蒂娜·魏斯（Christina Weiss)

以上选译自Berlin（2003 DuMont monte Verlag GmbH &Co.KG,Cologne）

BERLIN

七嘴八舌话柏林

* 柏林属于那些野心勃勃、经历充沛而具有天赋的人。不管从哪里发迹，他们最终在柏林成名。是柏林让他们名声大噪。—— 彼得 · 盖伊（Peter Gay）

* 可以肯定的是，世界上没有任何城市能够拥有如此令人震惊的历史气息，罗马没有，庞贝也没有。—— 迈克尔 · 雷特克利夫

* 我深深感觉到柏林的强烈吸引力——或许还有更多我不知道的，如果我能够移居柏林，我将亲身体会。—— 卡夫卡（Franz Kafka）

* 柏林是一个过站，因为某种强制性的原因，里头的人必须停留更久。

—— 约瑟夫 · 洛特（Joseph Roth）

* 我的看法是，每一瞬间柏林都对自己有不同的看法。—— 埃斯特哈契（Péter Esterházy）

* 一座城市，有时比一个女人更耐人寻味。柏林，她就有这种魅力。

——《穿墙故事——再造柏林城市》

UNDER THE WINGS OF GREEN ANGEL

柏林・主题游

1. 霍亨索伦家族和普鲁士王朝（17 世纪到 1918 年）

- 夏洛腾堡
- 威廉皇帝纪念教堂
- 柏林大教堂
- 圣赫德维奇大教堂
- 维多利亚公园

2. 纳粹德国（1933 年到 1945 年）

- **菩提树下大街及博物馆岛：** 新岗哨战争受害者纪念堂 – 焚书纪念处
- **蒂尔加滕公园和勃兰登堡门区域：** 苏军战争纪念碑 – 被害吉卜赛人纪念地 – 欧洲被害犹太人纪念碑群 – 德国抵抗运动纪念馆
- **犹太人区：** 犹太新教堂 – 奥托・魏特纪念馆 – 安妮・弗兰克纪念馆 – 无声的英雄纪念中心
- **克鲁伊茨贝格及东部地区：** 恐怖地带 – 苏军总部博物馆 – 特雷普托公园苏军战争纪念碑
- **万湖地区：** 万湖会议纪念馆
- **西部：** 奥林匹克体育场

3. 东西方对峙和柏林墙（1945 年至今）

- **菩提树下大街及博物馆岛：** 民主德国博物馆
- **蒂尔加滕公园和勃兰登堡门区域：** 柏林墙死难者纪念墙
- **克鲁伊茨贝格及东部地区：** 查理检查站 – 柏林墙遗址东边画廊 – 斯塔西纪念馆 – “饿爪”纪念碑 – 苏联和社会主义模式大街及新古典主义塔楼
- **西部：** 盟军博物馆

4. 建筑师申克尔的作品和以他命名的景观

- 老博物馆 – 新岗哨
- 弗里德里克教堂和弗里德里克广场
- 宪兵集市广场音乐厅
- 夏洛腾堡宫（新亭、陵墓）

2 柏林·分区游

1. 中心区

国会大厦和勃兰登堡门（含欧洲被害犹太人纪念碑群）– 菩提树下大街（含柏林故事博物馆）– 博物馆岛（含民主德国博物馆、柏林大教堂）– 亚历山大广场及以南地区 – 弗里德里克教堂 – 圣赫德维奇大教堂 – 尼古拉小区 – 宪兵集市广场

2. 蒂尔加滕公园及其以南地区（含包豪斯档案馆、德国抵抗运动纪念馆）

波茨坦广场 – 查理检查站 – 恐怖地带和马丁·格罗皮乌斯大楼 – 文化广场 – 圣马太教堂

3. 北部犹太区

犹太新教堂 – 邮政大楼 – 苏菲教堂

奥托·魏特纪念馆 – 安妮·弗兰克纪念馆 – 无声的英雄纪念中心 – 哈克什庭院 – 多罗逊市政公墓 – 布莱希特和魏格尔故居

4. 中西部

威廉皇帝纪念教堂 – 珂勒惠支纪念馆 – 夏洛腾堡 – 奥林匹克体育场

5. 中南部

犹太博物馆 – 柏林画廊 – 维多利亚公园 – “饿爪”纪念碑

6. 万湖地区

万湖会议纪念馆 – 盟军博物馆 – 布吕克美术馆

7. 东部游

柏林墙遗址东边画廊 – 奥伯鲍姆桥 – 斯塔西纪念馆 – 苏军总部博物馆 – 特雷普托公园苏军战争纪念碑 – 苏联和社会主义模式大街及新古典主义塔楼

德国大事年表之一

德意志帝国·公元800 ～ 1918年

公元800年12月25日	查理大帝在罗马由教皇利奥三世加冕为德意志神圣罗马帝国皇帝（史称第一帝国）
公元843年	《凡尔登条约》签订，卡洛林王朝帝国三分天下
公元936年	奥托一世在亚琛被选为国王
公元692年	奥托一世在罗马被加冕为帝
公元1076年	沃尔姆斯德意志宗教会议废黜教皇格里高利七世，格里高利七世开除亨利四世教籍
公元1077年	亨利四世到达卡诺萨并获赦免
公元1155年	弗里德里克一世，即巴巴罗萨成为伦巴第国王和“神圣罗马帝国”皇帝
公元1414年	霍亨索伦家族的弗里德里克受封勃兰登堡
公元1493年	马克西米连一世成为“被选”的罗马帝国皇帝
公元1517年	路德发表反对滥用赎罪券的《九十五条论纲》
公元1519年	马克西米连一世的孙子、西班牙的查理成为帝国皇帝
公元1521年	沃尔姆斯帝国会议，路德在查理五世面前拒绝收回自己的论点
公元1524 ～ 1525年	德国农民战争；查理一世在帕维亚打败法军，法国国王弗朗索瓦一世被俘
公元1527年	罗马浩劫
公元1556年	查理五世逊位。帝国分裂。费迪南一世成为德意志皇帝，菲利普二世继承西班牙王位；德国开始宗教改革运动
公元1608年	新教联盟和天主教同盟成立
公元1630年	雷根斯堡诸侯会议：皇帝罢免华伦斯坦
公元1632年	华伦斯坦复职
公元1634年	华伦斯坦在埃格尔被刺
公元1713年	弗里德里克·威廉一世建立普鲁士强权

德国大事年表

公元 1740 ~ 1742 年	玛利亚·特雷西即位；普鲁士弗里德里克二世即位；第一次西里西亚战争。哈布斯堡王朝与普鲁士缔结《布雷斯劳和约》
公元 1744 ~ 1745 年	普鲁士弗里德里克二世与玛利亚·特雷西进行第二次西里西亚战争；签订《布雷斯劳和约》与《德累斯顿合约》；西里西亚归属普鲁士
公元 1745 年	玛利亚·特雷西的丈夫弗朗茨·冯·洛林在法兰克福加冕为帝国皇帝
公元 1756 ~ 1763 年	普鲁士弗里德里克二世与玛利亚·特雷西和大同盟进行七年战争，签订《胡贝尔图斯堡和约》；普鲁士保留西里西亚
公元 1792 年	弗朗茨二世在法兰克福加冕为帝国皇帝
公元 1795 年	普鲁士同意将莱茵河左岸割让给法国
公元 1806 年	弗朗茨二世放弃德意志帝位，“德意志神圣罗马帝国”告终
公元 1862 ~ 1890 年	俾斯麦担任普鲁士宰相兼外交大臣
公元 1870 年	普法战争开始，法国皇帝拿破仑三世在色当投降被俘
公元 1871 年	威廉二世在凡尔赛宫宣布成立德意志帝国（即第二帝国），签订《法兰克福和约》，阿尔萨斯-洛林割让给德国；德意志帝国会议开幕，任命俾斯麦为首任帝国宰相
公元 1888 年	三皇之年：威廉一世去世，弗里德里克三世即位，威廉二世执政
公元 1890 年	俾斯麦被解职
公元 1914 年	奥匈帝国王储被刺；第一次世界大战爆发
公元 1918 年	威廉二世逊位并逃往荷兰，德国再没有皇帝

以上参考自《德意志皇帝列传》书后的大事年表

德国大事年表之二

1914～1934年

1914年6月28日	奥匈帝国王储被刺，塞尔维亚政府间接涉入此事。
1914年7月6日	德意志帝国宣布无条件支持奥匈帝国
1914年7月28日	奥匈帝国向塞尔维亚宣战
1914年8月1日	德国全军总动员，并向支持塞尔维亚的俄国宣战
1914年8月3日	德国向俄国的盟邦法国宣战，德军开入比利时，目的是进攻法国
1914年8月4日	英国要求尊重比利时的中立，等于是向德国宣战
1914年8月6日	塞尔维亚向德国宣战；奥匈帝国向俄国宣战
1914年8月11日	法国向奥匈帝国宣战
1914年8月12日	英国向奥匈帝国宣战，第一次世界大战两大对战阵营明确
1914年8月30日	兴登堡在坦能堡战役大败俄军，化解了德国东线战场的危机
1914年9月6日	马恩河会战结束，德国已经不可能速战速决获胜
1916年8月	兴登堡元帅成为德国陆军最高指挥官
1917年	美国向德国宣战
1917年11月6日	俄国爆发“十月革命”
1918年3月3日	德俄签订合约，俄国正式退出大战
1918年8月14日	德国军方的御前会议中正式承认德国已无获胜可能
1918年10月29日	威廉港的德国舰队士兵叛变，拒绝出战
1918年11月4日	基尔的海军水手起义
1918年11月7日	慕尼黑爆发革命，成立“巴伐利亚人民共和国”
1918年11月8日	德意志帝国开始与协约国进行停战谈判
1918年11月9日	德意志帝国总理巴登亲王宣布威廉二世退位
1918年11月10日	威廉二世出逃荷兰，德国由“人民委员会”组成临时政府
1918年12月30日	“斯巴达克斯同盟”组成德国共产党（KPD）
1919年1月12日	“一月暴动（斯巴达克斯起义）”失败
1919年1月15日	“义勇军”逮捕罗莎·卢森堡和卡尔·李卜克内西，二人随后被害

1919年2月6日	因为柏林的形势不稳定，“国民会议”制宪委员会在魏玛召开
1919年2月11日	“国民会议”选举艾伯特为魏玛共和国总统
1919年6月16日	协约国提出最后通牒，限德国于五天内接受《凡尔赛合约》
1919年6月28日	协约国与德国签订《凡尔赛合约》，德国的军队人数受到限制，并赔偿巨额款项
1919年7月12日	协约国结束对德国的海上封锁，从1915年以来，德国有75万人因“饥饿封锁”而死亡
1919年7月31日	德国“国民会议”通过《魏玛宪法》（德国第一部议会民主宪法），《魏玛宪法》中关于德奥合并的条文在协约国的坚持下被迫删除
1919年10月21日	兴登堡在“国民会议”的调查委员会上做出不实陈述：称德国军方的失利是因为有人在“背后捅了一刀”。此说法后来不断被引用。
1920年1月10日	《凡尔赛合约》开始生效
1920年3月4日	“德意志劳工党”更名为“国家社会主义德意志劳工党”，简称“纳粹党”（Nazi），其纲领包括废止《凡尔赛合约》及注销犹太人德国国籍
1920年3月13日	“卡普政变”
1921年7月29日	希特勒成为纳粹党主席
1922年1月31日	拉特瑙（犹太人）成为德国外长
1922年6月24日	拉特瑙被暗杀
1922年9月2日	《德意志之歌》成为德国国歌
1923年1月11日	法国和比利时出兵占领鲁尔地区
1923年9月17日	德国马克对美元的汇率超过二亿比一
1923年11月8日	希特勒在慕尼黑发动“啤酒馆政变”，并向柏林进军
1923年11月9日	巴伐利亚警方驱散暴动者，纳粹党被查禁，希特勒于两日后被捕。
1923年11月15日	是特雷斯曼进行货币改革，稳定了经济形势
1924年4月1日	希特勒被判刑五年，在狱中口述《我的奋斗》

1924年12月20日	希特勒被提前释放
1925年2月28日	魏玛共和国首任总统艾伯特去世，随后举行的大选中，78岁的兴登堡获胜
1925年11月9日	纳粹成立黑衫队（SS）
1929年10月25日	纽约股市崩盘，导致全球经济危机，对德国产生致命影响
1932年8月13日	兴登堡召见希特勒，预任命其为副总理，遭希特勒拒绝
1932年11月6日	纳粹党在国会大选中成为第一大党
1933年1月30日	兴登堡任命希特勒为总理，当晚有15000纳粹党成员在勃兰登堡门前举行火炬游行
1933年2月1日	兴登堡应希特勒的要求解散国会
1933年2月27日	国会大厦失火，兴登堡随后签署法案，限制言论、新闻及集会自由
1933年3月13日	纳粹政府成立“宣传暨国民启蒙部”，由戈培尔担任部长
1933年3月20日	纳粹在达豪及萨克森豪森成立集中营，囚禁反对派
1933年4月1日	纳粹发动德国民众抵制犹太人的商店、犹太籍教授、教师、律师和医生
1933年4月7日	纳粹政府颁布法案，规定犹太人不得担任公职
1933年4月11日	戈林被任命为普鲁士总理
1933年4月26日	戈林成立国家秘密警察（盖世太保）
1933年5月10日	纳粹在柏林剧院广场焚烧书籍，全国图书馆的“反德意志”书籍均被清理
1933年7月5日	最后一个纳粹党之外的政党被宣布解散，纳粹成为唯一合法政党
1933年7月12日	内政部宣布，各学校的历史课程都要教授“人种学”和“元首原则”；电影制片人必须证明自己的“雅利安人”血统
1933年7月14日	纳粹政府立法禁止成立政党
1933年8月10日	包豪斯建筑学院被纳粹政府关闭

1933 年 8 月 22 日	德国工业协会宣布，各工作场所必须行“希特勒式敬礼”
1933 年 10 月 14 日	国会被解散
1933 年 10 月 19 日	德国政府宣布退出国际联盟
1933 年 11 月 12 日	德国国会进行“改选”，选票仅列出单一候选人清单，选民只能选择“是”或“否”。纳粹所得支持率为92.1%
1934 年 6 月 30 日	长刀之夜，希特勒下令清洗罗姆领导的“褐衫队”，党卫军“黑衫队”成为纳粹党内最大势力
1934 年 7 月 20 日	党卫军成为独立组织
1934 年 8 月 2 日	德国总统兴登堡去世，希特勒成为国家“元首”。德国“国防军”向“元首及帝国总理”个人宣誓效忠

以上参考自周全为其译著《一个德国人的故事》所做的大事年表

德国大事年表之三

1935 ~ 1945 年

1935 年 1 月 13 日	萨尔的全面公决导致萨尔并入德国
1935 年 3 月 16 日	德国再度开始征兵
1939 年 9 月 15 日	颁布《纽伦堡种族法》
1936 年 3 月 7 日	德军入侵非武装区莱茵兰，将其收归德国
1936 年 3 月 29 日	对希特勒政策进行全民公决，99％公民赞成
1936 年 6 月 7 日	希姆莱成为全国党卫军领袖
1936 年 8 月 1 日	希特勒在柏林宣布奥运会开幕
1936 年 10 月 25 日	德国和意大利签订条约，形成罗马一柏林轴心
1938 年 3 月 12~13 日	德国吞并奥地利
1938 年 8 月 27 日	陆军总参谋长路德维希 · 贝克辞职
1938 年 9 月 29~30 日	慕尼黑会议为了安抚希特勒，将捷克斯洛伐克的苏台德地区奖励给德国
1938 年 11 月 8~9 日	“水晶之夜”开始对德国犹太人的迫害
1939 年 3 月 14~16 日	德国入侵捷克斯洛伐克其他地区，建立波希米亚一摩拉维亚保护国
1939 年 8 月 23 日	签订《德苏互不侵犯条约》
1939 年 9 月 1 日	德国入侵波兰
1939 年 9 月 3 日	英法向德宣战
1939 年 9 月 27 日	德国将秘密警察（包括盖世太保和国家警察）同党卫军保安处合并为国家保安总部，由海德里希负责
1939 年 10 月	希特勒签署书面意见，授权“仁慈地杀害不值得存活的人”，导致“安乐死”屠杀计划
1939 年 10 月 8~12 日	希特勒将波兰东部地区并入德国，西部由汉斯 · 弗兰克领导的督政府负责
1940 年 4 月 9 日	德国入侵丹麦和挪威
1940 年 5 月 10 日	德国入侵荷兰、比利时、卢森堡和法国

BERLIN

1940年6月22日	签订法德停战协定
1940年10月28日	墨索里尼进攻希腊
1940年12月18日	希特勒批准入侵苏联的“巴巴罗萨计划”
1941年2月	非洲军团成立，由隆美尔指挥
1941年5月10日	鲁道夫·赫斯飞往苏格兰，向盟军秘密谈判，希特勒认为他“疯了”。赫斯的位置随被鲍曼取代
1941年6月22日	德军入侵苏联。紧随正规军的警察部队专门负责围捕犹太人、共产党人和吉卜赛人，将他们残酷杀害
1941年9月1日	德国犹太人必须佩带黄色大卫星，从10月1日开始禁止移民
1941年9月3日	奥斯维辛集中营首次使用齐克隆B毒气杀人
1941年12月7日	日本偷袭珍珠港
1941年12月11日	德国向美国宣战
1942年1月20日	召开万湖会议
1942年2月8日	施佩尔成为德国军备部长
1942年5月27日	海德里希在布拉格被刺杀
1942年6月	德国在奥斯维辛开始大规模毒气杀人
1942年11月11日	英军突破阿拉曼防线
1942年11月9日	苏军开始在斯大林格勒反击，四天后，将德军第六军团完全包围
1943年1月31日	德军第六军团在斯大林格勒投降
1943年2月18日	戈培尔在柏林体育馆进行“是否进行总体战”的演说
1943年2月22日	苏菲·绍尔和汉斯·绍尔被处决，“白玫瑰”反抗团体被绞杀
1943年3月13日	德国陆军军官反对希特勒的行动失败
1943年5月12日	最后一支轴心国军队在北非投降
1943年7月25日	墨索里尼下台，意大利法西斯崩溃
1943年9月8日	德军占领意大利北部和中部

1944年6月6日	当日，盟军在诺曼底实施登陆
1944年7月20日	施陶芬贝格刺杀希特勒失败
1944年9月25日	德国所有16岁到25岁之间的男子都被要求到国民卫队服役
1944年11月1日	希姆莱命令停止在奥斯维辛的毒气杀人行动
1945年1月27日	苏军解放奥斯维辛
1945年1月30日	希特勒发表最后一次广播讲话，鼓动德国人坚持到最后
1945年2月4~11日	雅尔塔会议召开
1945年3月19日	希特勒签署焦土政策，也被称为“尼禄命令”
1945年4月25日	美军和苏军在易北河的托尔高会师
1945年4月30日	希特勒自杀，邓尼茨受命接任德国元首
1945年5月2日	柏林德军向苏军投降
1945年5月7~9日	《无条件投降条约》在法国兰斯的美军司令部签署，并在柏林的苏军司令部再次签署

以上参考自《纳粹德国：一部新的历史》所附大事年表

德国大事年表之四

1989 ~ 1990 年

1989年10月7日	庆祝东德建国40周年，柏林和其他多地方发生群众抗议示威，与警察发生冲突
1989年10月9日	七万人在莱比锡和平示威，高呼“我们是人民”的口号
1989年10月18日	埃里希·昂纳克辞职，埃贡·克伦茨接班
1989年10月23日	全国各地共50万人示威反对克伦茨，要求改革
1989年10月27日	东德开放去捷克的边界
1989年11月4日	近百万人参加在柏林亚历山大广场举行的示威
1989年11月7日	总理斯多夫及其政府全体辞职
1989年11月9日	柏林墙开放
1989年12月6日	埃贡·克伦茨辞职
1990年1月8日	莱比锡星期一示威中，“我们是一个人民（民族）”的口号第一次代替了“我们是人民”的口号
1990年1月15日	位于柏林的斯塔西总部受到冲击，文件的销毁被制止
1990年1月21日	埃贡·克伦茨被开除出党
1990年1月29日	埃里希·昂纳克被捕
1990年2月8日	东德成立解散国家安全办委员会
1990年5月18日	两德签署货币、经济与社会同盟协议
1990年7月1日	货币联盟生效，600吨西马克纸币和500吨硬币被运往东德，西马克成为有效货币
1990年7月14 ~ 16日	联邦总理克尔与戈尔巴乔夫会谈，苏联同意给予统一的德国全部主权
1990年8月31日	在柏林签署恢复德国统一的条约
1990年10月3日	德国统一第一天

以上参考自《德国统一现状》所附大事年表

普鲁士王族谱系

1640～1918 年

* 弗里德里克·威廉大选帝侯

（the Great Elector Friedrich Wilhelm，在位时间：1640~1688 年），在位时只是普鲁士大公国的公爵

* 普鲁士第一位国王弗里德里克一世

（Friedrich I，在位时间：1701~1713 年），大选帝侯之子，原为弗里德里克三世选帝侯；当时帝国承认他为“在普鲁士的国王”

* 普鲁士第二位国王弗里德里克·威廉一世

（Friedrich Wilhelm I，在位时间：1713~1740 年），弗里德里克一世之子，和其父一样是“在普鲁士的国王”。又被称为“士兵国王”

* 弗里德里克二世

（Friedrich II，在位时间：1740~1786 年），弗里德里克·威廉一世之子。在 1772 年之后，改称“普鲁士的国王”。因打败瑞典军队而被尊为“大帝”

* 弗里德里克·威廉二世

（Friedrich Wilhelm II，在位时间：1786~1797 年），大帝无子，将王位传给侄子。这位国王治国才能远不及大帝，在位期间严厉控制启蒙思想传播，宗教思想极端，生活作风不佳。

BERLIN

*** 弗里德里克·威廉三世**

（Friedrich Wilhelm III，在位时间：1797~1840 年），弗里德里克·威廉二世之子。

*** 弗里德里克·威廉四世**

（Friedrich Wilhelm IV，在位时间：1840~1861 年），弗里德里克·威廉三世之子。晚期执政受精神病困扰，无法处理国事。

*** 威廉一世**

（Wilhelm I，在位时间：1861~1888 年），弗里德里克·威廉四世的弟弟。因其兄病重，先是代理朝政，兄去世后成为国王。在俾斯麦的辅助下，1871 年成为北德意志帝国的第一个皇帝。该帝国史称第二帝国。

*** 弗里德里克三世**

（Friedrich III，在位时间：1888 年），因其父长寿，继承王位时已身患重病，执政三个月便去世。

*** 威廉二世**

（Wilhelm II，在位时间：1888~1918 年），弗里德里克三世之子。对发动第一次世界大战负有很大责任。德国战败后退位，逃往荷兰。1941 年去世。

1 历史类

《神圣罗马帝国1495~1806》，[英]彼得·威尔逊著，北京大学出版社2013年6月版

《德国史1918~2008》，[英]玛丽·弗尔布鲁克著，上海人民出版社2011年12月版

《德国反犹史》，[德]克劳斯·费舍尔著，江苏人民出版社2007年4月版

《纳粹德国：一部新的历史》，[美]克劳斯·费舍尔著，译林出版社2012年9月版

《两次世界大战之间的国际关系》，[英]E.H.卡尔著，商务印书馆2009年5月版

《帕尔默现代世界史》丛书，[美]R.R.帕尔默等著，世界图书出版公司2010年9月版

《一战战史二战战史大全集》，[英]伊恩·韦斯特威尔、[美]唐纳德·萨默维尔著，中国华侨出版社2012年9月版

《第三帝国的艺术博物馆：希特勒与林茨特别任务》，[德]哈恩斯-克里斯蒂安·罗尔，生活·读书·新知三联书店2009年11月版

《纽伦堡来信：爱与正义的亲密档案》，[美]克里斯多夫·多德拉瑞·布鲁姆著，重庆出版社2013年8月版

《战后欧洲史》(上、下)，[美]托尼·米特著，新星出版社2010年1月版

2 传记类

《查理曼大帝》，[美]苏珊·班菲尔德著，工人出版社2010年1月版

《腓特烈大帝》，[美]玛丽·基特里奇著，工人出版社2010年1月版

《这就是我的立场——改教先导路德传记》，[美]罗伦·培登著，上海三联书店2013年8月版

《改教家路德》，[美]詹姆斯·基特尔森著，中国社会科学出版社2009年1月版

《丢勒和他的时代》，[德]威尔赫姆·韦措尔特著，北京大学出版社2009年1月版

《巴赫画传》，[法]吕克-安德烈·马塞尔著，人民大学出版社2005年10月版

《巴赫传》，[美]房龙著，中国和平出版社1997年1月版

《康德传》，[美]曼弗雷德·库恩著，上海人民出版社2008年4月版

《歌德传》，[德]艾米尔·路德维希著，天津人民出版社1982年9月版

《席勒传》，[德]吕迪格尔·萨弗兰斯基著，人民文学出版社2010年2月版

《荷尔德林传：精神导师与精神病人》，[德]黑尔特林著，江苏人民出版社2009年7月版

《叔本华及其哲学狂野的时代》，[德]吕迪格尔·萨弗兰斯基著，商务印书馆2010年12月版

《费希特》，[德]威廉·格·雅科布斯著，中国社会科学出版社，1989年7月版

《尼采传》，[法]丹尼尔·哈列维著，陕西师范大学出版社2010年7月版

推荐书籍

《与魔鬼作斗争》，[奥]斯蒂芬·茨威格著，西苑出版社1998年1月版

《卡尔·弗里德里克·申克尔》，中国电力出版社2008年4月版

《谢里曼传——一位寻金者的故事》，[德]艾米尔·路德维希著，辽宁教育出版社2001年2月版

《范妮·门德尔松-亨塞尔》，[德]乌塔·比希特·罗姆尔著，人民音乐出版社2008年1月版

《门德尔松-巴托尔迪》，汉斯·克里斯托夫·沃利斯著，人民音乐出版社2008年9月版

《李斯特》，[德]埃弗雷特·赫尔姆著，人民音乐出版社2007年2月版

《现代视野下的李斯特——生平及作品》，[奥]曼弗雷德·瓦格纳著，中央音乐学院出版社2009年6月版

《迈耶贝尔》，[德]海因茨·贝克尔著，人民音乐出版社2008年4月版

《瓦格纳家族》，[德]汉斯·约阿希姆·鲍尔著，花城出版社2008年3月版

《瓦格纳——世界终极的歌剧》，菲利普·戈德弗鲁瓦著，译文出版社2004年7月版

《俾斯麦》，[德]艾密尔·鲁特维克著，国际文化出版公司2009年2月版

《俾斯麦：凡人与政治家》，[英] A.J.P. 泰勒著，中国法制出版社2011年8月版

《爱因斯坦在柏林》，胡贝尔·戈纳著，中央编译出版社2012年10月版

《镜头下的爱因斯坦》，Z·罗森克朗兹著，湖南科学技术出版社2005年5月版

《包豪斯团队：六位现代主义大师》，[美]尼古拉斯·福克斯·韦伯著，机械工业出版社2013年4月版

《希特勒传——从乞丐到元首》（上、下），[美]约翰·托兰著，国际文化出版公司2010年11月版

《隆美尔》，[英]戴维·欧文著，解放军出版社2010年5月版

《纳粹的女人》，[奥]安娜·玛丽亚·西格蒙德著，北京十月文艺出版社2004年1月版

《里芬施塔尔回忆录》，[德]莱妮·里芬施塔尔著，学林出版社2007年1月版

《极权制造——莱妮·瑞芬斯塔尔的一生》，[美]斯蒂芬·巴赫著，新星出版社2010年5月版

《布莱希特传》，[德]克劳斯·弗尔克尔著，中国戏剧出版社1986年10月版

《艾斯勒》，[德]弗里茨·黑嫩伯格著，人民音乐出版社2008年3月版

《库特·魏尔》，[德]于尔根·谢贝拉著，人民音乐出版社2011年6月版

3 其他有关德国的书

《巨人的聚散：尼采与瓦格纳》，[德]伊丽莎白·福厄斯特-尼采著，生活·读书·新知三联书店2010年4月版

《一战倒计时：世界是如何走向战争的》，[美]西恩·麦克米金著，新华出版社2013年10月版

《八月炮火》，[美]芭芭拉·W塔奇曼著，中国友谊出版公司2011年11月版

《魏玛文化：一则短暂而璀璨的文化传奇》，[美]彼得·盖伊著，安徽教育出版社2005年8月版

《一个德国人的故事——哈夫纳1914年到1933回忆录》，[德]赛巴斯提安·哈夫纳著，花城出版社2009年11月版

《从卡里加利到希特勒：德国电影心理史》，[德]克拉考尔著，上海人民出版社2008年8月版

《二战最后五天：欧洲亲历者讲述的故事》，[美]尼古拉斯·贝斯特著，新华出版社2013年7月版

《德国人——一个民族的双重历史》，[德]艾米尔·路德维希著，东方出版社2006年12月版

《包豪斯》，[德]弗里德瓦尔德著，天津大学出版社2011年12月版

《希特勒时代的柏林》，[法]让·马哈比尼著，上海人民出版社2007年8月版

《最后一役》，[美]科尼利厄斯·瑞恩著，解放军文艺出版社2006年6月版

《德意志星球——一次前往夏威夷吐司故乡的历险》，[德]埃里克·T·汉森著，南京大学出版社2012年10月版

《柏林墙》，[英]弗里德里克·泰勒著，重庆出版社2009年11月版

《德国统一现状》，[德]米夏埃尔·于尔格斯著，人民出版社2012年3月版

《穿墙故事——再造柏林城市》，沈祉杏著，清华大学出版社2005年10月版

《柏林苍穹下》，[德]霍尔格·泰格迈尔著，江苏人民出版社2013年5月版

4 有部分章节涉及本书提及的历史文化

《欧罗巴的黄金时代 · 北部欧洲》，[美]时代生活图书公司著，山东画报出版社2001年9月版

《在欧洲：跨越二十世纪之旅》，[荷]黑特 · 马柯著，花城出版社2011年8月版

《哲学的故事》，[美]威尔 · 杜兰特著，文化艺术出版社1991年5月版

《哲学的故事》，[英]布莱恩 · 麦基著，生活 · 读书 · 新知三联书店2002年8月版

《伟大作曲家的生活》，[美]哈罗尔德 · C勋伯格著，生活 · 读书 · 新知三联书店2007年1月版

《音乐的故事》，[法]罗曼 · 罗兰著，江苏文艺出版社2011年4月版

《建筑的故事》，[英]乔纳森 · 格兰西著，生活 · 读书 · 新知三联书店2003年10月版

《建筑之书——西方建筑史上的150座经典之作》，[英]丹 · 克鲁克香克著，山东画报出版社2009年5月版

《神祇 · 坟墓 · 学者：欧洲考古人的故事》，[德] C · W · 西拉姆著，生活 · 读书 · 新知三联书店2001年11月版

《考古的故事》，[英]约翰 · 罗梅尔著，海南出版社2006年3月版

《美索不达米亚——强有力的国王》，[美]戴尔 · 布朗著，华夏出版社2002年1月版

《木已成舟》，陈丹燕著，作家出版社2002年9月版

致谢

首先特别感谢季声波和Ingo Schmidt 夫妇，以及他们在柏林的家人，他们的热心帮助使我得以几度进出柏林，并以最少的生活费用获取了最大的精神享受。我们还相约，几年后，在他们的帮助下写一本全面描述德国的书，放入我的“欧洲历史文化之旅”系列。每每想到这个愿望，我心中就充盈着快乐。

感谢我的家人陪伴我忍受饥渴“暴走柏林”。感谢丈夫傅光明同意我随意使用他拍摄的照片，以补充我拍摄图片资料的不足。

感谢谭宗远先生和罗少强先生对本书出版给予支持。感谢责任编辑石延平女士耐心细致的工作，我的任何疏漏都逃不过她的“法眼”。她的付出无论对我还是对读者都是幸事。感谢梁朔先生百忙之中为本书精心设计了封面和版式。感谢陈溪桥女士依照梁先生的设计制作了如此精美的书页内文。

感谢大学师兄张超先生一直鼓励我雄心勃勃的写作计划。即便我口吐狂言要再写14本，有生之年囊括我所感兴趣的所有文明，他依然淡定地表示：“好，支持。”一言千金，没齿难忘。

感谢亲友和读者对我前两本书的积极反馈。我将更尽心竭力为你们服务。

郑 实

2014年12月

柏林历史文化之旅

BERLIN UNDER THE WINGS OF GREEN ANGEL

在绿荫天使的羽翼下

郑实 著

人物手册
PEOPLE

生活·讀書·新知 三联书店 生活書店出版有限公司

目 录

CONTENTS

前言

FOREDORD

“凡是想成为传记作者的人，都有责任说谎，隐瞒事实，虚情假意，阿谀奉承和设法掩饰自己的不解之处，因为我们无法了解一个人一生的全部真相，即使了解了也是写不出来的。”

——西格蒙德·弗洛伊德致阿尔诺德·茨威格的信

在吞读了五六十本德国人物传记之后，我当然认同弗洛伊德的看法。人生是无法被穷尽的，尤其是那些最与众不同的人。他们奇形怪状的个性和天赋造就了不可思议的人生之谜，很多东西藏在月之暗面，永不示人。秘密和他们一起消失，留下的只是人们希望知道、愿意相信、可以作为故事来讲的虚构世界。更多平淡的、无法作为传奇的内容蒸发了。

但这丝毫不妨碍我被传记深深吸引。打开一本传记，就开始一次穿越，两个陌生人出现在我生活里：传主和作者。很多时候，他们对我的影响超过现实世界。我特别喜欢几十万字的大部头的传记，因为我们三个人可以待在一起直到熟识。这些传主都是绝顶聪明的人，他们中的大多数一生都在向人类智力、精力的极限冲刺。传记作者试图复述他们在危险攀爬中的足痕，也不可避免地写到他们所走的歧途、所遭受的痛苦、犯下的愚蠢错误和人性中深不可测的黑暗与疯狂。

他们的共同点是，从青少年时代起就显露出与众不同的个性、能量和创造力，为了不度过平淡的一生，他们都付出了巨大的代价。他们和我们一样鲜活而脆弱的肉体，如今化作看不见的尘土，但他们的名字却留了下来。只要人类文明存在，这些名字就会代代相传，永不消失。

有的人被认为推动了历史进程，对欧洲的思想产生了巨大影响，但身上却有着令人无法忍受的偏执；有的人能以其大脑控制千万人的大脑，却带领他们走向灾难；有的人度过了美好的童年，随即因为聪明过人而烦恼不断，无法正视普通人都知道的常识；有的人一直被糟糕的个性困扰，无法不牵扯进重重矛盾。有的人为了赶在生命完结之前做完想做的事，宁愿在偏僻的小城过极为单调的日子。以普通人的标准衡量，他们一生大多过得并不好，甚至没有享受到普通人该有的温饱、平安、财富、亲情，有的甚至连一块安稳的墓地都得不到。

他们和我们唯一的共同点，就是被赐予的时间大致相同，一生只有几十年的光阴可以使用。所以他们和身上称之为“健康”的约束力量处于竞争状态。席勒只有四十六年的生命，他夜以继日地写作，尽量增加每一分钟的浓度。康德人到中年之后才逐渐意识到他将做一件前无古人的繁重工作，为此必须节约生命能量，只完成这一件事。他很幸运地做到了。但是在最后几年，他的肉体虽然还在，却成了失去意义的空壳。上天对歌德格外慷慨，不仅在他很年轻时就给了他荣耀、社会地位和财富，而且给了他八十三年的时间。他尽情挥霍，尝试了各种想做的事，到生命将结束时，还享受了新鲜的爱情，给一生加了一个精彩的叹号。路德曾掀起滔天巨浪，年龄和所受的崇拜一同增长，但是智慧却达到了极限，以致晚年时发出很多糟糕的论调。“人过六十，沉默是金。”幸好他只有六十三年时间，没有看到可怖的三十年战争给德意志带来的灾难后果……

生命是痛苦的奇迹。无论他们曾经做过什么，我只把他们当作一个个生命的个体。当一本厚厚的传记接近尾声，我从另一个时代回到今天，环境似乎差别很大。但是最重要的一些东西是没有变化的：

人性中较好的一面和肮脏丑陋的一面。每次阅读结束，合上书，我都觉得自己无法回到从前的自己了。“人生糊涂识字始”，我对这个世界陷入了更深的迷茫。当它的丰富和深奥通过这些历史人物展现在我面前时，我只能希望了解更多，阅读更多，结识更多与众不同的人，让他们逼迫我作更多思考。如此循环往复，我想，这就是成长，人能不断成长，我觉得特别幸运。

因为受惠于这些传记作者，我必须表达感激。在我看来，大陆市场上广受欢迎的文学传记作者也有些瑕疵。欧文·斯通（Irving Stone，1903～1989年）早期的作品有点“嫩”，他为传主想象的场景就像没有恋爱经历的少男少女写出的爱情小说。他所写的人物比他要深沉丰富。斯蒂芬·茨威格（Stefan Zweig,1881～1942年）有时太喧哗了，他像喷泉一样不断倾泻的是他自己的内心。纳粹上台后他逃亡到南美，面临生死抉择，意外地重读蒙田，内心才平静下来。《蒙田》一书因而有了厚度。房龙（Hendrik Willem Van Loon，1882～1944年）是耐心的文化写手，他的确有普及文化之功，但没有深入。艾米尔·路德维希（Emil Ludwig，1881～1948年）喜欢将人物进行文学化归纳，他的将相人物总具有戏剧性格。在他们之外，还有很多优秀的传记作者，恳请有志于此的出版社多多引进，尤其是欧洲的传记书籍。有那么多艺术家、哲学家、建筑设计师等，他们的作品在中国被广泛研究、阅读、观看、演奏甚至模仿，却没有仔细介绍他们本人的书。这多么奇怪，难道受恩于人，我们却完全没有兴趣了解我们的恩人？

作为《在绿荫天使的羽翼下——柏林历史文化之旅》的附赠品，本书所选择的人物大部分和柏林有密切关系，生于斯或逝于斯，或者曾在柏林居住工作过，或只是短暂的过客。一些人入选是因为我们在参观柏林的景观时会遇到他们的作品。另一些人则是因为对德国和柏林的历史文化进程产生过重要影响。一小部分人物对中国普通读者来说有点陌生，但对德国文化传统是很重要的，因此我也列入其中。毕竟，我们旅行和阅读的目的是为了解更多我们从前不知道的东西。

有些传主非常讨厌，捏着鼻子都难以忍受；有些是我所爱的，读到他将要离世，我的眼泪也落下来。和有些人在一起的旅途非常有趣，看到关于他的书我就会产生温柔的回忆。不过我在此力求准确客观，尽量不因我的爱憎影响读者。本册的插图除传主本人的画像、照片之外，我还补充了一些有历史感的文件、漫画、纪念邮票或纪念币。

但如此缩减介绍，很像古埃及人制作木乃伊，必须拿掉曾经维持肉体运行的器官，以便确保剩下的部分获得永生。这里呈现的文字就如同博物馆里的木乃伊，只能让我们看到生命中留存的一些东西，而不是全部。关于这些独特的人物，更多不可思议的内容等待你自己去发现。

帝王

THE EMPEROR

弗里德里克大帝：“战争艺术家”兼“哲学家国王”

弗里德里克大帝

弗里德里克大帝（Friedrich II,1712～1786年）是被西方军事、历史学家公认为与亚历山大大帝、恺撒大帝、汉尼拔、古斯塔夫二世、拿破仑齐名的军事天才。虽然他曾穷兵黩武，为争夺西里西亚的富饶地区一次次将全欧洲拖入战争，但他并非热衷战争的狂人，也并不总是得到胜利女神的眷顾，有几次是险胜，更多的是绝处逢生。弗里德里克大帝也并不总是勇敢坚韧，他曾临阵脱逃，甚至在预计到失败时为自己准备好了毒药。不过从计谋和才略上，弗里德里克的确可以和其他几位比肩。他拥有他那个时代最智慧的大脑，虽然里面充满了自相矛盾。

这和他的童年有绝大关系。弗里德里克的父亲弗里德里克·威廉常年被一种称为卟啉症的病折磨着，因而脾气极其暴躁（后来弗里德里克自己也遗传了这种病，因而也就谅解了父亲）。而且弗里德里克·威廉是个粗鲁的人，他只喜欢打猎、抽烟和军旅生活，对于儿子喜欢读书和音乐，他觉得不仅可笑，简直是难以容忍。弗里德里克·威廉终生致力于打造一支强悍的普鲁士军队，期望儿子将来即位后能用这支军队扩充版图和实力。与此无关的东西，弗里德里克·威廉都要强行制止。弗里德里克为此当然非常痛苦，音乐和文学带给他的快乐是无法替代的，但他只能偷偷地享受。比如背着父亲学习拉丁语，阅读古罗马的文学作品，在和父亲打猎时悄悄溜走，去吹长笛。

父子俩性格迥异、价值观不同，因而不断发生冲突。父亲当然是强势的一方，他对待儿子的方式也很残酷，不是打骂、拔头发，就是断食，有一次甚至差点用窗帘绳勒死孩子。而且还要嘲笑侮辱儿子：“如果我父亲对我这么做，我早就举枪自杀了。你连这么做的勇气都没有！”

有这样经历的孩子要么特别懦弱，要么长大后像父亲一样暴虐。非常幸运的是，弗里德里克长大成人后，保持了一个人的正常品性，心灵没有因为早年的创伤而变形。不过他由此憎恨残酷的行为，在日后面对战争的惨状时，或多或少表现出了悲戚和怜悯之情。

弗里德里克成年之后，更无法忍受父亲的虐待，他和两个挚友计划出逃。但是很不幸的，计划泄露，他们被抓回来了，父亲下令当着他的面处死他的朋友（这一点也有不同说法，认为弗里德里克并没有亲眼所见)。弗里德里克被囚禁在监狱，痛彻地反思自己的行为。他幼稚的出逃企图，却给朋友带来了不幸。弗里德里克开始认真思考权力和责任的关系。有朝一日他会成为国王，大权在握意味着对更多人的性命和福祉负有责任。如果他理智地善用权力，将造福他的王国。

想清楚了这一点，弗里德里克开始向父亲忏悔，他再三请求原谅，以便早日从监禁中脱身。父亲还是原来的父亲，儿子却大变样了。一方面他认真学习治国之道，涉及历史、地理、经济、军事等学科；另一方面表现出驯服姿态，同意了父亲安排的政治联姻，虽然他对未来的新娘一点都不感兴趣。用他的话说："越不是那么回事，越要表现得像那么回事。"这种韬光养晦的策略也成为他未来的政治手段。就这样，父亲被软化了，同意把弗里德里克释放回柏林。

在等待继承王位期间，弗里德里克阅读了大量的书籍。他从小喜欢长笛，后来写了一百多首长笛奏鸣曲和协奏曲。他的长笛老师匡茨(Johann Joachim Quantz)写的《谈长笛吹奏技巧》一书，是长笛演奏的经典之作。弗里德里克的宫廷也成为著名的艺术沙龙，作曲家巴赫造访无忧宫时，即兴写了组曲《音乐的奉献》献给弗里德里克。巴赫的第三个儿子在宫廷中担任琴师。

和父亲对法国文化的厌恶相反，弗里德里克对于法国正在兴起的文学和哲学思潮都有涉猎，后来他被称为"哲学家国王"。在法国哲学家伏尔泰晚年，弗里德里克执意邀请这位启蒙主义大师到波茨坦的无忧宫来和他相会，但是两人相处得并不愉快。两强相遇，各自的缺点而不是优点被激发、放大，这恐怕不是这两颗那个时代最优秀的头脑能预料到的。

弗里德里克喜欢拿朋友开玩笑，让人难堪。伏尔泰不是他的臣下，且当时已是享誉欧洲的文化巨擘，当然非常不舒服。而伏尔泰也有心胸狭窄的一面，他和当时任普鲁士科学院院长的莫尔佩蒂不和，就写文章讽刺他。弗里德里克看过文章，觉得很有趣，但是他没想到伏尔泰会拿去发表。莫尔佩蒂是弗里德里克任命的，这无异于在公众面前侮辱国王。弗里德里克大怒，命令将文章全部销毁。伏尔泰还贪小便宜，参与了一个国王明令禁止的投机活动。

这些都很让弗里德里克不爽，他将伏尔泰赶到柏林独自居住了一段时间，后来虽然让他回到无忧宫，但态度一直很冷淡。伏尔泰对此耿耿于怀，决意离开德国回法国，临走时带走了弗里德里克明确让他归还的诗歌手稿。弗里德里克命人追上伏尔泰要回稿子，不巧的是，伏尔泰将装手稿的行李遗失了。国王于是软禁了哲学大师，直到找到手稿才放行。后来弗里德里克又和伏尔泰恢复了通信，表面上两人关系还不错。但当伏尔泰去世后，他的遗稿被公布，其中有对弗里德里克的刻薄讽刺，弗里德里克此时才知道，伏尔泰一直没有原谅他。

作为君王的弗里德里克能和哲学家建立友情，被时人当作一段佳话，但却以此不快落幕，其实并不令人感到意外。政治权威和文化精英在当时还是后者附庸于前者，文人只能仰仗当权者鼻息而已，即便在当今，也远不是平等的关系。

使弗里德里克青史留名的除了这段公案，还有他与奥地利女王玛利亚·特丽莎(Maria Theresa)及其儿子约瑟夫二世(Joseph II)为争夺西里西亚进行的多次战争。弗里德里克"军事天才"的称誉也来自于此。弗里德里克认为，无论大国小国，生存的基本策略就是扩张。玛利亚·特丽莎把西里西亚看作皇宫上的宝石，但是弗里德里克赢得了两次西里西亚战争，成功地把这片富饶之地纳入到了自己的版图。除了一定的军事才能，弗里德里克的胜利和他的身先士卒、关怀士兵疾苦也有很大关系。18 世纪战争的胜负，很大程度上取决于军队调遣的速度和士气，弗里德里克指挥战斗时，亲临第一线，和士兵同吃同睡，甚至把自己的马让给伤员。这些都使他的士兵深为感动，拼死效力，所以在绝境中，也具备破釜沉舟的勇气。

王国版图的成功扩张也和弗里德里克狡猾的政治手段有关。他曾认真地写书批驳意大利政治家马基雅维利玩弄权术、不择手段的政治观，但是在实际问题上，弗里德里克不愧是马基雅维利的信徒。为了取胜，他可以随时毁约出卖盟友，也可以随时投入敌方的阵营。同盟的一方还在前线和普鲁士军队一起包围敌军，弗里德里克为了自己的利益，却已经单独和敌人签订协议，然后眼睁睁看着盟军被歼灭。马基雅维利告诫君主说：“一个君王，不只要像个人，有时也要像个野兽。”弗里德里克则大言不惭地说：“当有机会可以用正当途径赚取利益时，我们就做君子；如果非欺骗不能成功，我们就当小人。”

全欧洲都看到这样一个小人在政治舞台上表演，对他又恨又怕。当法国、奥地利和俄国联手惩治这位不义的权术家时，弗里德里克预感到末日将要来临。柏林眼看要失陷，弗里德里克被胃痛、痛风、风湿、头痛、牙痛和间歇热折磨，说自己已经是“一个头发灰白、牙齿掉了一半，没有活力、没有幻想的人”。正当他准备自杀时，他的老对手、俄国女沙皇伊丽莎白去世了。继任的彼得三世崇拜弗里德里克，立刻下令调转枪口，为普鲁士而战。

七年战争就这样结束了，51 岁的弗里德里克回到他的国家。此时他已厌倦了征战，而普鲁士备受战争蹂躏，已是满目疮痍。令人敬佩的是，老国王抖擞精神，开始全力率领他的国家复兴。他自嘲地说：“上帝创造了驴子、柱子和国王来承担世界上的各种负荷。”弗里德里克每天 4 点钟就起床。他命令仆从，如果他到时没有起来，就用凉毛巾摔到他的脸上。一般人染上病会休息几天，但是弗里德里克不允许自己这样做，他总是把工作时间表订到极限。为了表现出一个君王的坚强，在双脚因痛风浮肿时，他仍要穿靴子。即便风湿发作浑身酸痛，他仍坚持骑马。

这幅藏于德国历史博物馆的油画《无处不在的国王》，描画了弗里德里克大帝视察土豆收成的场景。作者是瓦尔特缪勒（Warthmüller Robert），作于 1886 年

为了发展农业，弗里德里克将战时的军用马匹拨给农民使用，又建立了农产品运销系统，在歉收时保证粮食价格平稳，在粮食过剩的年份由国库拨款收购粮食，使农民不至于赔钱。他在柏林开办瓷器厂并鼓励纺织工业，使纺织品的生产成为普鲁士最成功的工业。弗里德里克的管理方式是事无巨细都要由他亲自决断，这可能是因为他不信任别人的能力，认为只有他才能担当重任。但是没有建立有效的运作系统，而只依靠一个人的力量支撑偌大的国家，迟早要出现问题。

弗里德里克当初答应父亲安排的婚事，却没有尽到丈夫的责任。他和王后长期分居，没有生育后代。在年老体衰时，他看到即将继承王位的侄子完全没有治国的才能，不禁忧心忡忡。事实证明，他的眼光很准，弗里德里克励精图治的成果被后继者糟蹋了。

史家称弗里德里克是个“开明的专制国王”。他一方面接受了启蒙主义思想，倡导言论自由，但却禁止人民谈论军队事务和批评他从法国引进的赋税制度。他将国家利益作为行动的唯一标准，作为一个讲求效果、理性务实的政治家，就难免有专横、冷酷的一面。因为他所处的时代和位置，我们无法用普通人的道德标准来衡量弗里德里克，但有一点是肯定的，极强的个性、聪明的头脑以及坚韧的作风，造就了这位“战争艺术家”和“哲学家国王”。他把一个落后的小国治理成为一个政治、工业和军事上的强国，为后世的德国奠定了基础，这其中既有让人敬重的传统，也有令人惧怕的民族性格。

威廉二世：“渴望每天过生日的人”

德国第二帝国末代皇帝威廉二世

在各种提及德国皇帝威廉二世（Kaiser Wilhelm II）的书中，很难找到对这位德国第二帝国末代皇帝的称赞之词。好像没有一个人喜欢他，无论是他带有英国血统的母亲，那些遍及欧洲各国皇族的亲戚，他祖父遗留下来的权臣俾斯麦，他依仗的兴登堡元帅，还是后来有兴趣探究德国近代史的人们。最客气的说法来自曾任英国首相的丘吉尔，他称这位第一次世界大战的始作俑者是“在欧洲弹药库候见室扔下点燃的香烟的粗心游客”。更多不客气的说法是：“欧洲戏子”“渴望每天过生日的人”“最妄自尊大的人”“最信口开河的人”。而我们中国人，更是对他咬牙切齿，1900年，正是威廉二世派军远征中国，联合其他七国入侵北京。

天生的残疾肯定对威廉二世的性格有致命影响。他出生时是臀位，他的母亲经历了非常痛苦的十个小时才把他生下来，几乎因此而死。小威廉二世不仅神经系统受损，左臂还比右臂短十五厘米，而且基本失去功能。即便是普通人，都难以摆脱这一不幸的阴影，何况身为帝王之胄，更何况又将主宰普鲁士这样一个以信奉武力为传统的国家。就像有人说的，威廉二世都不能自如地切餐桌上的肉，还要统领千军万马。

在普鲁士宫廷中长大，不仅要求王子和健康人一样骑马、游泳、击剑和射击，还要更出色才行。母亲是维多利亚女王之女，自然是亲英派。为了表现自己是强者，他和自己的母亲对抗。威廉二世在“一战”前要大力扩充德国公海舰队，以此威吓英国，挑战英国的海上霸权。有的历史学家分析说，这也许是源于威廉二世渴望得到英国亲戚们尊重的复杂心理。但英国却被他的挑衅行为和粗鲁态度激怒了。第一次世界大战爆发，德国最终和英国开战，可惜以失败告终。

拖着短小的左臂，每天面临强大压力的威廉二世深感命运的残酷：明明是弱者，却要以装扮成强者为天职。看看威廉二世留下的照片和画像，就会明白他是多么尽职尽责。他总是夸张地暴露出右边的身子和臂膀，用以掩饰左边。而一旦表现得过度，就成了笑柄。

不过没有人告诉皇帝人们在说什么，他身边有的人是不敢，有的人是不会。威廉二世的父亲在位百日便去世了［见《柏林导览》（以下简称《导览》）之“选帝侯大街和威廉皇帝纪念教堂”］，威廉二世 28 岁即位，年轻气盛，虽然知道俾斯麦对于德国的重要性，对老臣怀有一些感激之情，但还是忍不住将处处压迫他的老家伙赶出了宫廷。［见《柏林历史文化之旅——人物手册》（以下简称《人物》）之“俾斯麦”］权力一旦空缺，蜂拥聚拢到皇帝身边的，都是他喜欢的人，也就是能以报喜不报忧获得宠幸的大臣们。他们一再鼓噪说，德国早就做好了战争准备，德国人应当成为欧洲的主人，18 世纪是法国的，19 世纪是英国的，而 20 世纪应属于德国。

俾斯麦一直坚持和俄国建立盟友关系，因为从地理位置上看，德国夹在法国和俄国中间，德国和法国的军人在普法战争之后，都预计不久的将来，德法将会再次开战。如果西边和法国交战，德国没有足够的兵力同时在东边和俄国开战。但是俾斯麦的后继者对他苦心经营的外交局面不屑一顾。在他们看来，俄国在日俄战争中败给日本，意味着俄国已经不堪一击。

威廉二世和他的顾问们互相激励，好战的军人早已做好详尽的战争计划，而德皇，一个本性其实有点内向而怯懦的统治者，则需要一场战争来树立威望。在巴尔干的动乱中，威廉二世终于找到了借口。奥匈帝国王储被塞尔维亚民族主义者刺杀，德国鼓动奥地利惩罚塞尔维亚，如果因此和俄国发生冲突，德国将给予“真诚的支持”。

当威廉二世在皇宫的阳台上，向下面的民众宣布战时总动员时，举国一片欢腾（包括阿道夫·希特勒），爱国主义达到高潮，好像德国凭借精神力量就可以征服全欧洲。他们把皇帝当作民族复兴的领袖，是德国的“恺撒大帝”。然而他们不知道的是，这位总是做出勇武状的皇帝的军事才能一塌糊涂。威廉二世非常喜欢参与军事演习，总是抢在将军前面发号施令，而他的部署经常是互相矛盾的。将军们只求他们的皇帝不要到真的战争中瞎搅和，至于演习，只是提供了一个拍马屁的好舞台。他们会事先安排数百名狙击手，在关键时刻出来帮助皇帝陛下指挥的一方获胜。当然臣下们也有实在受不了的时候。威廉二世经常大放厥词，不顾及场合和对象，每隔一段时间就会给负责外交事务的大臣出难题。皇帝有时表现出的非理智言行，甚至让大臣们担心他的精神状况已经超出了正常范围，无法继续统治国家。在威廉二世 30 岁、37 岁和 44 岁时，他们都曾经想采取行动，结束他的统治。

然而威廉二世丝毫没有察觉。在军事操练中很尽兴，使他更加信任自己的参谋部。在普法战争中赢得胜利的毛奇将军的侄子——小毛奇为皇帝呈上天衣无缝的作战计划，其中只有一个缺陷，就是计划中只有在西线和法军开战，而德皇却同时向东边的邻居俄国下了战书。此时威廉二世突发奇想，命令小毛奇将已派往西线的百万大军调到东线。小毛奇被德皇的异想天开吓呆了，这不是在沙盘上摆锡兵，即便可以用火车将部队紧急送到东边，辎重给养怎么办？但是皇帝对毛奇的反应生气了：“如果是你的叔叔，绝对不会犹豫的。”战斗还未打响，总帅小毛奇便被威廉二世羞辱，真不是个好开端。

中立国比利时横亘在德法之间。1830 年它的独立之所以得到欧洲各个大国的承认，就是考虑到它对德法两国的冲突将起到制约作用。但是德国直接向比利时宣战，理由是法国正在通过比利时入侵德国。当然此时比利时境内还没有法军，而德军却向德比边境运送了大批军队。编造理由入侵一个中立国，威廉二世对此没有产生任何疑虑。但是在德国以外的地方却是一片骂声。

在德国境内，无论军界、政界、商界还是下层普通民众，开始时都对战争充满信心，似乎“德国的美德只有在战争中才能显示出来”。好像只要一开战，胜利就已经装在德国人衣袋里了。威廉二世在和平时期都只听好消息，战争时期更是如此。他当然不会知道，德军参谋部号称充分做好的战争准备，不仅不包括前线必要的弹药、供给，甚至后方城市的日常生活之需也没有纳入计划。战争的爆发将不可避免地导致德国的饥荒蔓延。

战争只进行了三个月，陆军部就认为战争最多持续到来年春天，理由是，制造炸药的硝石已经不够了！当时任通用公司董事长的拉特瑙，被紧急任命为战备物资管理部的负责人。他立刻没收了已占领的比利时的硝石矿，支援德军。对于威廉二世，拉特瑙能够近距离观察，他对皇帝还有一点敬畏之情，认为他“是一个本性受到割裂而没有感觉到裂痕的人”，但“正在走向厄运”。拉特瑙本人也在走向厄运，他于魏玛共和国时期被刺杀。（见《人物》之“爱因斯坦”）

在前线壕沟中忍受饥饿、寒冷、炸弹和毒气的士兵们已经不相信胜利，威廉二世却在议员们面前侃侃而谈：“两三个月内就可以解决英国，战争结束时我们会与法国达成完全的谅解，然后，欧洲将在我的领导下，开始真正的反英之战。”议员们听了都非常吃惊。但是谁也不能让皇帝感到过于悲观，所有他的近臣们都不会向他报告糟糕的消息。这个可怜的君主所听到的一切，都不会使他知道灾难正在降临。从前方撤退回来的军官前来参加阅兵，必须穿着锃亮的短筒靴，尽管他们在前线的士兵早已衣衫褴褛，食不果腹。

战争持续了四年，1000 万士兵丧命，2000 万人负伤。德国在战争中耗费了 1000 亿马克，或者按照另一种统计方法，每天消耗 7.58 亿马克。无论是交战方还是经历了绝望和困苦的德国人都对于威廉二世——这场战争的肇事者而且又是战败方的代表——充满怨恨。战胜国拒绝和德皇谈判，他们称他是“嗜杀成性的专制君主”，要求他退位，德国必须成立一个民主政权，才能来谈判。国内也没有出现君主制度的拥护者，那些曾经讨好他的大臣们此时都在袖手旁观。借助威廉二世的信任而大权独揽的兴登堡元帅和鲁登道夫此时更关心的是如何推脱战败的责任。

威廉二世（中间，他有意隐藏了左臂）和他信任的兴登堡元帅（左）及鲁登道夫（右）

威廉二世突然孤立无援，被逼到了死角，但没人听他的辩解：“我并不想要战争，我是爱好和平的。”威廉二世拒绝退位：“弗里德里克大帝的后代绝不退位！”但此时德国到处都有起义，立即离开至少还能保全性命。威廉二世用五个火车头，拉着 95 节货车厢的帝国皇家财产，逃到荷兰，又度过了二十三年。他一直等待他的人民请他回去复位，依然认为自己是德国皇帝。他从没认为自己有罪，甚至不承认他有过错，是朝臣们一直在欺骗他，让他发布了错误的命令。但这只说对了一半：一个朝廷有什么样的君主，就会有什么样的大臣。在威廉二世隐居的别墅附近可以看到他心爱的两条狗的墓地，只有它们忠实地陪伴他度过了残生。

政治家、军人

POLITICIAN、SOLDIER

俾斯麦："恨是人生的一种鞋，其重要性不亚于爱"

俾斯麦

所有关于德国历史的书都绕不开这个人，甚至整个欧洲史都必然会提到他。奥托·爱德华·利奥波德·冯·俾斯麦（Otto Eduard Leopold von Bismarck，1815~1898 年）凭借政治家的远见和老谋深算，一手奠定了今天的德国以及整个欧洲的政治格局。一个令人敬畏的大国在欧洲版图上形成，并且全力扩充军备，从此它的邻居们都被拖入战争，局部战争和全欧战争相继爆发。虽然最近一次和平已经降临了近六十年，邻居们内心深处至今依然心怀戒备。俾斯麦在活着时就没有朋友，去世后好像也没人喜欢。但是他根本不以为意，他认为自己的智谋远在所有人之上。史家也认为俾斯麦的确是他那个时代欧洲最聪明、最有计谋、最狡诈的政治家。

从少年时代起，俾斯麦就是个放荡不羁、专横跋扈的问题孩子。在人生的起步阶段，俾斯麦周围没有可以效仿的人，他只依靠自己的头脑去思考。到 17 岁时，他已经什么都不相信了，他怀疑一切。大学时代，故意穿着奇装异服的俾斯麦在老师同学眼中是个不可思议的怪人，同学给他起外号叫"怪物"。他常违反校规，不是为了反抗，而是肆意而为。绝没有同学敢招他，只要有人让他感觉受到侮辱，他就会决斗。在最初的三个学期中，他决斗了 25 次。俾斯麦达到了目的，所有人都怕他。那时候他最喜欢贝多芬，那才是他的偶像。

母亲为这个散漫放荡的儿子操心，给他找了个当律师的差事。但是这个花花公子只是不断地在赌桌上输钱，不断更换情人。他觉得工作很无聊，加上欠债增加，索性不辞而别。不久他被征入伍，又和他的上级吵了起来。他知道自己绝对没法和长官友好相处，他是个天生的独裁者，只能听命于自己。

不甘心当小官吏或小军官的俾斯麦于是回家乡管理庄园。他读了很多书，但也很寂寞，因此又开始滋事。为了解闷，他与同乡决斗，和巡警冲突，乡里的人都觉得他是个疯子。他想结婚，但是被对方的母亲拒绝。他出来为政府做事，又和长官发生了冲突。此时的俾斯麦丝毫看不出有成为大人物的可能，所以他决定娶乔安娜时，她的父母很不情愿。俾斯麦使出了他之后作为卓越外交家的手段，最终征服了未婚妻一家。乔安娜是个单纯虔诚的女子，俾斯麦最喜欢这一点，他自己太老于世故，妻子绝不能和自己一样。他们的婚姻一直持续到乔安娜生命的最后一刻。

俾斯麦 32 岁时，命运出现了转机。每个省的议会组成联合议会在柏林讨论宪法。正巧一个议员生病，俾斯麦想办法顶替他出席了会议。这是他政治生涯的开始。第二年，1848 年，意大利、法国和奥地利都爆发了起义，柏林也爆发了巷战。但民主在各方力量的争吵和对决中并没有到来，德意志诸侯们只同意在法兰克福成立国民议会，虽然它在历史上的作用其实不大，但对俾斯麦的政治生涯却很重要。作为普鲁士的代表，他被派往联邦议会。在这里他展现了自己的外交才能，时而强硬，时而油滑，让人觉得很难对付，包括他的上级，以及远在首都柏林的国王。俾斯麦在看待欧洲各国关系时非常冷静甚至冷酷，一切以利益为主，这让认为应当有立场的弗里德里克·威廉四世气得要死，最终却又不得不顺从他的谋略。

弗里德里克·威廉四世病得越来越重之后，由他的弟弟威廉亲王摄政。他和俾斯麦都不喜欢对方。威廉比俾斯麦大 20 岁，他并不想统一德意志，但是俾斯麦年富力强，野心勃勃，他总是忍不住要在摄政王面前指手画脚，拖着君主按照自己的设计扩大普鲁士的势力。摄政王将俾斯麦打发到圣彼得堡，让他对付大家都难以对付的俄国沙皇。俾斯麦却应对得很好，以至于以狂野蛮横著称的亚历山大二世很喜欢这个普鲁士大使。威廉对俾斯麦既烦又依赖，尤其在他加冕为国王后，他希望俾斯麦离他不要太近也不要太远，所以让他出使巴黎。

这期间议会拒绝批准额外的军事开支，国王也不让步，扬言要退位。大臣们束手无策，想到了俾斯麦。他们将俾斯麦秘密召回国，虽然国王并不想起用他，却迫于形势任命他为首相。历史书中那个以“铁血手段”著称的俾斯麦由此登上最高权力宝座，一待就是二十七年。

这一年俾斯麦 47 岁，以资历和经验来论，都很匮乏。他没当过大臣，在普鲁士官僚体系中仅有年轻时短暂而不甚光彩的经历。尽管精于外交斡旋，他对国内事务却一窍不通。但是他有极精明的头脑，对于不想做的事可以推到大臣身上。俾斯麦和国王讨论国事，经常意见相左，不欢而散，两人都恨不能立刻分道扬镳。俾斯麦威胁说要辞职，国王虽然生气，但觉得离不开他，于是只有屈就。俾斯麦说：“如果我没有辞职的威胁，就像身上带着手枪一样，绝对没法和他相处。”

俾斯麦最著名的功绩，就是向邻国发动了三次战争。之后普鲁士一统天下，创立了德意志第二帝国。俾斯麦并不喜欢战争，不是因为他爱惜人的生命，而是从政治角度讲，战争是险棋，胜负难料。而且他不是军人出身，一旦开战，普鲁士的军方就占据主动，他很难控制。但这三次战争却完全是在他的预谋下发起的。之前，他就信誓旦旦地说要统一德意志，大家都当疯话听。只有俾斯麦自己是深思熟虑的，有计划、有步骤地向他的目标靠近。

丹麦国王弗雷德里克七世去世了，没有合法继承人。和普鲁士接壤的丹麦两个州石勒苏益格和荷尔斯泰因原本和丹麦是联盟关系，两个州的居民大部分是德意志人，他们想借此机会独立。俾斯麦要利用出兵相助的机会得到这两个州。当他提出时，国王很诧异地表示自己没有这个权力。王储伸出一个手指头，意思是俾斯麦脑子有问题。

俾斯麦却志在必得，而且趁机把老对手奥地利打败。他先是说服奥地利和普鲁士一起出兵，这两个强国迅速打败了丹麦，但是奥地利和这块新得的肥肉并不接壤，中间隔着普鲁士。普鲁士想独吞这两个州，奥地利当然生气，于是两个刚并肩作战的国家再起战火。普鲁士那些年一直在发展军力，奥地利却因为各种问题在走下坡路，军队明显落后于普鲁士。萨多瓦一役，普鲁士大胜。俾斯麦在没有要求奥地利土地的条件下就接受了对方的求和。作为德意志联盟中的另一强者，奥地利颜面扫地，普鲁士无可置疑地成为第一大诸侯国。

接下来的西班牙皇位之争，给了俾斯麦一个绝好的机会。1868 年，西班牙伊莎贝拉女王被赶下王位，西班牙人想从霍亨索伦家族中找一位继承王位。普鲁士国王威廉一世本不想卷进这件事，但俾斯麦很积极。法国人非常恼火，觉得普鲁士人的手伸得太长，他们当然希望邻居家掌权者是有亲戚关系的自家人。一来二去，普法之间很不愉快。

最后威廉一世起草了一封电报给法国，想就此了结这件事。不想被俾斯麦改动后，法国人看了群情激奋，觉得受到了普鲁士的侮辱。所以后世人说，普法战争是俾斯麦一手挑起的。也有点冤枉，因为对照原件，俾斯麦只是把电报改短了，而敏感的法国人因此读出了挑战意味。两国都有人被爱国主义冲昏头脑，普法战争就此爆发。上一次普法交锋还是在拿破仑一世时代，普鲁士军队所在的联军在滑铁卢打败法军。这一次，普军更加勇猛，一口气打到巴黎。这次战争的结果对两个国家的影响都是历史性的：法国皇帝拿破仑三世在色当投降，法兰西第二帝国完结了；占领凡尔赛宫之后，俾斯麦精心策划成立了德意志第二帝国，心不甘情不愿的老威廉一世登上帝位，他是守成的国王，只想当普鲁士王，并不想成为日耳曼的帝王。登基仪式上最著名的轶事是，皇帝从宝座上下来，没有搭理俾斯麦。

德国画家维尔纳所绘《宣布德意志帝国成立》

俾斯麦不动声色地接受了冷遇。他把人世看得很透，甚至对人性也很蔑视。“恨是人生的一种鞋，其重要性不亚于爱。”所以他可以无所不为，只要对实现他的目标有利，就一意孤行。

威廉一世后来接连两次遇刺，俾斯麦听说后高兴透了，他立即借机解散帝国议会，在柏林及附近地区实施戒严，关闭会社，监禁他的对手，发布禁书令。和所有独裁者一样，他把斩杀民主大龙视为己任。不过为了稳固国内局势，他在 1881 年颁布了劳工疾病保险条例，1888 年又制定了年老抚恤金与废残抚恤金法。虽然在竞选中他因此可以把自己打扮成关心大众、有良心的政治家，宣扬“即使是最贫穷的人也应该享受人类的尊严”，但其实，他只是认为：“一个盼着将来能得到养老金的人，较为知足，也易于对付……对付革命所花的钱要比这多得多。”

威廉一世一直活到 90 岁。俾斯麦当然希望他能长命百岁，以便不去侍候有自由主义倾向的太子和有英国血统的皇储妃。他如愿了，皇储登基几十天便病故了。他的儿子威廉二世登上皇位，仅有 28 岁。威廉二世开始时让俾斯麦以为他完全要依靠这个重臣，但机会成熟时，便逼他辞职。

俾斯麦被逐出朝廷，愤愤不平，总是借机攻击皇帝的政策。的确，俾斯麦苦心经营多年和俄国维持的友好关系，很快被能力不如他的继任者破坏了。自以为是的威廉二世的鲁莽导致了第一次世界大战的爆发，而德国和奥地利要一起对付俄、法、英三个欧洲强国。俾斯麦认为，对德国来说，最可怕的事就是东西两线同时作战。而德国在接下来的两次世界大战中都是如此，当然也都成了战败国。

俾斯麦和奉命出使欧洲的李鸿章

俾斯麦留给德国的政治遗产——以铁和血的手段来遏制不同声音——被继承下来：从 20 世纪三四十年代的纳粹政权到 20 世纪六七十年代的德意志民主共和国的独裁统治。

希特勒：从乞丐到元首

希特勒

阿道夫·希特勒（Adolf Hitler，1889 ～ 1945 年）的父亲是个私生子，母亲是一个 42 岁时尚未结婚的女子。在奥地利南部偏僻山区，这不是什么新鲜事。那里的私生子出生率高达百分之四十。一般认为，这个乡村女子怀的是她的雇主——一个犹太富商的孩子。掌控了德国政权之后，身世问题令希特勒烦恼不已。他要求在全国清查进而清除有犹太血统的人，但又无法证明自己是纯雅利安血统。

一直到参加第一次世界大战之前，希特勒都没有明显的反犹倾向。他的父亲对于让别的未婚女子怀孕并不在意，所以到阿道夫·希特勒出生之前，他已经有了好几个同父异母的兄长和姐姐。阿道夫·希特勒的母亲是父亲的第三个合法妻子。希特勒深爱自己的母亲，由于他的父亲很粗暴专横，希特勒和母亲一方面忍受家长的专制，一方面结成了隐秘的同盟。母亲对儿子一直想当画家的梦想尽力给予秘密支持。

希特勒属于早慧型的孩子。他喜欢画画，11 岁时的画作已经让同龄孩子吃惊。他离开乡村到奥地利的林茨上学，打开了眼界。12 岁时，他第一次观看瓦格纳的歌剧《罗恩格林》，立刻就被迷住了，对瓦格纳的痴迷持续了他的一生。后来他还主动拜访瓦格纳的遗孀，带领帝国的高级将领出席拜罗伊特的盛大演出，并和瓦格纳家族保持了密切的关系。（见《人物》之“瓦格纳”）希特勒非常懂得利用德国艺术建造他的新帝国文化，在纳粹集会上甚至会使用瓦格纳作品的宏大旋律制造气氛。

希特勒一心想当“伟大的画家”，对法语等其他科目的学习并不上心。有一次他顺利通过了补考，和同学喝得酩酊大醉。这是他第一次喝醉，也是最后一次。他决意不再碰酒精饮品。希特勒的母亲死于癌症。在母亲去世前，他在病床旁悉心侍奉，对给母亲治疗的犹太医生心怀感激。之后，癌症成为他一生挥之不去的阴影，他总担心自己患上绝症，因此特别重视生存环境。在掌握了德国大权后，他对德国的水土、绿地一直很关注。

在林茨，希特勒专注于绘画，进而对建筑设计也有了兴趣。他酷爱读书，经常去歌剧院、博物馆、剧院、蜡像馆。此时他是带着狂热情绪的艺术青年，头发蓬乱、目光迷离，激动时便脸色苍白。母亲去世后，他带着一点孤儿津贴和遗产离开家乡，到艺术之都维也纳，希望进入艺术学院学习。当时的维也纳处于帝国辉煌时代的末期，对心怀梦想的青年具有无法抗拒的吸引力。希特勒在那里可以不顾一切扎进艺术的怀抱。那里也是犹太艺术家展露才华的舞台，不过在 20 岁上下的时候，希特勒对此还没有很深的感受。他喜欢的演员很多都是犹太人。希特勒节衣缩食，一连五天靠面包、黄油、牛奶度日。虽然常常挨饿，却一定要去剧院。较长的剧目他只能提前退场，因为回家晚了，便要给看门人小费。

希特勒的画作被艺术学院的教授认为“还不错,但没有独创性”。他的艺术梦因而破灭。没有收入，没有身份，希特勒离群索居，让自己消失在社会底层。他卖掉了御寒的大衣，到处流浪，白天到修道院排队领汤，晚上有时睡在公园，有时步行几个小时赶到收容所。虽然他很想行乞，但希特勒既不懂乞丐的生存技巧，也没有向陌生人伸手讨要的勇气。他运气还不错，好心人告诉他可以寄宿到一个单身汉公寓。这个由慈善机构开设的公寓以管理严格闻名，大楼里设施完备、秩序井然，提供的饮食质量很好。希特勒和别人合伙，他画明信片，合伙人向游人兜售。希特勒对待工作很认真，似乎要充实艺术梦，画出的明信片质量很高，所以卖得很好。这里的犹太人很多，和他合作的也有犹太人，而他“宁愿和犹太人做生意，因为只有他们愿意冒风险”。当时的同伴回忆说，希特勒从没有攻击过犹太人，相反，他是犹太人慈善事业的受益者，对此很感激。

单身汉公寓给予的温暖和食物，使希特勒的大脑活跃起来。他开始对政治感兴趣，只要有人谈论政治，他就放下手里的画笔参加辩论，大嚷大叫，指手画脚，连头发都飞动起来。当时维也纳有个名为《东方天坛星》的杂志，煽动反犹情绪。希特勒经常阅读，他慢慢认识到“宣传，只需要宣传，接受宣传的愚蠢者比比皆是”。

在维也纳，希特勒生活了五年半，后来他称“这是我生活中最悲惨的时刻”。他决意到德国寻找新机会，并登上了到慕尼黑的火车。德皇威廉向俄国宣战，在德国激起了对战争的狂热。希特勒夹杂在为战争欢呼的人群中，和他们一样热血沸腾。在他看来，将德语民族统一成一个大帝国的梦想就要通过这场战争实现了。虽然是奥地利公民，希特勒却上书巴伐利亚的路德维希三世，要求加入德国军队参战。

他如愿以偿随步兵团开赴前线，在那里希特勒作战英勇。当战友遇到危险时，他是可以依靠的同伴,随时准备牺牲自己的生命；在乏味的战斗间隙时,他是令人敬畏的演说家,眉飞色舞大谈政治形势。

身在前线的军队并不知道，后方的反战情绪日益高涨。正在前线的德国部队似乎占据了优势时，兴登堡和鲁登道夫却意识到德国的局面已经无法控制，只能向协约国谋求停战。几乎就在同时，希特勒在比利时前线被毒气感染，几乎失明。第一次世界大战以德国、奥地利等同盟国的战败告终，和反犹的德国人一样，希特勒也把所谓犹太人的背叛看作战败的原因。

战后的德国陷入混乱，背负着《凡尔赛条约》的巨额赔款，魏玛共和国政府忙于向美国贷款，以控制国内的通货膨胀和经济崩溃。在德国第一次出现的民主政体受到各方面的攻击，无论精英力量还是社会底层民众，无论左派还是右翼势力，都想把政府搞垮。在慕尼黑、柏林等城市，左翼的社会主义者发动起义夺取政权。目睹街头暴力成为市民们的家常便饭。成千上万的士兵从前线返回，面临的却是居高不下的失业率。

希特勒夹杂在失业的洪流中，除了一腔仇恨和虚弱的身体，一无所有。在他迷茫之际，他被招进了德国国防军，作为调查反政府政治活动的情报人员，同时向工人中渗透。希特勒由此接触到一个民族主义的小组，最初只有七个核心成员，主要的纲领就是反犹、反马克思主义，成立德国人统治的国家。希特勒看到了机会，原小组领导成员毫无煽动能力，而他的讲演具有极强的感染力和诱惑力。他宣扬的主题也很简单，只要把仇恨引向《凡尔赛条约》，引向犹太人，就能点燃下面观众的狂热情绪。

希特勒以火山爆发式的狂热投入到这个小党的扩张中，他的言论吸引了大量头脑简单而粗鲁的军官。人员的剧增给了希特勒信心，他精心制定党纲，将名称最终确定为“德意志国家社会主义工人党”，简称“纳粹”。

在德国政坛上，这只是个无足轻重的小党，尽管他们的行动非常猖狂，和左翼政党经常在街头发生暴力冲突。但在选举中，他们的支持率极低。意大利墨索里尼进军罗马，成功夺取政权，大大刺激了德国的右翼，他们发动了数次暴动，其高潮是1923年的慕尼黑啤酒馆暴动。巴伐利亚的总理、掌握军队和警察武装的将军和政要们在慕尼黑的贝格布劳参加庆祝活动。希特勒带领冲锋队将他们挟持，要求他们支持纳粹夺取政权。虽然被绑架的巨头瞧不起这些疯子，但迫于形势都表面同意了。支持希特勒的鲁登道夫将军随后便将他们放走，使他们得以调遣军队镇压了此次政变。

希特勒和墨索里尼

希特勒因此被捕。在狱中，他研读了所有能找到的德国哲学书籍和各种政治人物的回忆录，重新整理思路，写成了自己的回忆录《我的奋斗》。正是在这一过程中，他确定了自己的目标：征服东方，扩增德国的生存空间并消灭犹太人。

希特勒被释放后，他发现自己成了名人。但他依然过着苦行僧式的生活，并接待一拨拨的崇拜者。纳粹党的力量不仅没有因政变的失败而萎缩，反而因他的仇恨思想的传播而扩充。

由于获得美国的贷款，德国经济出现复苏，国民对于政府的怨言也在减少。这段时间被称为“20年代黄金时代”。政局的稳定对纳粹这样的极端政党不利，但是1929年美国华尔街的金融危机迅速蔓延，德国无法再得到援助了，失业人数因而激增，经济滑落到崩溃的边缘。人们的普遍不满给了纳粹可乘之机。

在戈培尔的安排下，希特勒不辞辛苦乘飞机到全国发表演说。这是历史上首次动用飞机竞选。在飞机无法到达的地方，他们就向选民发送讲演录音唱片。虽然希特勒的讲演经常是一锅似是而非的大杂烩，但只要落在对共产主义和犹太人的仇恨上，就会引发台下的喝彩。民众已经不问是非，不关心事实本身，只要能发泄，能在狂欢中把仇恨转嫁给牺牲品，就愿意相信任何编造的谎言。这其中并不都是流民和暴徒等社会边缘人，更多的是白领阶层、公务员、小业主和领取退休金的社会中间力量。他们把对左翼的恐惧、对职业受挫的愤怒和对未来不确定性的忧虑，都算在民主政体的头上。他们厌倦了政治派系的争斗，只需要强有力的统治，给他们希望，让他们服从。

希特勒演讲

从1924年到1928年，纳粹党获得的选票跌到谷底，但到1930年后却大幅提升，到1932年春，已经可以在选举中和总统兴登堡抗衡。七年总统期满的兴登堡在新一届竞选中虽然连胜，却任命希特勒为总理。鲁登道夫将军听说后，给兴登堡写了一封愤怒的信："你将我们神圣的祖国德国拱手交给了一个有史以来最大的煽动分子，我可以庄严地预测，这个恶魔会把我们的帝国扔进深渊，给我们的民族带来难以想象的灾难。我们的后代也会为你的所作所为而诅咒你。"在慕尼黑啤酒馆起义中曾是希特勒同谋的鲁登道夫竟有如此深刻的洞察，要是他在第一次世界大战中有这样清醒的头脑和责任感就好了。

此前，希特勒个人生活经受了一次巨大打击。他同父异母的姐姐带着孩子们来投奔他，希特勒爱上了自己的侄女。他以监管为由，严禁侄女和其他异性接触。但忙于竞选活动时，这个女孩子开枪自杀了。后来，希特勒的另一情人爱娃・布劳恩也曾开枪自杀，但被抢救过来。她一直是希特勒的秘密情人。在第二次世界大战结束前，苏军攻入柏林，希特勒在和爱娃双双自杀前，和她举行了婚礼。

在希特勒被送上通往权力巅峰的道路上，最重要的三件大事是：国会纵火案、兴登堡去世和清洗冲锋队。

关于国会纵火案，一种说法是，来自荷兰的24岁小伙子卢勃，在到达柏林前退出了共产党。他决定凭借一己之力干出大动静，以推动德国革命。当希特勒看到国会方向的上空一片红光时，他脱口而出："是共产党干的！"德国官方报纸把此事说成是共产党起义的信号。希特勒立刻宣布《国家紧急法》，剥夺了魏玛共和国赋予公民的自由权利。希特勒如此成功地利用国会纵火案向极权迈出一大步，以致当时英法等国的舆论和后世很多历史学者都认为纵火者一定是纳粹党自己的人，是希特勒导演的一场戏。

1934年，兴登堡去世，葬礼非常隆重。希特勒宣布，出于对老元帅的崇敬，他不能继承总统一职，而改为元首。其实是集总统和总理大权于一身。

已然掌控德国政权的希特勒开始构想如何扩充德国的生存空间。他必须拉拢军队，刚刚取得权力时，一批老军人还在，他们并不是希特勒的心腹。在上台之前，罗姆领导的冲锋队利用野蛮的街头暴力对抗反对纳粹的势力，那时希特勒需要依靠他们。但是现在他代表政府权力，冲锋队依然挑起事端，就会给他惹麻烦。而且冲锋队已经有400万之众，和德国正规军争夺权力，希特勒对此也很忧虑。不过他并没有想到要将冲锋队全部铲除。正在踌躇之际，希特勒的几个最亲密的干将为了获取更大的权力，开始在一起密谋。他们捏造了冲锋队要造反的假象，使希特勒暴怒。罗姆和冲锋队将领在完全不知情的情况下突然遭到围捕。这完全是一场屠杀，很多对希特勒忠心耿耿的、在早期为纳粹卖命的“同志”喊着“希特勒万岁”的口号被枪毙。在除掉了他的一批亲密战友后，希特勒又极力安抚死者的家属，答应给他们高额抚恤金。

民众对于经常滋事的冲锋队早有怨言，希特勒的举动得到了他们的拥护，军队因此获得了正统武装应有的地位。但希特勒维持了一支直接接受他本人领导的武装力量：臭名昭著的党卫军，由希姆莱负责，可以自行行动，不受陆军领导。他们是后来建立集中营、屠杀犹太人的主力。（见《导览》之“‘恐怖地带’及周边”和“万湖会议纪念馆”）

希特勒以何一步步在德国建立起绝对的极权，将整个国家推向疯狂的？只能从德国内部寻找原因。比如希特勒以极权手段快速发展经济、加强军备解决了失业问题，德国历史悠久的反犹传统、犹太人自身习惯于委曲求全极少反抗等。但是整个西方世界中政治家和民众的舆论对于纳粹政权的纵容姑息，也是最终导致希特勒走上军事扩张之路的重要原因。

《凡尔赛条约》中规定，莱茵河以西的德国领土和东岸30英里的狭长地带为非军事区，不得驻军。这当然是为了惩罚德国在第一次世界大战中的失败，对此德国人视为耻辱。希特勒决定试探一下西方对德国扩充军力的反应。他以冬季训练为名，命令三个营跨过莱茵河。虽然部队接到的命令是，遇有法军出击立刻撤退。但是法国那边毫无动静——希特勒的首次尝试成功了。德国人听到消息，举国狂欢，希特勒无疑是为他们雪耻的民族英雄。

下一步，希特勒吞并了奥地利，接着是捷克斯洛伐克。直到1939年出兵波兰，英法才向德国宣战。而此时，就像野兽闻到了血腥，已经被激发起征服欲望的希特勒，不可能停步了。第二次世界大战在第一次世界大战之后仅仅二十一年便爆发了。

一开始，准备充分的德军可谓所向披靡，在东线的波兰军队几乎没有还手之力，在西线，比利时、荷兰、挪威很快陷落，德军长驱直入进入法国，直逼巴黎。英军从敦刻尔克狼狈撤退。

和德国一起瓜分了波兰的斯大林，一直希望拖延德军的入侵。希特勒当然也在犹豫，当年不可一世的拿破仑就是因为野心过度膨胀，在俄罗斯兵败垂成。德国军方的将领私下里几乎一致反对和苏联开战。即便是希特勒的心腹，也很担心德国的兵力是否能把偌大的苏联吃下去。空军元帅戈林更是担心战局变化会结束他奢靡的生活。但是当希特勒下定决心时，谁也无法阻挡。他坚信在冬季到来前，就能结束东线的战斗，因而每五个陆军士兵才配备一套冬衣。

事实证明希特勒是个在外交上玩弄阴谋的高手，所以能快速侵吞奥地利、捷克和波兰，但是真正做出军事部署时，他没有绝顶的军事天才。（幸亏没有！）由于对莫斯科的进军被推迟，德军被阻挡在城外时，天气陡然一变，秋雨使机动部队陷入泥泞。紧接着，10 月下旬，雨变成了雪，气温骤降。在苏军的反攻中，没有冬衣的部队陷入孤立无援的境地。绝望的消息从前线传来，但是希特勒命令部队不得后撤。正在此时，日本偷袭珍珠港，美国对日宣战。希特勒对此颇为兴奋，以为日本可以在太平洋上牵制美国的力量。

德军进攻苏联成为第二次世界大战的转折点。在惨烈的斯大林格勒会战，德军和其同盟国军损失 150 万人。无论前线怎样告急，希特勒的回答永远是：不能后退！

东线失败或德国将领下令撤退及投降的消息把希特勒气疯了，他怀疑他的将领们都在欺骗他。他疑心越来越重，越来越听不进别人的劝告，因而感到越来越孤立，也越来越神经质。德国谣言四起，说希特勒已经疯了。反对他的人开始小心翼翼地互相试探，最终结成了同盟。在第二次世界大战的末期，许多高层将领，包括希特勒身边的人都意识到只有刺杀希特勒，才能拯救德国不至于毁灭。遗憾的是，希特勒躲过了数起暗杀。（见《导览》之“德国抵抗运动纪念馆”）他认为这是天意，要保护他带领德国成为世界帝国。同时他也更加急迫，担心他的健康状况无法让他坚持到胜利的那一天。

因为一直没有发现希特勒下达命令的书面文件，对于希特勒在多大程度上参与了大规模屠杀犹太人的具体计划尚无定论。但从 1933 年德国建立第一个集中营开始，屠杀借助第三帝国官僚系统的运转而实行了。最终的统计数字是 600 万到 700 万犹太人在“二战”中被屠杀。“希特勒”因此也成为有史以来最令人憎恶的名字。

在战争明显失利、败局越来越明显的状况下，希特勒签发了焦土战略文件“尼禄计划”，命令摧毁德国的铁路、桥梁、供水厂、发电厂等工业设施和民用设施。他认为，如果德国战败了，就没有资格苟活在这个世界上，“只有那些劣等人才会经历战争之后活下来，因为优秀的人都已经被杀死了”。但是他的命令没有被执行，即便是很极端的纳粹分子，也不是人人都像希特勒这样疯狂。

希特勒的笑容背后是人性深不可测的黑暗

在苏军进入柏林后，希特勒拒绝出逃，他命部下在他和爱娃自杀后将他们的尸体浇上汽油烧毁。在如此一场巨大的人类浩劫之后，惊魂未定的人们很难相信那个始作俑者就这样无声无息、没有痛苦地死亡了。

隆美尔:“沙漠之狐”的神话

隆美尔

很多人都愿意相信:隆美尔加入贝克将军、施陶芬贝格等人刺杀希特勒的计划(见《导览》之“德国抵抗运动纪念馆”),并同意在希特勒被刺后成为取代他的德国首领。隆美尔的名字因此也不同于其他纳粹德国的元帅,在战后德国一直享有特殊的光环。

1944 年,隆美尔的声名无论在纳粹德国的军事将领和民众心中,还是在与德意作战的盟军阵营里,都越来越响亮,密谋人士认为隆美尔必能挽救德国日渐悲观的局势。而那些呈交刺杀调查报告的纳粹高层人士也愿意让希特勒相信,隆美尔不是无辜的。他们对于隆美尔我行我素、飞扬跋扈的个性一直很反感。1945 年德国战败投降之后,盟军也愿意让处于痛苦和绝望情绪中的德国人相信,即便像隆美尔这样一个被希特勒赏识并一手提拔的元帅,都是痛恨纳粹的。

最不愿相信隆美尔反叛的是希特勒本人,他是希望隆美尔能为自己辩解的。但是隆美尔或许觉得百口莫辩。他的顶头上司,当时的西线总司令克鲁格显然和他一样没有真正卷入刺杀计划,但选择了自杀。隆美尔比他“幸运”,希特勒开出的条件是,如果隆美尔自杀,将对他的叛国罪严加保密,并将为他举行国葬,竖立纪念碑,他的妻子还将领到抚恤金。

就这样,一个在战场上骁勇善战、甚至受到敌方尊敬的军人,在政治的需要下被迫扮演着他本人生前无从想象的角色。如果人们知道他的大脑何等单纯,他的脾气秉性何等普通,会感到失望吧。

隆美尔生于知识分子家庭,祖父和父亲都是中学校长。他在军校毕业后,认识了后来的妻子露西,对她一往情深,终生都没有背叛过她。第一次世界大战爆发后,隆美尔被派往与法军和意大利军队作战的前线。他作为未来高级指挥人才的能力很快显现出来,隆美尔作战勇敢,身先士卒,而且善于对复杂的局势作出判断,找到解决办法,深得同僚的信任和士兵们的崇拜。直到后来成为元帅,他在战场上的作风和影响力一直没有改变过。另一方面,他同样终生无法改掉,并最终为他的结局埋下伏笔的性格也暴露出来。他争强好胜,非常在乎荣誉,一心只想争抢战功。可想而知,和他一起执行任务的军官们不会喜欢这样的同行。但是隆美尔并不在乎别人的嫉妒,他非常自信,有时是过度自信了。这是各个领域中那些极其聪明的佼佼者经常无法克服的缺陷,成败往往都源于此。

战后，他被派往斯图加特指挥一个连队长达九年，在此期间，他得以深入学习那个行业必备的知识；研究武器，训练士兵。之后，他又被调入步兵学校，在那里成为最受欢迎的教官之一。他深信在战场上应当“流汗，而不是流血”，并将自己在战场上得到的经验和教训作为教案教授给学生。

和千万德国妇女一样，露西是希特勒的崇拜者，隆美尔对刚刚上台的希特勒也表现出敬佩。德国迅速吞并奥地利，占领捷克，入侵波兰，在好战好胜的军人看来，都证明了希特勒是何等英明。至于侵略战争的意义何在，隆美尔这样的军人似乎是不会费力去思考的。

隆美尔每天都要给妻子写信，长达三十年。家信中最重要的部分，也是隆美尔最感兴趣的，是讲述战况和他的决策以及战役成败对他身体和精神状态的影响。其次便是被元首接见之后的心情，这是破解隆美尔结局的重要线索。隆美尔每次见到希特勒都“深受鼓舞”，比如和元首聊了半个小时或者共进了晚餐，他都会欣喜地告诉露西，他多么崇拜希特勒。当他受到元首的表扬，哪怕只是含混的半句也是至高荣尚。而元首给予他奖励时，其他将领又是多么嫉妒。

这些当然都发生在战事顺利时。隆美尔在西线入侵比利时和法国时的表现无疑令上面满意。他率领第七装甲师，全速前进，以难以置信的速度冲击到英吉利海峡岸边，完全打乱了正预备撤退的英法军队的部署。而他本人总是冲在最前面，完全不考虑个人安危。对纳粹宣传机构，这是多么好的材料。隆美尔本人也很懂得利用媒体来炫耀他的战果，“魔鬼之师”的称号于是在交战双方中开始广为传播。

另一个更传奇的称谓——“沙漠之狐”——使隆美尔在轴心国和同盟国都成为最高统帅部关注的重点。意大利入侵阿比尼西亚，但又无法独自应对，向德国求援。希特勒将隆美尔派往非洲，并答应了他在武器装备和人员配置上的一切要求。野心勃勃的隆美尔并不知道，希特勒已经在秘密计划进攻苏联，他并没指望德意联军要获得多少战果，因为德国无法在非洲投入太多。但是隆美尔却要大干一番，直逼埃及。在非洲的两年，隆美尔绝大多数时间都在从西向东驱赶英国军队，直到实在顶不住公众压力的英国首相丘吉尔决定撤换驻埃及的军事首领，第八集团军由蒙哥马利指挥，开始反击。

隆美尔的天赋在沙漠之战中充分显露，他有着对战略战术的敏锐嗅觉，以及对武器装备细节都仔细考量的精密头脑。在非洲最初的节节胜利，使隆美尔自信而张狂的性格更加不受约束。他拼命向前穿插，忽略了一个最重要的环节——德军的供给线过长，而且由于英军控制着地中海，来自欧洲的油料一直就无法满足他的机械化部队的需求。在非洲干涸的大地上，没有油，装甲部队的装备就像太阳炙烤下的棺材。而此时，英军得到了足够的武器供应，蒙哥马利立即下令反击。德军装备大量耗损却无法及时补充，逼得隆美尔必须撤退。他的狡猾在此时更派上用场了。他要把部下顺利带出利比亚，每次都在蒙哥马利缩紧包围圈之前西撤，让英军扑空。

但是希特勒并不能容忍丢掉非洲。隆美尔明知非洲已经守不住，只能和柏林总部周旋。一方面他不想看着他两年来亲手培养起来的非洲军团覆灭，一方面又不敢违抗希特勒的命令。这是他第一次面对失败，也是他第一次看到希特勒的局限和德军的局限。非洲最终被英美解放，隆美尔并不认为他是真正的战败，而是因为供给不足而被迫撤退。

在得知德军进攻苏联后，很多将领都在背后嘀咕，意识到德国终会战败。因为第一次世界大战中德国就曾东西两线同时作战，最后以失败告终。在斯大林格勒战役失败后，隆美尔也明确感到局势危急。但是他依然信任希特勒。即便是很沮丧的情况下，听到希特勒振振有词的讲话，他立刻就被忽悠得失去了自己的判断力。

然而真正绝望的时刻一步步临近了。希特勒命他防守西海岸线，以防盟军登陆欧洲。隆美尔恪尽职守地执行任务，在西海岸的广阔范围内监督部下修筑工事。结局我们都知道，盟军在诺曼底登陆。苏军也从东向西滚滚而来，两线都逼近德国本土，德国高级军官中弥漫着悲观情绪。隆美尔早就告诉露西将财产转移，在人人自危的情况下，很多人的第一反应都是如此。但是另外一小部分人，考虑更多的是德国的前途。秘密刺杀希特勒的计划正在进行，他们希望能得到隆美尔的支持。隆美尔的参谋长高斯将军和夫人在隆美尔家做客时，因为很小的事和露西发生摩擦，露西竟让隆美尔撤换了高斯。新的接任者是隆美尔的同乡斯派达尔中将，深得隆美尔信任。但他不知道，这是刺杀组织派来游说他的，而且他们就在他眼皮底下活动。

隆美尔对政治没什么兴趣。但是在盟军登陆的日子里，希特勒下达命令，不许德军后退。和在非洲一样，这是不可能的。隆美尔想到了和盟军媾和，他婉转地提示希特勒要用政治方式尽早解决危局，这引起了希特勒的不快和猜忌。但隆美尔并没有认同刺杀计划。

斯派达尔给他看了党卫军屠杀犹太人的证据，隆美尔对党卫军一直很厌烦。当时党卫军的装备最好，对年轻人的诱惑力很大，隆美尔的儿子曾想参加，被隆美尔制止。隆美尔对希特勒命令处死犹太俘虏的命令置若罔闻，还曾明令部下不得残杀无辜，被俘的俘虏也受到优待。斯派达尔使隆美尔意识到，希特勒和整天围绕在柏林总部周围拍马屁的那些人都不干净。但这没有促使隆美尔彻底反对希特勒。很可能斯派达尔最终都没有和隆美尔直接谈到刺杀一事，只是泛泛地讨论了德国的悲观局势。

在施陶芬贝格行刺未遂时，隆美尔因伤躺在医院中，他听探视者模糊地讲述了此事，隆美尔谴责施陶芬贝格的行为，他依然忠于元首。听到希特勒脱险，他很高兴，还在想着他自己因此次受伤而应被颁发的金质奖章。出院后，他回到妻儿身边。听说希特勒派人前来，他还以为是委任给他新的任务。当听到来人宣布对他的宣判时，隆美尔极度痛苦地选择即刻结束自己的生命。

隆美尔是忠诚而卓有天赋的战将？还是头脑简单、不善思考的傻瓜？

最为可悲的是，他两者都是。这样的人，是极权者最喜欢的，因为最容易驾驭，最有利用价值。

神学家

THEOLOGIAN

UNDER THE WINGS OF GREEN ANGEL

路德：“我已名满天堂、人间和地狱”

老克拉纳赫为化名为“乔治骑士”的路德所作画像

在 16 世纪日耳曼农民战争中，仅就农民而言，死于战火和战后野蛮屠杀的就有 13 万人。紧接着便是搅动了全欧洲的宗教战争，三十多年间，改为信奉新教的日耳曼诸侯和欧洲南部的天主教势力展开了混乱、残酷的厮杀。新教的胜利没有给日耳曼带来统一、自由和发展，相反，却使这块战后焦土陷入更深的分裂。

这一切都不是马丁·路德（Martin Luther，1483 ～ 1546 年）的责任，但极大程度上却是因他而起。这个自称“农民的儿子”的教士，却主张用严酷的武力镇压因极度贫困、饥饿和社会不公揭竿而起的农民。对于大多数新教诸侯，路德也是满腔愤恨，指责他们和天主教会一样贪婪、狡诈。路德一生中，他的言论、性格都纠结在矛盾中，不仅前后矛盾，而且时时处于矛盾状态。

路德出生的那天是圣马丁节，因此被取名为马丁。他的父亲是勤苦的铜矿工人，靠着坚强的意志和好运气得以成立了自己的公司。他没有让马丁继承家业而是送他去读书，路德后来承认，父亲对他寄予了很大希望。虽然小路德很聪明，但对他而言，学习生活却完全是折磨。路德五岁入学，便被强制学习读、写拉丁语，教学的主要方法就是侮辱和惩罚。孩子只要说德语便会挨打。路德曾因为误用了一个名词，一天之中被鞭打了 15 次。

路德的父母也是生活态度严肃的人，对待孩子比较严厉。路德记得他从厨房拿了一个坚果，双手便被母亲打出血来。物质生活的艰苦、疾病的蔓延和高死亡率使当时的人们对宗教怀有极端感情。人人相信末日审判，也渴望得到救赎。

路德离家求学，原本是进修法律，两个月后突然决定进入修道院。这让他的父亲非常失望，他期望儿子能成为律师，在俗世上收获更多。但是路德心意已定。据他自己说，有一次在回家的路上遇到暴风雨，雷电将他击倒，他大喊：“圣安妮救我！”结果竟然安然无恙。他于是发誓献身上帝的事业。后世对于路德人生的这个转折有另一种分析。他当时二十一二岁，已经有了性冲动，但是这和被灌输给他的宗教信仰相冲突。他坚信自己有原罪，那场暴风雨是上帝在警告他，如果继续堕落将被打入地狱。

老克拉纳赫为路德父母所作的画像

进入修道院，他将自己关在寒冷的屋子里受冻，禁食并鞭打自己，以求将体内的魔鬼驱赶出来。同时他认真研读《圣经》，寻找真理的指引。这在当时并不是极端行为，而是虔诚的教徒自我救赎的普遍方式。

维滕贝格（Wittenberg）在智者弗里德里克（Friedrich III der Weise ）的统治之下，是萨克森北部一个较偏僻、不重要的小城，路德来到维滕贝格的奥古斯丁修道院成为修士。后来他一生的大部分时间都待在这里，直到去世。

1517 年，路德在维滕贝格教堂大门上贴出《95 条论纲》（*Disputatio pro declaratione virtutis indulgentiarum*, *95 theses*），并不像后人说的，是针对罗马天主教廷的权威提出挑战。因此辖区主教看了，也并没严厉制止，只是劝他暂时避避风头，不要进一步攻击出售赎罪券（indulgence）。由罗马教皇利奥十世派到日耳曼出售赎罪券的台彻尔（Johann Tetzel）宣称，购买了赎罪券的人，便可以摆脱炼狱直接升入天堂，获得救赎。这对路德坚信的“义人必因信得生”简直是个侮辱。路德写《95 条论纲》只是出于虔诚的愤怒，而在教堂门上贴出自己的主张也是一种“学术”行为，是供大家研讨的。他丝毫没有意识到会有一系列大事发生。

从 1517 年到 1518 年冬，路德都很平静。他忙于讲课、布道，但人们对路德言论的强烈反应已经将他置于风暴的中心。路德激起了赎罪券受益者的极大愤怒，也使一直反对教皇到日耳曼搜刮民财的各个阶层成为他的支持者。

事态的发展使罗马发出了对路德的传唤。他们的理由是教皇和作为一个整体的天主教会是没有谬误的，路德对赎罪券的反对就是反对圣灵的代表，也就是反对圣灵。路德接到传唤，惊呆了。一个世纪前，主张改革的胡斯（Jan Hus）在得到明确的安全保证后，前去参加教会的公会会议，却被烧死在火刑柱上。他觉得自己这次在劫难逃。

关键时刻，路德知道，他只有获得智者弗里德里克的保护才有可能获得生机。弗里德里克夹在罗马教廷和路德之间很为难，作为统治一方的诸侯，他善于使用政治手腕，但是此时他必须表明态度，把路德送往罗马，或者将他驱逐，都是上策。但是路德为自己的辩护很精彩，他很善于用才智打动人。弗里德里克告诉他，在他被定为“异端”之前将保护路德。

尽管如此，路德依然命悬一线。但是神圣罗马帝国马克西米连一世（Maximilian I）皇帝的去世给他和他的领主以喘息之机。马克西米连的孙子查理试图继承皇位，利奥十世一开始要全力阻止，暂时没有精力处理路德。

路德因此获得了一段平静时光，得以继续深入思考教义。他很快就不再停留在对赎罪券或某个具体教皇的批判上，他将撼动罗马教皇的权威，将教会所有神职人员降到人的地位，唯有基督是教会在人间的领袖。他打了个生动的比喻："信众和上帝，犹如两个相爱的恋人，他们之间不需要第三者。"这个第三者就是教皇、教廷和天主教教士。

在整个基督教世界，很多人都理解路德的观点，教会改革的呼声一直没有断绝过。当查理五世终于借助银行家的支持"竞选"为神圣罗马帝国皇帝时，路德的一系列言论使他和罗马教廷的决裂已经无可挽回。虽然当时的荷兰人文主义思想家伊拉斯谟、智者弗里德里克甚至皇帝本人都希望避免这个局面，但路德已经不再是张贴《95 条论纲》时的那个"愤青"。他发表了三本著作，越来越坚信自己被委以神圣使命，纠正天主教会对信众的误导。在教廷下令焚烧他的著作后，路德在维腾贝格当众焚烧了教宗的训谕、一些经院哲学的书和宗教法。1521 年教会以革除路德教籍作为回应。

查理五世由于和利奥十世不和，加上奥斯曼土耳其（Ottoman Empire）的军队正沿多瑙河挺进，威胁着他的领土，皇帝陛下需要联合日耳曼诸侯抗敌。他决定亲临德国，在沃尔姆斯（Worms）召开帝国会议，给路德公开申辩的机会。关于这次会议有不同版本，描述了年轻的皇帝和反叛者的历史性会面。他们是当时对欧洲局势产生影响的最重要的两个人。双方显然都低估了对方。路德看到年轻瘦弱的皇帝，觉得他"像无辜的羔羊来到一群猪狗之间"，他还不知道刚刚即位的皇帝是一个手腕高超的政治家。查理五世也没有把路德放在心上，或者说，他对新教并不那么在意，年轻皇帝觉得路德只是个狡猾而疯癫的农民。身为帝国名义上的最高统治者，查理五世对他的大帝国有更多的事要操心。既不懂德语也不懂拉丁语的查理五世只问了路德一个问题："教廷是否有错？"路德干脆地回答："教廷违反了《圣经》的教义。"皇帝听了，起身离开会场。路德在会议上还有一句动人的誓言：这就是我的立场。后世一本著名的路德传记便以此为书名。

自愿前来护送路德参加会议的年轻学生和他的支持者立刻将他簇拥起来，皇帝没有治罪于他，难道不是认可了他的立场？至少是默认了。但是智者弗里德里克可不这么认为。在路德返回维滕贝格的路上，一群身份不明的武士劫持了路德。路德事先已经得到通知，为安全起见，弗里德里克将派人把路德送到瓦特堡（Wartburg）隐居起来。

化名为"乔治骑士"的路德在这里受到热情欢迎。他换上武士服装，还留了胡子。在瓦特堡隐居的十个月，是路德一生中最多产的一段时间。他将《新约》全书翻译成德语。他的译文非常经典，为了证明"德国夜莺的歌声也能像罗马黄鹂的一样美妙"，他竭力使用大众的语言。路德的神学思想都来源于《圣经》，他最关心的是福音和救赎，对于和这个核心感念无关的，他便认为不重要。

皇帝在帝国会议不久后，就颁布了《沃尔姆斯法令》（*Edict of Worms*），宣布路德为通缉犯，任何人都可以杀死他。这是政治权衡的结果。法令公布两天后，利奥十世从支持法国法兰西斯一世转为

老克拉纳赫为路德夫妇所作画像

支持查理五世。

决心保护路德的人们人数甚众，形成声势浩大的力量。而且比路德号召的要走得更远，他们袭击教堂，砸毁圣像，遣散教士。路德害怕更大规模的破坏，便决定回到维滕贝格呼吁杜绝武力。

进而他做了两件大事：第一，建立了自己的教会。第二，突然地，他决定结婚。新娘是凯瑟琳，路德称呼她为凯蒂。两年前凯蒂和几个修女来到维滕贝格避难，路德为这群女子中的大多数找到了归宿，只剩下有贵族血统的凯蒂。她拒绝到别处去，只同意和路德或另一个修士结婚。路德便同意娶她。这使他的同事们大吃一惊。因为两年中，没有任何迹象表明他们之间有摩擦出火花。路德解释说，他希望延续家族香火，让他的父亲早日看到他的后代出生。"这是上帝的意志，我没有坠入爱河，也没有被欲火迷惑，但我爱我的妻子。"

在结婚之初，路德经济上很拮据，智者弗里德里克送来 100 金币的厚礼。路德周围的人并不很喜欢凯蒂，因为她比别人的女人有主见。也许他们担心路德会被老婆控制。凯蒂的确是精明能干的主妇，他们生育了六个孩子，一大家人的生活被管理得井井有条。路德生活一向马虎，花钱大手大脚。凯蒂抱怨说，他的衣服破了，竟把孩子的裤子剪下来一块布补到自己的衣服上。在老婆的精心管理下，路德甚至被要求拿起木匠工具，配合她的经营计划。凯蒂经营了一个果园和一个池塘，她改造了修道院以便接纳寄宿的学生，还修缮了修道院的啤酒坊。凯蒂酿的啤酒很有名。她还行医，善于用草药治疗和按摩。所以不久后，路德便对她极为敬重，他对凯蒂表白说："你嫁了个诚实的人，他爱你，你是个皇后。"

晚年路德被疾病折磨，脾气非常暴躁，以致人们都不敢接近他。几乎每个去探望他的人都会被骂一顿。"为什么愤怒就是不放过我，为什么有时我为一件不值一提的愚蠢小事生气？"愤怒不仅是路德的天性使然，也是使路德坚持下去的原因。他称自己："我已名满天堂、人间和地狱。"

宣称改信新教的诸侯侵吞了原来属于天主教会的财产。他们支持新教，只是为了脱离罗马教皇，转而将领地内的宗教权力置于他们的控制之下。路德公开斥责他们，但其实也无能为力。路德所倡导的宗教改革最终导致了欧洲的大分裂。表面是因宗教信仰而起，其实真正推动其发展的内在原因是经济和政治的。

三十年宗教战争中，查理五世率军占领维滕贝格时，路德已经去世。相传有人想要把路德鞭尸扬灰，被查理五世制止，他说他不屑于和已死的人打仗。最终新教在日耳曼获得胜利，路德的信徒得以收复并精心维护维滕贝格。所以，我们今天仍可在维滕贝格城堡教堂拜谒他的墓地。

路德的思想渗入到日耳曼人的血液中，其后德国的重要哲学家都深受影响：从康德、费希特到叔本华和黑格尔的思想，都可看作是路德思想的延续。有人称路德是“最日耳曼”的一个人，因此最得日耳曼人的真心喜爱。

哲学家

PHILOSOPHER

莱布尼茨：优秀的欧洲人

莱布尼茨

18 世纪通常被称为是理性的时代，因为理性客观地思考和探讨世界，成为一批精英知识分子的共识。但就像植物的生长开始于深埋在地下的种子，17 世纪时几位卓越的哲学家已经冲破中世纪经院哲学的框架，为理性的大厦提供了最重要的基石，其中有我们熟悉的培根、霍布斯、斯宾诺莎、洛克等。没有他们，就没有 18 世纪启蒙运动繁茂的枝干。而戈特弗里德・威廉・莱布尼茨（Gottfried Wilhelm Leibniz，1646 ～ 1716 年）的名字一直不是 17 世纪这批哲学家中最响亮的，虽然他是其中最优秀的人之一。

莱布尼茨并没有要成为不朽的哲学家。他自幼非常聪慧，年方八岁，父亲便把家中丰富的藏书向他敞开，任他在其中神游。他自学了古希腊哲学、古典文学。稍长，莱布尼茨却显现出对政治的关注。他认为游说统治者来改革国政，比慢慢对群众进行教育要容易。当法国路易十四野心膨胀，威胁荷兰和比利时时，莱布尼茨有一个大胆的计划，他要劝说法国攻打埃及，如果能控制埃及便可控制到远东的贸易，这样不仅使欧洲免遭战火，也可以发展法国的经济。可惜他并没能向太阳王面陈献计。路易十四还是在欧洲开战，所到之处一片焦土，也消耗了法国的实力。

不过巴黎之行却有意外的收获。莱布尼茨被当时这个欧洲之都的知识潮流吸引，他在那里投师惠更斯，学习数学。莱布尼茨在数学上成就斐然，后来也给他带来苦恼。他发表了发现微积分的成果，牛顿及其追随者指责莱布尼茨剽窃。莱布尼茨感到冤枉，要求英国成立学术法庭澄清事实，但是法庭支持牛顿。英国的知识界因此对莱布尼茨群起而攻之。不过后世学界认为牛顿和莱布尼茨分别发现了微积分，而莱布尼茨的标记法更便捷，直到现在都被广泛使用。

和牛顿的这段公案也直接影响了莱布尼茨职位的升迁。30 岁时，莱布尼茨得到了汉诺威公爵的赏识，被任命为法律顾问。他的职责之一是为这个家族撰写家史。莱布尼茨很明白，雇主需要的是歌功颂德之作。他千方百计地拖延这个任务，要求周游列国，以便获得完整的资料。获得批准后，莱布尼茨到德国南部、意大利等地待了两年。回来后还是迟迟不肯动笔。最初雇用他的公爵已经去世，他的弟弟即位，其后弟弟去世，其子即位，莱布尼茨还是没有完成任务的迹象。

此后，汉诺威选帝侯路德维希被要求继承英国王位成为乔治一世，莱布尼茨满心以为凭借他当时的声名，公爵会带他到英国委以重任。但是公爵只是命令他待在汉诺威完成家史。从政治策略上讲，公爵很有道理，因为英国公众把牛顿看作民族的骄傲，而把莱布尼茨看作剽窃者。新国王立足未稳，何必徒生是非。

当然，这其中也有对莱布尼茨本人的不满。莱布尼茨肯定不是个安分守己的员工，他对自己分内的工作不够尽心。莱布尼茨的兴趣广泛，对当时新兴学科的成果怀有极大的好奇心，在应付职责之余，他把更多精力放在哲学、数学、物理、历史、法律，甚至包括中国哲学等多方面的研究上。这种广泛的涉猎，为他赢得了“优秀的欧洲人”的赞誉，但莱布尼茨也为此付出了代价，公爵对他很恼火，他的薪水曾被中断。

在正统派看来，莱布尼茨的思想立场也很值得怀疑。莱布尼茨拜访过当时被视为异端的哲学家斯宾诺莎。虽然莱布尼茨表面上声称自己是路德教徒，却很少去教堂。他主张天主教和新教的融合，这不仅根本不可能实现，而且导致双方都对他的宗教立场表示怀疑。

莱布尼茨还经常外出，不在汉诺威履行职责。由于当时学术杂志较少，最新成果的发布受到限制，莱布尼茨提倡创立科学院，促进科学家之间的交流。为此他拜访了很多欧洲都市，但是只有柏林在他的努力下创建了科学院。此举给普鲁士留下了一笔丰厚的遗产。以莱辛和弗里德里克大帝为代表的启蒙运动给普鲁士带来了新的思想。弗里德里克大帝称莱布尼茨“自身就是一座完整的科学院”。弗里德里克三世曾说，莱布尼茨是所有德国人中为人类精神提供最多服务的人之一。

柏林科学院的创立也是出于偶然。如果普鲁士的国王弗里德里克一世没有接受苏菲·夏洛特公主为第二任王妃，如果苏菲·夏洛特的母亲没有把莱布尼茨介绍到普鲁士宫廷，柏林就缺少了一段可供后世炫耀的传奇。（见《导览》之“夏洛腾堡”）

可惜，苏菲·夏洛特王后36岁就去世了，莱布尼茨有好几个月无法从悲痛中振作起来。他为数不多的完整作品中有一部就是应王后之约而作。当然，出于政治考量，这部《神正论》并没有完全坦露他的观点。

德国发行的纪念莱布尼茨的邮票

浮雕：苏菲王后将花环授予莱布尼茨

而更多有价值的思想则淹没在莱布尼茨杂乱无章的手稿中了。他总是行色匆匆，要八面玲珑地应付各色人等，同时在好奇心的驱使下不断探索新领域，以致没有坐下来完整阐述的时间。“我写了一些东西，几个月后却几乎忘得一干二净，我从不对稿纸进行分类整理，因此在凌乱不堪的稿纸中翻找不到，我只能从头开始。”

莱布尼茨的哲学本身也很令人费解。有人称他为“哲学家们的哲学家”：他的理论启发了后世的哲学家，但很难让普通人理解。莱布尼茨最主要的两个观点听上去简直匪夷所思：一是“单子论”，他认为世界上每一个事物都是“单子”。这个单子并不是我们现在说的“原子”，而是一种非物质的概念，比如他认为一个人是一个原子，上帝也是一个原子。每个原子都反映了上帝创造的完美性。他的第二个理论是：现实世界是所有可能创造出来的世界中最好的一个。这个说法更为知名是因为法国哲学家伏尔泰为此专门创作了一部小说《天真汉》，就是讽刺莱布尼茨的这种说法的。因此莱布尼茨被人讽刺为“最佳可能世界先生”。

莱布尼茨作为哲学家的价值被重新发现，是在他去世近三百年后。1900 年，英国哲学家罗素出版了对莱布尼茨的研究著作，由此引发了人们对莱布尼茨的兴趣。人们除了重新研究他本身的思想之外，还有另一层含义。很长时间以来，哲学家已经把探索信仰和心灵这些基本命题和其他领域的哲学思想隔绝开来。而莱布尼茨对当代科学的进展保持着敏锐的关注，他本身也是数学家和物理学家。在莱布尼茨时代，科学和哲学并不是不同层面的学术，而是一体的，这一点没有作为传统被继承下来。

莱布尼茨声称自己是教徒，死前却拒绝圣餐礼。他的雇主乔治一世远在英国，早已冷落了他，他死时只有他以前的秘书出席了葬礼。欧洲最伟大的哲学家之一，最优秀的数学家、物理学家，德国 17 世纪唯一一位世界级的思想家就这样寂寞地离去，如同一个默默无闻的人。所以有人称这是德国的耻辱：把一个国宝当作罪犯一样埋葬了。

以轻率无知、甚至冷酷无情的态度对待自己最杰出的孩子，过后又利用他大做文章，宣扬民族主义——这种“耻辱”在历史上并不少见。

康德：难懂的哲学家

康德

伊曼努尔·康德（Immanuel Kant，1724 ～ 1804 年）一生没有离开过他的出生地柯尼斯堡。他活到近 80 岁，终生未婚。这些都很容易让人把他想象成一个离群索居、干瘪无趣的人。早年，康德和大部分年轻人一样并不知道怎样度过一生，随着学识的增长，康德才慢慢走上自己的路，对他将要做的事越来越清楚。这之后的康德才是我们所知道的那个哲学家。

康德的父亲是柯尼斯堡的马具制作师，母亲是一个马具制作师的女儿。这样的家庭在 18 世纪初的东普鲁士城镇上意味着比较稳定的收入、家庭生活和社会关系。康德的父母都是本分虔诚的信徒。他的母亲比当时同一阶层的普通女性文化程度稍高，鼓励康德观察自然，甚至把她的天文知识教给他。这样的母亲对从小聪慧的康德是十分重要的，可惜在他 13 岁时，母亲在主动去照顾一位女病友时被传染，生病去世。

康德因为天赋很高，被送入教会附属的弗里德里克中学。对于他这样平民出身的孩子，进入这所学校意味着出人头地，将来可以成为政府或教会的高级职员。但是对康德来说，这是他一生中最痛苦的时期。学校的职责之一就是要防止“精神的颓废”，要“灌输正确的基督教思想”。这肯定不是一个鼓励独立思考和判断的教育机构，在教会狂热信徒的管理下，学校纪律严酷、气氛呆滞，使康德这样敏而好学的学生非常痛苦。

课程中有拉丁语和法语，康德非常喜欢这两门课，因为他可以借此逃进另一个世界。就像弗里德里克二世早年受到父亲弗里德里克克·威廉一世的压制，只能在法国文学艺术中享受“做人的乐趣”一样（见《人物》之“弗里德里克大帝”），康德也通过阅读古典文化和当代法国文学拒绝教育灌输。康德对弗里德里克大帝非常崇敬，因而他不像其他人一样把那个时代称为“启蒙主义时代”，而叫做“弗里德里克的世纪”。

柯尼斯堡当时是普鲁士的首都，但是在现在的德国地图上找不到这个地方。现在它叫加里宁格勒，是俄国领土。在康德的时代，他所居住的柯尼斯堡虽然是普鲁士的首府，却是地处偏远的一个小城。不过因为算是一个国际性港口，人员混杂，流动性大，因而文化也多元。柯尼斯堡大学在康德的大学时期，自由的哲学风气受到压制。大学教授的待遇极差，必须靠第二职业——如做生意，开办学生宿舍，开酒馆，甚至种菜——才能维持生活，而哲学教授是其中待遇最差的。

但是康德最喜欢的课程就是哲学，其次是自然科学。当时有关于彗星的大辩论，康德对双方观点都非常留心。在成为硕士期间，康德出版了《自然通史与天体理论》，提出宇宙的时间和空间是无限的。他没有按照当时通行的做法假借神学来解释自然，而是遵循物质本身的规律。这本书和另一位学者拉普拉斯（Laplace）的观点近似，因而被后世称为“康德-拉普拉斯原理”。但是出版康德这本书的出版商宣告破产，大部分书被销毁，因而在当时没有激起什么反响。

康德具备硕士资格后，便可以在大学开课，但没有薪水，只能依靠学生支付的课时费维持生活。开始的几年很艰苦，康德要教很多课，才能不像他的同事一样去种菜或者做小生意。后来为了增加收入，康德申请了一个当地图书管理员的职位。图书馆没有暖气，冬天手指都冻僵了，墨水也结冰了，无法读书和写字。但这笔收入对改善他的生活很重要，金钱一直是困扰康德的一个很现实的问题。

在他获得一些名气之后，柏林大学、埃尔兰根大学、耶拿大学、哈勒大学都曾请康德去任教，而且薪金都不低，但是康德没有接受。他打定主意要留在柯尼斯堡，一直留意大学中的职位是否有空缺。

康德从一开始就是个很受欢迎的老师，他的课总是座无虚席。在早年，他的思想还没有完善成体系，他教授的范围很广，也颇有新意。到了后来，康德有意建立自己的哲学体系，他的哲学课也越来越难懂。但是学生依然来听，他们因他的艰深而更崇拜他。康德的一个传记作者说，这也是德国人的特点，喜欢研究那些弄不懂的问题，并且变成一种时髦。到了晚年，他的精力和体力下降，教课渐渐成为负担。他抱怨这是西西弗式的惩罚，总要重复同样的内容，看不到尽头。因为那时还没有现代意义上的退休制度，直到生命的最后几年，康德才被同意终止了教师生涯。

1758 年到 1762 年，俄军占领了柯尼斯堡。他们没有破坏当地的正常经济活动，相反，还带来了一段出乎意料的繁荣。俄国人崇尚“美好有礼”的生活，和原来浓重的宗教气氛不同，柯尼斯堡的娱乐和社交变得丰富了。消费在增长，康德的学生甚至也多了起来，俄国军官也来上他的数学课。

此时的康德开始注重打扮，喜欢参加晚宴和派对，与贵族、商贾和名流熟识，以风度和幽默的“优雅硕士”闻名。然而在康德一生中，很遗憾地，他没有和任何女性发展为亲密关系。他几次想过成家，但又总是犹豫，想着他能否负担得起家庭的责任。在经济不富裕的时候，他觉得需要女人，但是养不起，等养得起了他已经老了，不再需要。

赫尔德正是在这个时期成为康德的学生。之后他去了魏玛。他最重要的作品《关于人类历史哲学的思想》，从康德严谨的哲学观点来看，是以想象和臆断代替哲学思辨。康德对于赫尔德的批评使他非常不满，认为康德作为老师如此对待以前的学生，是针对他个人的打压。而从康德那方面来说，他虽并不很喜欢赫尔德，却也没有恶意，他认为自己只是从学术的角度谈论问题。他不能接受不严密的哲学论述，因而谈不上是否同意赫尔德的观点。赫尔德的这本书在当时影响很大，因为他强调了民族文化应当依据不同本性各自发展。在启蒙时代，伏尔泰他们的观念是，世界大同，不同种族也要依据同一道理前进。赫尔德在这样的观点中独树一帜，是很有独创性的。只是到了费希特那里，赫尔德的观点就走了样，变成了只有德意志的民族性是最优越的。（见《人物》之“费希特”）这是后话。

40岁对康德而言是个转折点。此前他喜欢去剧院，喜欢打牌，有的晚上甚至醉酒后才回家。但后来他结识了英国商人格林，两人遂成为非常要好的朋友。格林是饱学之士，不仅能和康德探讨哲学，还以其品格对康德发生影响。格林从不参加无谓的社交，过着非常规律的半隐居的生活。康德开始时是为了格林不再打牌、上剧院，后来就真的改变了兴趣。他和格林一样严格规划自己的作息时间，左邻右舍看到康德回家，就知道准确时间，而无需看表。

康德这样做当然不只是为了讨好朋友。他逐渐意识到一个人生命力的有限，就像萧伯纳说的，“生命的真正愉悦”在于“把自己奉献给一个自己认为伟大的目标，在被废弃之前，把自己耗尽”。康德的身体从来不是很健壮，虽然也没有得什么病，但是很容易疲劳。康德认为随着人到中年，对事物的兴趣不再激起强烈的激情，人的品格才逐渐完成。从40岁开始，品格和知识能成就一个人。

然而康德最终成为德国古典哲学领域无可替代的里程碑式人物，是在将近60岁时。在沉默了整整十年之后，康德完成了《纯粹理性批判》。这是一本非常专业的书，普通读者很难读懂。但是，竟然销售得很好，还再版了，这也出乎康德本人的意料。再之后的《实践理性批判》和《判断力批判》，合在一起完成了康德的批判哲学体系。

这些都不是一蹴而就的，而是像熟练的老工匠一样，积多年之功，经过长年累月的思考和阐述而成。康德为此严密地规划自己的生活。在18世纪，长途旅行非常痛苦，而迁徙到新的地方需要为安顿花费很多精力和时间。这就是康德为什么拒绝所有外埠的邀请，执意在他熟悉的环境中慢慢熬，等待他的大学中有空缺职位时再努力争取的原因。

在平稳而有规律的生活中，康德读书、写作、授课，并和几个智力上相当的朋友聚餐。他觉得自己很幸运，“永远单纯而毫无保留地享受今天，期待一个同样的明天”。

康德平静的后半生中，有两个重要事件。一是和费希特的关系，二是和国王的关系。费希特

康德纪念币。虽然康德去世后，他的批判哲学已经开始不再时髦，但是研究康德著作的人从没有断绝过

德国发行的康德纪念邮票

早年是康德的信徒，他到柯尼斯堡拜见康德，带来一部手稿，希望得到康德的指正。康德不仅认真读了，而且推荐给了出版商。书出版后，很多人以为是康德的作品，康德告诉公众，书出自一位有才华的后起之秀之手。经过这个小插曲，费希特一夜成名。但是费希特后来建立了自己的唯心主义学说，康德公开发表声明批驳费希特。

康德一生经历了四代普鲁士王朝的更迭：“士兵国王”弗里德里克·威廉一世、弗里德里克二世大帝、弗里德里克·威廉二世、弗里德里克·威廉三世。普鲁士的宗教哲学氛围也随四位国王的品性大起大落。“士兵国王”只关心如何严格控制他的臣民，大帝继位后相对宽松，他的侄子是个宗教狂热分子，还参加了玫瑰十字会，颁布严厉的宗教法，实行严格的言论审查。弗里德里克·威廉三世比他的父亲要开明一些，王后路易斯关心文化艺术的发展，但他继位时康德已经 73 岁了。

弗里德里克·威廉二世在继位之初，对康德表示崇敬，特意从国库中拨出经费为康德提供年薪。但康德的体系中强调的是理性和判断，虽然他从没有对宗教问题提出质疑，作品出版后，仍被看作无神论者。他收到来自柏林的公函，认为他在《纯粹理性批判》中蔑视《圣经》和宗教教义。

康德很谨慎地做出申辩，说他对信仰怀有敬意，从没对基督教作出过评价，今后也不会，而且从此不再教授和宗教有关的课程。这被一些人看作是狡猾和怯懦。康德当时已经 71 岁了，他当然担心被革除教职或者更糟——被流放甚至囚禁。这个年纪是经不起折腾的。而且，从天性上说，他从没有过激烈反抗的行为，如此老矣则更不会。还有，告诉公众是否有上帝存在，也并不是康德感兴趣的事。关于信仰，他有句著名的论断：“信仰上帝存在是必要的，但证明上帝存在是不必要的。”但是康德从来不喜欢有组织的宗教，他认为信仰只是个人的需要。

在最后的岁月，康德迅速衰老。已经油灯耗尽时生命却没有立刻结束。很多慕名而来的人，看到这个曾经绝顶聪慧的人失去了语言和思考能力，无助地等待最后的时刻。终于，“伟大的康德像小人物一样离开人世”。隆重的葬礼在柯尼斯堡举行，很多并不认识康德、更不会读他著作的居民观看这位著名的哲学家入葬。也就是在此时，康德的批判哲学开始过时，费希特的“知识学”将德国乃至欧洲的哲学引领上了一条康德并不赞同的道路。但是研究康德作品的人从没有断绝过，即便是在当今的中国，关于康德的理性批判的论文还是层出不穷。

费希特：哲学家中最危险的一个

费希特

约翰·戈特利布·费希特（Johann Gottlieb Fichte，1762～1814年）一生都包裹在重重争斗中。围绕在他身上的矛盾，有他自身性格的原因，他待人处事的思维方式和策略问题，还有人们对他学说的争议。诺瓦利斯在给施莱格尔的信中说："费希特是我所认识的哲学家中最危险的一个。他用魔棒把一个人禁锢在他的圈子中。没有人像他这样被误解、被仇恨，但总有一天会真相大白。"

费希特从来都不是个容易相处的人，总是过度敏感。很多事情被他搞砸，使自己处于不利的境地，而这些都是源于其高傲和过于脆弱的自尊心。后人认为，这和他的童年经历有关。费希特的母亲是在婚前怀上他的。他的父母在婚后离开原来的驻地迁移到一个小镇，可能就是为了避开流言蜚语。费希特的父亲是制带工，他娶了师父的女儿，因此得到一笔嫁妆，可以安家。

费希特和母亲的关系从童年时代就很不好。他觉得母亲一直排斥他，从没表现出母性的温情。这可能和他母亲婚前生育的不愉快经历有关。

费希特的传奇故事带来了他人生的转机。小小年纪，在参加完礼拜后，他就能背诵牧师的讲道词。有一次，附近的一位贵族赶去听布道，但是来迟了，仪式已经结束。人们便向他推荐说，有个八九岁的牧鹅少年能复述牧师的话。贵族很赏识这个聪慧的孩子，把他推荐给一对没有孩子的牧师家庭寄养。牧师给了费希特最初的古代语言的启蒙。之后，在贵族的赞助下，费希特被一所贵族学校录取。他因此可以接受正规的教育，摆脱下层出身，进入社会主流。这是个光明的前景。

费希特18岁进入耶拿大学学习神学。也许是服从家人的愿望希望尽快毕业，他又转入莱比锡大学和维滕贝格学习，但是没有拿到毕业文凭就辍学了。资助他的贵族去世了，贵族的遗孀拒绝继续帮助他，费希特很可能酗酒，影响了他的名誉。

此时的费希特没有别的出路，只能先当家庭教师糊口。家庭教师是很不稳定的职业，被教育的学生一旦长大离家去上学，教师就要再找新的工作。而且教孩子劳心费事，收入又低，费希特曾试图攒钱继续学习，但是太难了。走投无路时，他甚至想到自杀。后来一个杂志的编辑不仅为他找到了一个职位，还资助他度过了就职前的三个月。

费希特和家人的关系恶化。他去上学，不仅没有给家里带来好处，而且因为他自己的行为不慎又失学了。百姓处理感情的方式一般比较直接，而且是粗线条的。费希特无法忍受家人的指责，于是爆发了争吵，只有父亲和一个弟弟对他表示理解。

之后费希特离开家，不名一文。但是有天资的人总能碰到赏识者，至少能对他有所帮助。费希特认识了车辆制造商拉曼和他的女儿约翰娜。拉曼出身古老世家，还是苏黎世的市政官员。他年轻时仰慕诗人克洛普施托克，并娶了诗人的妹妹。费希特结识他时，他的妻子已经去世，长女约翰娜照管家务。费希特很快和约翰娜建立了亲密的关系。她比他大七岁，是个宽容和体贴的情人，或许在费希特心中代替了母亲的形象。他承认约翰娜的爱使他“变成了一个孩子”。男人在幸福时常常这样比拟，有证据表明在离开苏黎世时，费希特和约翰娜秘密订了婚。

没有稳固的职业和收入，费希特没法结婚。他在莱比锡找到一个家庭教师的工作，在那里，有个学生请求费希特讲解康德的哲学。费希特在很短的时间仔细研究了康德的《纯粹理性批判》《判断力批判》，一下子被康德迷住了，遂成为康德的信徒。

本来费希特答应回瑞士，但是约翰娜接到的却是一份诀别信。费希特称自己配不上她，要约翰娜再找更好的。这当然都是想逃跑的男人的陈词滥调，他应当很清楚，约翰娜这样的年纪很难再接受别人和被人接受。费希特害怕家庭生活的束缚，就像歌德抛下未婚妻一样，一走了之。此时替拉曼照管财产的商人破产，约翰娜一家正面临最糟糕的处境。费希特对此是否知晓，不得而知。

顾不得体会约翰娜所受到的伤害，费希特让自己消失了。他先去了华沙，对那里的雇主不满意，于是到柯尼斯堡拜访了康德。后面的故事非常著名。他请康德看一份手稿，并请求康德给他提供一些资助。康德把稿子推荐给出版商，以便费希特能体面地获得稿费。（见《人物》之“康德”）

费希特感激不尽，因为他知道康德有很多崇拜者，很可能不会认真阅读一个陌生人的稿子。书匿名出版后，很多人以为是康德的作品。这时康德出来声明，作者是个有才华的年轻人。连文凭都没有的费希特因此在德国知识界一夜成名。这件事也能看出，当时费希特还没有创立自己的学说，只是掌握了康德的体系并加以阐述延伸而已。

此后，费希特又改变了对家庭的看法。他去信给约翰娜请求原谅，希望恢复两人的关系。约翰娜原谅了他，费希特回到苏黎世结婚。外人很难对两人的事做出评判。感情事如鱼饮水，冷暖自知。费希特性格很硬，需要一个柔性女人在生活上给他关心照顾体贴，给他生儿育女，提供一个安乐窝；同时在精神上给予天才哲学家理解和支持，做到夫唱妇随；而且还要甘愿随他漂泊，因为费希特虽然小有名声，但是还是没有稳固的职业。这些约翰娜都做到了。费希特太幸运了。更幸运的是，后来拉曼的财产有一些失而复得，约翰娜继承的遗产还在这对夫妻最困难的时候帮他们渡过了难关。

婚后不久，费希特意外接到了耶拿大学的聘书。在32岁生日的前夕，费希特到达耶拿。当年离开时，费希特是个没毕业的学生，转了一大圈，现在回来成为教授，费希特的喜悦之情是可以理解的。尤其是他的第一次公开讲演受到非常热烈的欢迎，前厅和院中挤满了人，桌椅上都站满了人。讲演结束后，大学还为他举办了盛大的音乐会，之后又授予他博士称号。费希特压抑已久的自尊心终于获得了满足，他被如此广泛地接受，连他自己都没有想到。

在耶拿的七年，费希特得以在安定的环境中继续发展他的学说。他将自己的哲学定义为“知识学”。“一个人选择什么样的哲学，取决于他是什么样的人……哲学通过把握了它的人的灵魂而充满生机。”依据这句话，我们可以想象费希特的学说就像他本人一样是很难彻底理解的。他后来受到质疑，是因为虽然他自认为他的哲学是一个完整体系，但他使用的一些概念并没有经过证明，只是一种命名。而这恰恰是费希特哲学的特点，他强调的是作为认知主体的经验，因而被称为是“彻底的唯心主义哲学”。

一个小字辈突然受到瞩目，对此感到不舒服的大有人在。很多教授苦撑多年得到的职位和声誉，费希特这么年轻而且这么轻易就获得了。所以可以想象，费希特必然要面对很多的不友好。如果他是个聪明圆熟的人，就能消除或至少缓解一些敌意，但是费希特恰恰相反。

费希特在耶拿大学遇到了几次重大麻烦，以致他最终离开了，而且很不光彩。最严重的一次是他在耶拿编辑《哲学杂志》时。他们收到一个稿子，费希特为此写了一篇推荐短文。稿子刊发后立刻引起德累斯顿高级教会监理会的告发，认为文章有无神论观点，要求没收杂志，呼吁赞助耶拿大学的各个诸侯严惩散布无神论的教授。

在德国，最后一个惩处异端的火刑架竖起仅仅是在五十年前。人们对此还记忆犹新。出于害怕历史倒退的恐惧，德国知识界立刻有一些人站出来支持费希特，反对压制学术。他们认为在一本哲学刊物出现探讨无神论观点的文章是很正常的，当局根本无权没收杂志。魏玛公爵卡尔·奥古斯特并不想因此给全国留下一个压制思想的专制者印象，但问题是，如果对控告完全不理睬，耶拿大学会因此遭受损失，赞助者会减少，有的公国可能会禁止学生到耶拿来学习。

由于歌德负责公国的教育和文化，公爵很不客气地指出歌德同意聘用费希特是不明智的。歌德自己也表示了后悔，而且这不只是做戏给别人看，歌德对于费希特的学说一向怀疑，对他的个性更没有好感。席勒有段时间和费希特有来往，他安慰费希特，认为在魏玛没有人会迫害他。宫廷顾问福格特老谋深算，他了解费希特，知道如何利用费希特过度自尊又容易冲动的特点，保全魏玛宫廷的面子。他预计费希特会反驳，如果感觉到对他不公，就会辞职。一旦费希特主动离开，这件事就解决了。

费希特果然反应很激烈，他认为他的敌人硬要把民主主义者和无神论者的帽子扣到他头上，以此为口实对他进行迫害。而他是不该受到责备的，否则他将辞职，而且支持他的教授都将和他一起离开耶拿大学。

魏玛宫廷立刻同意他辞职，也没有同僚为他打破自己的饭碗。费希特后悔了，想收回自己的话。但是魏玛方面不予理睬。费希特只能去找新的工作。这当然不容易，尤其是他在魏玛卷入的纠纷已经使他声名远扬了。

费希特想到了柏林，施莱格尔在那里，他是个热心人。在施莱格尔的策划下，费希特秘密潜入柏林，拜访了警察局长，声称自己只是短期度假，不会惹任何麻烦。但是费希特在柏林结交了一些关系，使他能在柏林居住下去，并继续发展他的学术。而他的公众讲演更是有号召力，学者、艺术家、大臣、政府首脑、亲王以及外国使节都曾来听。

费希特逐渐恢复了自信，随之而来的是他的自负。他越来越不能容忍别人的质疑。因为和康德、谢林、雅各比等人都产生分歧，进而导致他们之间的私人关系也破裂了。40岁之后，费希特在哲学同行间没有了一个亲近的朋友。

康德此时年事已高，他也许并没有仔细研究，就认为费希特的知识学无非是“纯粹的逻辑”。而雅各比曾将自己的住宅借给费希特，只是因为他告诉费希特并不完全同意他的观点，费希特就觉得不能容忍。费希特和谢林本来关系很好，费希特在耶拿时谢林也被聘用了，费希特很高兴，因为当时谢林被看作他的信徒。但是谢林逐渐发展了自己的自然哲学，两人的分歧也越来越明显，一来二去就很不愉快，最终竟绝交了。

费希特曾在一篇文章中责备犹太人，他的言论后来被纳粹利用，人们因此认为费希特是反犹主义者。其实这篇文章后面还有半句话“他们的不义并不意味着我们有权力变得和他们一样不义”。但无论如何，费希特对犹太人的指责，引起了著名启蒙主义者、书商尼古拉（Fviedrich Nicolai）的愤怒，并引发了更大的恨意。

拿破仑入侵柏林后，费希特决定做一系列公开讲演，这就是著名的《对德意志国民的讲演》，提倡振兴德国的民族精神，他甚至认为德意志应当尽量优于其他种族。在公开场合这样说是需要勇气的，据说因为其哲学味很浓，法军认为没必要干预。

柏林大学在洪堡的努力下终于创建后，费希特先是担任哲学系主任，后来被选为第一任校长。但是在处理学生决斗事件上，费希特坚持自己的观点，和大学评议会有矛盾，他辞去了校长一职。

约翰娜在照顾伤员时感染伤寒，又传染给了费希特。他死时年仅52岁，还没完成他的哲学体系。费希特被安葬在柏林多罗逊市政公墓。（见《导览》之“布莱希特、魏格尔故居和多罗逊市政公墓”）

费希特在发表著名的《对德意志国民的讲演》

叔本华："雷电朱庇特"

叔本华

"演出之前，剧场的灯光暗下来，幕布徐徐上升，那位点灯人还站在舞台前忙着灯光，于是他急忙逃向后台……我觉得自己就这么登台了……我的成名喜剧才刚刚开幕。"说这话时，亚瑟·叔本华（Arthur Schopenhauer，1788~1860年）已病魔缠身，接近生命的终点。他一直等待人们的欢呼，此时早已放弃希望。但是竟有人开始读他的书了，崇敬者登门拜访，其中还有他觉得智力太平庸而不以为然的女性。虽然戏剧的主角离开了人世，但是演出却在他身后越演越起劲，其后的德国精英们尼采、瓦格纳等人都称自己是叔本华的信徒。甚至希特勒也加入进来，虽然他最喜欢的是费希特，而叔本华对费希特是很不以为然的。

1811年，叔本华为了费希特移居柏林，他"期望着能够结识那位真正的哲学家和杰出的才俊之士"，渴望被费希特的雷电击中。柏林大学，即现在的洪堡大学（见《导览》之"菩提树下大街·洪堡大学"和《人物》之"费希特"）刚刚成立二三年，正雄心勃勃招揽天下英才，叔本华到达柏林前几周，费希特当选为校长。那时叔本华只是一个研习哲学的学生，还没有撰写过哲学作品，但他在听费希特课的笔记上批注道："疯狂的呓语""简直是胡扯"。

此时，拿破仑组建的50万大军开进柏林准备向俄国挺进，整座城市成为供养军队的兵营。叔本华对战争一向很厌恶，政治漩涡、革命热情在他看来都很愚蠢。被莫斯科大火和俄国的酷寒打败的残兵败将不久便涌回柏林，其惨状使和法军结盟的普鲁士一片混乱。叔本华很干脆，逃走，逃到一个安静的地方，把他自己的冥思苦想和对当下学院哲学的批判写出来。

在魏玛附近的小城鲁道尔施塔德，叔本华借宿在一个村镇旅店，面对窗外的群山，写下了他的博士论文《论充足理由律的四重根》。这是一个开启叔本华时代的重要时刻，而当时完全没有人注意到。过了四十年，这里才出现叔本华的朝拜者，他们要亲眼看看叔本华刻在旅店窗户上的诗句。

论文写就，叔本华向耶拿申请博士学位。叔本华的母亲是歌德的朋友，而耶拿的教师们一定会给歌德面子。叔本华很快得到学位。在没想好下一步到哪个大学申请教席之前，他先回到魏玛投奔母亲，却和母亲大吵一场，从此再没有见面。

亚瑟·叔本华的母亲约翰娜当时是很有名气的女作家。她嫁给叔本华的父亲时，两人年纪相差较大，但因为求婚者是个成功的商人，约翰娜同意婚事是很合情理的。但是两人感情一般，父亲忙于商业，年轻的母亲只能守着幼小的孩子，觉得很寂寞。叔本华的父亲将儿子送到商学院，希望他继承父业，但是亚瑟想到从商就感到痛苦，他喜欢古代文学。父亲和母亲正打算到欧洲各地旅行。他给儿子两个选择，要么去学他喜欢的拉丁语、希腊语，然后当个老师，那意味着要自食其力，过清苦的生活。要么和父母去旅行，玩够了回来去当学徒，走上商人道路。亚瑟正在青春即将盛开的时候，对世界充满渴望。他放弃，或者说背叛了自己的理想，随父母周游欧洲。这次游历对 15 岁的叔本华的影响很大，从某种程度上奠定了他一生的基调。他看到人间的疾苦，感受到人生苦痛的本质，深受震动的少年开始思考那些沉重的东西。

一年多的旅行结束后，亚瑟必须履行诺言，成为商行的学徒。但不久传来父亲去世的消息，给了叔本华极大的刺激。旅行回来后，父亲衰老得很快，只能闭门不出。而母亲的生活却好像才开始，她开朗聪慧，是沙龙上的宠儿。父亲去世那天，母亲独自外出参加社交活动，父亲出走，尸体在运河中被发现。有传言说他是自杀。

父亲去世后，母亲约翰娜立刻卖掉了房产，搬到魏玛，因为那里是群星璀璨的文化之都。而群星之首自然是歌德。约翰娜很快成为魏玛著名的沙龙女主人。她将拿破仑军队入侵魏玛时的经历以书信形式记录下来，那时的书信就相当于供公众在沙龙中阅读的报刊。约翰娜的文字颇受欢迎，她也为自己的文学才华感到欣喜，开始继续创作。她的中短篇小说集相继问世，成为那十年里德国最著名的女作家。

父亲去世竟使母亲获得了自由，而且由于父亲的遗产，她过得如此舒适，让亚瑟一直不爽。他觉得自己不能背叛父亲，所以尽管很讨厌商行的工作，却不愿离开。母亲认为他根本无须遵守父亲生前的约定，她鼓励他听从自己的内心，开始新生活。在母亲的安排下，亚瑟回到中学学习文法课程。

亚瑟是聪明过人的学生，但是性格张狂，具有攻击性，同学称他是“雷电朱庇特”。他很快在学校闹出事来，得罪校方，不得不投奔母亲。但是约翰娜对儿子回到家指手画脚、总是出言不逊指摘她的生活也忍无可忍。为了保住目前独立、舒心的状态，聪明的约翰娜知道，她必须和儿子保持一定距离，不让他干涉到自己。

亚瑟也知道魏玛不是久留之地，他确定自己要学习哲学后，先去了哥廷根，又去了柏林。在确定自己的志向之后，亚瑟就特别关注母亲的动向。约翰娜在魏玛过着优渥的生活，费用不菲，亚瑟担心她会把父亲的遗产耗费光了。他知道依靠哲学很难维持稳定的生活，他也需要父亲的遗产。而如果母亲再嫁人，情况就更复杂了。他抵达魏玛，看到家里一个男子和母亲来往过密，非常恼火，母子俩大吵一场，从此决裂。

但是此次魏玛之行，为他带来一个意想不到的收获。此前，在母亲举办的沙龙中，歌德从来不搭理叔本华。虽然歌德年轻时也是锋芒毕露，但功成名就之后，他只想过平静的生活。叔本华总是用尖刻的批判态度在沙龙中挑起争执，让歌德很不快。叔本华出于礼貌，也出于对歌德的敬仰，将论文送给歌德。歌德闲来无事时随手翻看，竟大为赞叹。有一次去约翰娜家，歌德远远地就向叔本华伸出手去，称他是年轻的哲学家，并邀请他去自己家做客。歌德研究颜色学已有二十年，当时他正倾尽心力要将研究成果出版，把这看成是他最重要的成就。他在叔本华的著作中获得启发，便邀请叔本华到家中协助自己。

叔本华一方面受宠若惊，为能得到歌德的垂爱而自豪，另一方面他在歌德面前也不避锋芒，认为歌德也有错误，至少有些方面并不在他之上。歌德对这个有才华而张狂的小字辈一直比较包容。但当叔本华希望密切二人的关系时，歌德采取了疏离的态度，没有接招。叔本华很失望，他曾希望歌德能成为他精神上的父亲。

叔本华离开魏玛，搬到德累斯顿，构思并完成了他的代表作《作为意志和表象的世界》。他将世界分为两部分：一方面是表象，一方面是意志。人通过意志来认识表象的世界。而意志是由人盲目的冲动、某种非理性的欲求组成的。人对于幸福和自由的追求常常是盲目的，而我们感觉自由往往是假象。叔本华自信地认为他发展出了一个全新的哲学体系。他的书一定会产生震动，使人重新认识自己和外在客观世界的关系。

但是这部作品出版后，没有任何反响。在他不客气的反复催促下，书商将第一版印了 800 册。这批书因为滞销，后来大部分化成了纸浆。他到意大利度假，特别叮嘱一位朋友帮他收集国内报刊上的评论，但这位朋友完全无事可做。他的书就像石沉大海，连个浪花都没激起。

叔本华纪念币

母亲把他应得的遗产分给了他，因此叔本华不用担心生活费用，一直到去世，他都能过体面而舒适的生活。但是，他更渴望得到学界的认可。他希望能在大学得到一个职位，柏林大学接收了他。叔本华的狂气上来了，让人把他的课和黑格尔的安排在同一时间。黑格尔当时已经成为德国哲学中最受欢迎的主流带头人。叔本华决心要和他抗衡。他认为和他同时代的费希特、黑格尔、谢林都误导了人类对客观世界的认识。结果是黑格尔那边有 200 个学生去听，叔本华这里只有五个，而且没有人对他的学说继续产生兴趣。当时的人们相信理性、相信进步、相信国家主义所许诺的未来。黑格尔的学说使人们看到历史的进程是有价值的。而叔本华的悲观哲学与此相反，把人看成没有意义的牺牲品，把人生当作痛苦的漂泊。这是和时代潮流唱反调，当然不讨人喜欢。

邮票上的叔本华

叔本华从柏林大学败下阵来，其他的大学都不肯收留这个没有学术影响而且名声不佳、自称哲学家的人。时间流逝，很快，曾经雄心万丈的叔本华就变成了一个以食利为生、脾气古怪的糟老头子。过了些年，他和妈妈恢复了通信，不过只谈财产不谈感情。他的妹妹曾和他有书信往来，但是叔本华一直刻意和她保持距离，不愿听她倾诉。他也会感到孤单，想过建立家庭，他先后认真交往过两位女性，还和其中一个订过婚。但两个人都因曾患过病，把他吓跑了。叔本华用一群豪猪作比，当它们因为寒冷而想靠近取暖时，就感觉到了对方的刺。只有调整到适当的距离，他们才能既不伤害对方，同时又互相依存。这样的处事良方在叔本华寂寞了很多年后终于开始流行，在他去世前十年，他的《人生智慧箴言》成为有一定教养的市民家庭的必备书籍。

BERLIN

尼采：愤怒出哲人

尼采

弗里德里克·威廉·尼采（Friedrich Wilhelm Nietzsche，1844 ～ 1900 年）的父亲是路德教的牧师，在尼采四岁时去世。很快尼采的弟弟也夭亡了。这对早慧的尼采是个沉重的打击，使他第一次领略到痛苦。寡母将他们养大，他们的家庭成员关系很亲密。妹妹伊丽莎白是尼采孤独一生中最忠实的朋友，在尼采去世后，她建立了尼采档案馆。

尼采九岁学习钢琴，便能即兴演奏。对音乐的爱好也给尼采极大的安慰，他能够作曲，在恋爱时为心仪的女性创作歌曲。他还是个很挑剔的听众，从不依据多数人的判断欣赏作品，这使他后来和瓦格纳的关系变得复杂。

尼采进入中学之后，开始显露出惊人的天赋。老师劝说他的母亲将他转入更好的学校。在尼采家五英里外，有个历史悠久的学校，著名的哲学家、教育学家费希特，以及诺瓦利斯、施莱格尔兄弟都曾在那里就学。尼采在那里留下了一个疯狂的轶事。古罗马英雄人物穆齐乌斯曾将手放在火上烤，以显示自己的勇气。有的人不相信这个传说，尼采便从火中抓起一块煤放在手心里。烫伤的伤疤使尼采很自豪，他还在上面滴熔化的蜡油，以使它更明显。此时的尼采已经显现出特殊的禀赋，以及天性中的极端和专横。

从孩提时代起，尼采就能够很好地驾驭语言。他常写作自娱，而且阅读面很广。这也使这个少年陷入困惑。他生长在虔诚的宗教环境中，宗教也代表了他对父亲的怀念。但阅读和思考都在冲击他的信仰，他知道自己已经开始背离基督的世界，但是远方是什么在等待他呢？在荷尔德林还不广为人知时，尼采便由衷地被他吸引。荷尔德林去世的时间和尼采出生的时间仅隔几个月。后人很津津乐道地把尼采看作是荷尔德林转世。他们身上都具有强大的爆发力，都想以自己的才华照亮世界，最终也都被野心击败、崩溃。

在进入莱比锡大学学习时，校长告诫学生们，一百年前的同一天歌德曾在这里注册入学。“天才的道路是危险的。歌德不是个好学生，你们在学习时不要像他一样。”在德国的先哲中，尼采不会遵从歌德。他们是在向两条相反的道路上前进。歌德总是从正面看待社会的发展，从不否定人类的精神遗产。但尼采从最开始思考时就对一切抱怀疑态度。他偶然在书摊上看到叔本华的著作，立刻折服于叔本华的智慧和勇敢的批判精神。失去父亲的尼采一直希望得到一个长辈的指引和信靠，他对叔本华产生了父亲般的崇拜。可惜当时叔本华已去世六年，否则尼采一定会前去认作导师。

很快，另一个父亲一样的光辉形象进入了尼采的生活。瓦格纳的《特里斯坦与伊索尔德》打动了尼采。他希望见到这位声名鹊起的作曲家，为此特意订制了一套燕尾服。但是裁缝不同意他延期付款，尼采只得穿着旧衣，冒着倾盆大雨到了约定地点。第一次见面，他和瓦格纳谈到了叔本华，瓦格纳称叔本华是唯一一个能够领会音乐精髓的哲学家。

这一次见面给尼采内心很大的冲击。在暗淡的生活中，尼采第一次见到了一个可以对谈的天才。瓦格纳将音乐和戏剧相融合，力图复兴德国精神，这使尼采深受震动。一段伟人间的友谊从此开始，可惜的是，最后以怨恨告终。

尼采时年24岁，还没有获得毕业文凭，竟收到了来自巴塞尔大学的邀请。由于在刊物上发表的论文受到关注，瑞士巴塞尔大学希望聘请这位极有天赋的年轻人为教授。而莱比锡大学也同意尼采不用经过考试就毕业。得到器重和信任，尼采当然非常自豪，但同时他也在担心，在给朋友的信中说："我更害怕自己落入成为职业动物的庸俗中去。"

一方面尼采不愿淹没在既定的陈腐学术中，另一方面他认真履行自己的职责。他在大学举办了两次关于希腊悲剧精神的讲演，因颇具新意而得到听众认可，不仅很快被授予教授职位，在同僚和学生眼中也成为受欢迎的学术新锐。

一次出游，尼采路过瓦格纳的特里布申别墅，从此成为瓦格纳家一位常客。尼采告诉朋友："我偶尔被允许进入他的社交圈去深深地吸一口新鲜空气。"此时瓦格纳59岁，正处于他事业的巅峰。而尼采是个有才华的年轻教授，瓦格纳需要支持者、崇拜者，尤其是有智慧、有思想的下一代。瓦格纳给尼采写信说："你是第一个可以和我严肃交谈的人。"而此时的尼采则需要一位偶像，一位成熟的长者来崇拜。瓦格纳欣赏尼采对希腊悲剧精神的诠释，他和当时还在同居的柯西玛认真阅读了尼采的《悲剧的诞生》。三个人不仅经常讨论德国文化，在私生活方面也日益亲密。尼采甘愿为了他奉为神祇的瓦格纳放下自己的工作，为他们一家做一些很琐碎的事。有一年圣诞节前，柯西玛请尼采代购一些玩偶，给孩子们演出圣诞木偶戏。办事认真的尼采跑遍了巴塞尔，没有找到他喜欢的，竟从巴黎订购。在三年时间里，尼采共拜访特里布申23次，他把这段时间视为自己最快乐的时光。

但是伟人只适合于从远处膜拜，一旦走近，其作为肉体凡胎的弱点就会显露无遗。多次亲密接触后，尼采感到瓦格纳性格中的专制成分，使他无法自由表达自己的观点。瓦格纳讨厌勃拉姆斯，而尼采喜欢勃拉姆斯的作品。他故意在瓦格纳面前摆上勃拉姆斯的作品集，结果瓦格纳摔门而去。而这些都是小事，真正使两人产生冲突的是瓦格纳越来越专注于实现拜罗伊特的梦想，他希望尼采在出版作品时也为他助阵呐喊，作为瓦格纳的信徒阐释瓦格纳的歌剧。但是尼采已经迈出了自己的思想征程。他内心里越来越怀疑瓦格纳乐剧的真正价值。他觉得瓦格纳把什么都理想化、极端化，动用庞大的资源，显得非常崇高，而实际上他的音乐价值不大，剧词也如此，戏剧更不怎么样。而兴建拜罗伊特也变成拉拢大众的无意义的战斗。

不过尼采尽可能在瓦格纳面前隐藏自己的想法，慢慢疏离瓦格纳一家。瓦格纳写了很多热情洋溢的邀请信，请尼采到家中做客，尼采总是找托词不去赴约。直到尼采的新著《人性，太人性》出版，瓦格纳才意识到尼采不再甘心当他的鼓吹者，作品中已经暗含批评。

在拜罗伊特，瓦格纳被崇拜者围绕，虽然失去尼采很失落，但他没有因此感到受伤害。反倒是尼采，天生比较敏感多情，内心依然对瓦格纳很眷恋，只是觉得两人道不同，无法成为知己了。尤其是瓦格纳引以为荣的最后一部歌剧《帕西法尔》，尼采看完只觉得异想天开，完全背离了人性。这使他下决心和曾经热爱的老师决裂。而且他也受不了围绕在瓦格纳周围附庸风雅的人。这些人完全匍匐在拜罗伊特剧场夸张的音乐和戏剧效果中，失去了判断力。

尼采最珍视自己精神的独立。他知道自己已然在批判欧洲基督教文明的路上无法回头，而且只能越走越远。这是一条不归路，理解他的人只能越来越少，他必须承受孤独。他内心中有一股顽强的力量推动他不仅反抗既有的文明，也背叛自己。他越来越需要独处，并以一种很强硬的姿态捍卫自己的孤独，不惜把朋友推开。甚至当他遇到一个讨人喜欢的年轻人时，他会希望对方不要读自己写的书，因为他的思想会带来严重的后果，他担心读他作品的人会像他一样痛苦。

然而，突然对一位异性坠入爱河，使尼采心中再次荡漾起温柔。可惜，这次有始无终的恋爱只是更加剧了尼采无所依托的精神世界的动荡。他和朋友都爱上了一位聪明的俄国女性露·莎乐美。这位女子虽然愿意倾听尼采激情四溢的言论，欣赏尼采的特立孤绝的思想，但她更青睐尼采的朋友。尼采在猜测他们成为恋人后，感觉自己受到欺骗，非常愤怒。他希望娶妻生子、过正常人生活的愿望彻底破灭了。

由于思虑过甚、过度劳累，尼采的身体状况逐渐变得非常糟糕，他终日被头痛、胃痛和眼疾折磨，医生甚至认为这些肉体上的痛苦也危及了尼采的神智。此前，尼采的一些极端的言论已经使他在大学中处于孤立状态，选择上他的课的学生越来越少，同事也尽量躲开这个怪人。尼采显然无法再承担大学的教学工作。巴塞尔大学在此时表现出宽宏的气度，同意尼采在 36 岁时就退休，并给了他一笔 3000 法郎的年金，使他可以体面地生活。

尼采受不了德国寒冷的冬天，在带有地中海文明特色的威尼斯和尼斯这样的城市中继续他的思考。远离德国，一方面是他可以重新审视自己成长的文化背景，可以勇敢地批判它，另一方面也使他产生了民族主义情绪。他总觉得自己来日无多，必须创作出经典，希望自己的作品能和他的精神导师——古希腊人的作品媲美。《查拉斯图特拉如是说》可以说是他走向极致的作品，他告诉朋友，无人能读懂它，因为它是为未来准备的，是可以代替《福音书》的旷世杰作。

《查拉斯图特拉如是说》出版后，他渴望最亲密的朋友们的回应。但是屈指可数的几位给予他理解和同情的朋友都不知所措。他们不知道尼采要说什么，他不仅成为彻底的无神论者，还肆无忌惮地贬低德国、贬低女性，表达了对道德、社会习俗和规范的失望甚至憎恨，宣扬只有超人才可以拯救、统治人类。

画家蒙克所绘尼采

在尼采最后的作品中，他的逻辑更加混乱，表述更为张狂。如果说《查拉斯图特拉如是说》文字优美，后世人们可以当作散文来读，《强力意志》则充满了可怖的论调，尤其令人联想到德国在20世纪三四十年代发生的悲剧。他推崇血统论，认为只有更高级的人种才可以生存；他鄙视基督教爱的教义，认为对弱者不应当同情，反而应当消灭；他认为“源于恐怖和暴力的种族才能占据优势”，应以武力扩张来实现生存；“我们唯一的手段就是要保持住军事狂热状态”……

在最后十年里，尼采沉入了无边的黑暗。他彻底癫狂，先是由母亲照顾，母亲去世后，他的妹妹伊丽莎白将他接到魏玛。1900年，尼采病逝，一个新的世纪到来了，在欧洲他有了一些崇拜者，尤其是在德国，他被认为是最重要的哲学家之一，他的“超人”思想和古怪作品都后继有人。

BERLIN

文学家

LITTERATEUR

UNDER THE WINGS OF GREEN ANGEL

歌德：是一个人

歌德

拿破仑在召见约翰·沃尔夫冈·冯·歌德（Johann Wolfgang Von Goethe，1749～1832年）时说：“你是一个人。”这句话含有一些潜在的形容词，他的意思是：你是一个全面的人、丰富的人、完善的人。歌德对此心领神会，而且也认为自己是当之无愧的。

然而拿破仑和歌德，以及所有聪慧敏锐、洞彻世界的人，对人性中可怕的、魔鬼的那一面都心知肚明。因为他们自身就是善和恶的交融体，上帝所代表的智慧和魔鬼所代表的邪恶，都深植在他们的个性中。歌德的丰富正在于此，他内心不断经历山峰和沟壑。人们所说的平凡就如同心灵和大脑的平原一样单调，而歌德是这些的反义词，他的生活丰富，他的作品才能如山峦起伏，充满变化，使我们能领略世界的奇妙多彩。这是理解歌德的一把钥匙，或者说是一个钥匙孔，从这里我们能窥探这个天才加魔鬼的一生。

歌德的父亲是个饱学之士，年轻时曾游历南欧和北欧，最终定居在法兰克福，满足于一个闲职，主要靠遗产为生。父亲一旦发现年幼的儿子聪明过人，就全力培养，用铺天盖地的学问把小歌德包裹起来。歌德的学识和修养，以及后来的成就，当然得益于童年开始的填鸭式加百科全书式的灌输。这个孩子学习了五种语言，能弹钢琴、拉大提琴，学习画油画和铅笔画，读懂世界史和艺术史，还会打牌、骑马、击剑、跳舞，经常上剧院。

然而进入少年时期，也就是我们所说的叛逆期，歌德凭借着自身才智的优势，就开始不安分起来。老爸在他眼里显得越来越古板烦人。14岁时他跑出家去漫游全城，观察世界、寻找奇遇。因而有了第一次艳遇，对帽店女工甘泪卿产生依恋，引起一场风波。一年后，歌德趁着离家求学之机和她断绝了来往。

女性在歌德生活中占据着极其重要的位置。他年轻时喜欢淳朴、天真、阳光的女孩子，每被这样单纯的女孩吸引，就抛出优美的诗句将她们俘获。但享受了一段美妙时光之后，他就会选择逃离。这也体现了歌德天性中可怕的一面。他知道抛弃这些陷入情网的年轻女性会给她们造成痛苦，乃至一生的不幸。在当时，女性大多只能被动选择，名誉对她们尤其珍贵，曾被情人抛弃是无法洗清的污点。

但是年轻的歌德在含泪而别后又会遇到新的爱情。他从没停止对女性的需要，直到 80 岁高龄。

和女性的交往也成为歌德创作的灵感来源。他年轻时最重要的作品《少年维特的烦恼》就是一曲爱情悲歌。23 岁时，他爱上已有婚约在身的夏绿蒂。夏绿蒂很明智地选择了自己的未婚夫，使这场轰轰烈烈的爱情以歌德的离去终了。这部作品流行一时，引发无数苦闷青年人的共鸣，连拿破仑的将军们在去埃及远征的船上都人手一册捧读。主人公的穿着也被时髦的青年模仿，很多在恋爱中不能自拔的读者选择维特式了断生命。

但是歌德选择继续前进，在浩瀚的世界中，他的冒险才刚刚开始。《少年维特的烦恼》出版于他 25 岁那年，小说给他带来的声誉引来了一位重要的拜访者，魏玛公爵卡尔·奥古斯特。年轻的公爵此时也只是个 17 岁的少年，刚刚开始执政，可以算是歌德的崇拜者，而歌德也知道如何展示他最好的一面，吸引公爵把他留在身边。

和夏绿蒂分手之后，歌德和家乡的一个女子订婚了。这是一次发狂的罗曼史，歌德第一次做了一位出身上流的女性的爱情奴隶。“狂飙突进”运动席卷德国，歌德自然是热切的推手。他一面恋爱，一面写着激情的剧作和激进的文学评论。如果他不是这个不安分的歌德，如果他甘心顺着平滑的命运轨迹前行，他们会成为一对幸福的新人，然后在上层沙龙中度过无数美妙或乏味的夜晚，孩子相继出生，美丽的夫人会把时光消磨于购买无数鞋和帽子，体贴的丈夫会在心满意足的生活中偷偷品尝一两次艳遇。这当然不是歌德想要的。他接受了魏玛公爵的邀请，正好借此再次逃离已经不再新鲜的爱情。

卡尔·奥古斯特正是爱玩的年纪，风流倜傥而博学多才的歌德成了最好的玩伴。年轻是资本，让他们可以胡来而被原谅。但是纵情欢乐和满足情欲并不能成为生活的全部，尤其是歌德。他很快对纯粹的享乐感到厌倦，他还有经国济世的远大抱负。公爵任命他为枢密顾问，接着委任他负责军事委员会和修筑公路事务。歌德，还不到 30 岁，雄心勃勃，有的是精力，一头扎进公务中，要把魏玛建设成德国最强盛的公国。另一方面继续他的文学创作，开始动笔写《浮士德》。

当然心灵也没有空闲着。到魏玛后，他便和夏绿蒂·封·施泰因结识。她比他大七岁，已是七个孩子的母亲。夏绿蒂受过很好的教育，和歌德兴趣相投，她很快成为作家的创作灵感的来源，并第一个阅读这些作品。歌德一向喜欢孩子，当夏绿蒂终于回报了歌德的追求，他们便带着孩子们一起，像夫妻一样过得很幸福。

就这样，十年过去了。魔鬼又从歌德的身体中冒了出来。他厌倦了，宫廷琐碎的公务和一段必须维持的爱情搞得他疲惫不堪。他需要休息，一个人静静地待着。歌德再次逃跑了。

他化名到了意大利，只有他的贴身仆从知道他的去向，能将信件转给他。歌德在意大利的这段时光，后来成为一个象征，没有去过意大利镀金的人就不能算是有修养的绅士和淑女。

但是德国灰蒙蒙的天空最终把他召唤回故土。将意大利的大量收藏品安置到他装修好的大房子里后，歌德怅然若失。他觉得孤独，心里很鄙夷同胞的粗俗和德国文化的落后。

歌德见到席勒，一开始只是有礼貌地回避。他对这个具有火一样破坏力的年轻作家没有兴趣。他

魏玛共和国纪念歌德的钱币，发行于歌德去世一百周年之际。有意思的是，从币面上可以看到它价值三个帝国马克。硬币一般都是 1 马克、2 马克或 5 马克，这一特殊硬币对收藏者更有吸引力

比席勒大十岁，已经人到中年，追求古典式的宁静，而席勒一直颠沛流离，只能把对社会不公的憎恨发泄到戏剧中。（见《人物》之“席勒”）

从意大利回来之后，歌德对宫廷事务丧失了兴趣。他被公爵派去负责魏玛的剧院。利用职务之便，歌德鼓励席勒的戏剧创作。因此后世总是称颂歌德和席勒使戏剧成为崇高的艺术，奠定了德国古典主义黄金时代的基础。

有了席勒这样能提供智力安慰的同性伙伴，歌德对于女性的陪伴就可以忽略头脑方面的需求。他需要温存、忠诚、奉献、女性青春的气息，当然还有崇拜和服从。这些正是克里斯蒂娜可以给予他的。每次歌德回家时，这个年轻、单纯、朴实、健康、活泼的工厂女工都用阳光般的快乐迎接他。能和这样一个伟人生活在一起是多少女孩子的梦想，克里斯蒂娜当然心满意足。但是，她只能在家中奉献阳光，整个魏玛都排斥她，无论歌德的敌人还是朋友都在造她的谣。幸而她不像歌德一样把这些诋毁提升到人性的高度来思考，也就没有那么多深切的痛苦。只要歌德不抛弃她，克里斯蒂娜把歌德的豪宅料理得井井有条，就不在乎歌德的其他艳遇。而且歌德总是写来热烈的情书，即便他们一起生活多年，歌德依然情意绵绵，这不是一般人可以做到的，连席勒都不行。席勒的夫人读了歌德的情书大为感动，她承认，席勒从不能这样炽烈忘我地去爱。

不过，这是有前提条件的：距离的确能产生意想不到的效果。歌德保留了公园中的花园房，当他想创作或一个人待着时，就可以躲到那里。当他实在受不了克里斯蒂娜和她那些庸俗的亲戚时，他就躲到耶拿去。从意大利回来，他开始专注于颜色学。歌德非常看重自己的科学研究，但他本性上不是个严谨的学者。他观察是因为热爱，他更适合于用诗句来赞美世界而不是解答它的奥秘，所以后世并不会因此把他当成伟大的科学家来纪念。

席勒和歌德是完全不同类型的人。歌德喜欢运动，骑马、登山、滑冰，热爱大自然。席勒几乎不运动，很少待在户外。他年轻时自然精力充沛，但是由于总是过度劳累，一旦患病就很难康复。一个流传很广的轶事是：歌德到席勒书房里，闻到一股可怕的味道，原来是席勒把烂苹果塞到抽屉里，用发酵的气味来提神醒脑。歌德喜欢清新的空气，立刻打开窗户才没有被熏倒。席勒去世时歌德正好也

患病在床，他没有参加席勒的葬礼，只是希望自己将来也要葬在席勒身旁。

歌德康复后，继续精力充沛地创作:《浮士德》的第一部、第二部，自传《诗与真》的第一卷、第二卷、第三卷，长篇小说《亲和力》《威廉·麦斯特的漫游年代》，诗集《东西诗集》。在 80 岁高龄他还向一个 20 岁的女孩子求婚，可惜未果。由此诞生的《玛丽昂巴德悲歌》显示了旺盛的生命力和激情，供后世的情圣们借鉴。

席勒：比肉体的生命更长久

席勒

约翰·克里斯托弗·弗里德里克·冯·席勒（Johann Christoph Friedrich von Schiller，1759 ～ 1805年）在他四十六年艰难而短暂的生命中，获得了其他德国人难以企及的桂冠。他被称为“德国的莎士比亚”，和歌德一起成为“狂飙突进”时代的暴风中心，是德国文化星空中众星环拱的中央星座。天资、勤奋或时势，是哪个因素造就了这个洞悉人类命运，却无法抗衡自身命运的剧作家和诗人？

席勒的父亲是一名上尉，个人前途和一家的生活完全依附于符腾堡的公爵。小席勒曾想学习神学，但是公爵命他的父亲将他送入军事学校。席勒在这个“奴隶养习所”严苛的纪律约束中，越发珍惜精神的自由。触犯校规就要依据“惩罚卡”的数量被禁止外出、抽打、不让吃饭或关禁闭。小席勒获得了成堆的“惩罚卡”。与此同时，他却萌发对诗歌的热爱和对莎士比亚的敬重。

但是他无法摆脱小公国精神上的“父亲”，卡尔公爵无处不在的控制。为了变成高等学校，学校增加了医学系，这使席勒得以放弃不喜欢的法学，开始学医。但是作为一名军医，席勒显然心不在焉，他的上级必须检查他开出的处方，以免这个喜欢研读哲学著作的大夫惹出麻烦。

处于军队中等级制度最末端的一等，席勒的月薪不足以独立生活，还要靠父亲接济。没有将军允许，他不得离开军营，即便休息时，也必须穿着僵硬可笑的军装。而且生活极其乏味，周围的人粗俗无聊。当时的德国青年喜欢怀揣诗集，参加文学竞赛和聚会，上流社会的女士们也要在卧室摆上精致的小书，因而催发了出版市场。席勒希望他的诗能给他带来声誉和收入，但是没有成功。他决定自费印刷他的第一个剧本《海盗》，所欠债务的利息却不断增长，困扰他多年。

曼海姆的剧院看中了《海盗》，上演之夜，剧院“活像疯人院”，观众捶胸顿足，声嘶力竭，不认识的人们互相拥抱，妇女几乎昏倒。席勒经历了第一次成功的喜悦，决定重新规划人生。他希望剧院能给他一个职位，说服公爵还给他人身自由。但是没人敢于承担如此大的责任，公爵得知席勒擅自跑出公国的领地，下令对他监禁 14 天，并且禁止席勒再进行任何非医学的写作。

席勒一面偷偷创作下一部剧作，一面准备逃亡。他深知这样的举动会给依附于公爵的父亲和其他亲人的生活带来巨大的麻烦。他悄悄告诉了母亲，她哭了，但没有阻止儿子。逃跑安排在公国的大型庆祝之夜，席勒怀揣一对旧手枪，一支缺少火石，另一支已经开裂。带着道具一样的武器，席勒在盛大的焰火表演中乘车出城，就像他创作的一幕戏剧，开始了冒险。

小有名气的席勒在困境中得到几个朋友的真诚相助。有的为他安排行程，有的拿出仅有的生活费和他分享。但席勒只能勉强维持生活，加上公爵的追捕令如影随形，来自父亲的责备以及债务在身，令他的前途非常渺茫。

新的剧本创作出来之后，和曼海姆剧院的合作并不顺利。席勒对于演员不背熟他的剧本、在演出时信口胡编非常气恼。他的反应激烈，使演员们不快。席勒此时只是初出茅庐的小字辈，虽然剧本受到欢迎，但在常人眼里还是没有分量的文人。席勒希望能在剧院获得长久的服务合同，以解决生计问题，但是剧院里反对他的势力使延长合同的希望破灭。债权人闻风而动，不仅他自己处于危险之中，连替他担保债务的父亲和朋友也有进监狱的危险。情急之下，竟是他的房东，一个瓦匠拿出积蓄替他还了部分债务——还没有忘记医学知识的席勒挽救了他患病的孩子。

席勒中年时便去世，留给后世的永远是一个激情勃发的英俊形象

在这动荡不安之中，席勒才情勃发。一段没有结果的爱情带来了剧本《阴谋与爱情》。席勒更多的是从友谊中获得安慰，欣赏他的人在他周围形成小圈子。后来被贝多芬谱曲、至今广为传唱的《欢乐颂》就产生于和朋友们度过的欢乐时光中。

经济窘困的席勒爱上了两姊妹。姐姐卡罗莉妮已经嫁给宫廷顾问，妹妹夏洛特待字闺中。姐姐更活跃更有才气，而妹妹气质文雅而内向。在一段时间内，席勒也不知自己到底爱上了哪个，他总是同时给她们两个写信。姐姐可以为了席勒而离婚，但是她要给妹妹优先权。经过了长久的等待，妹妹终于等到了席勒的求婚。她们的母亲虽然也盼望和地位更高的贵族结亲，但最终还是同意了婚事。不过席勒新婚没有多久，身体就出现问题。这和他长期困顿漂泊的生活有关，更重要的原因是席勒不要命的工作方式。

1805 年席勒去世后，遗体被解剖。医生发现他的肺部已经坏死，心脏没有了肌肉组织，脾、肝和肾都反常。医生感到惊讶，这个可怜的人能活这么久。他的朋友们则不然，他们知道这是席勒高远精神的胜利，支持席勒的是不曾衰竭的创作力。席勒像一名意志的运动员，在他狂热工作时，每个器官即便已经出现问题，但依然在自由意志的支配下运转。因此，席勒肉体的生命比时间所许可的还要长久。那个时代的军医总是用剧烈的药剂和粗鲁的方法给病人医治，席勒继承了这个传统，用大量的金鸡纳树皮和鸦片治疗他常患的感冒。他自己不是不知道危害，但是为了获得暂时的工作所需的精力，他放弃了将来。

从第一次高烧昏迷以来，席勒就知道大厦最终会崩塌，但“我已从火灾中移植出值得保存的东西”。这就是他的作品。随着一次次病痛将他推到那个即将到来的终点，他也知道自己的每部作品问世将给世界带来什么。当痛苦咄咄逼人时，他把它当作讨人烦又躲不开的家庭成员，学会和它共处。席勒后期的杰作都是在这样的“家庭成员”陪伴下创作的。

有的评论认为席勒的热情源于厌恶。他知道深究人类的历史和信仰都将导向虚无。他从来不会盲目赞颂和相信。席勒为后人留下两部史学著作，《尼德兰独立史》和《三十年战争史》，并衍生出了几部历史剧，《唐·卡洛斯》和《华伦斯坦》等。我们看到的不是对人性的信心而是疑虑。在法国大革命发生后，他不像当时的一些所谓进步文人一样做出迅速的判断，急于歌颂。席勒对哲学和历史的广泛涉及，对人类心理的探究，以及他诚挚的怀疑态度，使他避免了浅薄和激进。他谴责大革命中的暴行和“多数人的极权”。席勒虽然没有歌德那样广博，但所及范围内都大大推进了同时代人对人和历史的认识。

席勒后来接受了耶拿大学一个没有稳定收入的教职，可以靠收取微薄的听课费供养家庭，得以和夏洛特成婚。他的入职讲演轰动全城。由于耶拿大学由几个公国共同资助，没有统一管理，造就了自由的空气，得以吸收一批小有名气的各类才子。哲学家费希特、创建了洪堡大学的威廉·洪堡，以及后来的谢林、黑格尔都曾到这里授课。

偶然来耶拿拜访的歌德对于这里稍过偏激的年轻人并不主动接近。（见《人物》之“歌德”）一次讲座，歌德和席勒都在半途退场，两人开始出于社交礼仪交谈，但很快谈话深入到他们共同感兴趣的话题，于是边走边聊，又到席勒家继续谈。此后歌德拜访的次数增加，不见席勒便觉失落。俩人共同起草的《温和的赠词》在杂志上发表，一时洛阳纸贵。夏洛特可以听到两人在楼上传来笑声。当他们写出漂亮的文字讥讽两人的对头时，就像坏男孩搞出恶作剧一样得意。

席勒的《华伦斯坦》在魏玛首演，大获成功，这部作品奠定了他作为“德国的莎士比亚”的地位。歌德和席勒在此共同确立了为使德国戏剧走向高尚而努力的目标。

席勒继续在历史中寻找他感兴趣的题材。讲述贞德的《奥尔良姑娘》、歌德最喜欢的《墨西拿的新娘》演出都很成功。歌德谈到他一直想以瑞士民族英雄威廉·退尔为题材创作，但没有时间，他希望席勒来完成。席勒知道假如他能完成这部作品，它将“震动德国舞台”。诚如席勒预言的那样，观众们为演出发狂（希特勒曾禁止上演《威廉·退尔》），各地为了获得席勒剧作的演出权而竞争。席勒第一次摆脱了缺钱的境况，虚虚实实的名誉接踵而来，他获得了贵族头衔。在柏林，席勒获得的推崇使政府决定授给他3000塔勒的年俸，而魏玛只给他400塔勒。席勒虽然心动，但不想离开歌德，歌德便游说魏玛宫廷提高席勒的待遇。虽然席勒没有移居柏林，但在柏林我们可以看到他的雕像，宪兵集市广场的音乐厅前是最知名的一座。（见《导览》之“宪兵集市广场”）

席勒成了德国历史上最受欢迎的诗人、剧作家，他的《三十年战争史》成为德国家庭必备的历史书。人们在剧院中向他欢呼，在路上向他致敬。席勒终于成为他想成为的自己，一个杰出的作家。但是死神来迎接他，肉体的痛苦消失了，他终于安详地躺着在荣誉中离去。

亨利希·曼：“创造我们全体的大师”

亨利希·曼和弟弟托马斯·曼

“二战”结束后，亨利希·曼（Luiz Ludwig Heinrich Mann，1871～1950年）很想回到德意志民主共和国。但没等他踏上预定回国的轮船，就突发脑溢血，孤独地客死在美国。

去世前，弟弟托马斯·曼常去看他，兄弟俩就像青年时代一样谈谈文学。但时光无法倒转，经过漫长的奋斗，他们都成了著作等身的作家，当年对文学世界的新鲜感却再也没有了。

亨利希·曼14岁就开始写作。他阅读广泛，尤其喜欢法国文学，在学校才思敏捷，学习成绩很好，所以经常觉得周围的人太平庸太无聊。但是亨利希·曼的父亲不鼓励他写作。作为吕贝克市显赫的议员，他更愿意儿子从事符合实际的职业。文学艺术只是上流社会生活中点缀的花边而已。

亨利希·曼从小在富裕的家庭环境中长大，得益于普通平民不可能享受到的良好教育和精神享受。但是慢慢地，他意识到这种生活既虚伪又庸俗。吕贝克是个商贸城市，人们的价值观念自然要从商业利益出发。矛盾和内心挣扎开始不时侵蚀他，而且随年龄增长不断增强。他为自己所属的世界而痛苦。这成为推动他写作的原初动力，作家往往是因为无法释怀的心结而提笔写作的。

父亲去世后，曼家族的地位一落千丈，曾经围着这个显赫家庭打转的人都离去了。不久，19岁的亨利希·曼也离开家乡，再也没有回去。但是早年的生活却一直萦绕心头，吕贝克上流社会的人情百态成为他洞察社会的参照和素材仓库。

亨利希·曼出生那年，德意志第二帝国在凡尔赛宣告成立。这是一个普鲁士主宰的野心不断膨胀的帝国。亨利希·曼和这个国家一同成长，他的青年时期正是帝国快速发展的阶段，经济繁荣并没有增加民众的智慧，反而使人更盲目、更轻信。泛德意志思潮被宣传成帝国的主流，人们越来越狂热地相信，德国崛起了，应当成为世界的主宰。

亨利希·曼在19世纪90年代，慢慢走向成熟，从开始怀疑到最终摆脱了被父辈灌输的观念。他日益清醒地认识到周围世界之所以如此疯狂，是因为普遍的愚蠢和帝国主宰者的贪婪和虚荣。威廉二世轻易地把他的臣民玩弄于股掌之间，他从没有认真对待过议会和民主。他的臣仆就如同猴子，对

亨利希·曼纪念币

主子亦步亦趋，以模仿为荣。

从青年时代起深受福楼拜、巴尔扎克以及后来左拉等人的影响，亨利希·曼意识到，帝国为他的创作提供了丰富的原型。他可以像他所崇敬的法国文豪们一样，将一个时代浓缩到作品中。因为创作“威廉二世时代的德国社会”系列小说，有人称他是“德国的巴尔扎克”，还有人说他是“创造我们全体的大师”。

亨利希·曼给小说《臣仆》命名了一个副标题，“威廉二世统治下的官方思想的历史”。在给朋友的信中，他说：“这个民族已毫无希望——这是《臣仆》真正的主题，但没有印在作品里。”第一次世界大战之前，原来同意连载《臣仆》的杂志却告知亨利希·曼，“不宜用讽刺的形式对德国的社会现状进行批评”。晚年时，亨利希·曼很凄凉地回忆说：“每当德国战败，就印发我的《臣仆》。”

亨利希·曼对于德国的发展有很强的预见性，他写到了最糟糕的一面。他的本意是要提醒人们，但当事情真的如他所写的那样发生了，人们却归罪于他，好像是他将德国推向了深渊，而不是他笔下那些人物的原型。在疯狂的时代，理性很容易被湮没，人们更喜欢激进的言论，而根本不去辨别是非。

这部小说也导致兄弟两人公开决裂。《臣仆》被停止刊发时，亨利希·曼和来自布拉格的女演员咪咪结了婚。但是弟弟托马斯·曼拒绝当证婚人。托马斯·曼入赘到富豪之家，经济上仰仗岳父的支持。他现在满心想的是过富足安定的生活，当然不能容忍哥哥“攻击帝国的根基”。

其实兄弟间早已貌合神离，只是表面上给外人以互相支持的印象。亨利希·曼痛苦地意识到弟弟已经触犯了他的原则。托马斯·曼为帝国战争的胜利欢呼，赞同德国入侵中立国比利时，还声称自己忠于国家和民族。本来就很孤立的亨利希·曼被弟弟的举动刺伤，他公开指责了托马斯·曼，而托马斯·曼以自己不问政治作答。

第一次世界大战爆发的这段时间，亨利希·曼越来越强烈地感受到自己和时代潮流相背离。他觉得自己浸泡在周围无处不在的谎言中，只能用笔记录时代的荒唐，以宣泄愤懑。不管怎么说，他还是幸运的，一方面，他正值盛年，有饱满的创作激情，最重要的作品相继出炉。另一方面，第二帝国对于与官方唱反调的作家还能容忍。到了第三帝国，任何不利于政权的言论都没有存在的可能。

亨利希·曼盼望帝国崩溃，让德国也能如同法国大革命一样有一次走向民主的机会。正如他期待的那样，德国战败，威廉二世出逃。亨利希·曼移居到了柏林，出任柏林普鲁士艺术科学院文学分院主席。UFA电影公司想把他的小说《垃圾教授》改编为电影。亨利希·曼当时已经和第一个妻子分居，迷上了一位在柏林的女演员赫斯特贝格。他同意改编的前提是希望把女主角给他喜欢的演员，但是电影公司坚持启用玛琳·黛德丽（Marlene Dietrich）。这部电影就是《蓝天使》。它迅速占领了欧美的电影院线，使黛德丽成为红极一时的明星。（见《导览》“波茨坦广场和电影电视博物馆”）亨利希·曼后来说，《蓝天使》的成功是因为“我的大脑，加上黛德丽的大腿”。

魏玛共和国依然短暂即逝。纳粹上台后，明令艺术科学院开除亨利希·曼。他被开除德国国籍，他的财产被没收，他的书被烧毁。（见《导览》之“菩提树下大街·倍倍尔广场”）除了流亡之外，没有别的可能。正是在此多事之秋，亨利希·曼完成了他的鸿篇巨制《亨利四世》。在对这位法国明君的描述中，亨利希·曼从童年时代起对于法国文化的迷恋，终于得以痛快淋漓地表达。他更愿意用法语而不是用德语写作。

此前，亨利希·曼动过一次手术，给了兄弟俩一次和解的机会。两个人都是五十岁上下，到了知天命的年纪，都平和了许多。更重要的是，托马斯·曼接受了哥哥始终怀有的民主原则，尤其是纳粹上台后，他们有了更一致的观点。一同流亡也增进了血缘亲情。（见《人物》之“托马斯·曼”）

维希政府投降后，亨利希·曼被列入驱逐名单。他只好到大洋彼岸寻找栖息地。在那里他陷入贫困，他的创作始终关注现实，当现实的土壤随时代而变迁，亨利希·曼的作品便渐渐被人淡忘。第二位夫人去世后，亨利希·曼更是离群索居，心情忧郁。布莱希特夫妇和弟弟托马斯·曼都常常给他救济，给他安慰。他日益想念故土，托马斯·曼劝他接受东德政府的邀请，回到德国会有一个满载荣誉的晚年。可是死亡阻止了他回到他既爱又恨的祖国，最后他被葬于柏林的名人墓园多罗逊市政墓地。（见《导览》之“布莱希特、魏格尔故居和多罗逊市政公墓”）

托马斯·曼：“以整个世界来为德国思考”

托马斯·曼

比哥哥亨利希·曼小四岁的保尔·托马斯·曼（Paul Thomas Mann，1875～1955年）同样很早就表现出对文学的兴趣。父亲去世，意味着在吕贝克自由市显赫一时的家族不可避免地衰败，他们全家从此迁居到慕尼黑。托马斯·曼进入一家火灾保险公司实习。人们津津乐道的一则逸事是，正是在抄写账目的桌子下面，托马斯·曼写下了第一部中篇小说《堕落》。事实可能是，怀揣着文学梦想的年轻人利用业余时间开始创作。

母亲一向爱好文学，她不仅将孩子们从小带入文学世界，鼓励他们广泛阅读，也首先对长子的文学才能给以保护。现在轮到二儿子托马斯，再次需要她的帮助。在母亲和朋友的支持下，托马斯·曼从乏味而没有收获的保险公司辞职了。

托马斯·曼进入慕尼黑工业大学继续学业。同时撰写了一些“不够成熟的小文章”。他后来从不提写这些文章的初衷：是为一本哥哥亨利希·曼编辑的杂志《20世纪》撰稿。这家杂志是极端沙文主义而且排犹的。反犹是当时的一种“时髦”，青年时代的托马斯·曼不是一个有思想洞见的人。和早熟而善于反思的哥哥不同，托马斯·曼更多的是被文学的“诗意和美”所吸引。他对于当年在吕贝克的中产阶级生活不仅怀念，而且遵循着童年时代被灌输的价值观，对于当时甚嚣尘上的泛德意志思想，早年的他是夹在人群中跟着欢呼的，而不是站在人群之外冷静地观察思考的。

由于可以从父亲的遗产中每月得到一笔钱，亨利希·曼和托马斯·曼兄弟二人都获得了自由，不必急于从事任何职业，只要“等待”。等待什么呢？文学的召唤吧。在此期间，亨利希·曼在意大利漫游，他向弟弟发出邀请。兄弟二人一起游览了罗马，又到帕拉斯特里亚度过了难忘的夏天。两人同住一室，享受着青春的自由和迷失。哥哥亨利希·曼是他与生俱来的、最亲密的同伴。

正是在这里，托马斯·曼开始构思《布登勃洛克一家》。年仅25岁的未来小说家还没有广泛的阅历构筑一部“史诗”，他唯一宝贵的财富便是家乡吕贝克的回忆。当托马斯·曼带着关于往事的描述回到母亲和妹妹们中间朗读时，她们觉得很有意思，不过只当作有闲有钱的富家子弟的游戏，丝毫没有想到这将是一部宏大的作品。

《布登勃洛克一家》的出版给托马斯·曼带来的不仅是成功的喜悦，更重要的是自信。亨利希·曼说：“自从这部书出版以来，我再没看到他对生活悲观失望过。”托马斯·曼被光环笼罩着，人们看到一个成熟的作家跃上文坛，一出手就是大手笔，而且这么年轻，正是让女性迷恋的对象。

和美丽而富有的卡佳结为伉俪，为托马斯·曼的生活奠定了基调。卡佳的父亲是大学教授，祖父是上西里西亚的铁路巨头。在积累了足够的财富之后，他们放弃犹太教，改信基督教，从此融入了德国社会。托马斯·曼夫妇依靠岳父母的资助过着稳定安逸的日子，一个个孩子相继出生。尽管托马斯·曼有同性恋倾向，但他仍对家庭生活感到心满意足，他喜欢享受，喜欢有点排场的上流社会生活。

名誉和声望只是硬币的一面。另一面则是批评和责难。有人欣赏的作品就有人厌恶。一些作家批评《布登勃洛克一家》，甚至否定了托马斯·曼本人的写作能力，因为他只是照搬现实。在家乡吕贝克，立刻出现了一张诠释名单，对书中人物和现实进行详细的比对。书店还特备了两套带有这份名单的小说，供好奇的读者借阅。托马斯·曼承认，看到那些批评，他好几天情绪恶劣。

同样已经在文坛占有一席之地的亨利希·曼也受到各种攻击。兄弟二人自然是结成同盟，都为对方辩护。但与此同时，亨利希·曼却在作品中表现出对德意志第二帝国一针见血的嘲讽，托马斯·曼对此非常不快，哥哥过激的言论很可能给他造成麻烦。他们兄弟观点间的裂隙越来越大。终于，在第一次世界大战爆发后两人公开决裂。

1914年，当德国宣战时，兴奋的人群发出欢呼，好像德国已经是胜利者。托马斯·曼写信告诉哥哥，他为经历了“这一伟大时刻”而“心怀感激”。他称这是一场“庄严的人民战争”。声称德国的胜利将使欧洲得到永久的和平。当时同样在人群中激动不已的还有年轻的希特勒。

托马斯·曼后来反对纳粹的独裁，并最终成为一个宽容的人道主义者。这些转变是如何发生的?很多研究者都从他的文字中寻找变化的轨迹。似乎有点理智和头脑的人都不可能不对“一战”前的战争狂热有所反思。一般认为，一个重要因素是外交部部长拉特瑙被暗杀。托马斯·曼和拉特瑙相识，他赞赏拉特瑙为促进德俄关系所做的努力。此后，托马斯·曼的态度明显发生了变化。另外一点，也许是，托马斯·曼的妻子具有犹太血统，他不可能认同纳粹的反犹思想。而且，随着《布登勃洛克一家》被翻译成其他文字，托马斯·曼逐渐在欧洲其他国家获得声誉，他接到邀请去各地巡回讲演。对一个曾经的民族主义者来说，这种经历也会刺激他反思原来的狭隘立场。

1924年《魔山》出版，反响热烈。在随后的四年中，发行了十万册，被翻译成几乎欧洲所有种类的文字。托马斯·曼自己也非常满意，他对来访的记者说起接到出版商寄来的第一本精装样书时的感受，他忍不住翻开，立刻读了起来，觉得“确确实实爱不释手”。五年后，托马斯·曼获得诺贝尔文学奖。

1932年托马斯·曼收到一个包裹，是被焚烧的《布登勃洛克一家》。这是一个警告。1933年的焚书行动中，托马斯·曼和哥哥亨利希·曼的作品都在被焚烧之列。1936年，他在流亡中被取消德国国籍。

托马斯 · 曼和爱因斯坦

美国普林斯顿大学聘请他为教授，讲授歌德、瓦格纳和他自己的文学观。在那里他和爱因斯坦这个老顽童成了邻居。后来，他又迁居加利福尼亚。很多到达美国的文人和艺术家在美国找不到工作，衣食无着，包括他的哥哥亨利希・曼。托马斯・曼的流亡生活却相当富裕舒适，依然讲求排场，在加利福尼亚还盖起了安逸的小楼。他的书一直很畅销，给他带来丰厚的收益。他在美国也处处受到礼遇，甚至被罗斯福邀请到白宫做客。

战后，托马斯・曼多次回到德国访问，对于多年的海外漂泊和与故国的关系，他的解释是“让我以整个世界来为德国思考吧”。一个曾经渴望用武力征服别国的狂热分子，终于完成了向世界公民的进化。这是从恨到爱、从野蛮到文明的历程。

画家

PAINTER

丢勒：以圣人为标准

丢勒自画像

在德国，阿尔布雷特·丢勒（Albrecht Dürer，1471～1528年）的研究者既自豪又有点失落地认为：德国艺术只有一次受到世界关注，就是因为丢勒。五百年过去了，丢勒的1312件作品散落在欧洲各地，每一件都被反复观赏、仔细揣摩，仍有很多未解之谜。丢勒尝试了各种形式和题材的艺术，木版画、铜版画、油画、铅笔和钢笔的素描、水粉、宗教画、肖像、风景画，无论在哪一个方面都留下了杰出的画作。

所以丢勒没有后继者，天才是无法复制的。从另一方面说，他又有无数继承者，在他去世后不久，在德国南部、意大利、尼德兰地区艺术家、手工艺人都在应用他的表现方式，模仿他的技巧。与和他同时代那些尽量保守技法秘密、心胸狭窄的画家不同，丢勒认为自己有责任将精神财富传于后人。所以，人们对于丢勒的赞美不仅是艺术上的，也是道德上的，他提升了德国艺术和艺术家的境界，使德国有一位可以和意大利文艺复兴巨匠们相媲美的人物。

不过丢勒并不完全算是德国人。他的先祖原来居住在匈牙利的村庄里。丢勒的父亲学成手艺之后到德国定居。小丢勒有双极灵巧的手，正适合于继承父业。但是丢勒告诉父亲，他想当画家。父亲是个勤恳、聪明而善解人意的手艺人，他明白留不住儿子，就果断把儿子送去学画。

才情就像泉水一样从小丢勒笔下流淌出来。我们看到他在十四五岁时给母亲画的像：正在专注于工作的母亲因操劳而显得苍老。丢勒的线条如此生动，下笔准确而且带着生活的暖意。

这也使我们能感受到丢勒本人的性格，他不是疯狂的艺术家，没有任何不良嗜好，作为出身手艺人的画家，他有很强的责任感，对家庭，对朋友，对自己的作品都尽心尽力。他从不因为才能明显高于周围所有人而表现出轻狂。他与众不同的个性更多表现在严谨而不懈的探索中，对他来说，学习未知的东西不是职业所需，也不是为了增添乐趣，而是艺术家的责任。这一点，我们后人其实很难理解，丢勒对自身的要求和期望都很高，简直是用圣人的标准去生活。

15世纪的欧洲文明以意大利为中心，文艺复兴中产生的杰出艺术家云集在那里。而在北方的德国，还是很“中世纪”的，科学文化都处于相对落后的状态。丢勒是个有很强使命感的人，他探求的不仅是知识，更是真理。而那个时代的人们深信，终极的真理与宗教密不可分。但丢勒不是学者，不具有理性的思辨力，在信仰的层面上他是个极其虔诚的信徒。换句话说，虽然他的艺术成就因为受到意大利的影响而成为欧洲文艺复兴的一部分，但他的内心世界其实还是具有中世纪的色彩。

丢勒在29岁时因《启示录》木刻画一举成名，步入欧洲最优秀的艺术家之列。和当时很多为雇主创作的艺术家不同，没有人向他订货，丢勒就全力投入《启示录》的系列木刻创作中。丢勒发动全家到处兜售他的《启示录》，他的母亲虽然身体不好，却依然到附近的集市上去叫卖。

即便我们不知道这些故事的宗教寓意，仅仅看画面上飞动的线条、夸张的场面、绮丽的幻想，就会被吸引住。当时的百姓一定也会感到眼花缭乱，神秘的宗教变成了可感可触的形象，那些人物、背景、物品，既熟悉又陌生，就像是生活中出现的，又具有奇幻色彩。何止百姓、学者、商人，甚至贵族、皇帝看到这样的作品都不可能不动心。丢勒的名声开始向远处其他国家传扬。

神圣罗马帝国马克西米连皇帝要求丢勒为他服务。皇帝总是囊中羞涩，经常拖欠应付的报酬。他甚至要等丢勒交了税，再返还给丢勒算作酬劳。皇帝去世后，还没有还清丢勒的工资，以致他只好去觐见新继任的查理五世把账算清。丢勒对于为皇帝陛下服务显然并不感到厌烦，哪怕是很无聊的工作，他都尽力把细节做到完美。

在丢勒看来，艺术的责任就是服务，无论为皇帝、宗教，还是为普通信众，总之就是为生活服务。他的油画代表作是《四使徒》，同样是在没有订货的情况下，丢勒将两幅大画献给了纽伦堡市政。那时，他已是公认的优秀艺术家，市政当局知道丢勒对于他们这座城镇的价值，所以主动支付给丢勒一笔报酬。在丢勒和他人的关系中，很少有其他艺术家那种剑拔弩张的对立状态。

丢勒对工作心甘情愿，对生活本身也是如此。他和

丢勒少年时的自画像，被认为是他最早一幅存世的作品

丢勒笔下的母亲

妻子艾格尼丝是遵从父辈做媒成婚的。岳父做过铜匠，是很有天赋的艺人和音乐家。对丢勒家族而言，这是个好婚事，和更富裕的家族成为亲家，妻子的嫁妆成为丢勒独立生活后一笔很重要的安家费。美中不足的是艾格尼丝各方面都很平常，完全配不上这个伟大的艺术家丈夫，不过丢勒从未抱怨过。倒是他的朋友，甚至后世的崇拜者们都为丢勒婚姻中缺乏浪漫感到不平。他们找出丢勒所画的漂亮女性肖像，希望那是艾格尼丝，或至少是令丢勒心动过的女人。然而丢勒一直和妻子相守，没有后代。不过当他画起别人的小孩时，却有慈父般的柔情。

丢勒最广为人知的作品是和死亡有关的。艺术史常引用他的版画《四骑士》和《骑士、死神与魔鬼》。人间疾苦一定经常触动他。他也会陷入情绪的两极，时而忧郁，时而急躁，感到自身的生命在疾病的纠缠中日益凋零，也为世间的种种不幸而痛苦。

此外，死亡的艺术灵感还来自德国特有的文化。意大利画家表现的死亡没有这么狰狞诡异，而德国人在看丢勒的画时却会有亲切感。德国民间故事中有很丰富的关于怪异生灵和妖魔鬼怪的传说，他们在北方幽谧的森林中出没，任意戏弄人类。丢勒曾游历意大利，他认为古代文化中藏着解决艺术问题的钥匙，而意大利人继承了古代文化，所以一定要去那里学习。但丢勒是个彻头彻尾的北方人，当他将本土的意象和自己的幻想自如地运用于作品后，便达到了他艺术的鼎盛期。

丢勒是第一位为自己画像的北方艺术家。在他的自画像中，有人看到圣徒的高贵，有人看到疏离和冷漠，有人看到忧郁，有人看到智慧。能创作如此丰富画作的人一定不是个简单的人。

弗里德里克：蝴蝶还是蛆虫

弗里德里克

作为风景画家，卡斯帕·大卫·弗里德里克（Caspar David Friedrich，1774~1840年）不仅在他生活的时代，在整个德国艺术史上，也都是独一无二的。人们在谈论德国浪漫主义时期的艺术时，会把弗里德里克和著名艺术设计师申克尔相提并论，把他们都看作重要的风景画家。他们的画作有时会放在一起展览，但其实他们的画风相差很大，天性不同不仅导致不同的人生际遇，也决定了他们在艺术领域的不同成就。

弗里德里克的画作只能出自他本人，而申克尔在独特性上远没有达到这样的高度。艺术以独创性论英雄。在建筑和实用设计艺术中，申克尔在那个时代的确无人能敌。因为新岗哨的建造而赢得声誉（见《导览》之“菩提树下大街·新岗哨”），35岁的申克尔一跃成为普鲁士最受欢迎的建筑设计师，深受国王恩宠，其设计作品成为当时主流趣味的代表。

弗里德里克在他36岁时达到创作的顶峰，代表作《海边的僧侣》和《橡树林中的修道院》都作于这时。（见《导览》之“博物馆岛·老国家画廊”）不过这只是后人纵观他一生成就后的总结。从他个人生活的角度看，直到42岁，他开始从德累斯顿美术学院领取固定薪金，才算是得到社会正式承认。而对于那个时代的艺术家而言，这还是很重要的成功标志。这也使他产生了结婚生子的愿望，有了固定收入，他便可以养家，有了家，他便可以有正常的生活。

此前，弗里德里克活得一直像僧侣般简朴。屋里只有一床一桌一椅，此外便是画架。如果有朋友来看他，要到邻居家去借把椅子才能落座。如果来的是两个人或者更多，就要去抬大长椅来。看过他的画就会觉得这种生活和他的内心、他的画作很吻合。

他的作品，画面空旷辽阔，画意深远宁静，少有人类的迹象，除了山顶的十字架和雾气中的船、一个孤独的人影之外，便是一望无际的山峦、苍茫的天空、密林和海水。万物苍生在山川壮丽中既渺小又无助。

弗里德里克从来不是为了表现风景而画，浓重的宗教情节使他为景物注入人的情绪、感受和灵魂。万物苍生在壮丽山川中显得渺小无助因而心生敬畏。他的画基调很暗，暖色不多，前面提到的他最知名的两张作品完全是冷色。这会对看画的人产生很强烈的影响，瞬间就被一种孤绝的震撼力和深沉的力量控制住了。

因为弗里德里克早年的经历，人们很容易把他沉郁的画作和深沉个性与他遭受的创伤联系起来。弗里德里克生于波罗的海沿岸的格雷佛斯瓦德。在他出生时这里已是普鲁士的领土，不过在 18 世纪之前，这个港口属于瑞典。他的父亲是肥皂制造商，信奉路德教。虔诚的路德教徒都对自己要求严格，崇尚朴素节制，生活态度严肃，工作努力。弗里德里克的性情和价值观就来自早年家庭对他的影响。

弗里德里克是家里十个孩子中的第六个。在他 7 岁时，母亲去世了。随后一个 20 个月大的小妹妹死于天花。13 岁时，他和兄弟们去滑冰，突然落水，一个兄弟为了救他而溺毙。可想而知，这对弗里德里克的打击之大。17 岁时，他的一个妹妹又死于伤寒。一连串的死亡使弗里德里克早年的生活笼罩在阴影中。十字架、墓地、教堂、废墟是他喜欢的题材，在晚年，他还画了一系列以棺椁和掘墓人的铁锹为主题的画。

作为艺术家，弗里德里克寻找自我之路和很多从小便显露才华的画家差不多。先是在家乡小城中师从当地优秀的画家，成长到可以独立的年纪，便觉得家乡太闭塞，要到著名的美术学院学习。

1805 年，弗里德里克参加了歌德在魏玛创立的“艺术之友”竞赛。他的两幅以斯皮亚颜料做的画被评为头奖。对 30 岁出头的画家来说，这是个重要的荣誉，意味着对他艺术造诣的首肯。

《旅者静观云海》

这时弗里德里克已经进入成熟期，对自己的创作更加自信。他最重要的两幅代表作《海边的僧侣》和《橡树林中的修道院》之所以会在柏林，是因为普鲁士国王威廉·弗里德里克四世非常喜欢它们。威廉·弗里德里克四世当时只是个 15 岁的孩子，还没有登基。他和父王威廉·弗里德里克三世在展览上看到这两幅作品，特别喜欢，便撺掇父亲买了下来。有了这位未来的“艺术家国王”的欣赏，弗里德里克得以入选柏林美术学院院士。

后来，在歌德的撺掇下，魏玛的卡尔·奥古斯特公爵也买下了弗里德里克的五幅作品。歌德称他的画作有一种“罕见的完美”。叔本华向人们介绍弗里德里克的作品时说：“在他大部分画作中，天空的处理完全是大

BERLIN

师手笔。”

就在弗里德里克声誉日隆时，战争爆发了。他的《林中猎人》被认为表现了爱国主义。一个孤独的法军士兵深入老林，显然迷失了方向。人们认为密集的树林象征着德国人的团结。

战争结束后，弗里德里克的画作一度受到批评，这使他很沮丧。也许是同类题材的重复使形式也显得呆板。44 岁时，他爱上一个女子，娶她为妻。最显著的变化是，弗里德里克不再画僧侣，而是开始画他的妻子、朋友甚至他自己。不过，弗里德里克不是肖像画家，他只画人物的背影。他画妻子在家中向窗外眺望，画他们俩一起欣赏月色。这期间他最知名的作品是《旅者静观云海》。这幅画常被用来代表这一时期德国人的精神状态。一个男子站在山顶，背对画面眺望群山和山间的云。他在思考天地人我，在追求更辽阔的境界。他和自然的关系如此密切、和谐，又有万物灵长之尊。

这是画家最惬意的一段时光，旅行和新的生活给予他充沛的灵感。家庭生活稳定，孩子们相继出生，他和一些投合的好友经常聚会切磋。画作也卖得不错，俄国沙皇也委托人买走了几幅他的作品。

人生苦短，好时光随着老境的到来而结束。52 岁时，弗里德里克突然患病，不能绘制大幅油画，他的情绪因而一落千丈，再没有恢复过来。早年一直缠绕在心头的死亡阴影又开始折磨他，一系列和死亡有关的作品成为这一阶段他倾注情感的对象。

深受病症所困，当时的医学水平又很难有效缓解病人的痛苦，弗里德里克无法作画养家，无助地等待最后的时刻，最后在贫病交加中辞世。

20 世纪 30 年代，纳粹曾在宣传中利用弗里德里克，这使他的名字在“二战”后很长时间中不被人提及。尽管人们无法否认他的艺术，但在现实的天平中，他是可以被忽略的。直到 20 世纪 70 年代，他的作品再次出现在世界重要美术馆中。新一代的评论家和观众不再受政治观点的左右，而重新燃起对弗里德里克的崇敬。

弗里德里克曾说，我吐丝结茧，让其他人也这样做吧。我将让时间来判定：我是蝴蝶还是蛆虫。

珂勒惠支：具有情感深度的作品才是美的

少女时期的珂勒惠支

凯绥·珂勒惠支（Kaethe Kollwitz，1867～1945年）出生在原来东普鲁士的首府城市柯尼斯堡。她的祖父普鲁认为传统新教与他的信仰有矛盾，因而创立了另一个宗教组织：第一个自由宗教圣教会。当她的祖父因年老而从精神领袖的位置上退下来后，凯绥的父亲卡尔·施密特接替了他。这个特殊的家庭背景，对于凯绥的成长是非常重要的。她日后能成为一名卓尔不群的女艺术家，和她父亲与众不同的教育观念有绝大关系。

施密特家的孩子都是很小就显现出天赋。当父亲发现凯绥和她的妹妹丽泽都具有绘画天赋时，就致力于培养她们。从凯绥14岁开始，父亲就为她安排老师，让她接受正规的美术训练。但在学业的其他方面，她的祖父和父亲都认为公立学校呆板、僵化，只能培养出驯服的奴仆，因而亲自在家给孩子们上课。在家中，不仅阅读文学作品、探索艺术得到鼓励，而且父亲也非常注意培养孩子的独立品格、尊重他们的个人权利。凯绥和妹妹可以到城中自由闲逛，而不用经受大人们的盘问。书柜向孩子们敞开，可以不用请示抽取任何书籍。

父亲对这个沉默而柔弱的孩子寄予很大期望，为她的病痛焦虑，为她的每一次进步而骄傲。他是很不寻常的父亲。别的女孩子即便显露出一些天分，也很难得到家长的鼓励。因为在那个时代，传统观念上都把婚育当作女性的天职，不希望女孩子因为发展个性和爱好而影响了出嫁。但是卡尔·施密特正相反，他觉得凯绥不是个漂亮的女孩子，这正是她幸运的一点，不会过早谈婚论嫁，在个性没有成熟之前就匆忙决定未来的命运。

可是小凯绥是多愁善感的，她很小就在闹恋爱，其中有多少是童真无邪的游戏，有多少是情窦初开，她自己也搞不清楚。但是在17岁时，她决定和青梅竹马的恋人卡尔·珂勒惠支（又一个卡尔）订婚。父亲希望她不要过早结婚，以便能够继续学习绘画，因此资助她到柏林和慕尼黑求学。这一南一北两个城市都是德国的文化艺术中心，凯绥和情趣相投的同学在大都市中享受着青春：亲密的友谊、无拘无束的聚会、不知疲倦的辩论、快乐的恶作剧、玩世不恭的闲聊。

陶醉于艺术气氛中的凯绥也曾对未来的婚姻感到担忧。卡尔是医学学生，没有艺术方面的才能。他们能彼此支持、互相依靠度过未来漫长的人生吗？父亲也表现出忧虑，能把一个女艺术家的生活和普通主妇的责任结合起来是非常难的。

凯绥的母亲告诉她：卡尔的爱将会伴随她一生。事实正是这样。凯绥无须像当时其他女性一样担心丈夫对她的独立横加干涉。他们是很特别的一对夫妇。在其他普通德国家庭中，丈夫都像君主一样凌驾于妻子和子女之上，这是社会传统。但是卡尔和凯绥非常平等，卡尔尊重妻子的选择，尊重她作为一个女艺术家的独立。

凯绥的妹妹丽泽也具有很高的艺术天赋。小时候，凯绥还暗暗嫉妒妹妹，怕她超过自己。但是丽泽在出嫁之后便一头扎到主妇的责任中，放弃了自己的爱好。凯绥却不可能放弃，她认为有才能的人从事艺术也是一种责任，必须尽最大努力。父亲尊重凯绥的选择，虽然想到女儿未来将面临的各种困难，就感到心疼，但觉得这个选择是“完整”的。作为一个女性，享受家庭生活和生儿育女的天伦之乐，才算是完整的一生。在天资卓越的女性中能做到这一点是非常罕见的。

而凯绥也努力在两种责任中寻找平衡。初为人母之后，她总是利用白天工作，到下午就尽可能陪伴孩子。卡尔被任命为一个工人健康保险基金会的医生，为柏林东北地区制衣工人和他们的家属服务。这是个辛苦而收入不多的职位，他们因此搬入柏林一套灰暗潮湿的公寓。卡尔在住所楼下的诊所接待病人，凯绥在诊所旁一个简陋的工作间中工作。排队等候卡尔的病人们引起了凯绥的注意。他们都来自底层，以艰辛的工作换取微薄的收入。一旦丈夫患病不能正常工作，主妇即便竭尽全力维持家庭，也无法养育所有的孩子，全家便陷入贫困无助的境地。

这些人使凯绥回忆起她青少年时代在柯尼斯堡，她和妹妹常到码头去看装卸工人工作。她觉得他们的动作和表情很有意思，有一种独特的美感。凯绥很不喜欢上层社会的那些衣着光鲜的绅士和太太，觉得他们动作生硬，单调乏味。在她眼中人们认为丑的可能是美的，但是漂亮的肯定不是美的。

霍普特曼的《织工》公演，对凯绥影响深远。她决定以西里西亚纺织工人起义为题材创作一组画。到卡尔诊所来的人们正好可以成为她的模特。凯绥一向认为艺术必须震撼人的心灵，只有具有情感深度的作品才是美的。这一组作品显示出她对弱者的悲悯和对社会不公的愤怒，同时也表明女艺术家终于找到了一种能够表达出内在力量的方式。（见《导览》之“珂勒惠支纪念馆”）这样的主题更单纯自由，更具有冲击力，使她有表达的余地。

凯绥花费了五年时间制作《织工》。完成时，父亲卡尔已经身染重病。当他看到这组作品时，竟然从床上跳起来，大叫着让妻子来看：他们的女儿做出了如此杰作！没等到《织工》与公众见面，父亲就去世了，凯绥被悲伤压倒，甚至觉得去展出也没有任何意义了。但朋友们还是使它出现在了1989 年的柏林美术展览会上。

作品非常轰动，人们首次看到这样表现现实的作品。但威廉二世皇帝否决了艺术评审委员会的提议，不同意为“如此下流”的艺术颁发奖章。有眼光的同行们明白凯绥・珂勒惠支的价值，《织工》在德累斯顿和伦敦获奖，22 岁的年轻艺术家跨入了同时代最优秀艺术家之列。珂勒惠支因此获得了

德国发行的珂勒惠支纪念邮票

一个教职，在柏林女子美术学校教版画和人体写生。

她虽然和分离派的风格完全不同，但是当这些具有独立精神的艺术家决定在官方展览之外自行举办展览时（见《导览》之“布吕克美术馆”），珂勒惠支送去了她的作品，她因此也被看作分离派画家。在《织工》之后，她被称为“社会主义艺术家”。珂勒惠支对于将她怎么分类没有兴趣。她只是埋头于自己的工作，执着地探索着最直接最诚恳的艺术途径：“在我没有忠实地把我的才能发挥到顶点，没有把蛰伏在我心底的种子发展成最后一根枝丫的萌芽之前，我是不愿退却的。”

30 岁到 40 岁之间是珂勒惠支夫人最幸福的一段时光，她的另一组版画《农民战争》又获得极高赞誉。鲁迅当年通过史沫特莱购买的就是这组作品，还带有珂勒惠支的签名。鲁迅将它们作为木刻讲习会的教材，对中国 20 世纪 30 年代一批青年艺术家产生了很大影响。珂勒惠支本人因为这组作品获得“罗马别墅奖”，得以到意大利学习。其间丈夫卡尔带两个儿子来看她，他们一起度过了难忘的夏天。凯绥是个母性很强的女性，只要看看她的孩子们就能让她感到幸福。

但是孩子们在长大，逐渐脱离她的翅膀，渴望高飞。小儿子彼得刚满 18 岁，就报名参军了。德军不顾比利时的中立立场，入侵比利时，从此途径攻打法国，彼得成为他们团的第一个牺牲者。得知消息，凯绥悲痛欲绝。她一生都没有从这次打击中恢复过来。

从此以后，珂勒惠支成为坚决的反战主义者。她称那些在战争中死去的年轻士兵是“种子”，被从他们的母亲身边夺走，还没有来得及开始真正的人生就被碾碎了。母亲和孩子本来就是她极喜欢的创作主题，此后试图护卫孩子的母亲、为失去孩子而悲痛的母亲更多地出现在她的作品中。这些忍受巨大痛苦的母亲形象也越来越沉默、坚韧、愤怒，就像她本人一样。

随着年龄的增长，死亡的主题也更深地吸引凯绥，早年她作品中出现的死亡带有象征主义意味，形象模糊。渐渐地，死神的面目清晰起来，似乎就徘徊在周围，随时都可能伸出手将人们带走。

1919 年，珂勒惠支入选柏林艺术学院，成为荣誉教授。她是德国第一位获此头衔的女性。在 58 岁时，她为自己作了清点，她认为在人生中有三件事是最宝贵的：她的儿孙、她的丈夫、她的工作。有了这三样东西，她就是幸福的。在周围的喧嚣和动荡中，珂勒惠支默默地完成自己的构思。一遍遍地打稿、修改，有时只得放下，为没有找到最有力的表达而苦恼。每件作品都必须达到她满意的效果才算完成，所以珂勒惠支每件作品都要打磨多年。

她一直想为儿子彼得所在的阵亡士兵纪念墓园做一个纪念碑，为此努力了很久，都觉得没有充分表达出丧子之痛，直到 1932 年，她才制作出一个满意的。这个墓碑雕像被安放到比利时。那是以她和丈夫为模特制作的，她抚摸着那酷似她的雕像的脸，眼泪落下来。它将代替她陪伴儿子彼得。

在纳粹频频活动的时候，珂勒惠支预感到黑暗将席卷德国。她和其他左翼知识分子签署呼吁书，希望各党派联合起来不要给纳粹可乘之机。但是独裁的时刻很快就到来了，她被从艺术学院清除，她的作品也不得在公众中露面。虽然美国的朋友们能帮助他们移民，但是丈夫的健康出了问题，而珂勒惠支年事已高，也不愿离开德国。盖世太保出现在她家，威胁她可能被逮捕。一个朋友回忆说，她偷偷拿出藏在衬衣里的毒药给他看，表明自己已经为最坏的可能做好了准备。

“老凯绥”，她这样称呼自己，在第二次世界大战中得到更多死亡的消息，她的孙子——为纪念儿子彼得而同样起名为彼得——也战死了。丈夫卡尔，对她始终忠诚、爱护，以单纯的心陪伴她五十年后离去了。在“二战”最后的战役中，柏林的德军还在做最后的抵抗。他们的房子在轰炸中被毁。珂勒惠支被朋友们保护起来，她像一个流亡中的王后，等待接见她熟悉的朋友——死神。人们因为她经常以沉重的主题创作，会以为珂勒惠支性格沉闷，但是相反，她对自己的总结是：“我的一生是多么强烈地沉浸在激情和活力之中，沉浸在痛苦和欢乐之中。”

音乐家

MUSICIAN

迈耶贝尔：在音乐的天空陨落？

迈耶贝尔

19 世纪的欧洲音乐星空群星璀璨，耀眼的人太多了。在明亮的背景下，贾科莫·迈耶贝尔（Giacomo Meyerbeer，1791～1864 年）如同一颗忽隐忽现的星星，渐渐变得可有可无。但是他出现在很多重要人物的生活中，他们总要提到他，或者怨恨或者崇敬。一百多年过去了，迈耶贝尔和法国大歌剧像被陈列在博物馆中的文物，除了几部作品还被演出之外，大部分已经从保留剧目中消失。曾经的辉煌变得暗淡，就像他活着时担心的那样："在音乐的天空里我的星星正在陨落。"

在日记中写下这句话时，迈耶贝尔是全欧洲炙手可热的作曲家，他的祖国，正在崛起的德意志和欧洲最灿烂的文化舞台法兰西正在争夺他。歌剧之乡意大利，也不停地对他的作品发出赞美之声。隔海相望的英国希望他能莅临伦敦，带去新的欧陆时尚。

迈耶贝尔当然喜欢成功，他一直在奋斗，渴望人们承认他在歌剧上的造诣。但他不是个头脑发热的人，他知道自己就像一个制造音乐艺术品的匠人，认真干活吃饭，才能赢得雇主的欢心。至于和他的音乐事业无关的荣誉，贵族称号也好，博士头衔也好，他从不使用。

他当然不是蔑视人们的追捧，而是不信任昙花一现的声誉，因为它们都改变不了他的出身：犹太人。从童年时代起，迈耶贝尔就意识到无论自己多么优秀，对犹太人的歧视都不可能消失。这是他永远的紧箍咒，直到去世，百年之后他依然会受到攻击，甚至会被"焚尸扬灰"。

贝尔是个富裕的柏林犹太商人家族，男性成员都极力参与柏林的公共事务，希望以融合的姿态削弱对犹太人的敌视。九岁时迈耶贝尔便以神童身份登台亮相。人们为他欢呼，但并非所有人。他的父母请画家为他画了肖像，当画作在柏林艺术学院展出时，反犹太主义的战争委员会成员对此大为不满。小钢琴演奏家在日记中写道："歧视震惊了我灵魂的深处，并且挫伤了我的勇气和欢乐。"

对这个有音乐才华的孩子，父母当然全力培养。家族中能有音乐家，有助于改换门庭。父母很操心地为他物色最好、最适合他的老师，并为他的成长高兴。艺术家之路很艰辛，但至少迈耶贝尔从不为衣食发愁，而且家族一直是他的后盾和精神上的依靠。在经济上，他甚至可以接济别的同行。离家求学后，他把自己的名字和姓氏合在了一起。带着这个奇怪的姓氏，迈耶贝尔在学业结束后没有回到柏林，而是在德国南部游历。表面的理由是他害怕服兵役，害怕普鲁士的尚武气氛。更深层的原因是他不愿回到那个犹太人把它当作祖国、而它却一直排斥他们这个种族的地方。

22岁，他作为演奏家的声誉为他赢得了一纸聘书：成为黑森-达姆施塔特大公爵的宫廷作曲家。他见到了贝多芬，不知为什么，当他们一起演奏时，迈耶贝尔被分配打鼓。他并不擅长于此，当然打得很不好。贝多芬这个粗俗的玩笑，使迈耶贝尔很受伤害，为此他病了两周。之后，他在维也纳的努力也没有获得进展。

迈耶贝尔决定去巴黎试试运气。此时他还没什么经验，无论是处事还是创作，都只能算个乳臭未干的生手。繁华之都当然不会拿他当回事，但是迈耶贝尔却被巴黎迷住了，他在一个又一个的博物馆和图书馆间流连，称这里是“艺术和自然的奇迹”。而意大利，另一个文化的奇迹也在向他招手，作为一个有志于歌剧创作的音乐家，必须到南方去朝圣。

迈耶贝尔很聪明，他首先以罗西尼式的喜剧在意大利出头露脸。而他的同学、作曲家韦伯在研究了总谱后，觉得它就像“裹了糖衣”，了无新意。迈耶贝尔当然知道，如果想成为一名真正的作曲家，模仿之作没有价值，但这不失为一种学习：在成熟的既定模式中，探索新的可能性。他穿梭于各大剧院，研究各类演员的风格，开始尝试在意大利式歌剧中加入法国歌剧的元素。

小小的成功传到了巴黎，当罗西尼被聘为巴黎意大利歌剧院的院长后，迈耶贝尔接到邀请上演他的剧目。此次回巴黎，他不再是不名一文的小卒，而被看作歌剧行业中冉冉上升的新星。更重要的是，迈耶贝尔遇到了他未来的搭档斯科里布。两人同岁，出身背景相当，性格互补，对于探索歌剧有共同的兴趣。在未来三十多年的合作中，两人配合还算默契，因而将一个新的歌剧类型推向了顶峰。

两人的第一部作品《恶魔罗勃》在巴黎首演获得巨大成功。无论是音响配器、舞台造型还是戏剧结构，迈耶贝尔都有新的尝试、新的突破。他所追求的宏大叙事结构、绚丽的背景包括灯光效果、复杂的人物性格、为戏剧服务的音乐节奏，都成为典型的法国大歌剧的经典。尽管巴黎人已经看惯了各种眼花缭乱的表演，还是被这场视觉和听觉的盛宴所征服。巴黎的记者在排练时就每天追踪报道，首演当晚，甚至需要警察维持秩序。之后的三年，该剧在11个国家的77个舞台上上演；之后的十年，成为巴黎歌剧的保留节目。

“我一定要给您写信，如果我不立刻向您表达钦佩之情，将难以入眠。”亚历山大·冯·洪堡看完首演后致信迈耶贝尔。“是艺术史上引人注目的创作……无可置疑地把迈耶贝尔推到了德国流派的第一把交椅上。”当迈耶贝尔忙于参加各地的排练时，这来自德国的消息提醒他，不能怠慢自己的祖国。于是迈耶贝尔赶到柏林，接受了弗里德里克·威廉三世授予的宫廷乐队队长头衔。

就像好莱坞的大片，大歌剧已经成为一个复杂的艺术工程，牵扯到多个工种、数目庞大的演职人员的通力配合。而作曲家也不仅要关注音乐本身，还要挖掘舞台上各种新的表现形式，动用所有可能性，以冲击观众的视觉和听觉神经。迈耶贝尔更像一个项目总管，为确保演出成功必须顾忌一切细节。这意味着，一个新剧目的诞生要花好多年。1831年再次获得巨大成功的《胡格诺教徒》费时五年；接下来的《先知》耗时十三年。而迈耶贝尔最后一部作品《非洲女郎》，直到他去世都没能完成。

歌剧《胡格诺教徒》唱片封面

在亚历山大·冯·洪堡的大力推荐下，迈耶贝尔被相对开明的弗里德里克·威廉四世任命为普鲁士音乐总监。在 1843 年菩提树下大街的歌剧院毁于大火后，国王立刻下令重建。迈耶贝尔则尽职尽责地为同胞献上一出德国歌剧：以德国帝王为主人公，以德国本土音乐为素材，由德国歌唱演员演出，更重要的是由德国人创作剧本。为了适应狭隘的民族性和虚荣心，迈耶贝尔给了斯科里布足够的经济补偿，让他发誓不告诉任何人他和这个歌剧的关系。转过头来，迈耶贝尔请和他一向不对付的德国同行将斯科里布的散文脚本改为诗歌形式，冒充剧本作者。

这就是迈耶贝尔的处事风格，可以称为顾全大局，也可以说是以牺牲自己的利益来讨好他人。然而好心并不总能得到好报，迈耶贝尔和瓦格纳、海涅之间的恩怨体现出人性的可怕。

早在瓦格纳第一次到巴黎时，迈耶贝尔就以长辈的身份尽力给他帮助。那时瓦格纳还是个落魄的流浪音乐家，躲债逃到巴黎。（见《人物》之“瓦格纳”）迈耶贝尔耐心阅读他的作品，很看重他的才华，亲自带他去见剧院经理，为他写推荐信，还给他经济上的帮助。瓦格纳感激不尽，作为回报，为迈耶贝尔的歌剧写了吹捧的评论。他以为迈耶贝尔会拿去发表，但迈耶贝尔是个很内向的人，将文章一直压在箱底，直到去世多年，人们整理他的遗稿时才发现。作为普鲁士音乐总监，迈耶贝尔认为自己有责任帮助德国的作曲家。他上呈国王，请求加强对德国作曲家的照顾，特别提到瓦格纳的名字。

但是瓦格纳回到德国后，开始攻击迈耶贝尔，起因是迈耶贝尔拒绝再次给瓦格纳借款。瓦格纳宏大的音乐剧构想是个无底洞，而他认为自己有权获得别人的资助，尤其是迈耶贝尔这样的富翁同行。此时迈耶贝尔的名声正因《先知》的成功如日中天，瓦格纳知道他无法攻击迈耶贝尔的作品，那样会触犯众怒。他采取了非常卑鄙的手段，诋毁迈耶贝尔的犹太人身份。瓦格纳后来成为文化界著名的反犹人士，其毒素对他的崇拜者希特勒不无影响。

诗人海涅也多次得到迈耶贝尔的资助，两人关系一直不错。有一次，迈耶贝尔拒绝再给他钱，海涅非常生气，就在报纸上讽刺迈耶贝尔，并宣布和他断交。但是迈耶贝尔从来没有反击。后来海涅在重病中请求与迈耶贝尔和解，迈耶贝尔便把钱寄给了他。对于海涅以怨报德的行为，迈耶贝尔在看到他死前的悲惨境地后很真诚地表示了宽恕。

不仅是瓦格纳和海涅，迈耶贝尔身边有不计其数的音乐人、记者、作家得到过他的资助，有一次性的、定期的，甚至是终生的财政支持。母亲去世后，他给母亲雇用的人发了终身养老金。

虽然身为普鲁士音乐总监，迈耶贝尔在柏林并不满意。作曲家门德尔松（见《人物》之“菲利克斯·门德尔松–巴托尔迪”）一直和他有矛盾。同为当时顶尖的犹太音乐家，他们不分伯仲。也许是家世背景差异很大——一个是哲学文人出身，另一个是富裕商人——使他们气质不和。迈耶贝尔向国王请了长假，回到他思念的巴黎。

迈耶贝尔在巴黎病逝，遗体被运送回柏林安葬，沿途的火车站台上站满了为他送行的人。在遗嘱中，迈耶贝尔将财产捐助了很多给德国的文化机构和慈善机构。他还设立奖学金资助优秀的学生，条件是生长在德国，不限制种族和阶层。至于他自己，他封存了所有作品手稿、信件和日记，无论他的创作还是私人生活，他都不希望暴露在公众的视野中。第一次世界大战爆发后，巴黎歌剧院前以他名字命名的大街被更名。1933 年，纳粹上台后，他的作品成为被消灭的对象。比较而言，在有才华的艺术家中，迈耶贝尔的品行是相当难得的，但是他的可贵之处没有得到应有的回报。

在纪念迈耶贝尔诞辰一百周年时，爱德华·汉斯利克有一段非常精彩的讲话：

> 迈耶贝尔是幸运的，在有生之年通过巨大的成功得到了认可和赞扬。但是这种幸福并不是毫无杂质的。人们不遗余力地毁损这位毫无嫉妒心、谦虚谨慎和宽厚慷慨的作曲家的名誉……对同胞的忘恩负义是德国人的天性……法国人越是认可和赏识这位陌生人，德国评论家越是坚信必须拉他下水……不需要建立迈耶贝尔协会，也无须建造自己的迈耶贝尔剧院，整个观众就是他的协会，而欧洲就是他的拜罗伊特。

范妮·门德尔松-亨塞尔：后院的钢琴家

范妮·门德尔松-亨塞尔

范妮·门德尔松-亨塞尔（Fanny Mendelssohn Hensel，1805～1847年）出身名门，从童年时代起就受到极为良好的教育。在19世纪，一般孩子，尤其是女孩子很少能有这样好的条件。所谓“名门”，首先指的是他的祖父：摩西·门德尔松（ Moses Mendelssohn）。他是18世纪著名的犹太学者、哲学家。（见《导览》之“谷仓区·新犹太教堂”）同时，他的商业才能也为子孙的优渥生活奠定了扎实的基础。这个家族另一位更知名的人物是作曲家菲利克斯·门德尔松-巴托尔迪（见《人物》之“门德尔松－巴托尔迪”），他是范妮的弟弟。

姐弟二人从小显露出极高的音乐才能，父母为他们聘请了著名的音乐家进行辅导，包括当时柏林声乐学院院长蔡尔特。他是歌德的好友，将歌德的很多诗谱写成歌曲。因为有名师指导，范妮和菲利克斯进步很快。他们接触到德国最好的音乐家——巴赫和贝多芬——的作品，并保持了对两位前辈大师终生的挚爱。

范妮从小就被母亲称为“有演奏巴赫赋格的手指”。13岁时，范妮在为父亲庆祝生日的聚会上，不看谱演奏了巴赫《平均律钢琴曲集》的24首前奏曲。不过，来参加宴会的姑姑亨丽塔·门德尔松（Henriette Mendelssohn）事后写信批评说，不应当让孩子演奏这么多高难度的曲子，强度太大了，会妨碍孩子的自由成长。亨丽塔知道范妮姐弟的父母对孩子的要求总是非常严格，对孩子寄予极大期望。

随着姐弟二人慢慢长大，父母的期望也转变了。当他们确认儿子菲利克斯具有从事音乐的天赋后，给予了他极大的自由和财力上的支持，让菲利克斯能够在欧洲广泛交游，遍寻名师，不断扩大视野，为未来的创作做积累。而对于才能并不在弟弟之下的范妮，则一再用“妇道”对其进行开导。他们极力使范妮明白，作为大家闺秀，她必须准备好成为贤妻良母。父亲写信告诉范妮“女孩子的唯一职责——做家庭主妇”，音乐只能成为未来生活中的装饰。

姐弟俩由此因为性别之故，在人生的岔路口分手。范妮只能从菲利克斯远方的来信中获得满足对外面世界的向往。姐弟的关系也变得微妙。范妮一直把菲利克斯看作最亲密的知己，只有他是自己音乐上的同道。姐弟二人都喜欢作曲，他们交换作品，听取对方的建议。但范妮必须随时意识到自己的性别，要对家中的男性成员表现出顺从和谦让的态度。尤其是弟弟在事业上蒸蒸日上，范妮更是小心谨慎，不能让菲利克斯觉得她要出风头、要挑战他的成就。

门德尔松家的男性是家族的砥柱。尤其是在反犹声浪此起彼伏的德国，犹太人经常受到不友好的甚至粗暴的对待。家是他们可以依靠可以获得温暖的地方。而男性也把维持家族传统、保持尊卑秩序看作自己的责任。范妮的父亲和菲利克斯对范妮的才能心知肚明，他们不会不知道范妮多么渴望被承认。当她表现出温顺服从，将愿望隐藏起来时，他们也能感受到她的痛苦。但是在他们看来，这是女性必须付出的代价。只要他们不停地向范妮灌输他们的观念，范妮就会习惯于自己的角色。事实的确如此。

范妮显然不愿意和家族发生冲突。她一定从小就知道两个离经叛道的姑姑在家族掀起的波澜。姑姑亨丽塔终生未婚，她在巴黎主持一所女子寄宿学院和一批名流来往密切，是非常具有自主精神的女性。姑姑布伦德尔把名字改为多萝西（Dorothea Mendelssohn），在遇到自己所爱的人后便离开了丈夫，离开了德国。

范妮显然没有这样的勇气。何况她对于结婚生子的稳定生活并不反感。18 岁时，她遇到了画家威廉·亨塞尔（Wilhelm Hensel）。亨塞尔来自普通的牧师家庭，一个人到柏林来奋斗。他结识了申克尔。1817 年柏林的剧院失火，申克尔受命重建，邀请亨塞尔参与工程。（见《导览》之“宪兵集市广场·柏林音乐厅”）亨塞尔的名气越来越大，但是在和范妮相爱时，他还没有能力证明自己可以凭借订单获得足够的收入供养家庭。因此，范妮的母亲并不支持女儿和亨塞尔来往。直到亨塞尔到罗马完成学业，回到柏林，在画界占有一席之地后，门德尔松家才同意了他的求婚。

亨塞尔为妻子范妮绘的画像

在接受命运的时刻，范妮百感交集。她和丈夫有深厚的情感基础，按理说这门婚事是对幸福的许诺。但从她给弟弟菲利克斯的信中，我们却感受到她极力掩饰的悲伤：“当我写着你的名字……我哭了……我相信这不会对亨塞尔有什么不公正……你对我的爱使我的内心获得巨大的价值感。只要你还在爱我，我就不会停止珍视自己。”这更像是一封告别信，和过去的生活告别。对范妮来说，她最珍视的是音乐，而只有弟弟菲利克斯是理解她的。亨塞尔虽然也是艺术家，但和她不是一个门类。她似乎并不指望得到丈夫的支持。

范妮错了。不支持她的其实是弟弟菲利克斯。虽然范妮的母亲曾要求菲利克斯帮助范妮出版作品集，但是菲利克斯非常委婉地表示了拒绝。他肯定姐姐的才能，也珍视姐姐的作品，但直到范妮去世，他都不同意出版她的歌曲和交响乐作品。他曾和一些女音乐家同台演出，但似乎并不赞赏她们，即便是克拉拉·舒曼这样卓越的女钢琴家，他也持保守态度。当他和别人偶然谈起姐姐时，他称她是“后院的小姐”，也会弹钢琴。

菲利克斯这样说时，他到底是怎么想的？他当然知道姐姐不是一般的闺秀，只是以演奏填补生活的无聊。范妮是非常优秀的钢琴家，绝不比他逊色。所以有人猜测，他是出于自私，害怕人们会更赏识范妮，害怕姐姐的光环会使他黯然失色。

或者，他是觉得职业生涯充满风险和挑战，人们献上的不仅是鲜花和掌声，还有同行的嫉妒和诋毁，听众的苛求和厌倦。他认为范妮没有必要承受这些压力。他阻止范妮出版作品是为了保护姐姐？

在儿子塞巴斯蒂安出生后，范妮除了感受到做母亲的幸福之外，和普通女性不同的是，她也感到失落。生育耗费了她的精力和体力，她觉得自己的乐思变得迟缓了。菲利克斯写信安慰说：“孩子才不满半岁，你就念及塞巴斯蒂安（不是塞巴斯蒂安·巴赫）以外的事了？你应该为有孩子而高兴。至于音乐嘛，如果没有位置，它就得退让。”这是安慰吗？对于一位视音乐为生命中最爱、却不得不扮演其他角色，深陷在义务和责任中无法挣脱的女性而言，这样的话带来的是锥心之痛。菲利克斯写下这些，也许出于好心，也许出于粗心。他在享受赞颂和荣誉时，当然不会想到只能隐藏在“后院中”的姐姐的痛苦。

真正给予她支持的是丈夫亨塞尔。或许是因为来自不同的阶层背景，或许是年轻时艰苦的拼搏经历使亨塞尔明白来自公众的认可对一个有才华的艺术家有多么重要。他支持范妮出版自己的作品，但又不愿和菲利克斯因此发生冲突。

随着年龄的增长，一方面，范妮发现自己的能力并不像从前那样稳定地喷发，有时有所衰退。另一方面，岁月也给了她勇气和自信。生活在向一个女性索取青春年华的同时，也会赐予其中那些有头脑的女人以智慧。年过四十，在没有菲利克斯帮助的情况下，她出版了自己创作的歌曲。

从范妮 18 岁起，门德尔松家开始举办星期日音乐会，姐弟作为小钢琴家为来宾演奏。渐渐地这

范妮的钢琴套曲《岁月》中《一月》的手稿，插图为亨塞尔所绘

成为一项家庭传统，而且在柏林的社交活动中越来越具有影响力。小提琴家帕格尼尼、作曲家韦伯、舒曼和妻子克拉拉、钢琴家李斯特等很多名流都曾出现在门德尔松家的音乐沙龙。后来由于菲利克斯经常不在家，范妮独自承担了组织者的角色。她安排演出经典大师们的作品，也有当代作品，包括弟弟菲利克斯的，偶尔也演奏她自己的。在这里她可以无所顾忌地作为钢琴家和作曲家出现在小范围的朋友们面前。

就在一次排练时，范妮觉得不舒服，手指僵硬。她让朋友代替自己，然后到屋中用热醋泡手，听到外面传来的演奏，范妮觉得非常好听。她以为自己恢复了，就回到演奏厅，却突然倒地，再也没有醒过来。脑溢血夺走范妮的生命时，她才 42 岁。就在去世前不久，范妮在日记中写道:“（我）凭什么属于世界上那些少数获得幸福的人呢！至少我觉得是这样，并对此感恩。当我每天早晨和威廉一起用过早餐后各自去工作时，当我想到明天或昨天时，我真的为这种幸福所感动。”

姐姐的突然去世，对菲利克斯是个沉重的打击。几个月后，菲利克斯也与世长辞。

菲利克斯·门德尔松-巴托尔迪：“音乐的风景画家”

范妮的丈夫、菲利克斯的姐夫威廉·亨塞尔为菲利克斯·门德尔松-巴托尔迪所作的画像

菲利克斯·门德尔松-巴托尔迪（Felix Mendelssohn Bartholdy，1809～1847年）是门德尔松家族最显赫的一员，尤其在中国，粗识西方音乐的人就听过他的名字。我们对他的了解主要来自三个方面：他的作品、他作为音乐的神童名声、他推动了西方世界重新认识巴赫。

此外，他人生其他重要的方面还有：他和姐姐范妮从小就在自己的音乐沙龙中亮相（见《人物》之“范妮·门德尔松-亨塞尔”），因此受到很多文化名流的喜爱和鼓励，比如歌德；他的家庭是柏林犹太人中倾向于和基督教社会相融合的，所以他儿时被送到新教教堂受洗，他们家族的姓氏后面加入了“巴托尔迪”这个基督教姓氏；在菲利克斯·门德尔松在世期间，他在英国比在他的祖国更受追捧；他除了性格急躁外，和同时代其他天才音乐家相比，他的天性比较均衡，不放荡不偏执。和其他同期的浪漫主义作曲家的作品相比，门德尔松的相对古典而理性；因此，他对于很多当时受人追捧的音乐作品都很不以为然。他38岁就去世了，留下作品的数量足以证明他的勤奋。

范妮和菲利克斯，这对金童玉女显露出的早慧使他们的父母倍感骄傲。柏林声乐学院院长蔡尔特“以莫扎特的名义，以海顿的名义，以老巴赫的名义”将他们收在门下，足以显示出对他们莫大的期望。当时菲利克斯只有10岁。他12岁见到歌德时，魏玛的这位“半人半神”就对他特别宠爱。每天下午歌德都要打开钢琴，对菲利克斯说：“今天我还没有听你弹过琴，来，弄出点声音来。”

但这还不足以打消父亲的疑虑，爱好音乐和成为职业音乐人是两回事。后者需要上天赐予足够的天分。于是父亲带他到了巴黎，拜见了当时歌剧界的泰斗凯鲁比尼。在得到了这位老音乐家的认同后，父亲同意菲利克斯走上专业化道路。而范妮却没有这么好的运气，因为是女流之辈，她只能在家眼睁睁地盼望弟弟周游欧洲后寄回信件，描述一个柏林之外更丰富的世界。

作为银行家的儿子，菲利克斯终生都没有受到过钱的困扰。年仅17岁，他就创作了《仲夏夜之梦序曲》，使他名声远扬，走到哪里都能得到上层社会的接待。18岁进入柏林大学后，他听过黑格尔和亚历山大·洪堡等当时一批优秀学者的讲座，使他储备下成为那个时代精英人物的足够素养。

从青少年时代起，巴赫的作品就是菲利克斯每日的粮食。14 岁时，祖母送了他一本《马太受难曲》，他觉得很震撼。此前，巴赫的后代和他的一些崇拜者也公开演奏过巴赫的作品，老巴赫并没有被完全遗忘。但是菲利克斯对他的喜爱到了无以复加的地步，他决定公演《马太受难曲》。还在排练期间，音乐会就成为柏林的热门话题。当年仅 20 岁的门德尔松指挥 150 多人的合唱团亮相时，出席的除了普鲁士的宫廷成员，还有黑格尔、海涅等大批名流。演出非常成功，德国各地也被一股巴赫热潮席卷，纷纷上演巴赫的作品。门德尔松成为 19 世纪复兴巴赫的关键人物。不过，他对于这部庞大作品所做的诠释，受到一些后人的质疑，认为他把巴赫改成了浪漫主义，失去了古典意味。

演出成功后，门德尔松到英国旅行。他立刻爱上了伦敦，而伦敦也爱他。门德尔松一生都对英伦充满迷恋，甚于对他的家乡。伦敦爱乐乐团演奏了他的作品，受到极高评价，年轻的作曲家第一次体会到受到欢迎的喜悦。

与此相对照的是巴黎对他的冷淡。《仲夏夜之梦序曲》没有得到预期中的欢迎。巴黎更喜欢李斯特和迈耶贝尔，而门德尔松对他们的作品很不以为然。他觉得迈耶贝尔的歌剧“冷酷无情”，没有诗意和情感的深度。瓦格纳在早年还没有显露其排犹思想时，和门德尔松的关系还不错。他称赞门德尔松是“音乐的风景画家”，也许门德尔松更愿意把他的作品称为“心灵的风景”，他相信自己对音乐的真挚，就像对待人类的心灵一样。

门德尔松很不喜欢李斯特在演奏中炫技，觉得不过是“键盘上的杂耍”。作为钢琴家的门德尔松认为他才是音乐的真正传人。这一点无论在巴黎还是伦敦都得到认可，人们形容听他演奏时，完全忘记了十指和键盘。

门德尔松回到柏林后，参加了柏林声乐学院院长的竞选，没有成功，使他对柏林产生反感。（见《导览》之“谷仓区·苏菲教堂”）这种不满情绪与日俱增，到后来门德尔松每次返回柏林都会觉得不快：“离开柏林的第一步，是迈向幸福的第一步”。

门德尔松接受了在杜塞尔多夫和莱比锡的职位。在负责下莱茵音乐节时遇到了年轻姑娘塞西尔，一年后与其结婚。他渐渐变成了恋家男人，从各地演出归来，躺在自家的院子中便觉得幸福。在生命的最后十年，除了亲人离世的悲痛之外，门德尔松还是比较满足的。温暖的家，创作上新作迭出，声誉的蒸蒸日上给了步入中年的门德尔松极大的满足。

不过麻烦当然也很多。弗里德里克·威廉四世对于打造普鲁士文化艺术一直抱有极大热情，他邀请门德尔松回柏林创办一所音乐学院。从童年时代起，父亲就带小门德尔松到菩提树下大街的歌剧院听歌剧，那里的确有美好的回忆。门德尔松当然也希望能在家乡有所作为。不过在欧洲其他国家游历多年后，他已经无法忍受普鲁士的专制和官僚作风，以及柏林的粗俗气氛。而且他在柏林遇到了同是犹太人的迈耶贝尔，两人一向不和，无法共事。

弗里德里克·威廉四世答应门德尔松只在柏林保留音乐总监的头衔，可以继续在德国其他地方工作。门德尔松不再年轻，感到奔波之苦已经影响了他的健康。但是伦敦热切盼望他的演出。门德尔松在那里找到了家的感觉。从伦敦回到德国，他得知姐姐范妮猝死的消息。这对门德尔松的打击很大，

德国发行的门德尔松纪念邮票

据说他一下子昏倒了。在范妮去世后几个月，菲利克斯也死于脑溢血。

由于门德尔松的犹太人身份，他去世后遭到了各种诋毁。瓦格纳，著名的反犹分子，憎恨所有的犹太同行，认为他们污染了艺术，其中包括门德尔松。纳粹德国时期，他的作品只能以匿名方式偷偷上演。纳粹还将他在莱比锡音乐厅前的雕像推倒。不过，和门德尔松作品的生命力比较起来，这些已成无聊往事。他的雕像在 20 世纪 90 年代被重新树立，而他的作品，出现在世界各国的音乐会上。在中国，他的那些清新、微甜、带有健康活力的非宗教作品，较之同时代其他德国作曲家更易于被大众接受。

BERLIN

韦伯：才华是不可以挥霍的

韦伯

特别看重民族精神的德国人将卡尔·玛丽亚·冯·韦伯（Carl Maria von Weber，1786～1826年）和路德、俾斯麦相提并论。这两位都改变了他们所在的国家和整个欧洲的格局。韦伯在音乐界有这样大的威慑力吗？德国人对他特别看重吗？好像也未必。我在他一生的经历中没有找到他被特别关爱的例子，他真正在德国音乐界工作的时间并不算多。

在18世纪末19世纪初，韦伯是德国一位非常具有才气的音乐家。他为自己的才华获得公众承认而奋斗，在刚刚达到目的之后便去世了。他还没有来得及把全部天才显露出来，他还没来得及好好享受荣誉带来的财富和稳定的生活。他的生活一直无法安定，也算是命途多舛的人。

一个悲剧？艺术家的一生都可以看作悲剧，但也不用对他们抱有过多同情，一方面他们享受了人生，而且凭借天赋获得了普通人很难得到的命运的垂青，另一方面，谁的人生不是匆匆而过呢？艺术家和所有人一样必须珍惜在世时光。不过年轻时就惜时如金的人是很少见的，韦伯显然就没有好好使用他的青春。

卡尔·玛丽亚·韦伯的父亲安东也是个有艺术天分的人，而对韦伯影响最大的是父亲的“艺术家性格”。安东曾是行政官员，办公室的文牍已经堆积如山时，他却到旷野中散步，为乡民拉小提琴。这被认为是渎职，安东被迫离职。他的职业生涯总是受挫，总是和上司搞不好关系。无论是当内廷参议、音乐经理还是市府乐师，都以辞职告终。在第二个妻子生下儿子卡尔·玛丽亚后不久，他干脆组织起韦伯剧团，带领前妻所生的孩子和一些亲戚开始到各地巡演。

这种生活一点都不浪漫。也许满足了父亲大人四海为家的豪情，但对幼小的孩子成长不利。剧团基本没有盈利，漂泊的生活损害了卡尔·玛丽亚母亲的健康，虽然她还很年轻，但就身染重病，后来在韦伯11岁时就去世了。

父亲在发现卡尔·玛丽亚的天分之后，便决定结束流浪生活，给他找个好老师。他希望能把儿子培养成莫扎特那样的神童，带着儿子到维也纳等地开阔眼界，并周游了北德意志。卡尔·玛丽亚的确没有辜负父亲，几年间就成长起来，具备了专业音乐人的素养。其间他学习了作曲，写了些小作品。

在不到 18 岁时，韦伯获得了一个意外推荐，成为布雷斯劳乐队指挥。

血气方刚的指挥凭借对音乐的热爱、对演出歌剧各个环节的熟悉以及初生牛犊不怕虎的精神投入工作中，其结果就是遭到上至剧院领导人、下至普通工作人员的抵制。他要辞退他认为不称职的员工，他要取消“卖座”剧目，上演经典。被清退的人怀恨在心，剧院经理也不满意观众减少，不喜欢韦伯的人联合起来，让他非常难受。

更糟的是，一天晚上，朋友发现他昏倒在房间里。原来是父亲将一瓶制版画的硝酸随手放在酒瓶之间，导致韦伯误饮。虽然他被救了过来，但失去了声音，说话都很困难。在他养病期间，剧院方面的表现让他不快，于是他递交了辞呈。

曾经少年得志的韦伯一下子陷入极尴尬的处境。在当指挥期间，他像花花公子一样和各种女人周旋，为女人花钱从不吝惜。而且他父亲投资铜版画，显然不成功，反而需要向他借钱。债主们一听说韦伯辞职，立刻蜂拥而至，韦伯和父亲只得出逃。他所欠的债务过了十五年才还清。

幸而他被推荐到斯图加特担任符腾堡公爵的秘书，负责公爵府的日常事务。在此，他结交了一些画家、音乐家，经常和他们聚会，过得很自在。但突然，他遭到了逮捕，罪名是贪污、受贿和盗窃。

当时符腾堡公爵面临财政困境，他就把宫廷职位卖给有义务服兵役的男子，他们因此可以免除这项义务。韦伯被指控从一个旅店主人手中收取了一笔钱，旅店主人希望韦伯在宫廷中为他的儿子说情，免服兵役。当他儿子还是被征入伍时，他将韦伯告发了。韦伯称是他的车夫向店主人勒索遭拒绝，之后他是向店主人借了一笔钱。韦伯的辩词有很大问题，当年后来韦伯传记作者却愿意采用他本人的说法。人们都希望著名的作曲家是个清白的人。此外，韦伯还被指控从宫中偷窃。

符腾堡公爵主持诉讼，他当然不愿把宫廷中卖官的事情闹得沸沸扬扬，因此只是将韦伯父子驱逐出境。但是闻讯而来的债主们又设法使卡尔·玛丽亚·韦伯被捕。韦伯向公爵保证，一定偿还所有债务。债主们也觉得让韦伯入狱，他就无法挣钱还债，韦伯和父亲因此得以在屈辱中离去。

最快的挣钱方法是到德国宫廷中参加音乐会演奏钢琴。他们又回到了四处为家的流浪中。这样的生活持续了整整三年，幸而他的演奏技巧大受欢迎，当时人们把他看作炫技大师。他演奏自己创作的曲子，难度很大。李斯特和肖邦在这方面都受韦伯的启发。肖邦很喜欢演奏韦伯的钢琴曲。

这期间值得一提的是，他在海德堡见到了一本故事书，是朋友从附近的宫殿中发现的。韦伯当时就意识到其中的一个故事很适合创作歌剧。只是他当时还没顾上，多年后，他会找到剧本创作者将故事改编为歌剧脚本。这就是后来让韦伯扬名立万的《自由射手》(*Der Freischütz*)。

在达姆施塔特他见到了迈耶贝尔，两人意气相投，成为好友。在巡回演出中，韦伯在不同城市留下了风流韵事。他喜欢写日记，常用第一个字母代替整个单词。他日记中出现的类似“所女废”的说法，原意是“所有女人都是废物”。看来他只是风流成性、逢场作戏，和临时伴侣并没有精神交流。

他两次经过魏玛，都见到了歌德。对已经成为文坛领袖的歌德，韦伯颇不以为然，认为这样的半神只能“敬而远之”。不过他对维兰德印象很好。

韦伯在德国没有得到聘用，很可能跟他当时负债累累的名声有关。一年后，布拉格民族歌剧院向

《自由射手》在柏林首演的服装设计

他伸出了橄榄枝。对方答应支付的薪水使韦伯可以偿还债务，韦伯欣然接受，再次满腔热情投入工作。剧院的确是他最钟爱的地方，他写信告诉友人，为了使剧院正常运转，他从早上 6 点起床便开始忙碌，一直干到夜里 12 点，成了真正的大忙人。在三年半的任期里，他导演了 62 部歌剧。

但韦伯在当地没有亲近的朋友。他对演员的要求过于严格，在专业上总是精益求精。人们对这个钻牛角尖的指挥冷眼相看，始终把他当作外乡人。韦伯只好在爱情中寻求安慰。他以前遇到的歌手卡罗丽娜・勃兰特应聘到布拉格。她生病时，韦伯去探望，两人关系得以发展。但是女方的母亲不同意他们深入交往。几经周折，他和卡罗丽娜订婚，一年后退婚，两年后又结婚。结婚同年，韦伯得到德累斯顿歌剧院的聘用，并开始创作《自由射手》。韦伯人生中的新阶段忽然间就这样到来了，他安定下来，开始为家庭的未来着想，进入了男人的成熟期。

在布拉格时，尽管他卖力工作，还是被迫辞职。剧院领导竟指责他未能使歌剧院取得成果。所以到达德累斯顿歌剧院，他立刻表明自己的态度，他对待手下的音乐家们会比较严格。立刻有人对此表示不满，但韦伯得到了剧院总经理的支持，使他得以按照自己的想法更多上演德意志歌剧。当时的所谓德意志歌剧是指用德语演出的作品。

韦伯对德意志歌剧的演出贡献很大，他对剧院的改革成为传统，被一直延续下来。今天的德国歌剧院还遵循着一些他当年确定的原则。韦伯还是指挥棒的首创者。以前都是采用意大利的方式，乐队跟着第一小提琴。韦伯认为这样无法在演奏中表现指挥的意图。他要让乐队精神集中，一直跟着他的指挥棒。虽然乐队对这种方式很不习惯，但韦伯坚持使用。

韦伯用了三年时间创作《自由射手》。它在柏林的首演无意中卷入了柏林音乐界的争斗。（见《导览》之“菩提树下大街・歌剧院”）此前，韦伯的一出歌剧在柏林演出，评论界表现得不太友好。韦伯有些担心。当时普鲁士国王威廉・弗里德里克三世邀请意大利作曲家斯蓬蒂尼担任音乐总监，柏林似乎更欢迎他的大场面、豪华制作的意大利歌剧。而反对斯蓬蒂尼的人把韦伯当成救星，希望他代表德意志歌剧来对抗意大利歌剧。

肩负着如此沉重的使命，韦伯抵达柏林，参加《自由射手》的排练。他完全没有想到观众对演出的反馈会这样强烈。演出结束，观众要求把序曲再演奏一遍，台下一片掌声和欢呼声。一时间《自由射手》成为最受欢迎的剧目，各地都要求上演。然而，在演出了 50 场之后，柏林歌剧院只给韦伯寄去了很小一笔酬金，韦伯拒绝了。尽管他很缺钱，但却无法接受这样的侮辱。据媒体说，剧院在这部歌剧上挣到的钱是付给韦伯的 300 倍。柏林歌剧院那边显然忘了或不想承认，这些收入的源头在哪里。

一个个孩子们连续出生，韦伯只有接受更多的订单和委任，才能让家人过上好日子。尽管已经出现身体不适，韦伯还是接受了伦敦著名的科文特剧院之邀，到伦敦指挥他的作品首演。他对自己病情恶化的速度感到恐惧，很盼望能回到家人身边，但是他又不肯违约。在一连演出了 12 场之后，韦伯终于支撑不住，客死他乡，年仅 40 岁。如果他年轻时更勤奋努力些，如果他的生命能再长久些，也许他能有更多作品传世吧。韦伯短暂的一生总是在漂泊在忙碌在挥霍，但却不够珍爱他最应当珍惜的。

韦伯被安葬在伦敦。十几年之后，一个德国同胞偶然发现了他的墓地，在报纸上呼吁将他的灵柩运回德国安葬。但是当时的萨克森宫廷声明，他们没有这个义务，不能开这个先例，否则今后再有在德累斯顿担任过指挥的人死在异地怎么办呢？

又过了些年，韦伯的继任者、德累斯顿的乐队长和作曲家瓦格纳一起筹集资金，将韦伯的灵柩运回了德国，安葬于他的家族墓地。

瓦格纳：最受争议的音乐家

瓦格纳

威廉·理查德·瓦格纳（Wilhelm Richard Wagner，1813～1883年）是有史以来最受争议的音乐家。他的名字既能激发迷醉、崇拜和狂喜，也代表了痛苦、仇恨和罪孽。他是激情四射、才华横溢的剧作家、音乐家，也是偏激、狂妄的排犹论调鼓吹者。他是遍布德国的瓦格纳爱好者心中的明灯，也是抢夺好友之妻、背信弃义的小人。每年瓦格纳爱好者潮水一样涌向拜罗伊特的音乐节，使小镇旅店爆满，日用品紧缺。但是犹太指挥家在音乐会中征求了观众同意后仅仅演奏了瓦格纳的一首歌剧序曲，便引来责难。

瓦格纳出生才六个月亲生父亲就去世了，又过了九个月，母亲嫁给了父亲生前的好友。这个变故如此之快，使好事者猜测瓦格纳真正的父亲就是他的继父盖尔。盖尔非常有才华，是德累斯顿宫廷的演员、诗人、剧作家和肖像画家。他的作品曾受到歌德的赞许。继父对小瓦格纳很慈爱，也对他早期的成长影响很大。盖尔带他出入剧院，瓦格纳回忆说："把我从枯燥的现实生活中整个拎出来，抛入一个无比愉快的精神空间。"观看韦伯的《自由射手》给了小瓦格纳强烈的印象。作曲家韦伯是瓦格纳家的座上宾。瓦格纳的大哥和三个姐姐都是很优秀的演员。在这样一个戏剧和音乐气氛浓厚的家庭中，瓦格纳很自然地确立了自己的终生志向。

艺术家的道路很艰辛，青年瓦格纳没能向世界证明自己在这条路上是有前途的。他漂泊在欧洲城市之间，栖身于薪水平平的职位，却又心有不甘。其结果是穷困潦倒、意志消沉。巴黎曾经拥抱了来自世界各地的杰出英才，给他们机会大放异彩，唯独对瓦格纳异常冷淡。为了躲债，也为了寻找机会，瓦格纳携带妻子来到巴黎，除了结识了诗人海涅和音乐家李斯特等人之外，没有什么收获，只有三年屈辱和无望的等待。

终于，德累斯顿剧院同意上演他的歌剧《黎济恩》。瓦格纳听到了祖国的召唤，发誓"永远忠于我的祖国德意志"。在巴黎的痛苦经历使瓦格纳成为坚定的民族主义者。

《黎济恩》大获成功，瓦格纳一夜成名。他得到了待遇优厚的职位，开始被上流社会接纳。妻子明娜在随他漂泊多年之后，终于过上了安定富裕的生活——这本应早就到来的，如果不是嫁给了瓦格纳的话。明娜是漂亮的歌剧演员，本来身后就不缺少崇拜者。瓦格纳并不是其中最有魅力、可能也不是对她最深情的，但是她同意了他的求婚。哪料到婚后就是没完没了的躲债。逃往巴黎时，他们的护照因为欠债被当局没收，只能在黑夜中非法穿越边境。这次惊险的经历很可能导致了明娜终生不孕。

婚姻生活很不幸福，不仅因为贫困带来诸多烦恼，也因为两人在各方面相差较大。瓦格纳志向远大，怀才不遇，需要的是志同道合者的鼓励。明娜是普通的女子，只希望夫君能让她过上锦衣玉食的生活。不能如愿时，她便红杏出墙。但是两人没有因此中断婚姻，他们的关系维持了三十年。一般认为瓦格纳对明娜只是生活起居和肉体上的需求，谈不上真正的爱情。

明娜希望丈夫再复制出一部《黎济恩》来，观众也是这样期望的。但是瓦格纳没有兴趣重复自己，更重要的是不会再加入意大利、法国歌剧中惯有的虚饰来讨好观众的审美习惯。他要创立全新的德国歌剧。他开始慢慢形成自己的想法，瓦格纳将它喻为 Cesamtkuntswerk，意思是完整的蜡球，即将音乐、戏剧和舞台美术融为一体。在中文里，我们通常称为“乐剧”，有别于以往的歌剧。瓦格纳后面的一系列创作都是沿着这条独特的路线前行。与瓦格纳满腔热情的创作相比，这些作品被接受的过程当然是较为缓慢。1843 年《漂泊的荷兰人》上演时只是得到礼节性的掌声，观众期望的是看到另一部《黎济恩》。但是瓦格纳已经出发，不会掉头回到以前的风格。要等二十一年之后，《漂泊的荷兰人》再次上演，才真正征服观众。而他的巅峰代表作《罗恩格林》在完成三年后才得以上演。

《罗恩格林》之后的十年间，瓦格纳没有新作问世，因为他在忙两件事。1849 年德累斯顿发生起义，市民夺取武装和国王的军队发生巷战。瓦格纳本身就有激烈的无政府主义倾向，他和巴枯宁因为共同的思想成为朋友，并被卷入了起义。起义被残酷镇压，德累斯顿歌剧院遭到焚烧，巴枯宁被捕，瓦格纳侥幸逃脱，但遭到通缉。

他逃到瑞士，遇到肯于为流亡音乐家慷慨解囊的商人韦森东克。但是瓦格纳以怨报德，爱上了商人年轻的妻子玛蒂尔德。此前他遇到法国葡萄酒商人的妻子，曾经想要和她私奔，被气急败坏的明娜阻止了。太需要女性慰藉的瓦格纳那一次屈从于夫人的意志，结束了爱情小插曲。但是这一次，瓦格纳是非常认真的。玛蒂尔德受过良好的教育，有很好的音乐天赋，且端庄美丽，是可以交付灵魂的红颜知己。瓦格纳称玛蒂尔德是他“唯一的一次爱”。瓦格纳立刻转入《特里斯坦与伊索尔德》的创作，将现实的爱情融入音乐和戏剧中，献给他的缪斯女神。

但是玛蒂尔德不可能拿自己的名誉冒险，不可能放弃优越的中产阶级生活，跟着一个疯狂的艺术家乱跑。她的丈夫对此也很明白。而明娜也绝不会放弃妻子的权利。瓦格纳知道这又是一次没有结果的冒险。

这期间，瓦格纳的名声却在不断上升，流亡带来的好处是更引人注目，能获得更多的同情和帮助，尤其是来自上层的女性。她们的社交网络和人脉关系，不仅使瓦格纳获得赦免，而且受到更多的资助。法国拿破仑三世资助了 25 万法郎，并责令法国国家歌剧院上演瓦格纳的剧目。结果并不算好，演出中喝倒彩的一直没有停。

还是祖国好，瓦格纳踏上回程，重振士气，继续乐剧的创作，从德国的民间神话和传说中汲取灵感。

不过他和明娜的关系已经很僵，两人不常在一起。没有女主人，瓦格纳更随心所欲，没有节制地享受奢华生活。排演《特里斯坦与伊索尔德》很不顺利，最终没能上演，使瓦格纳欠下大笔债务。瓦格纳于是再次选择逃离，甚至不考虑为他担保债务的好友会因此受到牵连。

路德维希二世

50 岁了，瓦格纳宣告破产。躲在阁楼里的瓦格纳害怕债主上门，当他打开门，见到的却是巴伐利亚国王路德维希二世的秘书。他带来了国王的邀请。年轻的路德维希二世是个浪漫的梦想家。他自称是瓦格纳的崇拜者，请音乐家到他的宫廷去。以此开始了近二十年的一段传奇。国王和瓦格纳像朋友又像父子，情投意合，共同欣赏音乐，一起谈论诗歌和梦想。慷慨的国王赐给瓦格纳悠闲的职位和不菲的薪金，让他过上高枕无忧的生活，可以专心创作，而不用履行什么义务。路德维希甚至想帮助瓦格纳完成宏伟的夙愿——专门为上演他的作品建造剧院和培养演员的学校。这是所有艺术家梦想能拥有的生活，如果永远继续下去该多好。

但是国王对瓦格纳的资助是出自税款。这位并不热心朝政而醉心艺术的国王本来就引得臣下不满，现在又招来一个疯疯癫癫的音乐家，共同挥霍。而且瓦格纳对国王的思想影响也令保守的宫廷不安。好在他们知道瓦格纳并不是无懈可击，抓到一个艺术家的把柄其实是很容易的。

瓦格纳的好友、钢琴家兼指挥家比洛娶了著名音乐家李斯特的一个私生女柯西玛为妻。他们夫妇度蜜月时曾拜访瓦格纳。瓦格纳爱上了柯西玛，几年之后，两人终于得以互相倾吐衷情。比洛崇拜瓦格纳，对于妻子爱上了一位比自己伟大的“神”，当然痛苦，但又无法阻止。在柯西玛告诉丈夫自己怀上了瓦格纳的孩子时，比洛只是含泪接受了这个事实。

瓦格纳也没有和明娜离婚，他依然在经济上尽丈夫的责任，以回报明娜早年为他的付出。在慕尼黑，柯西玛公开的身份是瓦格纳的秘书，暗地里是他的情人。人们对此议论纷纷。路德维希二世发现瓦格纳树敌太多，再让他留在慕尼黑会危及他的王位。

瓦格纳和柯西玛离开慕尼黑，在琉森湖的小岛上租下了一个小屋，开始了一段逍遥安定的幸福生活。他们搬来不久后，年轻的巴塞尔教授尼采来访。（见《人物》之“尼采”）两个世纪天才在这个“福乐小岛”从相遇到相知，友情日益浓厚。尼采渐渐成为这一家人最亲密的朋友。也是在这里，瓦格纳向柯西玛口授了自传《我的生活》，完成了《纽伦堡的名歌手》和《齐格弗里德》两部歌剧，并为《齐格弗里德牧歌》和《众神的黄昏》谱曲。

明娜去世后，柯西玛和比洛离婚，与瓦格纳结为夫妻。她和瓦格纳的三个非婚生子也有了合法身份。柯西玛受过良好的艺术教育，在事业上是丈夫的得力助手。可以说，没有柯西玛，瓦格纳达不到后来的成就。这对艺术夫妇一段引人称道的佳话是在柯西玛生日那天，瓦格纳在清晨带领小乐队在楼

柯西玛

梯上演奏事先创作并秘密排练的《齐格弗里德牧歌》，用瑰丽的旋律将柯西玛从梦中唤醒。

瓦格纳在舒适生活中，全力创作《尼伯龙根的指环》，这是一部由四部歌剧组成的庞然大物，长达 15 个小时，也是集他一生成就之大成的浩繁之作。虽然它的情节有些荒唐，人物、情节、音乐都非常极端，但的确是辉煌的巨作。

在和柯西玛周游德国时，他们来到拜罗伊特，发现一个破败的剧院。当地的市民热情欢迎艺术家来访。瓦格纳想到在此建立他自己的剧院，只上演他的作品。这个愿望看上去遥不可及，历史上没有任何一个艺术家能完成这样的奇迹。但是，瓦格纳已经旁无他顾，一心要实现它。

在 59 岁时，瓦格纳开始踏上他人生最后的、最坚韧也是通向巅峰的一段旅程。为此他背上了三座大山：完成《尼伯龙根的指环》的总谱、筹钱建剧院和为筹备演出而寻找合适的演员。这三项工作使瓦格纳心力交瘁，经常要把他压垮。在 60 岁时，他出现了心脏病的征兆，幸而有柯西玛的细心照顾。但是为了筹钱，他必须马不停蹄巡回演出，同时也可以在各地造势，成立瓦格纳基金会，号召仰慕者捐款。效果不错，不过离需要的数额还差很远。关键时刻，路德维希二世再次戏剧性地伸出援手，不仅自己捐了一大笔，还帮助他搞到了巨额贷款。

第一届拜罗伊特的演出获得巨大成功，德皇和几位国王都来观看演出，将拜罗伊特推崇为德国艺术复兴的象征。瓦格纳也达到了人生辉煌的顶点。唯一不和谐的是尼采中途退场。他和瓦格纳之间的裂隙已经无法弥合，这部歌剧在尼采看来愚蠢透顶。

为演出付出巨大辛劳之后，瓦格纳得知，演出造成的赤字是 15 万马克。此时无论皇帝还是一心完成德国统一的俾斯麦都不愿给予瓦格纳切实的帮助。最后又是路德维希二世再次伸出援手，解救了债务缠身的瓦格纳。

晚年瓦格纳在他一手创建的拜罗伊特享受众人的朝拜。即便已经成为枯瘦老头子，老艺术家还拈花惹草，弄出是非。他的自恋、粗暴、乖戾和飞扬跋扈越老越没有节制。作曲家勋伯格说他是“人性中一切令人不快成分的代表”。然而比个人品格瑕疵更严重的是，瓦格纳继续他的排犹言论。瓦格纳的继父盖尔是犹太人，瓦格纳从不否认继父对他养育之恩，但是他依然撰写文章，散布对犹太民族的仇恨。他喜欢犹太作曲家门德尔松的作品，但是演奏时要戴着手套，演奏之后便扔掉。维也纳城堡剧院一场意外的大火使 400 名犹太人丧生，瓦格纳却叫嚣说应当让所有犹太人都去看戏烧死。他的女婿张伯伦是个极端的种族主义者。他们的论调不仅在拜罗伊特蔓延，更是影响了青年希特勒。1883 年，瓦格纳心脏病突发，倒在柯西玛怀中。他被埋葬在凝结了他毕生心血的拜罗伊特王国。

瓦格纳的儿子是在他创作歌剧《齐格弗里德》时诞生的，因此起名为齐格弗里德，瓦格纳王朝终于后继有人。为了保障儿子顺利接手拜罗伊特的音乐节，柯西玛不惜驱逐窥视权力宝座的女儿。

齐格弗里德本是同性恋，为了延续香火，在母亲柯西玛的坚持下娶了年轻姑娘温妮弗雷德。温妮弗雷德是个孤儿，因而能够无条件服从婆婆的意志。柯西玛后来渐渐隐退，以便将大权交付齐格弗里德夫妇。此时正值纳粹在德国兴起，齐格弗里德并不热心政治，而温妮弗雷德却是纳粹的支持者，与希特勒关系密切。慕尼黑酒馆政变后，希特勒入狱，他在那里撰写自传《我的奋斗》，所使用的稿纸就是温妮弗雷德送来的。柯西玛和齐格弗里德先后去世，希特勒为温妮弗雷德掌管的拜罗伊特提供支持，大量购买剧院的门票，发给纳粹党职人员。希特勒掌权后几乎每年都出席拜罗伊特音乐节。《众神的黄昏》片段响彻纳粹党大会和群众集会。当犹太人被驱逐出家园，用火车送往集中营时，经常使用瓦格纳的音乐作为背景。瓦格纳因此和“二战”的恐怖记忆密切相连，以致以色列人一直拒绝演奏他的作品。指挥家巴伦波姆在以色列音乐节上演奏了《特里斯坦与伊索尔德》序曲，引发轩然大波。在耶路撒冷的餐厅中，有人向他扔掷蔬菜。

有资料统计说，在现存的文献中，除了基督和拿破仑之外，瓦格纳是被评论最多的人。支持他的人和反对他的人一样多。喜欢的人称他的作品是“延绵不断、永无止境的旋律”。在他之后的作曲家，无论德奥体系的布鲁克纳、马勒、理查·施特劳斯，还是法国的圣·桑、意大利的普契尼，都或多或少受到他的影响。

瓦格纳毕生追求的是要将所有艺术融为一体，达到一个纯粹的整体。托马斯·曼评价说:“把所有艺术联合在一起的念头本身就是业余的。”瓦格纳的乐剧常让歌手绝望地挣扎在浩瀚的乐队齐鸣中，很可能会使演员嗓子受损。但是歌唱家依然为能在拜罗伊特演出而自豪。我们中国人很推崇的男高音多明戈曾精彩演绎了《罗恩格林》中的骑士，但其后却因为瓦格纳家族的内讧而和拜罗伊特结下恩怨。即便瓦格纳已经离开人世，围绕他作品的纷争依然不断。

艾斯勒：
艺术手段可以改变世界？

艾斯勒作品集

1938年，荷兰导演伊文思到中国拍摄了抗日战争中第一次辉煌的大捷：台儿庄战役。他到纽约为这部《四万万人民》（*The 400 Million*）制作后期，遇到了从德国流亡来的汉斯·艾斯勒（Hanns Eisler，1898～1962年）。两人决定合作。艾斯勒不仅对这个题材感兴趣，他还想证明十二音体系是可以应用到电影音乐中的。影片中日军的狂轰滥炸、备受蹂躏的城市、被迫迁徙的平民与我军在一片焦土中奋力战斗的镜头交织在一起，背景是弦乐紧张的旋律以及在其中跃动着的尖利激昂的管乐。艾斯勒努力表现出影片主题的力量感和情绪的张力，同时又避免因为采用现代西方音乐而使普通观众感到隔阂。

这是艾斯勒追求的效果，他相信十二音技巧可以应用在多方面的音乐中。除了在创作儿童歌曲时，他没有采用十二音体系，在其他的体裁中他都在试图把传统古典和现代音乐嫁接起来。作为现代音乐大师勋伯格的学生，他一直对老师心存感激，强调他和老师形同父子。

1919年朋友带他去见勋伯格时，艾斯勒还只是个自学者，他觉得自己还没有师从大师的资格。但是勋伯格一眼就看出艾斯勒的天分，他不仅收艾斯勒为徒，还拿钱资助他，让他住在自己家里养病，推荐他到出版自己作品的出版社打工挣钱。虽然勋伯格是十二音技巧的创始人，但他绝不利用艺术的现代性作为沽名钓誉的手段。相反，勋伯格非常注重传统，无论是教学还是创作。他要求学生在音乐中要诚实，要有责任感。这些对艾斯勒的成长非常重要。

德国发行的纪念艾斯勒的邮票

但是艾斯勒却无法甩掉“背叛者”的恶名。1926年师徒决裂，源于一次争吵。艾斯勒和勋伯格的连襟谈到自己对十二音体系的怀疑。这话传到勋伯格耳朵里，他立刻给艾斯勒写了封信，指责艾斯勒是叛徒。

艾斯勒和布莱希特

师徒反目还有更深层次的原因。艾斯勒出生于一个关心政治的犹太家庭。他的哥哥姐姐在“一战”中因为参与反战杂志成为可疑分子，家中也遭到警察搜查。艾斯勒自己也因在预备役军团中拒绝执行命令受到惩罚。他对政治的兴趣甚至超过对音乐的。后来在一份问卷调查中，艾斯勒说自己最想成为政治家。他的哥哥姐姐后来都成为激进的共产党领导人，哥哥 20 世纪 30 年代初还曾被共产国际派到上海从事地下工作。

勋伯格对于艾斯勒的左倾政治热情一向很不以为然，他曾对年轻气盛的学生说：“我不能不让您信仰社会主义，但是时间会让您不信。如果您在自己的生活中一天能像模像样地吃上两顿饭，穿上三件上衣，口袋里有零花钱，您就不会信仰社会主义。”

但是艾斯勒对政治表现出始终如一的热忱。他关心如何让音乐走向下层，在早期，他创作的声乐作品都尽可能符合业余爱好者的水平。他参与工人音乐会，并不看重表演，而看重排练，因为他认为音乐会本身就相当于政治集会。和这些业余歌手在一起，他像个激情满怀的煽动者。目击者回忆说，他从不像钢琴家那样安静地坐在琴凳上，他的屁股越来越高，随着台下的观众起身齐唱，他也几乎站起来伴奏。

伊文思说艾斯勒是 20 世纪少数几位成功地把艺术与政治相结合的艺术家。还有人评价说：“他属于罕见的艺术家之列，这类艺术家相信艺术手段可以改变世界。”另一位试图改变世界的是布莱希特。当这两位肩负着伟大使命的艺术使徒相碰撞，所溅起的火花必然要燃烧。布莱希特称艾斯勒是“合作者”。艾斯勒认为自己的音乐主张和布莱希特对戏剧间离效果的追求一致，是他们共同创造了一种舞台效果。在把高尔基的《母亲》改编成戏剧时，艾斯勒的歌曲是为了打断情节，直接面向观众，让他们参与到对戏剧的讨论中。他们不希望观众因为这个故事或人物而感动，因为激情转瞬即逝。他们要观众思考，在看完演出后数天或数周还能有连锁反应。

他们在创作中一起讨论，艾斯勒能提出一些非常独特深刻的想法，布莱希特有时会喊："他已经深入到地下室去了。"这样的合作当然非常愉快。在一起流亡之后，他们时聚时散，在美国他为布莱希特的《第三帝国的恐怖与灾难》和《伽利略传》创作了舞台音乐。

在美国流亡期间，和布莱希特相比，艾斯勒的适应性更强一些。为了生存，他为六七部电影创作了音乐，和他合作的导演包括弗兰茨·朗、让·雷诺阿和卓别林。其中最具商业色彩的电影要数赫本和格兰特主演的爱情片《寂寞芳心》(*None But The Lonely Heart*)。不过艾斯勒在此似乎没有了发挥余地，只能屈从于好莱坞口味。这部电影的音乐听上去失去艾斯勒的个性特点，只是为普通的商业目写的"行活儿"。

艾斯勒因左派倾向受到美国当局的怀疑。他和布莱希特一样受到"非美活动调查委员会(House Commitlte to Jnvestigate Un-American Activities)"的传讯。他被称为"音乐界的共产主义卡尔·马克思"。艾斯勒希望离开，但遭到拒绝。1948年，美国发布了"技术性驱逐令"，艾斯勒被驱逐出去。当时一大批国际文化名流声援艾斯勒，反对美国的决定，其中有：美国作曲家科普兰、伯恩斯坦，电影人卓别林，画家毕加索、马蒂斯，作家科克多、阿拉贡、艾吕雅、托马斯·曼和科学家爱因斯坦。斯特拉文斯基甚至举办了声援音乐会。

在得到东德方面明确的首肯之后，艾斯勒回到东柏林定居。艾斯勒和布莱希特的情谊一直持续到他们在东柏林的最后岁月。两个人终于回到使用同一种语言的观众中，回到符合他们政治理想的国家。他们再次燃起雄心，要携手创立新的戏剧样式。艾斯勒也通过合作继续寻求音乐与大众结合的方式。艾斯勒为柏林剧团上演布莱希特的《第二次世界大战中的帅克》创作了舞台音乐。他自己对这部作品非常满意，称歌曲音乐"粗糙，像蒜肠一样美味可口，它是梦里都在想着时代变迁的被压迫者的小小慰藉"。

艾斯勒毕竟不是政治家，而更像个梦想家。他希望"为艺术而艺术"，在一个完美的、真正自由的社会里当然会成为自然的功能。遗憾的是，东德并不是这样一个完美社会。当艾斯勒想重新用音乐表现《浮士德》时，他遭到了批评。有人担心他的举动会破坏歌德创造的那个代表了民族精神的艺术形象。当时当局的主要政策是通过回顾民族传统统一思想，和纳粹时期一样，现代艺术依然被看作是颓废的。艾斯勒要开创的"社会主义德国的古典艺术时期"没有引起当局的兴趣。遭到挫败的艾斯勒像个聪明的政治家，对此一言不发，躲到维也纳埋头创作。

艾斯勒最终为布莱希特送葬，其后和他葬于同一墓园。(见《导览》之"布莱希特、魏格尔故居和多罗逊市政公墓")在艾斯勒去世后，他的作品受到更广泛的重视，被重新整理出版，人们还设立了以他名字命名的奖金、合唱节和研究中心，从不同角度看待艾斯勒的音乐理想，并认真对待他在作品中注入的个性、活力和才华。

库尔特·魏尔：“只听音乐，只有音乐”

魏尔

库尔特·尤利安·魏尔（Kurt Julian Weill，1900～1950年）和布莱希特的人生交集虽然只是他一生成就的一部分，在欧洲却是最广为人知的。《三分钱的歌剧》是他和布莱希特合作的巅峰之作。但是两人的搭档关系仅维持了四年左右。魏尔是个彻头彻尾的音乐家，他关心的是艺术本身。在20世纪20年代对德国戏剧革新的看法上，他一度和布莱希特相近，但是他认为音乐是“元素”，不能忍受把音乐当成戏剧的一个“零件”。

魏尔出身于犹太家庭，他的父亲是教堂乐长，得到当地伯爵夫人的资助才得以安身。他们这样的家庭和德国社会的关系既密切又微妙。远离政治而投身他全心热爱的音乐，对魏尔的发展至关重要。目睹了第一次世界大战战败后的动荡，他很冷静地写道：“犹太人将被任何一个受排挤的党派利用。”

青少年时代便显露出音乐才能的魏尔，在家乡德绍接受了初步的音乐教育，当地因为演出瓦格纳的歌剧而被称为“北方的拜罗伊特”。魏尔对舞台的迷恋也可以追溯到在这里观看演出。当他17岁离开家乡时，魏尔已经有了一份相当不错的作品清单。他当时对于未来的憧憬就是：“我多么想有一间自己的小屋，有朝一日不必养家糊口，不必做课堂作业，不必担心征兵，一页接一页地写下去，直到我的脑袋快爆炸为止。只听音乐，只有音乐。”

布莱希特、魏尔和雷尼亚

从视野有限的德绍到达帝国的首都柏林，魏尔像一条鱼游进了属于他的大海。他在柏林高等音乐学校注册，开始系统地学习作曲。但是没等到毕业，他就决定离开，因为“再没有可学的”。在仔细研究了勋伯格的作品后，魏尔非常想成为他的学生。他的请求得到了勋伯格的热情回复，但是魏尔没有艾斯勒幸运。他付不起学费，而且当时他父亲失去了工作，需要他帮助。

后来魏尔很幸运地被当时的著名音乐教育家布索尼收

入大师班。这是个极大的荣誉，是对魏尔才能的肯定。布索尼对待自己的弟子非常尽心。他喜欢魏尔，认真地对待学生的进步，为他提供指导和展露才能的机会。在布索尼的推荐下，魏尔开始接收学生，得以改善经济状况。他的学生中有来自智利的阿劳，他后来成为著名的钢琴演奏家。布索尼还带着魏尔去参加了包豪斯音乐周，斯特拉文斯基的《士兵的故事》在那里进行了第二次演出。新的戏剧和音乐理念对青年魏尔的影响巨大，使他今后的创作很自然地融入 20 世纪 20 年代的现代艺术中。

魏尔对舞台的兴趣促使他的作曲实践向戏剧音乐发展。在首次布索尼大师班学生作品演出中，魏尔的作品被认为“天生的戏剧表达愿望与新的音乐语言融汇在一起”。对于勋伯格无调性体系的研究使魏尔从一开始就致力于创制新的音乐语言，清晰有力地表述对“这个翻天覆地的新生活”的真实感受。不是以“照相的方式”来表达，而是以“镜像的方式”。

在大都市的五光十色中，魏尔的沉稳、勤奋而执着显得与众不同。在厚厚的眼镜后面，他那谨慎而敏锐的目光更像一个神学院的博士。但在内心中，他和所有同龄人一样渴望疯狂的爱情。来自奥地利贫困家庭的女演员洛苔·雷尼亚吸引了他，这场热烈的爱情，时断时续，一直持续到魏尔去世。他很快和雷尼亚结婚，并在写作舞台剧中为她写作角色。雷尼亚的音色“甜蜜、高亢、轻柔、危险、冷静，带有弯月的光芒”，正适合于魏尔那些有些荒诞的、神经质的女主角。幸福的魏尔形容雷尼亚：“我的妻子是个糟糕的家庭主妇，但是个极好的演员。”

就在结婚的同一年，魏尔的独幕歌剧《主角》首演获得成功，他被认为是“最具潜力的才子”。1927 年，魏尔和布莱希特相识。他们都被对方吸引，深信舞台必须革新。柏林演员奥弗里希特决心尝试经营剧院，租下了船坞剧院。他确定了剧院开张的日期，雇用了导演，但手中还没有首演剧本！他问布莱希特有没有作品。布莱希特说起一个古老的英国歌剧，故事很有意思。奥弗里希特立刻抓住这根稻草，要签订合约。布莱希特让伊丽莎白·霍普特曼火速把剧本翻译成德语，然后和魏尔躲到法国开始赶剧本。魏尔一直工作到公演当天下午才完成。大家发现演员表中遗漏了雷尼亚的名字，只得又匆匆加印了一张。

就在乱哄哄的争吵中，诞生了柏林最成功的一部戏剧《三分钱歌剧》。不仅迅速征服了德国剧院，而且影响波及整个欧洲，成为一股“《三分钱歌剧》热”。其中很多片段被改编成了舞曲，街头都可以听到人们吹起剧中“刀子麦基”的旋律。魏尔为这部作品创作的音乐其实是非常奇怪的。他故意错误地使用一些传统音乐和民间乐曲，使它们听上去既熟悉又陌生，似乎要表达什么，又什么也没说。出人意外的，普通观众却完全理解这种疏离的效果，喜欢剧中那种陌生而怪诞的氛围。德国电影公司将这部歌剧搬上了银幕，雷尼亚在电影中扮演女主人公詹妮。电影的放映当时覆盖了欧洲的各个角落。有朋友写信告诉魏尔，在一个奥地利小镇转车时，发现当地电影院正在放映《三分钱歌剧》。德国电影档案馆对这部旧电影进行了修复，使我们今天也可以领略这部轰动一时的歌剧。

《三分钱歌剧》大获成功彻底改变了布莱希特和魏尔的经济状况。他们购买了汽车，住进了现代化的住房。但是，魏尔和布莱希特的私人关系并不亲密。他当然赞同布莱希特的“史诗剧”理论。魏尔认为因为浪漫主义艺术家采用的艺术形式，歌剧像“美食”一样被消费，他立志于戏剧音乐的改革，但仅仅是针对戏剧本身，而不想像布莱希特一样用戏剧去教育观众。

德国发行的纪念魏尔的邮票

纳粹的上台，终结了德国黄金时代喧嚣的现代艺术。魏尔在国会大厦起火之后匆忙逃离。尽管魏尔的戏剧音乐在欧洲很成功，但初到美国，却和许多人一样经历了诸多失望。好在魏尔天性中的进取精神使他从不气馁。他知道自己必须忘记过去的成就，一切从头开始，要创作出美国化的作品，才能站稳脚。为好莱坞的电影作曲虽然可以获得可观的收入，但是他的作品无法创新，而且也得不到重视，魏尔随即将目光转向百老汇。他知道如果想打动美国观众，就要使用美国观众熟悉的题材，符合美国观众的口味，在形式上既要接近美国的本土传统又要有所创新。

魏尔的音乐剧代表作《懵懂小姐》，是美国 20 世纪 40 年代美国最成功的舞台剧，随后的《迷失在命运中》《街景》等也同样受到热烈欢迎。他对美国音乐剧原创语言的贡献逐渐得到承认，经济条件也随之得到改善。就在他去世前，魏尔写信给父母："仿佛经历了 25 年艰难不懈的工作之后，我正面临一个收获时刻，不仅是物质意义上的，也是纯精神的。"一生勤奋努力的魏尔在人生的收获时刻死于美国，年仅 50 岁。

戏剧家

DRAMATIST

布莱希特：一个和我们完全不同的人

布莱希特

贝尔托·布莱希特（Bertolt Brecht，1898～1956 年）很早就对自己的才华非常有信心。他跑去照相，因为自称是“新席勒”，照片要挂到奥格斯堡剧院的名人壁龛中。依照母亲的标准看，儿子是个放荡难驯的问题少年，在最终无法成功管教后，她承认:“他是一个和我们完全不同的人。”17 岁，他就到奥格斯堡兔子巷妓女那里学习“必要的知识”，女性激发他的情欲和灵感。中学毕业之后，他在假期打零工，就开始确定他要当作家。

父亲对儿子的胡闹比较宽容，不过还是希望他找个正经职业。依从父亲的愿望，布莱希特到慕尼黑的路德维希·马克西米连大学哲学系注册了。从一开始他就没想过当好学生，他最有兴趣的还是埋头创作诗歌和写剧本，同时等待他的“死刑判决书”——入伍通知。因为心脏有缺陷，布莱希特被缓征。他立刻去学医学课程，万一被征兵，就可以被派到卫生队。诗人是非常在意自身安全的。他后来到柏林，正好发生卡普政变，他便返回慕尼黑。西班牙内战时很多左翼作家去前线，布莱希特却拒绝和女友一起去。

布莱希特写了《巴尔》一剧，这是他早期很重要的作品。暂时还没人对他的戏剧活动感兴趣，但是他自己并不气馁。在慕尼黑他可以经常去剧院，看小剧场演出或者泡在排练厅研究舞台。最终的结果是这个吊儿郎当的学生被大学除名。

在慕尼黑，布莱希特目睹了纳粹的活动。一开始，他只是觉得很可笑，看到纳粹分子在大街上大嚷大叫，希特勒在集会上装腔作势发表演说，都很有滑稽剧的效果。但是当他的朋友家被袭击，他的剧作上演几场就被迫停演后，布莱希特感到了事情的严重。

布莱希特信奉“多妻”，他总是同时应付几个女人。他和女性的关系已经不只是一个接一个的艳遇，而是他生活方式的重要部分。女友出现怀孕征兆总是让他特别紧张。他的工作是第一位的，女人只是满足一种需求。尽管他知道自己无法承担做父亲的责任，还是在女友怀孕时决定结婚。不过他首先要订下契约。布莱希特后来以和女人订契约闻名，虽然他自己可能并不遵守约定。结婚的条件是：一方面他要保持自身的独立同时享有和其他女人交往的权利，“女人必须默认，某些东西是不能改变的”；另一方面他又要求女人对他绝对忠诚。

作为一个瞬间就可以写出诱人情诗的男人，布莱希特无疑有特殊的魅力。女人凭耳朵选择能说出动听语言的男人作为伴侣，却不能靠耳朵生活。布莱希特的第一个妻子玛丽安娜在生育后，无法安静地照顾她的婴儿，因为剧作家总是会把一堆人突然叫到家里。

纳粹的威胁使布莱希特决定北上，征服柏林。他一上来就毫不掩饰地显示出他的野心，无论对于现实还是艺术的看法都有极强的个人倾向。他利用每一次公开露面的机会，抨击已经占据文坛的那些家伙，同时推销自己的观念。只有少数名作家不在他的攻击之列。他总是观点明确，言辞激烈，从不求和。在他看来，那些高雅的文学都俗不可耐。托马斯·曼是布莱希特最不能忍受的作家，他称托马斯·曼是一个维护资产阶级观点的迂腐可笑的老顽固，他所谓的民主是“浅薄、愚蠢和软弱无力”的。托马斯·曼的《魔山》当时很畅销，这更激起布莱希特的怒火。甚至在纳粹上台后，布莱希特都没有放过一同流亡美国的托马斯·曼。尽管托马斯·曼资助了一些他的流亡同胞，但他还是被年轻一辈看作是“伪善”。“这些浅薄的无赖，他们的靴子从来不穿破，他们的书从来不读完，而且还会把自己的想法忘个精光，而他们居然是世界的希望。”

布莱希特从来不认可柏林这样的大城市。这些遵循丛林法则的水泥城，是资本主义的天堂。他对于灯红酒绿的都市景观没有兴趣，反而认为下层人的粗俗生活更真实、更有趣。在他看来，已有的资产阶级戏剧越来越模式化。新的戏剧必须表现资本主义的衰亡，表现历史进程。在参加了马克思主义学习小组后，布莱希特开始将政治理论贯穿到他对新型戏剧的探索中，但是布莱希特从不参加任何政治组织。他并不把他所学到的理论作为一种支持自己的世界观，而只是作为可以使他的戏剧更深刻的依据。所以尽管他在作品中强调政治含义，但并不会放弃艺术性。和以艺术作为宣传手段的政治家不同，从本质上来说，布莱希特是个艺术家，只是他追求的艺术带有极强的政治性。所以他的作品也不会因为政治气候的变化而消失。他本人则是作为一个戏剧人，因为其独特的戏剧观念和实践以及犀利的才华而进入当代戏剧史的。

为了实现他的戏剧效果，布莱希特顽强地和所有人搏斗。他的每次戏剧活动都要弄得剧院鸡飞狗跳，吵作一团。布莱希特总是要争取主动权，把舞台控制在自己手中。他不是出资方，不拥有剧院，有时甚至没有被邀请参与舞台创作，而只是一个剧本作者，但是却总要跳出来在挑选演员、指导演出、布置舞台、灯光效果等所有方面发号施令。他的奇思妙想总是能征服一些同行，使他们听命于他，臣服于他的才能，成为他的拥护者。但是对于戏剧观点不一致，或者不具备欣赏布莱希特的才能的人，布莱希特就是

布莱希特

个暴君加无赖。布莱希特最不害怕的就是争吵、攻击和谩骂。

在他和魏尔合作的《三分钱的歌剧》演出前（见《人物》之“库尔特·魏尔”），所有人的神经都绷到了极点。只要有可能，大家就发脾气，摔东西，威胁要退出剧组。布莱希特则坚持让一匹真马走上舞台，否则就不上演。但是这些争执和麻烦都很快被遗忘了。《三分钱的歌剧》在柏林获得巨大成功，几乎上演了一年之久。布莱希特的成名不仅因为他的这部剧，还因为他在演出成功之后一直在反驳各种攻击。无论左翼还是右翼的评论家都不喜欢这个剧。他们对它的围攻，反而使演出更受人关注。而布莱希特因此也锻炼出更纯熟的“对骂”技巧。他从不吝啬他的尖酸刻薄。一个“堕落的、有才华的、走歪门邪道的”戏剧家因此在柏林诞生。

不过成功并没有解决布莱希特的经济困境。他同玛丽安娜离了婚，和新的女友海伦娜·魏格尔在一起，要养活三个孩子：和前妻生的两个孩子以及和魏格尔所生的儿子。所以他必须不停地写作，并寻找被雇的机会。当他决定和魏格尔结婚后，一直作为他的秘书、尽一切努力帮助他的伊丽莎白·霍普特曼差点自杀。

布莱希特提出“教育剧”的概念，即通过观众在演出中的参与对普通大众进行教育。在魏玛共和国实行的民主中，各种新的理论都有实践的机会，而不会被政权干预。布莱希特享受着这种混乱的活跃，却对共和国采取攻击的态度。他只信奉马克思主义理论，相信苏维埃模式将使德国获得拯救。奇怪的是，布莱希特自己最突出的价值就是他与众不同的才华和个性。在研究马克思主义理论后，他却认为人的个性在集体化中消失是积极进步的。他希望社会因此获得前进的动力。在个性消失之后，他还算什么呢？布莱希特似乎从来没有意识到他身上的矛盾，或意识到而没有表露。

纳粹登台了。布莱希特是纯种雅利安人，但海伦娜·魏格尔是犹太人，这个理由足以使他们逃亡，何况布莱希特是众所周知的马克思主义者。国会纵火案的第二天清晨，他们一家离开了柏林。布莱希特在北欧偏僻的小岛上逗留了很长时间，来往于巴黎、苏黎世和他的隐居地之间。布莱希特一直不忍离开欧洲，他希望在使用德语的地方还能找到用武之地。当时欧洲到处是从德国流亡的以及自愿帮助他们的人，布莱希特过得很安逸，但他把这看成是背叛。他受不了没有舞台、没有对手的生活。他不喜欢托马斯·曼、斯蒂芬·茨威格、艾米尔·路德维希这些作品销路很好的作家，在流亡时还出席社交场合，追求安逸“正常”的资产阶级生活。在一群知识分子当中，布莱希特总是显示甚至炫耀他的“极端性”，尖锐、不妥协，顺带攻击别人。

《三分钱的歌剧》在柏林首演的海报

流亡中，他从女友身上得到了安慰和事业上帮助。年轻时，布莱希特从不对女人说爱，他只是从她们身

BERLIN

上换取他的需要。但在离开德国后，他非常认真地对待和女友的关系。

纳粹德国在欧洲的扩张最终使布莱希特夹杂在人流中抵达美国。这样一个人跑到好莱坞，会产生强烈而有趣的戏剧效果。作为剧作家，布莱希特在好莱坞无人问津。这里有的是比他更善于写剧本的人。戏剧只是挣钱的手段，任何东西都可以出售，都是用钱来衡量的。“永远只是买者和卖者，甚至要把尿出售给男厕所。”他和弗兰茨·朗合作的一部片子，最后竟因为著作署名问题投诉到好莱坞作家协会仲裁法庭。布莱希特在美国的六年期间写过 50 多个电影构思，只有一个被顺利卖掉。

在美国时布莱希特到唐人街观看戏曲演出，美国的多元文化总算对布莱希特有点吸引力。布莱希特总是在房间中悬挂中国水墨画，还研究中国古代的哲学思想，以自己的角度阐释墨子。他利用中国戏曲和传说写了《四川好人》《高加索灰阑记》以及《图兰朵或开脱罪责大会》。通过这些中国人物和故事框架，来表达他自己想说的。

布莱希特在美国的最后一幕是被传唤到非美活动调查委员会接受审讯。布莱希特没有参加过任何共产主义组织，这使他很容易为自己辩护。他强调自己只是作家，而且没有参与过任何不利于美国的活动。在关键时候，他总是知道如何规避麻烦，这种态度当然也使他的一些朋友失望。但布莱希特认为自己还有更重要的事去做：回到他的德国舞台。

布莱希特选择在柏林的苏占区定居。他是知名的共产主义者，但他的处境并没因此更顺畅。这一点他是知道的。他总强调自己是有独立思考的人，自然会让当局很不舒服。布莱希特为成立自己的剧团四处奔走，柏林剧团才得以诞生。他和艾斯勒想将《浮士德》搬上舞台，当然是按照他们的设想重新阐释，这和当局希望利用古典文化稳定局势的想法冲突，计划只能流产。1953 年 6 月 17 日，东柏林工人抗议增加生产配额的示威活动遭到坦克阻拦。（见《导览》之“蒂尔加滕公园·6 月 17 日大道”）布莱希特的表态前后矛盾，他觉得周围的现实让他越来越陌生。

1956 年布莱希特去世后，葬在他窗外的市政公墓，他的妻子和两个女友、艾斯勒以及一些和他一起奋斗、争吵过的朋友也葬在那里。（见《导览》之“布莱希特、魏格尔故居和多罗逊市政公墓”）

电影人

FILM PERSON

UNDER THE WINGS OF GREEN ANGEL

瑞芬斯塔尔：为谎言工作，也不会有诚实的生活

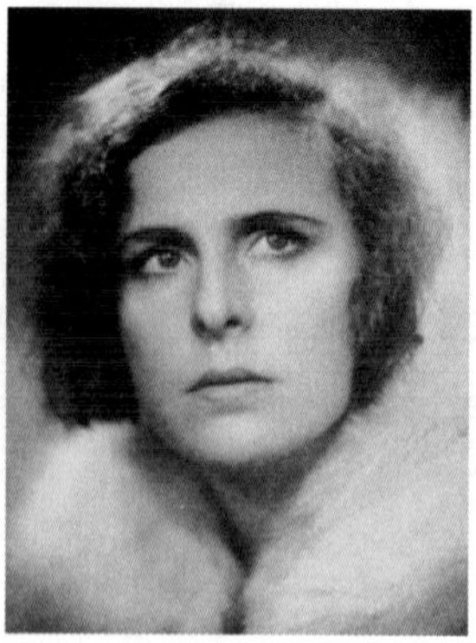
瑞芬斯塔尔

莱妮·瑞芬斯塔尔（Leni Riefenstahl，1902～2003年）出生在柏林的廉价工人住宅区。她一生都在争取她出身的那个阶层不可能给予她的：财富、权力和名誉。为此不惜一切代价，可以使用任何手段。这种类型的女性在任何时代的历史中都有极端的代表人物。在男性处于控制地位的社会中，她们凭借的大都是两个方面：美貌和才能。瑞芬斯塔尔虽然不算美貌出众，但年轻时也光彩照人。她知道自己比很多人都有才能，也知道利用每一个机会发挥它。瑞芬斯塔尔因此在20世纪三四十年代德国那段不光彩历史中登峰造极，成为"时势造英雄"的一个另类注解。

在瑞芬斯塔尔出生时，柏林的廉价工人住宅区婴儿的死亡率高达百分之四十二。我们可以在珂勒惠支（见《导览》之"珂勒惠支纪念馆"和《人物》之"珂勒惠支"）的版画中感受贫困造成的凄凉生活状态。瑞芬斯塔尔的外祖母很可能是犹太人，她是丈夫的第二个妻子。在第三帝国时，为了证明自己血统的纯正，瑞芬斯塔尔把外祖父的第一个妻子写成自己的亲外祖母。但她总是树敌甚众，尤其是在备受希特勒恩宠的时候，人们对她是犹太人的说法议论纷纷。在纳粹德国覆灭之后，瑞芬斯塔尔说，帝国宣传部长戈培尔有意散布这个谣言攻击她。瑞芬斯塔尔想以此证明她和纳粹的关系并不亲密。但是1989年德国统一之后，戈培尔的日记被全部公布，清晰地记录了纳粹政府支付给瑞芬斯塔尔的制片公司的每一笔钱。

瑞芬斯塔尔的母亲曾经希望登台表演，当她得知怀孕后，便祈祷能生下个漂亮的女孩，帮她完成梦想。瑞芬斯塔尔靓丽的外表没有辜负她（除了有一点点对眼），而且她还具有早熟而聪慧的大脑。瑞芬斯塔尔的父亲很专制，他不允许自己的女儿去出风头，要让女儿将来做个贤妻良母。这和瑞芬斯塔尔的天性相差太大，几乎没有成功的可能性。于是母女俩成了同谋，瑞芬斯塔尔偷偷去学舞蹈，得到妈妈的赞助和掩护。瑞芬斯塔尔和母亲的友谊保持到母亲去世。母亲是瑞芬斯塔尔最忠诚的朋友（很可能也是唯一的朋友），因为母亲只给予她爱，而不求任何回报。

其他对瑞芬斯塔尔有过帮助，或者和她合作、为她工作、甚至生活在一起的人，瑞芬斯塔尔对他

们到底有多少感情就比较难说了。第一个发现瑞芬斯塔尔、对她帮助最大的是范克博士，但是后来瑞芬斯塔尔和他变成不共戴天的仇人。这样的例子，在瑞芬斯塔尔一生中真是不胜枚举。瑞芬斯塔尔表演时伤了膝盖，结束了她的舞蹈生涯。此时她看到范克博士导演的高山电影《命运山脉》，立刻被迷住了。（见《导览》之“电影电视博物馆”）直觉告诉瑞芬斯塔尔，电影代表了时代发展趋势，她会大有作为。她在回忆录中说，自己捏着电话号码便去找范克。从范克家出来就决定冒险用一种从未使用过的外科手术技术来治疗膝盖，以便能出演范克的下一部高山电影《圣山》。但是瑞芬斯塔尔在回忆录中有很多充满戏剧性场景，都被其他当事人否定了。瑞芬斯塔尔习惯性说谎，而且从不害怕被揭穿。谎言给她造成了很多麻烦，当然也有更多的便利，所以她更不忌惮，任何编造的事总能脱口而出。

瑞芬斯塔尔很快抛下她以前的情人兼赞助者，成为范克的情人，但同时对剧组中另外的三个男子也毫不掩饰地显露出兴趣。范克为此痛苦，但瑞芬斯塔尔根本不在乎。她知道如何从范克手中得到她想要的，知道如何在施展女性魅力的同时流下令人同情的眼泪。范克欣赏她，不仅因为他们同样痴迷于电影，也因为瑞芬斯塔尔肯于为电影付出一切。为了拍摄，她必须学习滑雪，结果折断了脚上的多块骨头，但她坚持把戏拍完。在冰峰上拍摄，她的手指、脚趾也都冻伤了。为了电影，瑞芬斯塔尔毫无怨言。更大的收获是，当范克不在时，瑞芬斯塔尔尝试了自己导演自己的演出。

范克当然不满，但在瑞芬斯塔尔找到新的情人代替他之前，依然对瑞芬斯塔尔进行指导。因为瑞芬斯塔尔已经对电影着了魔，她不仅要当演员，更尝试成为编剧、导演和制片。范克告诉她，每一个镜头必须都要超出平庸，最重要的就是不落俗套，用完全新鲜的眼光看待每一个事物。高山电影采用实景拍摄，镜头追求纯洁而朦胧的美感，充斥着对自然的极度崇拜，也不可避免地追求矫揉造作的情调。瑞芬斯塔尔是勤奋而有艺术天分的学生，在她随后的重要影片中，她都在力图创新，同时也痴迷于宏大的场面，以此来制造虚幻的精神力量。

当瑞芬斯塔尔读到希特勒的自传《我的奋斗》后，她称自己立刻被征服了，一定要去拜见她的新偶像。她承认自己和这本在别人看来“每一页都体现出疯狂的自私自利和极端地泯灭人性”的书具有相同的价值观。而希特勒显然也看到了这位女电影人在纳粹宣传中具有的潜在价值。戈培尔在其日记中更是对瑞芬斯塔尔赞不绝口，称她是“所有那些明星中唯一能理解我们的人”。瑞芬斯塔尔和其他纳粹高层也交往甚密，在社交上和职场上都相处愉快。虽然瑞芬斯塔尔在战后一直试图否认，但没有纳粹的巨额资金和一路放行的特殊政策，瑞芬斯塔尔是绝对不可能达到她事业的顶峰的。

瑞芬斯塔尔和希特勒

1933 年纳粹在纽伦堡举行国会大会，这是希特勒掌权后第一次此类重大集会。瑞芬斯塔尔受命为此次活动拍摄电影。这是她“纳粹三部曲”的第一部，也是她在帝国舞台第一次正式亮相。纳粹党是德国唯一一个不允许女性成为议员的政党，而瑞芬斯塔尔要在这个绝对的男性世界中争得一席之地。除了希特勒的绝对支持外，她也必须拿出本事来证明自己。

瑞芬斯塔尔很快让所有合作者认识到，她是全盘掌控者，是说一不二的女导演和制片人。戈培尔对瑞芬斯塔尔的本性非常了解，他从一开始就担心瑞芬斯塔尔会给大家带来麻烦。事实的确如他的预料，瑞芬斯塔尔一到场就和电影部的人因为设备、人力及摄像机的摆放等产生冲突。但是希特勒最信任的建筑设计师施佩尔支持瑞芬斯塔尔，他和瑞芬斯塔尔一样陶醉于宏大的场面所构成的法西斯美学，他们都是希特勒的极端崇拜者。这部名为《信仰的胜利》的影片尽管只是瑞芬斯塔尔的小试锋芒，其中有很多技术上不成熟的痕迹，但却使瑞芬斯塔尔从一个演技平平的女明星上升为帝国的女艺术家。

不过该片很快被从发行环节上撤下来了。因为冲锋队被清洗（见《人物》之“希特勒”），而片中总是有罗姆和希特勒像亲密战友一样在一起的镜头。1935 年瑞芬斯塔尔再次投入纽伦堡集会的拍摄中。她战后说，自己是被强迫去拍摄的，她只花了六天时间完成影片，而六天其实是拍摄会议的时间。之后，她花了一年时间做后期制作。而且瑞芬斯塔尔使尽浑身解数来完成这部“雄壮的史诗”。为了取得多个拍摄角度，她在屋顶上、从一人深的壕沟里和消防云梯上架设摄影机，还让员工穿上溜冰鞋，便于移动拍摄。即使今天再观看这部《意志的胜利》，也会赞叹瑞芬斯塔尔对拍摄场景的精心设计。后世的电影人也的确从瑞芬斯塔尔的作品中看到了创新，并加以应用。仅仅从拍摄手法来说，直到现在都被看作是一部杰作。不过，即便不和纳粹其后令人毛骨悚人的罪行联系起来，只看看片中那些狂热的手势、整齐划一的动作、望不到边的旗帜、对战争力量的渲染和希特勒等纳粹党徒疯狂的煽动就会令人浑身不舒服。其中可怖的政治意味，不可能出自一个不懂政治的导演之手——而瑞芬斯塔尔在战后一直这样为自己辩解。

《意志的胜利》首映时，她的元首到场给她献花，影片上映三周，有十万观众涌入柏林动物园电影宫观看。报纸以头条歌颂电影是“纳粹党的灵魂”“我们有生以来看过的最好的电影”。此时的瑞芬斯塔尔仅仅 32 岁，已经创立了一种“新英雄主义”电影范式。更重要的是职业满足感激起了瑞芬斯塔尔更大的野心，她知道自己的天赋还能拍出更棒的作品。

1936 年的柏林奥运会的宣传被列入纳粹党向全世界展示第三帝国的形象工程。瑞芬斯塔尔获得这个拍摄任务应当是非常自豪的，成功拍摄这部影片，毫无疑问将给她带来世界声誉。瑞芬斯塔尔至死都说她没有得到帝国的资助，但是戈培尔在日记中写道：“她是个聪明的女人，她知道自己想要什么。……她得到了合同，交易额是 150 万马克，她欣喜若狂。”但是因为帝国不希望公众知道到底谁是这部片子的真正的老板，一开始便对资金监管不力，以致拍摄结束时，瑞芬斯塔尔已经花掉了预算的五分之四，剩下的钱显然不够未来一年半的后期制作。

超支的原因有是多方面的。瑞芬斯塔尔为了拍摄到最佳素材，雇用了 45 名摄影师，从任何一个可能想到的角度拍摄所有可以拍摄的东西。超常的胶片使用昂贵，摄影器材也需要巨大的开支，各种

瑞芬斯塔尔在拍摄

摄影机，从拍摄慢镜头的摄影机，到为了偷拍观众和元首表情的最小的摄影机。摄影机被装在飞船、轻型飞机和飘动的气球上，自动摄影机被隐藏在马鞍上、跑道旁的壕沟里。无限制的拍摄带来的是成堆的胶片素材，也正因此，我们看到这部《奥林匹亚》表现运动会的各个场景和赛事时才会觉得如此生动。

在片子开始时瑞芬斯塔尔打算放一段从希腊引领火炬到德国的镜头，她在希腊街头发现了一个英俊的青年，让他扮演点火仪式的运动员。她把他带回柏林，成为自己的一个情人。同时在赛场上，在十万观众面前，她还和美国十项全能金牌运动员相拥而吻。瑞芬斯塔尔私人生活方面的费用也算入了影片的制作费。虽然纳粹极力支持她的拍摄，但毕竟资金来自纳税人，在显示出“数目惊人的犯罪后”，戈培尔指责账目“肮脏混乱”，冻结了瑞芬斯塔尔的资金。瑞芬斯塔尔采用的策略是痛哭流涕，直到希特勒把这部电影的监管权从戈培尔手中转到他的助手赫斯手里，瑞芬斯塔尔不仅没有因资金管理混乱而受指责，反而获得了 50 万马克的追加费用。瑞芬斯塔尔的一个合作者说：“毕竟，她是一名演员。凭借精明、诱骗和哭泣达到自己的目的。”她的传记作者称：“历史上从未有哪个导演能够享有如此毫无限制的保护和如此奢侈的资源。”但这也是瑞芬斯塔尔在战后一直否认的。

在战争中，瑞芬斯塔尔有两个很不光彩的经历。虽然她一直否认，为此用于诉讼和争辩的时间多于拍摄电影的时间，但随着越来越多的证据被发现，没有人会轻易相信瑞芬斯塔尔的话了。一件事是，她和摄制组被派往波兰的康斯基，目睹了德军为报复游击队而杀害镇上的平民。但是瑞芬斯塔尔在回忆录中说，在波兰，她没有见过一具尸体，无论是士兵的还是平民的。但是当时的摄影记者却拍下了她在屠杀枪响时脸部因恐惧而变形的照片。

另外一件事是拍摄电影《低地》时，她征用了被关押在马赞居留营中的吉卜赛人充当群众演员。电影在看守营地的党卫军指挥官的监视下拍摄，参加演出的这些人后来被送往集中营，只有少数生还。生还者后来回忆说，他们曾向瑞芬斯塔尔求助，但没有回音。而瑞芬斯塔尔自己的版本非常奇特，她完全否认自己去过居留营，她说演员都是助手挑选的，她自己不知情，也不知道他们将被杀害。她说她在战后见到的所有吉卜赛人“都把拍摄经历看作是生命中最美好的时光”。

这也是瑞芬斯塔尔在战后的审查中一贯采取的策略。她夸大自己在战争中的苦难，尽管她曾是那个体制的受益者，却总显出无辜。在短期的监禁之后。瑞芬斯塔尔被释放了，她想的是，要再造事业的辉煌。

在 70 岁时，瑞芬斯塔尔隐瞒了实际年龄参加潜水学校的课程，成为世界上年龄最大的潜水执照拥有者，并拍摄了水下影片。只是由于犹太组织的抗议，她才没有出现在大城市电影节的聚光灯下。

在 101 岁生日后不久，瑞芬斯塔尔终于因死亡而解脱了。世界也因此从她的谎言中解脱了。正如有人对她的评价：“为谎言工作，也不会有诚实的生活。”

科学家

SCIENTIST

爱因斯坦："终极智慧"的化身

爱因斯坦

阿尔伯特·爱因斯坦（Albert Einstein，1879～1955年）生于德国巴伐利亚的乌尔姆，也是在柏林时获得他人生的最高声誉。但爱因斯坦对德国少有赞美之词。还是个十一二岁的少年时，他就开始怀疑人们对他的灌输。宗教虽然可以带来安全感和精神慰藉，但是他发现《圣经》里的故事是违背科学的，不可能发生。从此爱因斯坦就被另一种力量吸引，将目光投向一个更广阔的外在世界。在他晚年的自传中，爱因斯坦对他一生都在探索的这个独立于人类而存在的世界依然充满激情："它在我们面前就像一个伟大而永恒的谜……对这个世界的凝视沉思，就像得到解放一样吸引我们……许多我所尊敬和钦佩的人，在专心从事这项事业中，找到了内心的自由和安宁。"

但是当时的德国教育并不鼓励孩子具有独立的探索精神。小爱因斯坦觉得德国学校的生活令人窒息。崇拜权威，强调服从，加上军国主义氛围不仅普遍存在于德国的社会生活，而且也渗透进了学校的教育思想。16岁时，爱因斯坦一家迁到米兰，将他一人留在德国上学。爱因斯坦竟逃离学校，独自跑去寻找父母，而且决意不再回德国。对于德国精神中一些气质的拒斥伴随了他一生，不仅使爱因斯坦不久后放弃了德国国籍，更在他所厌恶的极权和狂热达到高潮的20世纪30年代，促使爱因斯坦永久逃离了德国。

爱因斯坦被安排到瑞士继续就学后，在大学认识了来自塞尔维亚的聪慧的女同学米列娃·马丽奇。尽管家里反对，爱因斯坦最终还是同她结婚了。爱因斯坦后来的成就使他获得神一样的追捧，但是这段婚姻却是他履历上并不那么完美一段。在婚前，米列娃生有一女，被送到别人家寄养，之后就再也没有消息。爱因斯坦大学毕业后，有一年多的时间没有找到正式工作，但是他依然成果不断，继续发表论文。

在那个时代，能够进入大学学习物理的女性是非常少见的，必须具有相当的才能。但是在和爱因斯坦相爱、经历了生育和一段贫寒的生活之后，米列娃在学业上的进展并不顺利。结婚一年后，他们的长子出生。之后，在被称为"爱因斯坦奇迹年"的1905年，爱因斯坦连续发表了四篇非常有创见的论文，包括创建相对论，开创了物理学的新纪元，同时也奠定了他在学界的声望。直到1914年，爱因斯坦受聘到柏林工作，他和米列娃关系基本破裂的这九年间，爱因斯坦一直成绩斐然。而米列娃后来又生有次子爱德华，且孩子后来患有精神疾病。

爱因斯坦与米列娃的合影

爱因斯坦和妻儿在瑞士时，并没有帮助米列娃争取职位。米列娃在忙完家务、照顾丈夫和孩子之后还要研究数学问题到深夜，渐渐力不从心，健康也出现问题。爱因斯坦用情不专，对整日操劳的妻子也是个打击。爱因斯坦后来说米列娃丑陋，显然不符合事实，只是给自己移情别恋找借口而已。不如意挫败了米列娃曾经不甘人后的心气，性情也不会像恋爱时那么温柔。家庭争吵成为必然。两个强者组合家庭，要兼顾生活又要发展事业，这样的婚姻极难如意，最终导致破裂。爱因斯坦对此无能为力。但是他在患病的次子爱德华的养育上则显出不可思议的冷漠。由于父母不和，爱德华四岁后便很少见到父亲，在他22岁被送到精神病院后不久，爱因斯坦就再也没有去看过他。不过，也不能就此说爱因斯坦不顾亲情。当爱因斯坦的妹妹玛雅老年中风后，他坚持每晚给她读书解闷。

爱因斯坦与艾尔莎的合影

UNDER THE WINGS OF GREEN ANGEL

1914年，35岁的爱因斯坦受聘为正在筹建中的柏林威廉皇帝物理研究所所长兼柏林大学教授。这是个颇有诱惑力的职位，因为没有教学任务，可以专心研究。此时柏林不仅是普鲁士的重镇，也是帝国的首都，开始成为急剧膨胀的大都市。对爱因斯坦来说，这里是普鲁士乃至德国的物理学中心，非常有助于他的事业发展。同时，就个人生活而言，他也可以接近他的表姐艾尔莎（Elsa Einstein），两人的恋情已经不是秘密。两人在爱因斯坦与米列娃离婚后，结为连理。

艾尔莎和米列娃最大的区别是，她完全不懂科学，是个很生活化的女性。这正是爱因斯坦最需要的，他患有胃病，非常需要身边有个不计回报、专心侍候的温情女子。而且虽然感到痛苦，艾尔莎不是个性很强的人，对爱因斯坦很依赖，能分享丈夫的荣誉已属幸事，因此只好容忍爱因斯坦不时拈花惹草的行为。所以有成就的人其实都是很自私的，一定要周围人为他做出牺牲。

在柏林，爱因斯坦继续相对论的研究。1919年英国天文学家考察团通过日食观测，证明了爱因斯坦的广义相对论理论是正确的。这项“人类思想的伟大成就”拓展了时间和空间概念，也改变了人类对外部世界乃至宇宙的看法。爱因斯坦一下子成为轰动世界的新闻人物。在“一战”之后，人们需要新的英雄形象，爱因斯坦以其波希米亚人的外貌、绅士风度及富有幽默的个性和强烈的反战精神，成为最适合的人选。波茨坦的爱因斯坦塔正是建于此时。

除了对物理学的贡献，爱因斯坦还因积极参加反战组织，呼吁保障人权而广为人知。这也不可避免地带来敌意，尤其是德国是第一次世界大战的发起者。这场战争荒唐透顶，把全欧洲变成了屠宰士兵的战场。而在德国，不仅威廉皇帝和他的宫廷沉迷于胜利神话，连大多数知识分子都和政府保持着好战的论调，更别说盲从的群众“无法无天的狂热”。爱因斯坦一贯讨厌柏林的粗俗气氛，军人不仅在大街上耀武扬威，也左右着这个国家的决策。热爱自由是爱因斯坦的天性，对一个穷兵黩武的国家他有着天生的反感。

1922 年德国外交部长拉特瑙被暗杀。他虽然是犹太人，却一直极力效忠德国政权，为了减低德国“一战”失败的赔款竭尽全力，但是依然下场悲惨。爱因斯坦作为拉特瑙的挚友，立即公开谴责。而同为犹太人的爱因斯坦也一直感受到威胁。有人写下册子，号召直接射杀他。在反爱因斯坦晚会上，一个学生高喊:“勒死那个犹太人。”第二年，爱因斯坦荣获诺贝尔奖，德国媒体并不全是友好的态度，有人造谣说他去了苏联，投靠共产党。

爱因斯坦利用他的名望和污蔑抗争。他也和法国作家罗曼・罗兰、巴比塞、印度的甘地一起签署宣言反对义务兵役制，反对法西斯，呼吁裁军，等等。仅就中国的问题，爱因斯坦就数次表态。1932 年，日军入侵东北三省，爱因斯坦呼吁对日本实行经济制裁。陈独秀在上海被捕，爱因斯坦联合英国哲学家罗素、美国哲学家杜威等致电蒋介石，要求释放陈独秀。虽然就实际效果而言，爱因斯坦一般只做表态陈述，而很少参与具体的组织性工作。另外，他也总是以理想主义的观念来衡量问题，只看他想看的方面，看不到政治问题的复杂性，用我们的话说就是书生气。但这也需要极大的勇气，在大是大非上敢于阐明立场的人，一定有坚定的信念。爱因斯坦对于人道主义、民主自由、公理正义的捍卫发自内心，从不动摇。

1933 年，德国纳粹上台。爱因斯坦的家遭到查抄，幸而他在比利时受到国王的保护。纳粹以两万马克悬赏爱因斯坦的头。爱因斯坦一家星夜渡海，永远离开了德国。

“二战”中欧洲一批优秀的物理学家到达美国，爱因斯坦是其中最具名望的一个。美国普林斯顿高等学术研究院的聘任使他在美国得以安度晚年，直至去世。这个长着狮子鬃毛一样银发的老人此时已被公众看作“终极智慧”的化身，需要帮助的人们经常到他那里试试运气。爱因斯坦努力帮助欧洲科学家在美国找到安身之地，尤其是犹太人。他极力支持犹太复国，并为希伯来大学募捐经费。但是当他被提名为以色列第二任总统时，爱因斯坦聪明地婉拒了。他当然知道自己不具备从政的经验和能力。

爱因斯坦晚年中一件毁誉参半的事，是致信美国总统罗斯福，提请他注意德国已经在研制原子弹，美国应当抢在德国前面。这封信很快奏效，美国设立专门委员会实验核武器。因为爱因斯坦的背景复杂，美国政府并没有请他参与具体工作，但是一般人依然把他称为“原子弹之父”。但是“二战”中，美国使用原子弹给日本平民造成的巨大伤害，使爱因斯坦感到痛苦。在生命的最后十年，他不遗余力地倡导国际合作制止战争。在他看来,科学技术的应用可以改变人类的状况,也可以威胁到人类的存在。他认为科学家有责任让公众知道核武器的威胁。他和罗素签署了核裁军宣言。虽然到如今半个多世纪过去了，核威胁至今仍在笼罩，但是爱因斯坦为在当代世界格局中知识分子参与世界舆论，制衡各方政治势力创制了一个良好的传统。

爱因斯坦在遗嘱中，将自己的全部个人手稿及知识产权捐助给了以色列希伯来大学。

考古学家

ARCHAEOLOGIST

谢里曼：有卓越贡献的说谎者

德国分别于 1972 年和 1990 年发行的纪念谢里曼的邮票

伟大的成就都是有欠缺的。海因里希·谢里曼（Heinrich Schilemann，1822 ～ 1890 年）的名字尽管已经被牢牢镌刻在欧洲考古史上，只要提到近现代对古希腊的发掘就绕不过他，但是依然有很多人说他是个骗子，或至少是个喜欢吹牛的家伙。当然没有人会否认是谢里曼第一个发现了特洛伊，是第一个依据《荷马史诗》的描绘寻找这个古希腊战争遗迹的人，并以此大大推进了欧洲对自身文明的认识。但是他的成就中总是有些影影绰绰的、不真实的东西混杂其中，有些是因为时代的局限，有些则是他有意为之。谢里曼不是个完人，他非常在乎名誉，有时不惜作假，这个缺陷使人们在欣赏他留下的辉煌遗产时总是带着遗憾。

不过谢里曼的卓越才能也是无可否认的。他极其聪慧，和许多对我们的历史进程产生巨大影响的人物一样，从小就表现出天赋。他在幼年发蒙阶段就对语言表现出兴趣。然而命运无情，他的父亲原是牧师，因为被怀疑侵吞教会财产而被解职，全家一下子落入贫困。谢里曼因此辍学，开始了地位卑贱的青年时代。

他在一家小杂货店里当徒工，每日只为生计挣扎。眼看着离文明的生活越来越远了，一个和他没有任何瓜葛、却会影响他一生的人，在一个傍晚走进了一家酒馆。此人是个因不守校规被开除的学生，已经沦落为酒鬼。

三杯酒下肚后，他开始背诵《荷马史诗》。谢里曼被他那抑扬顿挫的语调吸引，虽然他一个字也听不懂，却掏出所有的钱为酒鬼买了酒，让他反复背诵。谢里曼后来说，当晚他就决心将来一定要学习希腊语。

但是每天干杂活，又怎么能学习呢。年轻的谢里曼为此苦恼时，终于参透了人类社会的秘密：只要有名有利，他就什么都可以干了。谢里曼发誓一定要干出名堂来。他几乎是身无分文地离开家乡——德国北部的梅克伦堡。在去美洲的途中，遇到风暴，船沉没了，他漂到荷兰海岸后获救。谢里曼在此表现出了惊人的才能。他首先自学了规范的德语，然后学习了和德语有亲缘关系的荷兰语，接着是英语、法语、西班牙语、葡萄牙语和意大利语。开始时他勒紧裤腰带，把收入的一半用来学习。即便如此，他也交不起学费。他发现阿姆斯特丹的英国教堂是学英语的好地方，跟着教士小声重复，不就可以学会英文发音了吗？然后回家大声朗读，练习写散文，背诵名篇。

依靠一套独特的自学方法，谢里曼一共学会了 18 种语言。他一生四处为家，有时是为了寻找财富，有时是旅行冒险，他到一个地方就努力学习当地语言，以便和当地人沟通（主要是讨价还价），同时也用这种语言记笔记。1844 年，22 岁的谢里曼学会了俄语，命运出现转机。因为能熟练使用俄语，他受到一个俄国商人的信任，开始代理荷兰和俄国之间的贸易。谢里曼第二种才能很快显现出来：他是个商业天才。他有很好的直觉，不仅善于收集信息、把握时机，而且出手大胆。很快谢里曼便脱离老板的控制，自己成立公司，在多国间买进卖出，交易额迅速上升。

28 岁时，谢里曼已是腰缠万贯，他到美洲继续打拼。财富继续为他不停地下着金蛋，但是谢里曼却始终觉得孤寂，一方面看到商机，他就忍不住要出手，另一方面，又感到厌倦，觉得再也不想和没文化的同行打交道了。就这样，在矛盾中，谢里曼又当了十年商人。在 41 岁时，终于金盆洗手，放弃了经商。

多年来，谢里曼经常把读《荷马史诗》当作消遣。当他听说，真的有个地方长久以来被认为是特洛伊，而那里的环境与史诗中的描绘一致时，谢里曼立刻雇了当地民工开始挖掘。

谢里曼对发掘非常狂热，他反复阅读关于特洛伊的描写，用实际勘测去对应。他坚信自己的直觉。但是发掘并不顺利。在干旱多风的地中海东岸，谢里曼和他的工人们冬天忍受着荒野的寒风和夏季的酷热，发掘了三年，的确发现了一些遗迹，而且显然好几个时代的人类都曾在此筑城，到底哪一个是荷马笔下的特洛伊呢？

在困惑中，谢里曼决定收兵。但就在此时，奇迹出现了。他在散步时发现地上有隐约发亮的东西。聪明的谢里曼立刻把工人们打发走，独自挖掘。他发现了数量很大的金银器具和饰品。精明的商人本能使他迅速把它们运出土耳其，并向全世界宣告，他发现了特洛伊的财宝，一定是希腊人攻陷城池后，特洛伊人逃离时埋藏起来的——虽然还没有科学鉴定，谢里曼就急忙定论。这使他立刻遭受到专业学者的攻击。来自他的祖国——德国的围攻最剧烈。谢里曼则坚决回击，财宝的存在就证明他是对的，特洛伊之战是史实，荷马史诗是有根据的。而英国、俄国、美国的大众对谢里曼的说法表示了极大的兴趣，至少不是恶毒的攻击。

由于对希腊的热爱，在和第一位夫人离异后，他决心要娶希腊女人为妻。47 岁时他娶了 17 岁

索菲亚戴着在特洛伊发现的金饰，像希腊传说中的海伦一样美丽

的索菲亚。他要在四年时间里教会她四种语言，这样她才能算合格的妻子。谢里曼将在特洛伊发现的金饰戴在索菲亚头上，这个像海伦一样漂亮的女子形象由此成为特洛伊故事的标识，为全世界所熟知。为了使他的发掘更传奇，谢里曼编造了一个美丽的故事，说索菲亚是他的幸运女神，发掘特洛伊财宝时，索菲亚用披肩包裹着金银首饰带离了现场。但是后来的证据表明，索菲亚当时并不在特洛伊。

成功大大激励着谢里曼的想象力，他要在希腊继续挖掘，为特洛伊遗址寻找更多的证据。在迈锡尼，好运再次降临。他挖出了五个墓葬，与荷马的叙述吻合。他确认一具戴面具的遗骸就是带领大军攻击特洛伊的阿伽门农。传说中的英雄竟然就在眼前，谢里曼激动地亲吻了他。然后向世界宣告他的又一次胜利。和上一次不同，希腊政府明确规定谢里曼不能将迈锡尼的财富带走。

被谢里曼误认为盖在阿伽门农遗骸上的面具

德国医生维尔和是为数很少的、和谢里曼建立了真正友谊的德国人。两人都步入高龄，为了唤起谢里曼的乡情，维尔和为他采了一把他们家乡也有的野花。据说谢里曼对德国的怨恨竟因此慢慢消融。他决定将特洛伊财宝捐献给柏林，条件是展出时“永远带着谢里曼的名字”。尽管在“二战”中，这批财宝在炮火中失踪，现在在柏林展出的复制品上我们依然可以看到谢里曼的名字以及他的胸像。（见《导览》之“博物馆岛·新博物馆”）当然还有促成此事的维尔和的大名。谢里曼被授予柏林荣誉市民称号，获此荣誉的当时只有三位，另外两位是俾斯麦和普法战争中的德国将领毛奇将军。

在谢里曼发掘特洛伊的时代，欧洲考古学还是一门很“粗糙”的学科。谢里曼没有专门的挖掘工具，只能用很原始的镐、榔头和铲子，等等。而且专门的鉴定技术也刚刚开始，谢里曼完全是凭着他的一腔热血和猜测。可想而知，错误是不可避免的。无论是特洛伊还是迈锡尼的财宝，后来证实都不是荷马时代的，都要早于谢里曼断定的时代。谢里曼发掘的特洛伊遗址后来被发现一共有九层，也就是说先后有九个文明在此筑城，至今也无法证明哪一个是荷马笔下被希腊人摧毁的特洛伊。而最有可能性的一个却是一开始就被谢里曼粗暴推倒毁掉的一层。这事想起来真让人郁闷啊。